YENİ ANN

MUCİZE ÇÖZÜMLER

Tracy Hogg &
Melinda Blau

Kapak fotoğrafları için albümlerini bizden esirgemeyen dostlarımız:

Figen Karavaş (www.figenkaravas.com)
Hülya Çobanoğlu Cinsçiçekçi (www.tuniko.com)
İrem Küçükçelebi Erdilek (www.slingomom.com)
Latife Tunç (www.latifetunc.com)
Nihan Kayalıoğlu İçten (www.minikaynam.com)
Perihan Gürer'e (www.periayda.com)

en içten teşekkürlerimizle...

Secrets of the baby whisperer: How to calm, connect and communicate with your baby. Tracy Hogg, Melinda Blau

This translation published by arrangement with Ballantine Books, an imprint of the Random House Publishing Group, a division of Random House, Inc.

11., 12., 13. Basım, İstanbul, Ocak 2019

Sertifika No: 11931
Baskı ve cilt: Yaylacık Matbaacılık San. ve Tic. Ltd. Şti.
Litros Yolu No: 12/197-203 Topkapı/İstanbul
Tel: 0 212 612 58 60

Sertifika No: 17329

GÜN YAYINCILIK LİMİTED ŞİRKETİ
Kadirağa Sokak Barış Apt. No:1/2 D:1
Caddebostan Kadıköy / İSTANBUL
Tel: (0216) 369 57 42
e-mail: info@gunyayincilik.com
www.gunyayincilik.com

YENİ ANNELERE MUCİZE ÇÖZÜMLER

Tracy Hogg & Melinda Blau

Çeviren:

Aslı Kalem Bakkal

GÜN YAYINCILIK
LİMİTED ŞİRKETİ
İSTANBUL

İÇİNDEKİLER

üçüncü bölüm

dördüncü bölüm

teşekkürler

Yaptığım çalışmayı yorumladığı, bu harika projeye kendi editör uzmanlığını kattığı ve tüm kitap boyunca söylediklerimin rahatça anlaşılır hale gelmesini sağladığı için Melinda Blau'ya teşekkür etmek istiyorum. İlk konuşmamızdan itibaren benim bebekler hakkındaki felsefemi tam olarak anladığını biliyordum. Dostluğu ve gayretli çalışması için ona minnettarım.

Benim harika kızlarım Sara ve Sophie, size teşekkür ederim. En başta yeteneklerimi canlandırdığınız ve bebeklerle daha derin, sezgisel bir düzeyde ilişki kurmama yardımcı olduğunuz için teşekkür ederim.

Akrabalarıma da, özellikle Annem'e ve Büyükannem'e, sabırları, sürekli destekleri, temel bilgileri ve devamlı teşvikleri için şükran borçluyum.

Yıllar zarfında bana sevinçlerini ve değerli zamanlarını paylaşma fırsatını vermiş olan ailelere kelimelerle tarif edemeyeceğim ölçüde teşekkür borçluyum. Dostluğunu ve her günkü desteğini asla unutmayacağım Lizzy Selders'a özel olarak teşekkür ederim.

Son olarak, benim için yeni bir alan olan yayın dünyasına katılmama yardım eden herkese teşekkür ederim: harekete geçip bu projeye destek olmakla çok iyi bir iş yapmış olan Lowenstein Associates'den Eileen Cope'a; çalışmama olan inancından ötürü Ballantine Books'un başkanı Gina Centrello'ya; ve süregelen desteği için editörümüz Maureen O'Neal'a...

-Tracy Hogg, Encino, Kaliforniya

Tracy Hogg'u sihrini gerçekleştirirken seyretmek bir zevk. Pek çok ebeveynlik uzmanıyla röportaj yapmış olsam da, kendim de bir ebeveyn olmama rağmen, onun içgörüleri ve stratejileri beni hep hayrete düşürüyor. Ona sonu gelmez sorunlarım karşısında gösterdiği sabır için, dünyasına girmeme izin verdiği için teşekkür ederim. Annelerini bana ödünç veren Sara ile Sophie'ye de teşekkür ederim.

Tracy'nin beni evlerine kabul eden, bebekleriyle tanışmama izin veren ve Tracy'nin aileleri için neler yaptığını anlamama yardımcı olan danışanlarına müteşekkirim. Aynı şekilde, beni Dr. Rachel Clifton ile temasa geçiren ağ oluşturma konusunda dört dörtlük bir isim olan Dr. Bonnie Strickland'a ve bunun karşılığında bana tüm bebek araştırmaları dünyasının kapılarını açan Rachel'a; ve bana tavsiyeler vermiş olan diğer profesyonellere teşekkür ederim.

Dikkatle dinlediği, akıllıca yargıladığı ve yanımda olduğu için Lowenstein Literary Agency'den Eileen Cope'a ve yıllardır paylaştığı uzmanlığı ve rehberliği için Barbara Lowenstein'a daima müteşekkirim. Bu projeyi benzeri görülmemiş bir coşkuyla savunan Gina Centrello, Maureen O'Neal ve Ballantine ekibinin diğer üyelerine de içten teşekkürlerimi sunarım.

Son olarak, iki usta akıl hocasına, seksenlik mektup arkadaşım Henrietta Levner'e ve bir arkadaştan ya da akrabadan daha fazlası olan Ruth Teyze'ye minnet doluyum; iki kadın da yazmanın ne olduğunu gerçekten takdir etmiş ve beni hep yüreklendirmiştir. Ve bu kitap yazılırken evliliklerini planlayan Jennifer ile Peter'e, "Pardon, şimdi konuşamam" dediğimde bile beni sevdikleri için teşekkür ederim. Yüreğime yakın olan diğerleri -Mark, Cay, Jeremy ve Lorena- "dört bir yandaki ailemiz" için nasıl da minnettar olduğumu hepiniz bilmelisiniz. Bilmiyorsanız, şimdi söylüyorum.

-Melinda Blau, Northampton, Massachusetts

önsöz

Müstakbel ebeveynlerin bana en sık sordukları sorulardan biri şudur: "Bize rehberlik etmesi için hangi kitapları edinmemizi önerirsiniz?" Benim yaşadığım ikilem hiçbir zaman tıp temelli bir metnin seçilmesiyle ilgili olmadı; daha ziyade erken dönem bebek davranışları ve gelişimi hakkında pratik, basit ama yine de bireyselleştirilmiş tavsiyeler sunan sağlam bir kitapla ilgili ikilem yaşadım. Şimdi, yaşadığım ikilem çözüldü...

Anne Adaylarına Mucize Çözümler'de, Tracy Hogg yeni (hatta deneyimli) ebeveynlere harika bir hüner veriyor -çocuklarının mizacına dair erkenden bir içgörü geliştirme yeteneği, bir bebeğin erken dönemdeki iletişimini ve davranışlarını yorumlamak için bir çerçeve ve sonuç olarak aşırı ağlama, sık beslenme ve uykusuz geceler gibi tipik bebek sorunlarını düzeltmek için bir dizi çok pratik ve işe yarar çözümler... İnsan Tracy'nin hassas "İngilizce" şakalarını takdir etmekten kendini alamıyor -kitap rahat, genelde sohbet tarzında, mizahi ama aynı zamanda zekice...

Kolay okunan bir kitap -buyurgan değil ama en zor mizaçlı bebeklere bile uygulanabilecek yararlı içerikle dolu...

İyi niyetli aile üyelerinden, arkadaşlardan, kitaplardan ve internetten gelen bir dolu bilgi pek çok yeni ebeveyn için daha bebek doğmadan karışıklık ve endişe yaratıyor. Tipik yenidoğan sorunlarını ele alan güncel yayınlar genelde fazlasıyla dogmacı ya da daha da kötüsü felsefî açıdan fazlasıyla gevşek oluyor. Bu uç noktalara maruz kalan yeni ebeveynler genelde, iyi niyetli ama bebek ile daha fazla sorun yaşanmasına yol açma olasılığı yüksek bir "hatalı ebeveynlik" tarzı geliştiriyorlar. Bu kitapta Tracy, ebeveynlerin öngörülebilir bir ritim tutturmalarına yardımcı olmak için sistemli bir rutinin önemini vurguluyor.

Yeme beklentisini uyumadan ayırmak ve böylece ebeveyne -Size- zaman yaratmak amacıyla yeme, etkinlik ve uykudan oluşan "E.A.S.Y." (Beslenme, Aktivite, Uyku, Sizin Zamanınız) döngüsünü öneriyor. Sonuç olarak, bebekler meme veya biberon ilişkilendirmesi olmadan kendi kendilerini yatıştırıp avutmayı öğreniyorlar. Ancak ondan sonra bebeğin iyice beslendikten sonra ağlamaları veya gözlemlenen başka davranışları yeni ebeveynler tarafından daha gerçekçi bir şekilde yorumlanabiliyor.

Yeni bir ebeveynin birçok görevi yerine getirmeye can atması ve ebeveynliği "bebek öncesi" bir dünyaya dahil etmesi konularında Tracy sizi "S.L.O.W." yöntemiyle yavaşlamaya teşvik ediyor. Tüm aile fertlerinin doğum sonrası yapması gereken ayarlamalarla başa çıkma, sorunların nasıl bekleneceği ve bu en yorucu dönemin nasıl basitleştirileceği ve dolayısıyla işaretlerin en hafifinin ama en önemlisinin -yeni bebeğin iletişim kurma arzusunun- nasıl yakalanacağı konularında çok yararlı tavsiyelerde bulunuyor. Tracy, bebeğin bakımını üstlenen kişilere bebeğin beden dilini ve gerçek dünyaya verdiği tepkileri gözlemlemeyi ve bu bilgiyi bir bebeğin temel ihtiyaçlarının yorumlanmasında yardımcı olarak kullanmayı öğretiyor.

Bu kitabı bebeklerinin bebeklik döneminin sonlarında edinmiş olan ebeveynlere, süregelen zorlukları halledip çözmek için faydalı öneriler sunuyor -dikkat edin, eski alışkanlıklar hâlâ düzeltilebilir. Tracy size süreci sabırla gösteriyor; sonunda size, ebeveynliğin (uykunun ve titizliğin) yeniden yaşanabilir bir düzeye dönebileceği inancını veriyor. Yeni *Annelere Mucize Çözümler*, bütün ebeveynler için hepimizin beklediği, sayfalarını kıvırıp işaretleyeceğimiz çok sevilen bir başvuru kaynağı olacak.

Keyfini çıkarın!

-Dr. Jeannette J. Levenstein, F.A.A.P.
Valley Pediatrik Tıp Merkezi, Encino, Kaliforniya
Uzman Çocuk Doktoru,
Kaliforniya Los Angeles Cedars Tıp Merkezi
ve Los Angeles Çocuk Hastanesi

Sara ve Sophie'ye

Bu kitaptaki hikâyeler sadece kişilerin deneyimlerine dayanmamaktadır. Betimlemelerden birkaçı karmadır ve her durumda isimler ve tanımlayıcı özellikler kişilerin mahremiyetini korumak amacıyla değiştirilmiştir.
Bu kitapta yer alan bilgiler ve tavsiyeler tıp doktorları tarafından gözden geçirilmiştir. Ancak bunlar sizin kendi doktorunuzun veya sağlık hizmetleri alanındaki başka profesyonellerin tavsiyelerinin yerine geçmemelidir.
Tıbbî yardım veya teşhis gerektiren bütün konularda sağlık hizmetleri alanındaki profesyonellere danışmanız ve herhangi bir tedaviyi tatbik etmeden veya tedaviye başlamadan önce bir doktora danışmanız tavsiye edilir.

giriş

Bebeklerin Dilinden Anlamak

Çocukların iyi olmalarını sağlamanın en iyi yolu
onları mutlu etmektir.
-Oscar Wilde

Dili Öğrenmek

Hemen şunu söyleyeyim tatlım: "bebeklere fısıldayan kadın" ismini ben kendim takmadım. Annelerimden biri bana bu ismi taktı. Bu isim, ebeveynlerin bulduğu sevgi dolu başka pek çok ismin bazılarından çok daha iyi -*cadı* ki biraz fazla korkutucu, *büyücü* ki fazla esrarengiz. Sonuç olarak, bebeklere fısıldayan kadın oldum. Bunun bir şekilde hoşuma gittiğini kabul etmeliyim çünkü yaptığım şeyi tarif ediyor.

Belki "atlara fısıldayan adam"ın ne yaptığını biliyorsunuzdur ya da aynı isimli kitabı muhtemelen okumuş veya filmini görmüşsünüzdür. Öyleyse, Robert Redford'un canlandırdığı karakterin yaralı atla nasıl ilgilendiğini, ona nasıl yavaşça ve sabırla yaklaşıp, onu dinleyip gözlemlediğini ama zavallı hayvanın sorununa kafa yorarken saygılı bir şekilde araya nasıl mesafe koyduğunu da hatırlıyor olabilirsiniz. Acele etmeden sonunda ata yaklaşır, tam gözünün içine bakar ve yumuşacık bir sesle konuşur. Bütün bu zaman süresince atlara fısıldayan adam bir kaya gibi sağlam durur, kendi sakinlik hissini korur ve bu da sonunda atı sakinleşmeye teşvik eder.

Beni yanlış anlamayın, yenidoğanları atlarla mukayese etmiyorum (gerçi ikisi de son derece duygusaldır), ama benimle bebeklerin durumu hemen hemen böyle... Ebeveynler benim bir tür özel kabiliyetim olduğunu düşünseler de yaptığım işin esrarengiz hiçbir tarafı yok ve bu sadece bazı insanların sahip olduğu bir yetenek de değil. Bebeklere fısıldamak, bir saygı gösterme, dinleme, gözlemleme ve yorumlama meselesi... Bunu bir gecede öğrenemezsiniz -ben beş binden fazla bebek izledim ve onlara yardım ettim. Ama herhangi bir ebeveyn bunu öğrenebilir; her ebeveyn bunu öğrenmelidir. Bebeklerin dilini anlıyorum ve bunda ustalaşmak için gereken becerileri size de öğretebilirim.

Bunu Nasıl Öğrendim?

Hayatımı bu işe hazırlanarak geçirdim diyebiliriz. Ben Yorkshire'da büyüdüm (ve bu arada dünyanın en iyi pudingini yaparım). Beni en çok etkileyen kişi anneannem idi -bugün seksen altı yaşında ve hâlâ bugüne dek tanıdığım en sabırlı, en nazik ve en sevgi dolu kadın... O da bebeklerin dilinden anlardı; en huysuz bebeği bile kucaklayıp sakinleştirebilirdi. Kendi kızlarım (hayatımda beni en çok etkileyen diğer iki kişi) doğduğunda bana rehberlik edip güven vermekle kalmadı, kendi çocukluğumun da önemli bir karakteri oldu.

Büyüme çağında hareket halinde, heyecanlı küçük bir şeydim, sabır nedir bilmeyen bir erkek fatmaydım ama anneannem bir oyunla veya hikâyeyle her zaman benim yüksek enerjimi idare etmeyi bilirdi. Örneğin sinema kuyruğunda bekleyeceksek ben tipik küçük çocuk olarak mızmızlanır ve kolunu çekiştirirdim. "Bizi ne zaman içeri alacaklar, anneanne? Daha fazla bekleyemeyeceğim."

Babaannem ise -artık yaşamıyor- böyle bir küstahlık karşısında bana sıkı bir şaplak atabilirdi. Babaannem gerçek bir Viktorya dönemi kadınıydı; çocukların görülmesi ama duyulmaması gerektiğine inanırdı. Kendi zamanında, ailesini katı bir şekilde yönetmişti. Anneannemin hiçbir zaman katı olması gerekmedi. Benim söylenmemem karşısında gözlerinde pırıltıyla bana bir göz atar ve şöyle derdi: "Mızmızlanarak ve dikkatini sadece kendine vererek neler kaçırdığına bir bak." Ve bunu söyleyip bakışlarını belli bir yöne sabitlerdi. "Şu anneyle bebeğini görüyor musun?" derdi, çenesiyle işaret ederek... "Sence bugün nereye gidiyorlar?"

Hemen durumu kavrayıp "Fransa'ya gidiyorlar" derdim.

"Sence oraya nasıl gidecekler?"

"Bir jumbo jetle." Cümleyi bir yerlerden duymuş olmalıyım.

"Nerede oturacaklar?" Anneannem devam ederdi ve ben farkına bile varmadan bu oyunla beklemeyi aklımdan çıkartmakla kalmaz, o kadın hakkında koca bir hikâye yazmış olurdum. Anneannem hayal gücüme sürekli meydan okurdu. Bir mağazanın vitrininde bir gelinlik görür, "Sence bu gelinlik için kaç kişi çalışmıştır?" diye sorardı. Eğer ben "iki" diye kestirip atarsam daha fazla ayrıntı için bana baskı yapardı: "Gelinliği mağazaya nasıl getirmişler? Gelinlik nerede yapılmış? İncilerini kim dikmiş?" Benimle işini bitirdiğinde, ben, Hindistan'da, sonunda o gelinlikte kullanılmış pamuğun tohumlarını eken çiftçiyi hayal ediyor olurdum.

Aslında, hikâye anlatmak benim ailemde önemli bir gelenekti; sadece anneannem için değil, onun kız kardeşi, anneleri (benim ninem) ve benim annem için de önemliydi. Onlardan biri ne zaman bize önemli bir şey anlatmak istese, her zaman ona uygun bir hikâye olurdu. O yetenek bana onlardan geçti ve bugün ebeveynlerle çalışırken hikâyeleri ve benzetmeleri sık sık kullanıyorum: Müzik bangır bangır çalarken gündüz uykusu için sakinleşmekte zorlanan aşırı uyarılmış bir bebeğin ebeveynine "Yatağınızı otobana koysam uyuyabilir miydiniz?" diye sorabiliyorum. Bu tür benzetmeler, ebeveynlerin, sadece "Şöyle yapın" demek yerine neden belli bir öneride bulunduğumu anlamalarına yardımcı oluyor.

Yeteneklerimi geliştirmeme yardımcı olanlar ailemdeki kadınlarsa, onları nasıl uygulayabildiğimi gören de dedem yani annemin babasıdır. Dedem o zamanlar tımarhane denilen bir ruh ve sinir hastalıkları merkezinde başhemşireydi. Bir Noel günü annemle beni alıp çocuk servisini ziyarete götürdüğünü hatırlıyorum. Tuhaf seslerin ve kokuların olduğu köhne bir yerdi ve benim genç gözlerim tekerlekli sandalyelerde oturan, yerlere dağılmış yastıklarda uzanan darmadağın görünüşlü çocuklar görüyordu. Olsa olsa yedi yaşındaydım ama annemin yüzündeki o bakışın, yanaklarından akan korku ve acıma dolu o yaşların hayali hâlâ aklımda...

Bense büyülenmiştim. Çoğu insanın hastalardan korktuğunu ve neredeyse hiçbir zaman oraya adım atmadığını biliyordum ama ben öyle değildim. Ben dedeme beni oraya götürmesi için tekrar tekrar yalvardım ve bir gün, ardı ardına pek çok ziyaretten sonra beni bir kenara çekti ve şöyle dedi: "Tracy, sen hemşirelik yapmayı düşünmelisin. Tıpkı anneannen gibi senin de güzel bir kalbin var ve çok sabırlısın."

Bu birinin bana o güne dek ettiği en güzel iltifattı ve dedemin haklı olduğu ortaya çıktı. On sekiz yaşındayken İngiltere'de beş buçuk yıllık bir eğitim gerektiren hemşirelik okuluna gittim. Sınıf birincisi olarak mezun olmadım -kabul ediyorum, sınavlara son dakikada hazırlanan bir öğrenciydim- ama hastaya müdahalede üstün bir tarafım vardı. Biz buna "pratik" diyoruz ve benim ülkemde bu sınıf çalışmasının çok önemli bir parçasıdır. Dinlemede, gözlemlemede ve empati göstermede o kadar iyiydim ki Hemşirelik Okulu İdaresi, hasta bakımında üstünlük gösteren öğrencilere her yıl verdiği Yılın Hemşiresi ödülüne beni layık gördü.

Ve böylece İngiltere'de lisanslı hemşire ve ebe oldum, fiziksel ve zihinsel engelleri olan çocuklar konusunda uzmanlaştım -genelde hiçbir iletişim yolu olmayan çocuklardı bunlar... Eh, bu pek de doğru değil; bebekler gibi onların da kendilerince bir iletişim kurma yolları vardı -çığlıklarıyla ve beden diliyle ifade edilen bir iletişim... Onlara yardım etmek için onların dilini anlamayı öğrenmem ve onların tercümanı olmam gerekti.

Çığlıklar ve Fısıltılar

Yenidoğanlara bakarken -ki birçoğunun doğumuna şahit oldum- onların da sözel olmayan dillerini anlayabildiğimi fark ettim. Böylece İngiltere'den buraya geldiğim zaman bebek bakımında uzmanlaşarak yenidoğan ve doğum sonrası bebek bakımı sorumlusu oldum ki siz buna bebek bakıcısı diyorsunuz. New York ve Los Angeles'ta çiftler için çalıştım; çoğu beni Mary Poppins ile Frasier'daki Daphne karakteri arasında bir yere koydu -anlaşılan Daphne'nin aksanı en azından Amerikalı kulaklara tıpkı benim Yorkshire pürüzü taşıyan aksanım gibi geliyor. Bu yeni annelere ve babalara, onların da bebeklerin dilinden anlayabileceklerini gösterdim: biraz kendilerini tutup ufaklıklarını okumayı ve sorunun ne olduğunu bir kez anlayınca bebeklerini yatıştırmayı öğrendiler.

Bu anne-babalarla bütün ebeveynlerin bebekleri için yapmaları gerektiğine inandığım şeyi paylaştım: bebeklerine bir düzen hissi vermek ve onların bağımsız küçük varlıklar haline gelmelerine yardımcı olmak. Sonradan tüm-aile yaklaşımı diye adlandırdığım bir şeyi de teşvik etmeye başladım -bu, ailenin ufaklıkların parçası haline gelmesi yerine ufaklıkların ailenin parçası haline gelmesi... Eğer ailenin geri kalanı -ebeveynler, kardeşler, hatta evdeki hayvanlar- mutluysa, o zaman bebek de mutlu olacaktır.

Birinin evine davet edildiğim zaman kendimi çok ayrıcalıklı hissediyorum çünkü bunun ebeveynlerin hayatlarındaki en kıymetli zaman olduğunu biliyorum. Bu, önlenemez güvensizliklerin ve uykusuz gecelerin yanısıra annelerle babaların hayatlarının en büyük sevincini yaşadıkları zamandır. Dramatik durumların baş göstermesini seyrettiğim ve yardıma çağrıldığım için o sevince bir katkım olduğunu hissediyorum çünkü onların kaostan çıkmalarına ve bu deneyimin tadına varmalarına yardım ediyorum.

Bugünlerde bazen ailelerle birlikte yaşıyorum ama daha çok bir danışman olarak çalışıyorum; bebeğin gelmesinden sonraki ilk günlerde veya haftalarda aileye bir-iki saatliğine uğruyorum. Otuzlu-kırklı yaşlarda, hayatlarının kontrolünü ellerinde tutmaya alışmış pek çok anne-babayla tanışıyorum. Ebeveyn oldukları ve başlangıç düzeyinde olmanın rahatsızlığını yaşadıkları zaman bazen "Biz ne yaptık?" diye merak ediyorlar. Görüyorsunuz ya, bir ebeveynin ister bankada trilyonları isterse cüzdanında iki kuruşu olsun, bir yenidoğan, özellikle de bir ilk bebek harika bir dengeleyici oluyor. Ünlü isimlerden isimleri yalnızca kendi mahallesinde bilinen insanlara kadar hayatın her kesiminden anne-babalarla birlikte oldum. Ve sizi temin ederim ki dostlarım, bir bebek sahibi olmak en iyilerinde bile korkuyu ortaya çıkarıyor. Aslında, çoğu zaman çağrı cihazım tüm gün boyunca (bazen de gecenin bir yarısı) ötüp duruyor ve şöyle umutsuz çağrılar alıyorum:

"Tracy, Chrissie neden sürekli aç görünüyor?"

"Tracy, neden Jason bana bir an gülerken bir sonraki an haykırarak ağlamaya başlıyor?"

"Tracy, ne yapacağımı bilmiyorum. Joey bütün gece çılgınlar gibi ağlayıp hiç uyumadı."

"Tracy, sanırım Rick bebeği kucağında çok fazla dolaştırıyor. Ona durmasını söyler misin?"

İster inanın ister inanmayın, yirmi küsur yıl ailelerle çalıştıktan sonra sorunları telefonda genelde teşhis edebiliyorum, özellikle de bebeği önceden tanıyorsam... Bazen, ağlamasını duyabilmek için anneden bebeği telefona yaklaştırmasını istiyorum (Anne de genelde ağlıyor oluyor). Ya da kısa bir ziyaret için çat kapı uğruyorum ve gerekiyorsa, evde bebeği üzecek ya da rutinini bozacak neler olduğunu gözlemlemek için gece orada kalıyorum. Bugüne dek ne anlamadığım bir bebekle ne de iyileştiremediğim bir sorunla karşılaştım.

Saygı: Bebeğin Dünyasının Kilidini Açan Anahtar

Anne babalar genelde, "Tracy, her şeyin çok kolay görünmesini sağlıyorsun" der. Gerçek şu ki benim için kolay çünkü bebeklerle bağ kuruyorum. Bebeklere herhangi bir insana davranacağım gibi davranıyorum: saygıyla. Bu, arkadaşlarım, onların dilinden anlamanın özü...

> Her bebek, dili, duyguları ve benzersiz kişiliği olan bir insandır -ve bundan ötürü saygıyı hak eder.

Saygı, bu kitap boyunca duyacağınız bir temadır. Bebeğinizi bir *kişi* olarak düşünmeyi unutmazsanız, ona hak ettiği saygıyı her zaman verirsiniz. "Saygı duymak" eyleminin sözlükteki tanımı "ihlâl veya müdahale etmekten kaçınmak"tır. Biri *sizinle* konuşmak yerine siz orda yokmuşsunuz gibi konuşsa veya size hiç söz hakkı vermeden konuşsa ya da sizin rızanız olmadan size dokunsa, *kendi* sınırlarınızın ne kadar ihlâl edildiğini düşünürsünüz? Olan bitenler doğru şekilde açıklanmadığında veya biri sizi hiçe saydığında kendinizi ne kadar öfkeli veya incinmiş hissedersiniz?

Bebek için de durum aynı. İnsanlar bebeklerin anlayamayacağı şekilde konuşma eğiliminde oluyorlar, hatta bazen bebek orada değilmiş gibi davranıyorlar. Sık sık ebeveynlerin veya dadıların "Bebek şunu yaptı" veya "Bebek bunu yaptı" dediklerini duyuyorum. Bu o kadar kişilik dışı ve saygısız bir ifade ki; sanki cansız bir nesneden söz ediyorlar gibi... Daha da kötüsü, bir bebeğin alanını ihlâl etmek bir yetişkinin hakkıymış gibi, tek bir açıklama yapmadan tatlı bebişi bir o yandan bir bu yandan çekiştirip duruyorlar. Bunun içindir ki bebeğinizin çevresine hayalî bir sınır çizmenizi öneriyorum -izin almadan veya bebeğinize yapmak üzere olduğunuz şeyi söylemeden ötesine geçemeyeceğiniz bir *saygı çemberi* (bunun hakkında daha fazla bilgi için Beşinci Bölüm'e bakın).

Ben daha doğumhanede bebeklere gerçek isimleriyle sesleniyorum. Karyoladaki o küçük varlığı "bebek" olarak düşünmüyorum. Bir bebeğe neden gerçek ismiyle hitap edilmesin ki? Bunu yaptığınız zaman onu çaresiz bir küçük kütle olarak değil, olduğu gibi, minik bir kişi olarak görme eğiliminde olursunuz.

Aslına bakarsanız, ister hastanede, ister eve gittikten birkaç saat sonra isterse haftalar sonra olsun, bir yenidoğanla ilk kez karşılaştığımda daima kendimi tanıtırım ve orada olma nedenimi açıklarım. O büyük mavi gözlerine bakarak "Merhaba, Sammy," derim. "Ben, Tracy. Benim sesimi tanımadığını biliyorum çünkü beni henüz tanımıyorsun. Ama ben seni tanımak ve ne istediğini anlamak için buradayım. Ve annenle babanın senin söylediklerini anlamalarına yardım edeceğim."

Bazen anne bana "Onunla niye böyle konuşuyorsunuz? O daha üç günlük. Sizi anlamasına imkân yok," der.

"Eh," derim, "bunu kesin olarak bilmiyoruz, öyle değil mi tatlım? Eğer beni *anlıyorsa* ve ben onunla *konuşmuyorsam*, bu ne kadar korkunç olurdu, bir düşünsene..."

Özellikle son on yılda, bilim insanları yenidoğanların bizim hiç hayal etmediğimiz kadar çok şeyi bildiğini ve anladığını ortaya çıkardılar. Araştırmalar, bebeklerin seslere ve kokulara duyarlı olduklarını ve bir görsel bilgiyi bir diğerinden ayırabildiklerini doğruluyor. Ve hafızaları hayatın ilk birkaç haftası içinde gelişmeye başlıyor. Dolayısıyla eğer küçük Sammy benim sözcüklerimi pek anlamıyorsa bile, yavaş hareket eden ve güven verici bir sese sahip biri ile içeriye dalıp yönetimi ele alan biri arasındaki farkı kesinlikle anlayabilir. Ve eğer anlıyorsa, daha en başından benim ona saygılı bir şekilde davrandığımı bilecektir.

Fısıldamak Sadece Konuşmak Değildir

Bebeklere fısıldamanın, onların dilinden anlamanın sırrı, bebeğinizin daima dinlediğini ve bir düzeyde sizi anladığını hatırlamanızı içerir. Artık neredeyse her çocuk bakım kitabı ebeveynlere "Bebeğinize konuşun" diyor. Bu yeterli değil. Ben ebeveynlere "Bebeğiniz *ile* konuşun" diyorum. Bebeğiniz fiilen konuşarak cevap veremeyebilir ama mırıldanarak, ağlayarak ve el-kol hareketleri yaparak (bebek dilinin şifresini çözme konusunda daha fazla bilgi Üçüncü Bölüm'de) iletişim kurar. Böylece, gerçekten iki yönlü bir iletişim, bir *diyalog* kurarsınız.

Bebeğiniz *ile* konuşmak, saygı göstermenin başka bir yoludur. Bakımını üstlendiğiniz bir yetişkinle iletişim kurmaz mıydınız? Ona ilk yaklaştığınızda, kendinizi tanıtır ve orada ne yaptığınızı açıklardınız. Kibar davranır, konuşmanıza "Lütfen," "teşekkür ederim" ve "İzin verirseniz" ifadelerini serpiştirirdiniz. Ve muhtemelen konuşmaya ve açıklama yapmaya devam ederdiniz. Aynı nezaketi bebeğinize niye göstermeyesiniz?

Bebeğinizin hoşlandığı ve hoşlanmadığı şeyleri keşfetmek de saygı ifadesidir. Birinci Bölüm'de öğreneceğiniz gibi, bazı bebekler duruma kolayca uyum sağlarken bazıları daha hassas veya muhaliftir. Bazıları hep daha yavaş bir tempoda gelişir. Gerçekten saygılı olmak için bebeklerimizi bir norma göre değerlendirmek yerine onları *oldukları gibi* kabul etmeliyiz (Bunun içindir ki bu kitapta aylara göre tasvirler bulamayacaksınız). Bebeğinizin, etrafındaki dünyaya *kendi emsalsiz tepkilerini* verme hakkı var. Ve bu değerli varlıkla bir diyalog kurmaya ne kadar erken başlarsanız, onun kim olduğunu ve sizden ne istediğini o kadar erken anlarsınız.

Bütün ebeveynlerin, çocuklarını, saygı duyacakları ve hayran olacakları bağımsız, dengeli insanlar haline gelmeye teşvik etmek istediklerinden eminim. Ama bu, bebeklikte başlar; bu, çocuğunuz on beş, hatta beş yaşına geldiğinde öğretmeye başlayacağınız bir şey değil. Ebeveynliğin hayat boyu süren bir süreç olduğunu ve bir ebeveyn olarak sizin bir rol model olduğunuzu da unutmayın. Bebeğinizi dinlemeniz ve ona saygı göstermenizin karşılığında o da başkalarını dinleyen ve onlara saygı gösteren bir insan olacaktır.

Bebeğinizi gözlemleyip size ne demeye çalıştığını öğrenmeye zaman ayırırsanız, halinden memnun bir bebeğe ve sıkıntılı bir bebeğin hükmetmediği bir aileye sahip olursunuz.

Bebeklerinin ihtiyaçlarını anlamak ve bunları karşılamak için ellerinden gelenin en iyisini yapan ebeveynlerin bebekleri güvendedir. Yerlerine bırakıldıklarında ağlamazlar çünkü kendi başlarınayken kendilerini güvende hissederler. İçinde bulundukları ortamın güvenli bir yer olduğuna inanırlar -bir sıkıntı veya acı hissederlerse, orada kendilerine bakan biri olacaktır. Çelişkili bir biçimde, bu tür bebekler, ağlamaya terk edilen ve verdiği işaretler ebeveynleri tarafından hep yanlış yorumlanmış bebeklere göre, nihayetinde *daha az* ilgiye ihtiyaç duyar ve kendi başlarına oynamayı daha çabuk öğrenirler (Aklıma gelmişken, arada *birkaç* işareti kaçırmak normaldir).

Ebeveynlerin İhtiyacı: Özgüven

Ne yaptığını bildiğini hissetmek ebeveynlere bir güvenlik hissi verir. Ne yazık ki modern yaşamın temposu, kendilerini genelde kendi yoğun programlarına kaptırmış anne babaların aleyhine işliyor. Ebeveynler bebeklerini sakinleştirmeye çalışmadan önce kendilerini yavaşlatmaları gerektiğini fark etmiyorlar. Bu durumda benim işimin bir bölümü, anne ile babayı yavaşlatmak, bebeklerine karşı duyarlı olmalarını ve -aynı derecede önemli- kendi içseslerini dinlemelerini sağlamak oluyor.

Maalesef bugün pek çok ebeveyn aşırı bilgi kurbanı... Hamilelik dönemlerinde dergiler, kitaplar okuyor, araştırma yapıyor, interneti aşındırıyor, arkadaşlarını, ailelerini ve her türden uzmanı dinliyorlar. Bunların hepsi değerli kaynaklar ama bebek geldiği zaman yeni ebeveynlerin aklı baştakinden daha fazla karışmış oluyor. Daha da kötüsü, kendi sağduyuları başka insanların fikirleri tarafından bastırılmış oluyor.

Evet, bilgi insanı güçlendirir -ve bu kitapta ben mesleğimin bütün püf noktalarını sizinle paylaşmayı amaçlıyorum. Ama size verebileceğim bütün araçlar arasında size en çok hizmet edecek olan ebeveynlik alanındaki özgüveninizdir. Ancak bunu geliştirmek için neyin sizin işinize yaradığını bulmanız gerekiyor. Her bebek bir bireydir, her anne ve baba da öyle... Bu nedenle, her ailenin ihtiyaçları farklıdır. Size sadece kendi kızlarımla ne yaptığımı anlatsam, bunun size ne yararı olur ki?

Bebeğinizin ihtiyaçlarını anlayabildiğinizi ve onları karşılayabildiğinizi ne kadar çok görmeye başlarsanız, bu işte o kadar iyi hale gelirsiniz. Ve işinizin gittikçe kolaylaşacağına sizi temin ederim. Ebeveynlere nasıl farkında olacaklarını ve nasıl iletişim kuracaklarını öğreterek geçirdiğim her gün sadece bebeğin kavrayışının ve yeteneklerinin geliştiğini değil, bizzat ebeveynlerin de daha becerikli ve daha kendinden emin hale geldiklerini görüyorum.

İnsanı İyi Bir Ebeveyn Yapan Nedir?

Göz gezdirdiğim bebek bakım kitaplarından birinde, "İyi bir anne olmak için emzirmeniz gerekir" diyordu. Saçmalık! Ebeveynlik, çocuğunuzu nasıl beslediğinizle veya altını nasıl bezlediğinizle veya bebeğinizi nasıl uyuttuğunuzla değerlendirilmemelidir. Kaldı ki, bir bebeğin hayatının ilk haftalarında iyi ebeveynler haline gelmiyoruz. İyi ebeveynlik, çocuklarınız büyüdükçe ve siz onları bireyler olarak tanıdıkça yıllar zarfında gelişir ve daha sonra çocuklarınızı tavsiye ve destek almak için size başvurmaya teşvik eder. Ne var ki, iyi ebeveynliğin temeli siz şunları yaptığınız zaman atılır:

- Bebeğinize **saygılı** olmak
- Bebeğinizi **benzersiz bir birey** olarak tanımak
- Bebeğe değil, **bebek ile** konuşmak
- **Dinlemek** ve istendiğinde bebeğinizin ihtiyaçlarını karşılamak
- Her gün bir parça **güvenilebilirlik, yapı** ve **öngörülebilirlik** sağlayarak bebeğinizin sıradaki şeyin ne olduğunu bilmesine olanak tanımak

Bunu Bir Kitaptan Öğrenebilirsiniz!

Bebeklerin dilinden nasıl anlayacağınızı *öğrenebilirsiniz*. Aslına bakarsanız, çoğu ebeveyn, *neye bakıp neyi dinleyeceğini bir kez öğrendi mi* bebeğini ne kadar hızla anlamaya başladığına şaşıyor. Benim yaptığım gerçek "sihir" yeni annelere ve babalara verdiğim güvencedir. Bütün yeni ebeveynlerin destekleyici bir kişiye ihtiyacı vardır ve işte ben burada devreye giriyorum. Çoğu ebeveyn, kafasında binbir soru varken etrafta onlara cevap verecek kimsenin olmadığı alışma dönemine hazır olmuyor. Ben onların endişelerine açıklık getiriyorum. Ve onlara "İşe bir planla başlayalım" diyorum. Onlara, sistemli bir rutinin nasıl uygulanacağını, sonra da bildiğim diğer her şeyi gösteriyorum.

Günbegün bakıldığında ebeveynlik zor, bazen ürkütücü, sürekli çaba gerektiren ve sıklıkla memnuniyet vermeyen bir iştir. Umarım bu kitap bütün bunlar karşısında bir mizah duygusuna sahip olmanıza yardım eder ve aynı zamanda yaşamak üzere olduğunuz şeyin size gerçekçi bir tasvirini sunar. İşte bu kitaptan bekleyebilecekleriniz:

* Nasıl bir bebeğe sahip olduğunuzu ve onun mizacından neler bekleyebileceğinizi anlama. Birinci Bölüm'de, karşılaşabileceğiniz belli zorlukları görmenize yardımcı olacak bir liste bulacaksınız.

* Kendi mizacınızı ve uyum yeteneğinizi anlama. Bebek geldiğinde hayat değişir ve benim Oluruna Bırakan/Dakik süremi (İkinci Bölüm) dediğim kavramda -ister normalde sadece içgüdülerine dayanarak yaşayan biri olun, ister her şeyi son dakika ayrıntısına kadar planlamaktan hoşlanın- nerede bulunduğunuzu anlamanız önemlidir.

* E.A.S.Y. planımın açıklaması; gününüzün bir yapıya ve rutine sahip olmasına yardım eden bu planın sırası şöyle: Beslenme, Aktivite, Uyku, Sizin Zamanınız. E.A.S.Y. bebeğinizin ve sizin ihtiyaçlarınızı karşılamanıza ve ister şekerleme yaparak, ister sıcak bir banyo yaparak, ister civarda şöyle bir dolaşarak zihninizi ve bedeninizi canlandırmanıza olanak tanır. E.A.S.Y.'nin genel hatlarını İkinci Bölüm'de, her bir harfin neyi temsil ettiğine dair ayrıntıları Dördüncü ilâ Yedinci Bölüm'de bulacaksınız -4 Beslenme hakkında; 5 Aktiviteler hakkında; 6 Uyku meseleleri hakkında ve 7 Fiziksel ve duygusal açılardan kendinizi sağlıklı ve güçlü tutmak için neler yapabileceğiniz hakkındadır.

* Bebeğinizi anlamanıza yardımcı olacak beceriler -gözlemleme ve bebeğinizin size ne söylemeye çalıştığını anlama, mutsuzken onu sakinleştirme (Üçüncü Bölüm). Gözlemleme ve kendinizi düşünme becerilerinizi güçlendirmenize de yardım edeceğim.

* Olağandışı gebe kalmalara ve doğumlara eşlik eden özel durumlar ile ortaya çıkan ebeveynlik meseleleri: evlat edinildiğinde veya taşıyıcı anne kullanıldığında; bebekler erken geldiğinde, doğumda sorun yaşadıklarında ve/veya hastaneden hemen çıkıp eve gelemediklerinde; çoklu doğumların sevinçleri ve zorlukları (Sekizinci Bölüm).

* Üç Günlük Sihir (Dokuzuncu Bölüm); benim, kötü kalıpların yerine faydalı olanları koymanıza yardım edebilecek sorun giderme tekniğim. Ebeveynlerin, bebeklerinde farkında olmadan olumsuz davranışları pekiştirdikleri "hatalı ebeveynlik" dediğim olguyu açıklayacağım ve sorunun nerede olduğunu çözümlemek için size basit ABC stratejimi öğreteceğim. Bu kitabın okuması eğlenceli bir kitap olmasına gayret ettim çünkü biliyorum ki ebeveynler bebekler hakkındaki kitapları, baştan sona yavaş yavaş okumak yerine ihtiyaç duyduklarında okuma eğiliminde oluyorlar. Eğer emzirme hakkında bir şey öğrenmek istiyorlarsa indekse bakıp sadece o sayfaları okuyacaklardır. Eğer uyku sorunları yaşıyorlarsa, uyku hakkındaki bölüme gideceklerdir. Çoğu ebeveynin günlük yaşamının gerektirdikleri düşünüldüğünde bu yaklaşımı anlayabiliyorum. Ancak, bu kez, en azından, benim temel felsefemi ve yaklaşımımı sunan ilk üç bölümü okumanız için ısrar ediyorum. Böy-

lelikle, her defasında kitabın geri kalan bölümlerinin sadece bazı parçalarını okusanız bile, fikirlerimi ve tavsiyelerimi daha büyük bir konu bağlamında anlayacaksınız: bu bağlam, bebeğinize daima hak ettiği saygıyı göstermek ve aynı zamanda onun yuvanızın hâkimiyetini ele geçirmesine izin vermemektir.

Bebek sahibi olmak hayatınız boyunca yaşayacağınız hayatınızı açık ara en çok değiştiren olaydır -evlilikten veya yeni bir işten hatta sevilen birinin ölümünden bile daha büyük bir olaydır. Sadece çok farklı tarzda bir hayata alışmak zorunda olma düşüncesi bile ürkütücüdür. Bu aynı zamanda çok da tecrit edici bir durumdur. Yeni ebeveynler sıklıkla beceriksizlik hissine kapılanların veya emzirmeyle ilgili sorun yaşayanların sadece kendileri olduğunu düşünürler. Kadınlar başka annelerin bebeklerine anında "âşık" olduklarından emindir ve aynı şeyi neden kendilerinin hissetmediğini merak ederler. Erkekler başka babaların daha özenli olduklarından emindir. İlk iki hafta boyunca her gün ve sonraki iki ay süresince haftada birkaç kez bir ev sağlık yardımcısının ev ziyaretine geldiği İngiltere'den farklı olarak, çoğu ülkede pek çok yeni ebeveynin etrafında ilk günlerde kendilerine yol gösterecek kimseleri olmuyor.

Sevgili okur, sizin oturma odanıza gelemiyorum ama umarım bu kitapta sesimi duyarsınız ve ben genç bir anneyken anneannemin benim için yaptığı şeyi sizin için yapan güven verici bir rehber olmama izin verirsiniz. Uykudan yoksun kalışınızın ve kendinizi şaşkına dönmüş hissetmenizin sonsuza dek sürmeyeceğini ve bu arada elinizden gelenin en iyisini yaptığınızı bilmeye ihtiyacınız var. Bunu başka ebeveynlerin de yaşadığını ve bunu atlatacağınızı duymaya ihtiyacınız var.

Sizinle paylaştığım felsefenin ve becerilerin -sırlarımın- aklınıza ve yüreğinize ulaşacağını ümit ediyorum. Sonunda daha akıllı bir bebeğiniz olmayacak (kaldı ki olabilir) ama kesinlikle daha mutlu, daha kendinden emin bir bebeğe sahip olacaksınız -üstelik kendi hayatınızdan vazgeçmeden... Belki de en önemlisi, kendi ebeveynlik yetenekleriniz konusunda kendinizi daha iyi hissedeceksiniz. Şuna gerçekten inanıyorum ki -ve bunu bizzat gördüm- her yeni annenin ve babanın içinde sevecen, kendine güvenen ve işin ehli bir ebeveyn yatıyor -oluşum sürecinde bir bebek uzmanı...

birinci bölüm

Dünyaya Getirdiğiniz Bebeği Sevmek

Bebeklerin bu kadar çok ağlamasıyla başa çıkamıyorum.
Nasıl bir işe giriştiğim hakkında gerçekten hiçbir fikrim yoktu.
Doğruyu söylemek gerekirse, bunun daha çok
kedi almak gibi bir şey olacağını düşünmüştüm.
-Operating Instructions'dan Anne Lamott

Eyvah, Bir Bebeğimiz Var!

Bir yetişkinin hayatında hiçbir olay, ilk kez ebeveyn olmanın sevincinin *ve* dehşetinin yerini tutamaz. Neyse ki, bu ikisinden sonra devam eden sevinç oluyor. Ama başında, genelde güvensizlik ve korku hüküm sürüyor. Örneğin, Alan otuz üç yaşında bir grafik tasarımcısı; karısı Susan'ı hastaneden aldığı günü dün gibi hatırlıyor. Tesadüf bu ya, o gün evliliklerinin de dördüncü yıldönümü... Yazar olan yirmi yedi yaşındaki Susan oldukça kolay bir kasılma süreci ve doğum yaşamış, mavi gözlü güzel bebekleri Aaron memeyi kolayca alıyor ve nadiren ağlıyormuş. İkinci gün itibarıyla, anne ve baba, aile olarak hayatlarına başlamak üzere hastanenin curcunasından kurtulmaya can atıyorlarmış.

"Eşimin odasına doğru koridorda ilerlerken ıslık çalıyordum," diye hatırlıyor Alan. "Her şey mükemmel görünüyordu. Aaron ben oraya varmadan hemen önce emmişti ve şimdi Susan'ın kollarında uyuyordu. Tam olmasını hayal ettiğim gibiydi. Asansörle aşağıya indik; hemşire Susan'ın sandalyesini itmeme ve dışarı gün ışığına çıkarmama izin verdi. Arabanın kapısını açtığımda araba koltuğunu takmayı unuttuğumu fark ettim. Yemin ederim, onu doğru düzgün takmak yarım saatimi aldı. Nihayet, Aaron'u nazikçe içine yerleştirdim. Tam bir melekti. Susan'ın arabaya binmesine yardım ettim, hemşireye sabrı için teşekkür ettim ve sonra sürücü koltuğuna geçtim.

Birden, Aaron arka koltukta ufak ufak sesler çıkarmaya başladı -gerçek anlamda ağlama değildi ama bu sesleri hastanede duyduğumu hatırlamıyordum ya da belki fark etmemiştim. Susan bana baktı, ben Susan'a baktım. 'Eyvah!' diye bağırdım. '*Şimdi* ne yapacağız?'"

Tanıdığım her ebeveynin Alan'ın yaşadığı gibi bir 'şimdi ne olacak' anı var. Bazıları bu anı hastanede yaşıyor; bazıları eve dönüş yolunda, hatta ikinci veya üçüncü günde yaşayanlar bile var. Olup biten o kadar çok şey var ki -fiziksel iyileşme, duygusal etkiler, çaresiz bir bebeğe bakma gerçeği... Pek az ebeveyn bu şoka hazır oluyor. Bazı yeni anneler itirafta bulunuyor: "Bütün kitapları okudum ama hiçbir şey beni hazırlayamadı." Bazıları şunları hatırlıyor: "Düşünecek o kadar çok şey vardı ki... Çok ağladım."

İlk üç ilâ beş gün genelde en zor kısımdır çünkü her şey yeni ve göz korkutucudur. Tipik bir şekilde, endişeli ebeveynler tarafından soru yağmuruna tutulurum: "Bir beslenme ne kadar sürmeli?" "Neden bacaklarını böyle yukarı çekiyor?" "Altını değiştirmenin doğru şekli bu mu?" "Kakası niye bu renk?" Ve elbette tüm zamanların en kalıcı sorusu: "Niye ağlıyor?" Ebeveynler, özellikle de anneler genelde suçluluk hissederler çünkü her şeyi bilmekle *yükümlü* olduklarını düşünürler. Bir aylık bebek sahibi bir anne bana şöyle demişti: "Yanlış bir şey yapacağım diye çok korkuyordum ama aynı zamanda kimsenin bana yardım etmesini ve ne yapacağımı söylemesini de istemiyordum."

Ebeveynlere söylediğim ilk şey -ve söylemeyi sürdürdüğüm şey -yavaaaaaaaaşlamalarıdır. Bebeğinizi tanımak zaman ister. Sabır ve sakin bir ortam ister. Güç ve tahammül ister. Saygı ve nezaket ister. Sorumluluk ve disiplin ister. Dikkat ve keskin gözlem ister. Zaman ve pratik ister -doğru yapmayı öğrenene dek pek çok kez yanlış yapmak ister. Ve kendi içgüdünüzü dinlemenizi ister.

"İster" ifadesini ne kadar sık tekrarladığıma dikkat edin.

Başta, bebeğiniz açısından bakıldığında çok fazla "isteme" ve çok az "verme" söz konusudur. Ebeveynliğin ödüllerinin ve sevinçlerinin sonu gelmeyecek, size söz veriyorum. Ama bunlar bir günde olmayacak, dostlarım; bunları daha ziyade aylar ve yıllar zarfında göreceksiniz. Dahası, herkesin deneyimi farklıdır. Gruplarımdan birinde bir anne evdeki ilk birkaç gününü hatırlayıp şu gözlemde bulunmuştu: "İşleri doğru yapıp yapmadığımı bilmiyordum -hem zaten herkes 'doğru'yu farklı şekilde tanımlıyor."

Ayrıca, her *bebek* farklıdır; bunun içindir ki annelerime, ilk işlerinin, son dokuz aydır hayalini kurdukları bebeği değil, sahip oldukları bebeği anlamak olduğunu söylüyorum. Bu bölümde, sizin, *sizin* bebeğinizden neler bekleyebileceğinizi anlamanıza yardım edeceğim. Ama önce evdeki ilk birkaç güne hızla bir bakalım.

Eve Dönüş

Kendimi sadece yeni bebeğin değil *tüm* ailenin savunucusu olarak gördüğüm için işimin bir bölümü de ebeveynlerin perspektif kazanmalarına yardım etmektir. Annelere ve babalara en başından şunu söylüyorum: Bu durum sonsuza dek sürmeyecek. *Sakinleşeceksiniz*. Kendinize güveniniz *artacak*. Olabildiğiniz en iyi ebeveyn *olacaksınız*. Ve bir noktada, ister inanın ister inanmayın, bebeğiniz bütün gece deliksiz *uyuyacak*. Ancak şimdilik, beklentilerinizi azaltmalısınız. İyi günleriniz de olacak, o kadar iyi olmayan günleriniz de; ikisine de hazırlıklı olun. Mükemmel olmaya çalışmayın.

Eve Dönüş Kontrol Listesi

Benim bebeklerimin bu kadar iyi olmalarının nedenlerinden biri, doğmadan bir ay *önce* onlar için her şeyin hazır olmasıdır. Başta ne kadar fazla hazırlanmış olursanız ve ortam ne kadar sakin olursa, bebeğinizi gözlemlemek ve onu olduğu birey olarak tanımak için o kadar fazla vaktiniz olur.

* Karyolaya veya beşiğe yatak takımlarını serin.

* Alt değiştirme masasını kurun. İhtiyacınız olan her şey -ıslak mendil, hazır bez, pamuklu çubuk, alkol- elinizin altında olsun.

* Bebeğin ilk giysilerini hazır edin. Her şeyi paketinden çıkarın, etiketleri koparın ve çamaşır suyu içermeyen hafif bir deterjanla yıkayın.

* Buzdolabınızı ve derin dondurucunuzu doldurun. Doğumdan bir veya iki hafta önce, lazanya, kıymalı patates, çorba ve dondurucuya atılabilecek başka yemekler yapın. Bütün temel gıda maddelerinin elinizin altında olduğundan emin olun -süt, tereyağ, yumurta, mısır gevreği, evcil hayvan maması. Böylece daha iyi ve daha ucuza beslenecek, telaşlı market alışverişlerinden kaçınmış olacaksınız.

* Hastaneye giderken yanınıza çok fazla şey almayın. Unutmayın, eve dönerken fazladan birkaç çantanız -*ve* bebeğiniz- olacak.

***İPUCU**: Eve dönmeden önce ne kadar düzenli olursanız, sonrasında herkes o kadar mutlu olacaktır. Ve eğer biberonların ve tüplerin kapaklarını gevşetirseniz, kutuları açarsanız ve yeni her şeyi paketinden çıkarırsanız, kucağınızda yeni bebeğiniz varken böyle şeylerle oyalanmak zorunda kalmazsınız! (Yukarıdaki "Eve Dönüş Kontrol Listesi"ne bakın.)*

Annelere genelde şu hatırlatmayı yapmam gerekiyor: "Bu, evdeki ilk gününüz -bir düğmeye basıp yardım aldığınız, cevaplar ve rahatlama bulduğunuz hastanenin güvenli ortamından ilk kez ayrısınız. Şimdi kendi başınızasınız." Elbette, bir anne hastaneden ayrıldığı için genelde mutlu olur. Hemşireler kaba davranmış veya ona çelişkili tavsiyeler vermiş olabilirler. Hastane personelinin ve ziyaretçilerin sık sık uğramaları da annenin dinlenmesini muhtemelen imkânsız hale getirmiştir. Her durumda, çoğu anne eve döndüğü zaman itibarıyla genelde ya ürkmüş, aklı karışmış, çok yorulmuş ya da acı içinde -veya hepsini birden yaşıyor- oluyor.

Dolayısıyla yavaş bir yeniden giriş yapmanızı tavsiye ediyorum. Kapıdan geçerken odaklanmış, derin bir nefes alın. İşi basit tutun (bunu benden çok duyacaksınız). Bunu, yeni bir maceranın başlangıcı, kendinizi ve eşinizi de kâşifler gibi düşünün. Ve elbette gerçekçi olun: Doğum sonrası dönem zordur -zorlu bir parkur. Yol boyunca engeller var (annenin doğum sonrası dönemde toparlanması hakkında daha fazla bilgi Yedinci Bölüm'de yer alıyor).

İnanın bana, eve vardığınız an kendinizi büyük ihtimalle şaşkına dönmüş hissedeceğinizi biliyorum. Ama benim basit eve dönüş ritüelimi izlerseniz, kendinizi çıldırmış gibi hissetme olasılığınız daha az olur (Gerçi bunun sadece hızlı bir yönlendirme olduğunu unutmayın. Belirttiğim gibi, daha sonra daha fazla ayrıntıya gireceğim).

Diyaloğa çocuğunuza evi gezdirerek başlayın. Evet tatlım, evi gezdirin; sanki siz bir müzenin yöneticisiymişsiniz, o da seçkin bir ziyaretçiymiş gibi... Saygı hakkında size söylediklerimi hatırlayın: Küçük sevgilinize bir insan olarak, anlayabilen ve hissedebilen biri olarak davranmanız gerekiyor. Evet, sizin anlayamayabileceğiniz bir dil konuşuyor ama yine de ona ismiyle seslenmek ve her etkileşimi bir ders anlatma değil de bir *diyalog* şekline sokmak önemli...

Bunun için onu kucağınızda tutup etrafı dolaşın ve ona yaşayacağı yeri gösterin. Onun*la* konuşun. Yumuşak, kibar bir sesle, ona her odayı anlatın: "Burası mutfak. Baba ile ben burada yemek pişiriyoruz. Burası banyo, burada duş alıyoruz." Vesaire... Kendinizi aptal gibi hissedebilirsiniz. Pek çok yeni ebeveyn, bebekleriyle ilk kez diyalog kurmaya başladıklarında utangaç oluyor. Sorun değil. Pratik yapın, bunun ne kadar kolay hale geldiğine şaşıracaksınız. Sadece kollarınızdakinin küçük bir *insan*, duyuları canlı bir kişi, halihazırda sizin sesinizi ve hatta nasıl koktuğunuzu bilen minicik bir varlık olduğunu unutmamaya çalışın.

Siz etrafı dolaşırken, baba veya büyükanne size papatya çayı veya rahatlatıcı başka bir içecek hazırlasın. Elbette benim favorim çay... Benim geldiğim yerde bir anne eve adımını attığı anda kapı komşumuz Nelly hemen gidip çaydanlığı ocağa koyar. Bu çok İngiliz tarzı, çok medenî bir gelenektir ve ben bunu buradaki bütün ailelerime gösterdim. Bizim tabirimizle sıcak bir fincan çaydan sonra, dünyaya getirdiğiniz bu harikulade varlığı gerçekten keşfetmek isteyeceksiniz.

Ziyaretçileri Sınırlayın

Birkaç çok yakın akraba ve arkadaş dışında herkesi ilk birkaç gün sizden uzak durmaya ikna edin. Eğer ebeveynler şehir dışından gelmişse, sizin için yapabilecekleri en büyük şey, yemek pişirmek, temizlik yapmak ve getir götür işlerine bakmak olacaktır. Kibar bir biçimde onlara, *eğer* bebek konusunda yardıma ihtiyaç duyarsanız yardımlarını isteyeceğinizi ama bu zamanı küçük bebeğinizi tek başınıza tanımak için kullanmak istediğinizi söyleyin.

Bebeğinize süngerle şöyle güzel bir banyo yaptırın ve onu besleyin (Beslenme ile ilgili bilgi ve tavsiyeler Dördüncü Bölüm'de, süngerle banyo yaptırma hakkındakiler Beşinci Bölüm'de yer alıyor). Şokta olanın sadece siz olmadığınızı aklınızdan çıkarmayın. Bebeğiniz de epey bir yolculuk yaptı. İsterseniz bir hayal edin; minicik bir insan doğumhanenin parlak ışıklarının arasına geliveriyor. Birdenbire, büyük bir hız ve güçle o küçük beden sesleri tanıdık olmayan yabancılar tarafından ovuşturuluyor, dürtülüyor, üzerine iğne batırılıyor. Bebek gözlem odasında, başka minik varlıklarla çevrelenmiş halde geçen birkaç günden sonra, bu kez hastaneden eve yolculuk etmesi gerekiyor. Eğer bebeğinizi evlat edinmişseniz, yolculuk muhtemelen daha da uzun olmuştur.

İPUCU: *Hastanelerin bebek gözlem odaları adeta rahme benzer biçimde epey sıcak tutulur, dolayısıyla bebeğin yeni odasının 24°C civarında olduğundan emin olun.*

Doğanın size ait mucizesini incelemeniz için bu mükemmel bir fırsattır. Bu, bebeğinizi ilk çıplak görüşünüz olabilir. Onun o minicik uzuvlarını yakından tanıyın. Elindeki, ayağındaki her bir parmağı keşfedin. Onunla konuşmayı sürdürün. Onunla bağ kurun. Onu emzirin veya biberonla besleyin. Uykusunun gelmesini seyredin. Onu en başından alıştırıp kendi karyolasında veya beşiğinde uykuya dalmasına izin verin (Altıncı Bölüm'de uyumayla ilgili pek çok tüyom var).

Lokmalarınız Ufak Olsun

Tabağınızda çok şey var; fazladan hiçbir baskı yüklenmeyin. Duyuru mektuplarını veya teşekkür notlarını göndermediniz diye kendinize kızmak yerine, kendinize üstesinden gelinebilecek bir günlük hedef koyun -örneğin, günde kırk tane yerine beş tane... "Acil," "sonra yap" ve "kendimi daha iyi hissedinceye kadar bekleyebilir" şeklinde işaretlediğiniz kümeler oluşturarak görevlerinizi öncelik sırasına koyun. Her bir günlük işi değerlendirirken sakin ve dürüst olursanız ne kadar çok şeyin son kümeye gittiğine şaşıracaksınız.

"Ama gözleri açık," diye itiraz etti Gail; kuaför olan Gail'in iki günlük kızı, beşiğinin kenar koruyucularına dayanmış bir bebek fotoğrafına gözünü dikmiş hoşnut bir şekilde bakıyor gibiydi. Gail'e odadan çıkıp biraz dinlenmesini önerdim ama Gail "Daha uyumadı ki," dedi. Pek çok yeni anneden aynı itirazı duyuyorum. Ama size hemen şunu söyleyeyim ki bebeğinizi bırakıp karyoladan uzaklaşmanız için bebeğinizin uyumuş olması gerekmiyor. "Bak" dedim Gail'e, "Lily erkek arkadaşıyla oyalanıyor. Şimdi *sen* git yat."

Gündüz uykusuna yatın. Çantaları boşaltmayın, telefon görüşmesi yapmayın ve evde etrafa bakıp bitirmeniz gereken bütün o işleri düşünmeyin. Çok yorgunsunuz. Bebek uyuduğu zaman, tatlım, bundan yararlanın. Aslına bakarsanız, yanıbaşınızda doğanın en büyük mucizelerinden biri duruyor. Bebeklerin doğum şokunu atlatıp toparlanmaları birkaç gün alır. Bir veya iki günlük bir yenidoğanın aralıksız altı saat uyuması olağandışı bir şey değildir, bu da size kendi travmanızı atlatıp toparlanmanız için biraz zaman verir. Ancak dikkat edin: Eğer bebeğiniz çok uslu görünüyorsa, bu, fırtına öncesi sessizliği olabilir! Sizin sisteminizden ilaçları emmiş olabilir veya en azından doğal doğum yapmış olsanız da doğum kanalından geçmek için yaptığı baskıdan muhtemelen yorulmuştur. Tam olarak kendisi gibi değildir henüz ama ilerleyen sayfalarda okuyacağınız gibi gerçek mizacı yakın zamanda ortaya çıkacaktır.

Evcil Hayvanlar Hakkında Bir-İki Kelime

Hayvanlar yeni bebekleri kıskanabilirler -neticede bu, eve başka bir çocuk getirmek gibidir.

KÖPEKLER: Köpeğinizi hazırlamak için onunla bilfiil konuşamazsınız ama bebeğin kokusuna alışması için hastaneden eve bir giysi veya bebek bezi getirebilirsiniz. Hastaneden eve geldiğiniz zaman, Bobi'nin siz eve girmeden önce, yeni gelenle evin dışında tanışmasını sağlayın. Köpekler için mülk çok önemlidir ve bir yabancıyı hoş karşılamamaları muhtemeldir. Bebeğin kokusuna alışmış olmalarının yararı olacaktır. Yine de ebeveynlere bebeği herhangi bir evcil hayvanla asla yalnız bırakmamalarını tavsiye ediyorum.

KEDİLER: Kedilerin bebeklerin yüzlerine uzanmaktan hoşlandıkları inancı batıl bir inançtır ama o minik sıcaklık topağı kedilere çekici gelir. Kedinizin karyolaya atlayıp bebeğinizin yanına kıvrılıp yatmasını önlemenin en iyi yolu onu bebek odasının dışında tutmaktır. Bebeğinizin akciğerleri çok hassastır. İnce köpek tüyü gibi -örneğin Jack Russell cinsi köpeklerin tüyü gibi- kedi tüyü de alerjik reaksiyona yol açabilir, hatta astım gelişmesine neden olabilir.

Sizin Bebeğiniz Kim?

Robbie'nin üçüncü gününde "Hastanede tam bir melekti," diye itiraz etti Lisa... "Şimdi niye bu kadar çok ağlıyor?" Her yeni anne veya baba bu sözleri söylediğinde kenara bir kuruş koysaydım zengin bir kadın olmuştum. İşte bu an, anneye, tanıdığını düşündüğü bebeğin eve geldikten sonra aynı bebek gibi nadiren davrandığını hatırlattığım andır.

Gerçek şu ki bütün bebeklerin -tıpkı bütün insanların olduğu gibi- yeme, uyuma, uyarılara tepki verme ve yatıştırılma şekilleri farklı farklıdır. Buna ister huy, ister kişilik, ister yapı, ister yaradılış deyin -üçüncü ilâ beşinci gün arasında bir zamanda ortaya çıkmaya başlar ve bebeğinizin nasıl bir insan olduğunu ve olacağını gösterir.

Bunu ilk elden biliyorum çünkü "benim" bebeklerimin çoğuyla irtibat halindeyim. Onların büyüyüp çocukluğa ve gençliğe geçmelerini izlerken, onların insanları selamlama, yeni durumları ele alma, hatta ebeveynleriyle ve akranlarıyla etkileşimde bulunma biçimlerinde her zaman bebeklik karakterlerinin özünü görüyorum.

Yaradılış veya Yetiştirilme Şekli

Bebeklerin ve küçük çocukların huylarını araştıran Harvard'dan araştırmacı Jerome Kagan, yirminci yüzyılın çoğu biliminsanı gibi, sosyal çevrenin biyolojiden ağır basabileceğine inanacak şekilde eğitilmiş olduğunu ifade eder. Ne var ki, son yirmi yıl zarfındaki araştırmaları başka bir şey söylüyor:

"Zaman zaman üzüntüyle itiraf ediyorum ki," diye yazıyor *Galen's Prophecy*'de (huyu ilk kez sınıflandırmış olan ikinci yüzyılda yaşamış hekime istinaden), "sevgi dolu, ekonomik

> anlamda güvenli ailelere doğmuş sağlıklı, göz alıcı bazı bebeklerin, hayata, istedikleri gibi rahat, doğal ve bol kahkaha atan kişiler olmalarını zorlaştıracak bir fizyolojiyle başladıklarını fark ediyorum. Bu çocuklardan bazıları, asık suratlı olmak ve yarının işleri için endişelenmek için duydukları doğal bir dürtüyle savaşmak zorunda kalacaklar."

İki hafta erken doğarak annesiyle babasını şaşırtmış olan kırmızı suratlı cılız Davy bebek, sesten ve ışıktan korunmaya ve kendini güvende hissetmek için epeyce fazla kucaklanmaya ihtiyaç duyardı. Şimdi yürüme çağında ve hâlâ biraz ürkek...

On birinci günde gece aralıksız uyumaya başlamış olan canlı suratlı küçük bir kız olan Anna öyle kolay bir bebekti ki ona donör döllenme yoluyla hamile kalmış olan bekâr annesi ilk haftadan sonra bana ihtiyacı olmadığını söylemişti. On iki yaşındaki Anna dünyayı hâlâ içtenlikle kucaklıyor.

Bir de ikizler var; birbirlerinden inanılmayacak kadar farklı iki oğlan -Sean annesinin memesini kolayca almış ve adeta gülümsemişti; Kevin ise ilk ay emzirilmede sorun yaşadı ve dünyaya karşı sürekli olarak öfkeli gibiydi. Petrol sektöründe yönetici olan baba denizaşırı bir ülkeye transfer edilince bu aileyle irtibatımı kaybettim ama Sean'in Kevin'e göre hâlâ daha neşeli bir yapısı olduğuna bahse girerim.

Klinik gözlemlerim bir tarafa, pek çok psikolog huyun tutarlılığını kanıtlamış ve farklı türler tanımlamanın yollarını bulmuşlardır. Harvard'dan Jerome Kagan (Yaradılış veya Yetiştirilme Şekli, önceki sayfaya bakın) ve diğer psikoloji araştırmacıları *gerçekten de* bazı bebeklerin diğerlerine göre daha hassas, bazılarının daha zor, daha aksi, daha sevecen ya da daha tahmin edilebilir olduklarını kanıtlamışlardır. Huyun bu yönleri bir bebeğin çevresini algılama ve idare etme şeklini ve yeni ebeveynler açısından anlaşılması muhtemelen en önemli olan şeyi, bebeği rahatlatan şeyi etkilemektedir. İşin sırrı bebeğinizi açıkça görmek ve onu tanıyıp olduğu gibi kabul etmektir.

Sizi temin ederim ki dostum, mizaç bir *etkidir*, müebbet bir ceza değildir. Kimse sizin bir avuç bebeğinizin büyüdüğünde size süt püskürtmeye devam edeceğini veya görünürde kırılgan olan ufaklığınızın ilk dans partisinde dansa kaldırılmayacağını söylemiyor. Yaradılışı hükümsüz kılmaya kalkışmıyoruz -beynin kimyası ve anatomi önemlidir- ama *yetiştirilme şekli* gelişimde yine de hayatî bir rol oynamaktadır. Bununla birlikte bebeğinizi tam olarak desteklemek ve yetiştirmek için dünyaya beraberinde getirdiği paketi anlamanız gerekiyor.

Deneyimlerimde, bebeklerin genelde beş geniş mizaç (karakter) tipinden birinde yer aldığını gördüm; bu mizaç tiplerini, *Melek, Kitap, Nazlı, Hareketli* ve *Huysuz* olarak adlandırıyorum. Her birini az sonra açıklayacağım. Bebeğinize bakmanıza yardımcı olmak için, beş gün ilâ sekiz ay aralığındaki sağlıklı bebeklere uygulanan yirmi maddelik çoktan seçmeli bir test hazırladım. İlk iki hafta boyunca bebeğin huyunda aslında oldukça geçici olan bariz değişiklikler olabileceğini aklınızdan çıkarmayın. Örneğin, sünnet (genellikle sekizinci günde yapılır) veya bebeği uykulu hale sokan sarılık gibi her tür doğum anomalisi ve operasyon bebeğin gerçek yaradılışını gölgeleyebilir.

Sizin *ve* eşinizin soruları cevaplamanızı tavsiye ederim... ama ayrı ayrı. Eğer bekâr bir anne veya baba iseniz kendi ebeveyninizin, kardeşinizin veya başka bir akrabanızın, yakın bir arkadaşınızın, çocuk bakıcısının -kısacası, bebeğin etrafında zaman geçirmiş birinin -sizinle işbirliği yapmasını sağlayın.

Neden *iki* kişinin cevaplaması gerekiyor? Her şeyden önce, cevaplayan özellikle siz ve eşinizseniz, her birinizin farklı bir görüşü olduğunu garanti ederim. Ne de olsa, iki insan *hiçbir şeyi* tamamen aynı şekilde görmez.

İkincisi, bebekler farklı insanların yanında farklı davranırlar. Bu, hayatın bir gerçeği...

Üçüncüsü, biz kendimizi bebeklerimize yansıtma eğilimi gösteririz ve bazen kendimizi onların mizaçlarıyla çok güçlü şekilde özdeşleştiririz -ve sadece ne görmek istiyorsak onu görürüz. Farkına varmadan, bebeğinizdeki bazı özelliklere fazlasıyla odaklanabilir veya onlara fazlasıyla kör kalabilirsiniz. Örneğin, siz utangaç bir çocuktuysanız ve hatta size sataşıldıysa, bebeğinizin yabancıların yanında ağlamasını çok büyütebilirsiniz. Sizin yaşadığınız sosyal kaygıya ve alaylara çocuğunuzun da dayanmak zorunda kalacağını düşünmek biraz üzücü, değil mi? Evet tatlım, konu bebeklerimiz olunca peşinen *bu kadar* ileriyi düşünüyoruz. Ve özdeşleştiriyoruz. Minicik bir erkek çocuk ilk kez kendi başına başını kaldırdığında babanın "Benim küçük futbolcuma bakın," demesi muhtemeldir. Ve eğer çocuk müzikle kolayca sakinleşiyorsa, beş yaşından beri piyano çalan annesi mutlaka "Benim gibi iyi kulağı var, şimdiden görebiliyorum!" diyecektir.

Cevaplarınız farklı olursa lütfen ama lütfen bunun için tartışmayın. Bu, kimin daha akıllı olduğu veya bebeği kimin daha iyi tanıdığı konusunda bir yarışma değil. Bunun amacı, hayatlarınıza gelmiş olan bu küçük insanı anlamanız için bir yol oluşturmaktır. Aşağıdaki talimatlara göre cevaplarınızı puanladıktan sonra bebeğinize en iyi uyan tanımı göreceksiniz. Doğal olarak, bazı bebekler biraz ondan biraz bundan özellikler gösterecektir. Buradaki fikir bebeğinizi bir türe hapsetmek değildir -bu çok insafsızca ve kişiliksiz bir davranış olur- daha ziyade, ağlama düzenleri, tepkileri, uyku düzenleri ve yapı gibi bebekte baktığım ve nihayetinde hepsi bebeğin neye ihtiyacı olduğunu belirlememe yardım eden şeylerden bazılarını anlamanıza yardımcı olmaktır.

Bebeğinizi Tanıma Testi

Aşağıdaki sorulardan her birinde en iyi cevabı seçin -başka bir deyişle, zamanın çoğunda çocuğunuzu tanımlayan ifadeyi seçin.

1. Bebeğim,

A. Nadiren ağlar

B. Sadece aç, yorgun veya fazla uyarılmış olduğunda ağlar

C. Görünürde bir neden olmaksızın ağlar

D. Çok yüksek sesle ağlar ve eğer ilgilenmezsem hemen öfke nöbeti şeklinde ağlamaya başlar

E. Zamanın çoğunda ağlar

2. Uyku zamanı geldiğinde bebeğim,

A. Sakince karyolasına yatar ve uykuya dalar

B. Genellikle yirmi dakika içinde kolayca uyuyakalır

C. Biraz huysuzlanır ve uykuya dalar gibi olur ama sonra uyanıp durur

D. Çok huzursuzdur ve sıklıkla kundaklanmaya veya kucağa alınmaya ihtiyaç duyar

E. Çok ağlar ve yatırıldığı için sinirli gibidir

3. Sabahları uyandığında bebeğim,

A. Nadiren ağlar -ben yanına gidene kadar karyolasında oynar

B. Mırıldanır ve etrafa bakınır

C. Hemen ilgi ister veya ağlamaya başlar

D. Bağırır

E. Ağlayıp sızlanır

4. Bebeğim,

A. Her şeye ve herkese güler

B. Teşvik edildiğinde güler

C. Teşvik edildiğinde güler ama bazen gülerken dakikalar içinde ağlamaya başlar

D. Çok güler ve çok da ses çıkarır, çok yüksek bebek sesleri çıkarma eğilimi vardır

E. Sadece uygun şartlar olduğunda güler

5. Bebeğimi herhangi türde bir gezintiye çıkardığımda,

A. Dolaştırılması son derece kolaydır

B. Götürdüğüm yer çok hareketli veya yabancı olmadığı sürece sorun olmaz

C. Bir hayli huysuzlanır

D. Hep ilgimi ister

E. Ellenip dokunulmaktan çok hoşlanmaz

6. Ona ilgi gösteren dost tavırlı bir yabancıyla karşılaştığında bebeğim,

A. Hemen güler

B. Bir an durur ve sonra genelde hemencecik güler

C. Başta muhtemelen ağlar, tabii yabancı onun dostluğunu kazanırsa durum değişir

D. Çok heyecanlanır

E. Çok nadiren güler

7. Köpek havlaması veya çarpan bir kapı gibi yüksek bir ses olduğunda bebeğim,

A. İstifini bozmaz

B. Farkına varır ama rahatsız olmaz
C. Bariz şekilde korkar ve sıklıkla ağlamaya başlar
D. Sesini yükseltir
E. Ağlamaya başlar

8. Bebeğime ilk kez banyo yaptırdığımda,
A. Suda bir ördek gibiydi
B. Duyduğu hisse biraz şaşırdı ama neredeyse hemen hoşlandı
C. Çok hassastı -biraz titredi ve korkmuş göründü
D. Yabaniydi -vurup etrafa su sıçrattı
E. Bundan nefret etti ve ağladı

9. Bebeğim beden dili anlamında tipik olarak,
A. Rahatlamış ve hemen her zaman atiktir
B. Zamanın çoğunda rahatlamıştır
C. Gergin ve dış uyaranlara karşı çok tepkilidir
D. Sallantılıdır -kolları ve bacakları genelde sallanır durur
E. Sabittir -kolları ve bacakları genelde epeyce katıdır

10. Bebeğim şu sıklıkta yüksek ve saldırgan sesler çıkarır,
A. Ara sıra
B. Sadece oynarken ve çok fazla uyarıldığında
C. Neredeyse hiçbir zaman
D. Sık sık
E. Öfkeli olduğu zaman

11. Bebeğimin altını değiştirirken, ona banyo yaptırırken veya onu giydirirken,
A. Bunu doğal karşılar
B. Bunları yavaş yavaş yaparsam ve ne yaptığımı bilirse sorun olmaz

C. Sanki çıplak olmaya dayanamıyormuş gibi sıklıkla huysuzlanır
D. Çok kıpırdanır ve alt değiştirme masasındaki her şeyi almaya çalışır
E. Bundan nefret eder -giyinmesi her zaman mücadele gerektirir

12. Bebeğimi birden ışığa çıkarırsam -gün ışığı veya floresan ışığı gibi-
A. Bunu doğal karşılar
B. Bazen korkmuş gibi davranır
C. Gözlerini çok fazla kırpıştırır veya başını ışıktan kaçırmaya çalışır
D. Aşırı uyarılır
E. Rahatsız olur

13a. Biberonla besliyorsanız: Bebeğim,
A. Her zaman düzgün şekilde emer, dikkat eder ve genelde yirmi dakika içinde yer
B. Büyüme atakları döneminde biraz değişkendir ama genelde iyi yiyen bir bebektir
C. Kıvranıp durur ve biberonu bitirmesi çok uzun sürer
D. Saldırgan bir biçimde biberonu tutmaya çalışır ve aşırı yeme eğilimi gösterir
E. Genelde huysuzlanır ve beslenmesi uzun zaman alır

13b. Emziriyorsanız: Bebeğim,
A. Memeyi hemen kavrar -ilk günden itibaren bu kolay bir iş oldu
B. Memeyi düzgün kavraması bir-iki gün aldı ve şimdi sorun yaşamıyoruz
C. Her zaman emmek istiyor ama nasıl emeceğini unutmuş gibi memeyi bir alıp bir bırakıyor

D. Onu istediği şekilde tuttuğum sürece güzel emiyor
E. Sanki sütüm yetmiyormuş gibi çok rahatsız ve huzursuz oluyor

14. Bebeğimle benim aramdaki iletişimi en iyi anlatan yorum şudur:
A. Her zaman tam olarak neye ihtiyacı olduğunu anlamamı sağlar
B. Verdiği işaretleri anlamak çoğunlukla kolaydır
C. Aklımı karıştırır; bazen bana bile ağlar
D. Hoşlandığı ve hoşlanmadığı şeyleri çok açıkça ve sıklıkla yüksek sesle ifade eder
E. Genelde dikkatimi yüksek, öfkeli bir ağlamayla çeker

15. Bir aile toplantısına gittiğimiz ve pek çok insan onu kucağına almak istediği zaman, bebeğim,
A. Çok kolay uyum sağlar
B. Kime gideceği konusunda biraz seçici davranır
C. Çok fazla insan onu kucağına alırsa kolayca ağlar
D. Kendini rahat hissetmezse ağlayabilir veya gittiği kişinin kollarında debelenebilir
E. Annesinin veya babasının dışında kimsenin kucağına gitmez

16. Dışarıdan eve geldiği zaman, bebeğim,
A. Kolayca ve hemen alışır
B. Ortama alışması birkaç dakika alır
C. Çok huysuzlanma eğiliminde olur
D. Sıklıkla aşırı uyarılmış olur ve sakinleşmesi zordur
E. Öfkeli ve mutsuz davranır

17. Bebeğim,
A. Bir şeylere hatta karyolasının çıtalarına bile bakarak uzun süre kendini oyalayabilir
B. Yaklaşık on beş dakika kendi başına oynayabilir

C. Alışık olmadığı ortamlarda oyalanmakta zorlanır
D. Oyalanması için çok uyarılmaya ihtiyaç duyar
E. Hiçbir şeyle kolay kolay oyalanmaz

18. Bebeğimin en göze çarpan özelliği,
A. İnanılmaz derecede uslu ve kolay bir bebek olmasıdır
B. Tam yaşına uygun gelişim göstermesidir -tam kitapların söylediğine uygun gelişmesidir
C. Her şeye karşı duyarlı olmasıdır
D. Saldırgan olmasıdır
E. Çok mızmız olabilmesidir

19. Öyle görünüyor ki bebeğim,
A. Kendi yatağında (karyolasında) kendini tamamen güvende hissediyor
B. Çoğunlukla kendi yatağını tercih ediyor
C. Yatağında kendini güvende hissetmiyor
D. Yatağı bir hapishaneymiş gibi sinirli davranıyor
E. Yatağına yatırılmaya içerliyor

20. Bebeğimi en iyi tarif eden yorum şudur:
A. Evde bir bebek olduğunu anlamazsınız bile -çok usludur
B. İdare edilmesi, önceden tahmin edilmesi kolay bir bebektir
C. Çok narin ufak bir şeydir
D. Emeklemeye başladığı zaman her yere gireceğinden korkuyorum
E. "Büyümüş de küçülmüş gibi"dir -sanki daha önceden yaşamış gibi davranır

Kendi kendinize yaptığınız yukarıdaki testi puanlamak için bir kâğıda A, B, C, D ve E yazın ve her birinin yanına her harfi kaç kez kullandığınızı yazın; bu rakam size, karşılık gelen mizacı gösterecektir.

A = Melek bebek
B = Kitap bebek
C = Nazlı bebek
D = Hareketli bebek
E = Huysuz bebek

Bebeğinizin Mizacına Odaklanmak

Harflerinizi sayarken ağırlıklı olarak bir veya iki tanesini seçmiş olmanız muhtemeldir. Aşağıdaki tanımları okurken, kolik gibi bir güçlükle veya diş çıkarma gibi belli bir gelişimsel dönüm noktasıyla ilişkili nadiren görülen bir ruh halinden veya davranış türünden değil de dünyadaki duruştan söz ettiğimizi unutmayın. Bebeğinizi aşağıdaki kısa anlatımlarda muhtemelen bulacaksınız ya da belki de sizin bebeğiniz biraz ondan biraz bundan almış olacak. Beş tarifin hepsini okuyun. Her profili o profile neredeyse tam olarak uyan tanıdığım bir bebekle örneklendirdim.

Melek bebek. Tahmin edebileceğiniz gibi, bu tarz bebek, ilk hamileliğini yaşayan her kadının sahip olmayı hayal ettiği bebektir: çok uslu. Pauline böyle bir bebek -tatlı, hep gülen ve sürekli kolay bir bebek... İşaretlerini anlamak kolaydır. Yeni ortamlar canını sıkmaz ve bir yerden bir yere götürülmesi son derece rahattır -aslına bakarsanız onu her yere sürükleyebilirsiniz. Kolayca beslenir, oynar, uyur ve genelde uyandığında ağlamaz. Çoğu sabah Pauline'i karyolasında bir oyuncak hayvanla gevezelik ederken veya duvardaki bir şeride bakıp oyalanırken bulursunuz. Melek bebek genelde kendini avutabilir ama muhtemelen işaretleri yanlış anlaşıldığı için biraz fazla yorulduğunda bütün yapmanız gereken onu kucaklayıp ona

"Çok yorulduğunu görebiliyorum" demektir. Ondan sonra bir ninni açın, odayı güzel, loş ve sessiz hale getirin, böylece kendiliğinden uyur.

Kitap bebek. Bu bizim önceden tahmin edilebilir bebeğimizdir, böyle olunca da idare edilmesi oldukça kolaydır. Oliver her şeyi planlamışcasına yapar, dolayısıyla onunla çok az sürpriz yaşarsınız. Bütün dönüm noktalarına tam zamanında erişir -üç aylık olunca gece deliksiz uyur, beş aylıkken yuvarlanır, altıncı ayda oturur. Büyüme atakları saat gibi işler -bunlar, fazladan kilo aldığı veya gelişim atağı yaşadığı için iştahının birdenbire artacağı dönemlerdir. Daha bir haftalıkken bile, kısa süre -on beş dakika civarı- kendi kendine oynayabilir ve çok fazla mırıldanıp etrafa bakınır. Ve biri ona güldüğünde güler. Tıpkı kitapların tarif ettiği gibi Oliver'ın normal huysuzluk dönemleri olsa da, sakinleşmesi kolaydır. Onu uykuya yatırmak da zor değildir.

Nazlı bebek. Michael gibi nazlı bir bebek için dünya sonsuz bir duyusal dürtüler silsilesidir. Pencerenin dışından gelen hızlanan bir motosikletin, bangır bangır TV'nin, yan komşunun havlayan köpeğinin sesinden korkar. Parlak ışık görünce gözlerini kırpıştırır veya başını aksi yöne çevirir. Bazen görünürde bir neden yokken, hatta annesine bile ağlar. Böyle anlarda (kendi bebek dilinde) "Yeter -biraz huzura ve sessizliğe ihtiyacım var" diye bağırır. Birkaç kişi onu kucağına aldığında veya gezmelerden sonra genelde huysuzlanır. Birkaç dakika kendi başına oynar ama onu iyi tanıyan birinin -anne, baba, dadı- yakınında olduğu güvencesine ihtiyaç duyar. Bu tip bir bebek çok fazla emmekten hoşlandığı için, anne, verdiği işaretleri yanlış yorumlayıp aslında emzikle gayet iyi idare edebilecekken onun aç olduğunu düşünebilir. Emmesi de düzensizdir, bazen bunun nasıl yapıldığını unutmuş gibi davranır. Gündüz ve gece uyku zamanı geldiğinde genelde uykuya dalmakta güçlük çeker. Onun gibi Nazlı bebekler kolayca programın dışına çıkarlar çünkü sistemleri çok narindir. Fazla uzun bir gündüz uykusu, atlanan bir öğün, beklenmeyen bir ziyaretçi, bir yolculuk, mamada bir değişiklik -bunların herhangi biri Michael'da şok etkisi yaratabilir. Nazlı bebeği sakinleştirmek için ana rahmini yeniden yaratmanız gerekir. Onu güzelce kundaklayın, omzunuza yatırın, ritmik bir şekilde şşş... şşş... diye kulağına fısıldayın (rahminizdeki sıvının çıkardığı ses gibi) ve kalp atışına benzer şekilde nazikçe sırtını pışpışlayın (Bu arada bu hareket çoğu bebeği sakinleştirir ama Nazlı bir bebekte özellikle çok işe yarar). Nazlı bir bebeğe sahip olduğunuzda işaretlerini ve ağlamalarını ne kadar çabuk öğrenirseniz, hayat o kadar kolaylaşır. Bu bebekler düzenden ve öngörülebilirlikten hoşlanırlar -gizli sürprizler olmasın lütfen.

Hareketli bebek. Bu bebek, nelerden hoşlanıp nelerden hoşlanmadığını daha ana rahminden çıkarken bilir gibidir ve size bunları belli etmekte tereddüt etmeyecektir. Karen gibi bebekler çok seslidir, hatta bazen saldırgan görünebilirler. Sabahları uyandığında sıklıkla bağırarak anne veya babasını çağırır. Çişi veya kakası içinde yatmaktan nefret eder ve rahatsızlığını yüksek sesle dile getirerek "Altımı değiştir" der. Gerçekten de çok fazla ve yüksek sesle gevezelik eder. Beden dili biraz düzensiz olma eğilimindedir. Karen uyumak için sıklıkla kundaklanmaya ihtiyaç duyar çünkü hareket halindeki kolları ve bacakları onu uyanık ve aşırı uyarılmış halde tutar. Eğer ağlamaya başlarsa ve döngü yarıda kesilmezse, bu, dönüşü olmayan bir nokta halini alır ve ağlaması daha fazla ağlamaya dönüşüp bir öfke nöbetine ulaşır. Hareketli bir bebeğin biberonunu erken yaşta eline almaya çalışması muhtemeldir. Diğer bebekleri de onlar onu fark etmeden önce fark edecektir ve iyi, güçlü bir kavrayış geliştirecek kadar büyür büyümez oyuncaklarını da eline alacaktır.

Huysuz bebek. Gavin gibi bebeklerin daha önce buralara gelmiş olduğuna dair bir teorim var benim -büyümüş de küçülmüş gibi deriz ya, onlar böyledir- ve geri döndüklerine pek de memnun değildirler. Elbette yanılıyor olabilirim ama sebep her ne olursa olsun bu tip bir bebeğin Yorkshire'da dediğimiz gibi tam bir hırçın olduğuna sizi temin ederim -dünyaya kızgındır ve size bunu belli eder. Gavin her sabah sızlanır, gün içinde pek fazla gülmez ve her gece uyku konusunu sorun haline getirirdi. Annesi bakıcıları elinde tutmakta çok zorlanıyordu çünkü bakıcılar bu küçük adamın kötü mizacını kişisel olarak görme eğiliminde oluyordu. Başta banyodan nefret ediyordu ve ne zaman biri altını veya üstünü değiştirmeye çalışsa sürekli kıpırdanıp sinirleniyordu. Annesi onu emzirmeye çalışmıştı ama sütünün inişi yavaştı (sütün aşağıya doğru ilerleyip meme ucuna varma hızı) ve Gavin sabırsızdı. Mamaya geçtiyse de aksi yapısı nedeniyle beslenmesi hâlâ zor oluyor. Huysuz bir bebeği sakinleştirmek genelde sabırlı bir anne veya baba gerektirir çünkü bu bebekler kolay öfkelenir ve ağlamaları özellikle yüksek sesli ve uzun sürelidir. Şşş ... şşş... şşş sesi ağlama sesini bastırmalıdır. Kundaklanmaktan nefret ederler ve bunu size kesinlikle belli ederler. Eğer Huysuz bir bebek kendini kaybetme noktasına gelirse onu susturmak yerine yavaşça öne arkaya sallanarak ona belli bir ritimde "Tamam, tamam, tamam," deyin.

İPUCU: *Herhangi tipte bir bebeği sallarken, sağdan sola veya aşağı yukarı değil de öne arkaya sallanın. Bebeğiniz doğmadan önce, siz yürürken o içeride öne arkaya çalkalanıyordu, dolayısıyla bu tür harekete alışkındır ve bu onu rahatlatır.*

Hayal mi Gerçek mi?

Yukarıdaki tariflerde çocuğunuzu tanıdığınıza eminim. Belki sizinki iki mizacın bir karmasıdır. Her iki durumda da bu bilgilerin amacı sizi alarma geçirmek değil, sizi yönlendirmek ve aydınlatmaktır. Ayrıca, ne bekleyeceğinizi ve bebeğinizin belli bir huyuyla nasıl baş edeceğinizi bilmek tek başına etiketi anlamaktan daha önemlidir. Ama bir dakika... Hayalini kurduğunuz bebeğin bu olmadığını mı söylüyorsunuz? Sakinleştirilmesi daha mı zor? Daha mı fazla kıpırdanıp duruyor? Daha mı hırçın görünüyor? Kucağa alınmaktan hoşlanmıyor mu? Aklınız karışmış durumda, hatta biraz öfkelisiniz. Pişmanlıklarınız bile olabilir. Yalnız değilsiniz. Dokuz aylık hamilelik boyunca neredeyse bütün ebeveynler bekledikleri bebeğe dair bir hayal yaratırlar -nasıl göründüğüne, büyüyünce nasıl bir çocuk olacağına, nihayetinde ne tip bir insan olacağına dair bir hayal... Bu, özellikle, hamile kalma konusunda sorun yaşamış veya bir aile kurmak için otuzlu-kırklı yaşlarına kadar beklemiş anne-babalar için geçerlidir. Kitap bebeğe sahip otuz altı yaşındaki Sarah, Lizzie beş haftalıkken bana şu itirafta bulundu: "Başta, onunla geçirdiğim zamanın yaklaşık yüzde yirmi beşinden keyif alıyordum sadece... Onu sevmem gerektiği kadar sevmediğimi gerçekten düşündüm."

Julian'ı -ki hem de bir Melek bebek- dünyaya getirmek için taşıyıcı anne kullanmış olan kırklı yaşlarının sonlarındaki avukat Nancy, yine de "bunun ne kadar zor olduğunu görünce sersemleyip bir anda 'bunu yapamayacağım'" diye düşünmüştü. Dört günlük oğluna bakıp "Tatlım, lütfen bizi öldürme!" diye yalvardığını hatırlıyor. Hayatın bebek gelmeden önce nasıl olduğuna bağlı olarak alışma dönemi ilk birkaç gün veya hafta, hatta daha uzun sürebilir. Ne kadar uzun sürerse sürsün, (umarım) bütün ebeveynler sahip oldukları bebeği -ve onunla gelen hayatı- kabullenme noktasına varırlar (Çok titiz ebeveynler dağınıklığa razı olmada sorun yaşayabilir, çok düzenli arkadaşlar kaos içinde bocalayabilir; bu konuda daha fazlasını bir sonraki bölümde bulabilirsiniz).

İlk Görüşte Aşk mı?

Odanın içinde gözler buluşur ve o an aşık olursunuz -ya da en azından Hollywood'da böyle oluyor. Ama gerçekte pek çok çift için durum böyle değil. Anneler ve bebekleri için de aynısı geçerli. Bazı anneler anında âşık olur ama pek çoğu için bir süre gerekir. Bitkinsiniz, şoktasınız, korkmuş durumdasınız ve belki de en zoru, mükemmel olmasını istiyorsunuz. Nadiren mükemmel olur. Dolayısıyla şevkiniz kırılmasın. Bebeğinizi sevmek zaman alır. Tıpkı yetişkinlerde olduğu gibi, insan karşısındakini tanıdıkça gerçek sevgiye sahip olur.

İPUCU: *Sevgili anne, iniş çıkışların normal olduğunu hatırlatabilecek birileriyle konuşmanın yararı olur -bunları yaşamış olan iyi arkadaşlar, kız kardeşler ve eğer ilişkiniz iyiyse kendi anneniz... Sevgili baba, erkek arkadaşlarınızla konuşmanız o kadar yararlı olmayabilir. "Babam-ve-ben" gruplarımdaki erkekler bana, yeni babaların özellikle uykusuzluk ve cinsellik konularında birbirleriyle yarıştıklarını söylüyor.*

İlginç bir şekilde, bebeğin ne mizaçta olduğunun hemen hemen hiç önemi olmuyor. Ebeveynlerin beklentileri öyle çok oluyor ki hiçbir bebeğin, hatta Melek bebeğin bile beklentileri karşılaması mümkün olmayabiliyor. Örneğin, Kim ve Jonathan, pek çok sorumluluğu olan çalışan ebeveynlerdi. Küçük Claire ortaya çıktığı zaman, daha iyi bir bebek hayal edemiyordum. Güzel besleniyor, kendi başına oynuyor, mışıl mışıl uyuyor ve ağlamalarının nedeni kolayca fark ediliyordu. Çabuk bir düzenlemeyle işimi bitireceğimi düşünüyordum. Ancak ister inanın ister inanmayın, Jonathan endişeliydi. "Biraz fazla pasif değil mi?" diye sordu. "Bu kadar çok mu uyuması gerekiyor? Eğer bu kadar durgunsa, benim tarafıma çekmeyeceği kesin!" Ben de Jonathan'ın Tüm-Amerika Uykusuzluk Maratonu'ndaki ahbaplarıyla rekabet edemeyeceği için biraz hayal kırıklığı yaşadığından şüpheleniyorum. Ancak, onu şükretmesi gerektiğine ikna ettim. Claire gibi Melek bebekler tamamen keyfi sürülecek bebeklerdir. Kim böyle bir bebek istemez ki?

Elbette, daha sıklıkla, ebeveynler sessiz, nazik bir bebek sahibi olmayı umut edip bunun hayalini kurup da epey farklı bir deneyim yaşadıklarında sarsılıyorlar. Yeni doğmuş bebeklerinin henüz sızdığı ilk birkaç gün boyunca, aslında hayallerinin gerçek olduğuna inanıyorlar. Sonra, birden, her şey değişiyor ve ellerinde hareketli, fevri bir bebek buluveriyorlar. Verdikleri ilk tepki "Biz ne yaptık?" demek oluyor. Bunu "Ne yapabiliriz?" izliyor. İlk adım, hayal kırıklıklarını kabullenmektir -sonra da beklentileri uygun hale getirmektir.

> ***İPUCU:*** *Bebeğinizi, harika bir hayat mücadelesini getiren bir varlık olarak düşünün. Ne de olsa her birimizin hayatta öğreneceği bir sürü ders var ve öğretmenin kim veya ne olacağını asla bilemeyiz. Bu durumda, öğretmen bebeğinizdir.*

Bazen ebeveynler hayal kırıklığının bilincinde olmazlar. Bilincindelerse bile, hayal kırıklıklarını dile getirmekten büyük utanç duyabilirler. Bebeklerinin hayal ettikleri kadar şirin veya terbiyeli olmadığını ya da düşledikleri ilk görüşte aşk deneyiminin bu olmadığını kabul etmek istemezler. Bunu yaşadıklarına şahit olduğum çiftleri saymakla bitiremem. Ama onlardan bazılarının hikâyelerini duymak size kendinizi daha iyi hissettirebilir.

Mary ile Tim. Mary, hareketleri zarif, harika bir mizaca sahip, yumuşak huylu, hoş bir kadın... Eşi de çok sakin, ayakları yere basan, soğukkanlı biri... Kızları Mable doğduğunda, ilk üç gün bir Melek bebek gibi görünüyordu. İlk gece altı saat uyudu, ikinci gece de hemen hemen yine o kadar uyudu. Ancak eve geldiklerinde Mable'ın gerçek kişiliği ortaya çıkmaya başladı. Uykuları daha düzensizdi, sakinleştirilmesi zordu ve sıklıkla uykuya dalmakta çok zorlanıyordu. Hepsi bu kadar da değildi. En ufak bir sese fırlayıp ağlıyordu. Ziyarete gelenler onu kucağa almaya çalıştıklarında kıpırdanıp ağlıyordu. Aslında, genelde, ortada görünür bir neden yokken ağlar gibiydi.

Mary ile Tim sinirli bir bebek sahibi olduklarına inanamıyorlardı. Arkadaşlarının, kolayca gündüz uykusuna yatan, kendi kendine uzun süre oyalanan, arabayla oradan oraya sürüklenen bebekleri hakkında konuşup duruyorlardı. Mable kesinlikle böyle değildi. Onların Mable'ın gerçekte kim olduğunu görmelerine yardım ettim -Mable Nazlı bebekti. Mabel öngörülebilirlikten hoşlanıyordu çünkü merkezi sinir sistemi tam olarak gelişmemişti: bu nedenle, ebeveynlerinin acele etmemelerine ve onun çevresindeyken son derece sakin olmalarına ihtiyacı vardı. Mable'ın çevresine alışabilmesi için, Mary ile Tim'in nazik ve sabırlı olmaları gerekiyordu. Küçük kızları, kendine has bir tarzı olan narin bir kişiydi. Hassasiyeti bir sorun değildi; bu, daha ziyade onlara kendisini öğretme şekliydi. Ve annesiyle babasının huylarına bakıldığında, armudun çok da uzağa düşmediğini düşünüyordum. Mary gibi Mable'ın da daha yavaş bir tempoya ihtiyacı vardı. Babası gibi dinginlik arzuluyordu.

Bu içgörüler ve biraz da cesaretlendirme, Tim ile Mary'nin, Mable'ın daha çok arkadaşlarının çocukları gibi davranmasını dilemeyi sürdürmektense birlikte yaşadıkları gerçek çocuğa uyum sağlamalarına yardımcı oldu. Mable'ın çevresindeki tempoyu yavaşlattılar, onu kucağına alan insanların sayısını kısıtladılar ve onu daha yakından gözlemlemeye başladılar.

Mary ve Tim, daha başka pek çok şeyin yanında, Mable'ın kendilerine çok açık işaretler verdiğini keşfettiler. Mable kendini ambale olmuş hissetmeye başladığında, yüzünü -o anda ona kim bakıyorsa, hatta bakan kişi cep telefonundaysa bile- o kişiden başka tarafa çeviriyordu. Mable, bebek diliyle, ebeveynlerine şöyle diyordu: "Bu kadar uyarılma yeter!" Anne, bu işaretleri alınca hızlı hareket ettiğinde, Mable'ı gündüz uykusuna yatırmanın daha kolay olduğunu fark etti. Ama o işareti kaçırırsa, Mable feryat etmeye başlayacak ve onu sakinleştirmek mutlaka daha uzun süre alacaktı. Bir gün şöyle bir ziyaret için uğradığımda, Mary, Mable ile ilgili haberleri paylaşmanın hevesiyle farkında olmadan işaretleri göz ardı etti ve Mable ağlamaya başladı. Neyse ki annesi saygılı bir biçimde ona şöyle dedi: "Özür dilerim tatlım. Dikkatimi sana vermemiştim."

Jane ile Arthur. En sevdiklerim arasında yer alan bu tatlı çift çocuk sahibi olmak için yedi yıl beklemişti. James de hastanedeyken bir Melek bebek gibi görünüyordu. Ancak eve gittiklerinde altı değiştirilirken ağladı, banyo yaparken ağladı, ağladı, ağladı, görünüşe bakılırsa hiç tereddütsüz ağladı da ağladı. Mükemmel bir espri anlayışına sahip Jane ile Arthur eğlenceli tiplerdi ama yalancıktan gülümsemeyi bile beceremiyorlardı. Sürekli mutsuz görünüyordu. "Çok fazla ağlıyor," dedi Jane "ve göğsümdeyken çok sabırsız... Gündüz uykusuna yatmasını dört gözle beklediğimizi kabul etmeliyim."

Bu sözleri yüksek sesle söylemek bile ikisinin de canını sıkıyordu. Bebeğinizin, üzerinde kara bulutlar dolaşıyormuş gibi göründüğünü kabullenmek zordur. Pek çok ebeveyn gibi Jane ve Arthur da bunun kendilerinden kaynaklanan bir şey olduğuna inanmışlardı. "Bir adım geri atalım ve James'e bir birey olarak bakalım," diye önerdim. "Benim gördüğüm, 'Hey anne, altımı değiştirirken elini çabuk tut' ve 'Hayır, olamaz, yine beslenme zamanı' ve 'Ne? Yine mi banyo?' demeye çalışan küçük bir oğlan çocuğu..." Ben Huysuz bebeklerini seslendirince, Jane ile Arthur'un espri anlayışı etkisini gösterdi. Onlara Huysuz bebekler hakkındaki "büyümüş de küçülmüş" teorimi anlattım. Anlayışla güldüler. "Biliyor musun?" dedi Arthur "benim babam öyledir -onu bunun için severiz. Onun kendine has bir karakter olduğunu düşünürüz." Birden, küçük James hayatlarını kasten altüst etmeye gelmiş küçük bir canavar gibi görünmemeye başladı gözlerine... O James idi, herkes gibi, bir huyu ve ihtiyaçları olan bir kişi -onların saygısını hak eden bir insan.

Artık banyo zamanı geldiğinde, bundan çekinmek yerine Arthur ve Jane hızlarını biraz yavaşlatıyorlar, suya alışması için James'e daha fazla zaman tanıyorlar ve ona yaşadığı şeyi anlatıyorlardı: "Bunu eğlenceli bulmadığını biliyorum," diyorlardı, "ama biraz daha büyüdüğünde bu kez de seni banyodan çıkardığımızda ağlayacaksın." Onu kundaklamaktan da vazgeçtiler. İhtiyaçlarını önceden sezmeyi öğrendiler ve sinir bozukluğunu engelleyebilirlerse herkesin daha iyi durumda olacağını öğrendiler. James altı aylık ve hâlâ bir surat asma eğilimi var ama en azından ebeveynleri bunu onun doğası olarak kabul ediyor ve daha ciddi huysuzluklarının nasıl önüne geçeceklerini biliyorlar. Küçük James bu kadar küçük yaşta anlaşıldığı için şanslı...

Bunlar gibi hikâyeler, bebekleri anlamanın en önemli iki yönünü ortaya koyuyor: saygı ve sağduyu. Nasıl herkese genel bir reçete verilemezse, aynı şey bebekler için de geçerlidir. Kızkardeşinizin oğlu emzirilirken belli bir şekilde tutulmaktan veya yatağına yatırılırken kundaklanmaktan hoşlanıyor diye sizin küçük oğlunuzun da bunlardan hoşlanacağı sonucuna varamazsınız. Arkadaşınızın kızı neşeli bir yapıya sahip olduğu ve yabancılara kolayca gittiği için sizin kız bebeğinizin de böyle olacağı varsayımında bulunamazsınız. Pembe hayaller kurmayı bırakın. Çocuğunuzun kim olduğu gerçeğiyle ilgilenin -ve çocuğunuz için neyin en iyi olduğunu öğrenin. Ve size söz veriyorum, eğer dikkatle izleyip dinlerseniz, bebeğiniz neye ihtiyacı olduğunu ve zor durumlarda ona nasıl yardımcı olacağınızı size tam olarak söyleyecektir.

Sonunda, bu tür bir empati ve anlayış çocuğunuzun hayatını biraz daha kolaylaştıracaktır çünkü onun güçlü yanlarına dayanarak gelişmesine ve zayıf yönlerini telâfi etmesine yardım etmiş olacaksınız. Ve işte iyi haber: Ne tip bir bebeğiniz olursa olsun, hayat sakin ve öngörülebilir olduğunda bütün bebekler daha iyi iş çıkarır. Bir sonraki bölümde, bütün ailenizin gelişmesine yardımcı olacak bir rutine hemen başlamanıza yardım edeceğim.

ikinci bölüm

E.A.S.Y. İşe Yarıyor

Acıkınca yiyin.
Susayınca için.
Yorulunca uyuyun.
-Bir Budist deyişi

Daha başta bir düzeni olsaydı
bebeğim daha mutlu olurdu diye düşünüyordum.
Ayrıca, arkadaşımın bebeğinde
bunun nasıl işe yaradığını gördüm.
-Kitap bebeği olan bir Anne

Başarının Reçetesi: Sistemli bir Rutin

Her gün, endişeli, aklı karışmış, şaşkına dönmüş ve en çok da uykudan mahrum kalmış ebeveynlerden telefonlar alıyorum. Aile hayatlarının kalitesi zarar gördüğünden, beni soru yağmuruna tutuyorlar ve çözümler sunmam için bana yalvarıyorlar. Spesifik sorun ne olursa olsun her zaman aynı çareyi öneriyorum: *sistemli bir rutin.*

Örneğin, otuz üç yaşındaki reklam müdürü Terry beni aradığında, beş haftalık Garth'ın "kötü bir süt emici" olduğuna gerçekten inanmıştı. Bana, "Düzgün şekilde emmeyecek. Yemesi neredeyse bir saat alıyor ve mememi ağzından çıkarıp duruyor," dedi.

Sorduğum ilk şey şu oldu: "Bir rutininiz var mı?"

Tereddüt etmesi bana cevabı söyledi -yüksek sesli ve net bir hayır. Terry'ye duruma bir bakıp onu dinlemek için gün içinde uğrayacağıma söz verdim. Ama bu kadar ufak bir bilgi kırıntısından bile neler olup bittiğini zaten bildiğimden epeyce emindim.

Daha sonra çözümümü sunduğumda "Bir program mı?" diye sorguladı Terry... "Hayır, hayır, *program* olmaz," diye itiraz etti. "Ben hayatım boyunca çalıştım ve her işte çok katı bir zaman çizelgesine bağlı kalmak zorunda kaldım. Bebeğimle birlikte olmak için çalışmayı bıraktım. Şimdi siz bana onu bir programa sokmam gerektiğini söylüyorsunuz, öyle mi?"

Katı mühletler veya sıkı disiplin sınırları önermiyordum -önerdiğim, daha çok, Garth'ın ihtiyaçları değiştikçe değişecek sağlam ama esnek bir temeldi. "Düşündüğün gibi bir *programdan* söz etmiyorum ben," diye açıkladım, "sistemli bir rutin söz ettiğim -çerçevesi ve düzeni olan bir plan... Saate göre yaşaman gerektiğini söylemiyorum -katiyen. Ama bebeğinin hayatına tutarlılık ve düzen getirmen gerek."

Terry'nin hâlâ biraz şüpheci olduğunu görebiliyordum ama yöntemimin Garth'ın sözde sorununu çözmekle kalmayıp ona oğlunun dilini anlamayı öğreteceğinin de güvencesini verdiğimde yelkenleri suya indirmeye başladı. Oğlunu neredeyse her saat başı beslemenin, onun verdiği işaretleri yanlış yorumladığı anlamına geldiğini açıkladım. *Normal hiçbir bebek her saat yemeye ihtiyaç duymaz.* Garth'ın, annesinin tahmin ettiğinden muhtemelen daha etkin beslenen bir bebek olduğunu düşünüyordum. Memeyi ağzından çıkarması "işimi bitirdim" anlamına geliyordu ama annesi onu emmeye zorlamaya çalışıp duruyordu. Aynısını biri *ona* yapsa ortalığı velveleye vermez miydi?

Terry'nin iyiye gitmediğini de görebiliyordum. Akşamüstü saat dörtte hâlâ çiçekli pijamalarıyla dolaşıyordu. Kendine zaman ayıramadığı, duş almak için on beş dakikası bile olmadığı açıkça görülüyordu (Evet, biliyorum tatlım, eğer daha yeni bebeğin olmuşsa, muhtemelen *sen* de saat dörtte hâlâ pijamalarınla dolaşıyorsundur. Ama umarım bebeğin beş haftalık olduğunda bu durumda olmazsın).

Şimdi tam bu noktada duralım (Daha sonra, Terry'nin nasıl başarılı olduğunu size anlatacağım). Terry'nin bir rutin oturtmasına yardımcı olmak belki fazla basit bir çözüm gibi görünebilir. Ama ister inanın ister inanmayın, şikâyet edilen belirli bir mesele ne olursa olsun -beslenme sorunları, düzensiz uyku yapısı veya yanlış tanı konulmuş kolik- genelde sorunun çözülmesi için tüm gereken sistemli bir rutindir. Ve ezkaza hâlâ zor zamanlarınız olursa, en azından doğru yönde bir adım atmış olursunuz.

Terry, Garth'ın işaretlerini farkında olmadan görmezden geliyordu. Oğlunun izleyebileceği bir rutini oturtmak yerine tempoyu *onun* ayarlamasına da izin veriyordu. Evet, bebeğin yönlendirmesini izlemenin günümüzde çok moda olduğunu biliyorum -bir zamanlar bebeklerin yetiştirilmesinde uyulan katı programların bir geri tepmesidir belki bu... Ne yazık ki, bu felsefe, ebeveynlere, herhangi türde bir yapının veya rutinin bebeklerinin doğal dışavurumunu veya gelişimini engelleyeceği şeklinde yanlış bir izlenim veriyor. Ama bu annelere ve babalara şöyle diyorum: "Tanrı aşkına, o sadece bir *bebek*... Kendisi için neyin iyi olduğunu bilemez." (Unutmayın tatlım, bebeğinize saygı duymak ile sorumluluğu onun üstlenmesine izin vermek arasında çok büyük fark var)

Ayrıca, tüm-aile yaklaşımını savunduğum için, ebeveynlere her zaman şöyle diyorum: "Bebeğiniz *sizin* hayatınızın bir parçası, siz onunkinin değil... Eğer bir bebeğin tempoyu ayarlamasına, istediği zaman yiyip istediği zaman uyumasına izin verirsek, altı hafta içinde eviniz kaosa sürüklenir. Bu nedenle, güvenli, tutarlı bir ortam yaratma ve bebeğin izleyebileceği bir tempo ayarlama işine daha en başta başlamayı öneriyorum her zaman... Buna E.A.S.Y. (Easy İngilizce'de "kolay" anlamına gelir (ç.n.) diyorum, çünkü gerçekten kolay...

E.A.S.Y. Herkes için Kolay

E.A.S.Y., bütün bebeklerimle ideal olarak ilk günden oturtmaya başladığım sistemli rutin için kullandığım bir akronimdir. Bunu yaklaşık üç saat sürekli tekrarlayan bir zaman dilimi olarak düşünün; öyle ki her dilimde aşağıdaki bölümlerin her biri şu sırada gerçekleşir:

E-*Beslenme*. Bebeğinizi ister emzirin, ister biberonla besleyin, ister her ikisini birden yapın, beslenme onun birincil ihtiyacıdır. Bebekler küçük yeme makineleridir. Vücut ağırlıklarına göre, obez bir insanın aldığı kalorinin iki ilâ üç katını yerler! (Dördüncü Bölüm'de yemek meseleleri hakkında ayrıntılara ineceğim.)

A-*Aktivite Zamanı*. Üç aylık olana kadar bebeğiniz zamanının yüzde 70'inde muhtemelen besleniyor veya uyuyor olacak. Bunları yapmadığında ise, alt değiştirme masasında, küvette, karyolasında veya bir örtünün üzerinde mırıldanır halde, bebek arabasında gezintide veya araba koltuğunda oturup pencereden dışarıya bakıyor olacak. Bizim açımızdan bakıldığında bunlar pek fazla bir aktivite gibi görünmüyor ama bebeklerin yaptığı *budur* (Aktiviteler hakkında daha fazlası Beşinci Bölüm 'de.)

S-*Uyku*. Uykuları ister mükemmel şekilde düzenli ister tamamen düzensiz olsun, bütün bebeklerin *kendi yataklarında* kendi kendilerine nasıl uyuyacaklarını öğrenmeleri gerekir (bağımsızlıklarını teşvik etmek için) (Daha fazlası Altıncı Bölüm'de.)

Y-*Sizin Zamanınız*. Sonunda -yani bebek uyuduğunda- sıra *size* gelir. Kulağa imkânsız veya mantıksız mı geliyor? Değil. Eğer benim E.A.S.Y. programımı izlerseniz, dinlenmeniz, canlanmanız ve iyileşmeye başladığınızda işleri yoluna koymanız için her birkaç saatte bir "sizin" zamanınız olacak. İlk altı hafta -doğum sonrası dönem- doğum travmasını fiziksel ve duygusal olarak geride bırakıp iyileşmeniz gerektiğini unutmayın. Hayata bıraktıkları yerden geri dönmek için acele eden veya talep üzerine beslenme programları yüzünden dinlenmeye vakit bulamayan anneler bunun bedelini daha sonra ödüyorlar (Bu konuda daha fazlası Yedinci Bölüm'de).

Başka pek çok bebek bakımı yöntemleriyle karşılaştırıldığında E.A.S.Y., çoğu ebeveynin, iki uç nokta arasında gidip gelen ebeveynlik akımlarının delişmen sarkacından kaçıp sığınabileceği, hoş karşılanan bir rahatlama noktası, akla uygun ve pratik bir orta yoldur. Bir uçta bebek "terbiyesinin" tamamen bir mücadele içerdiğine inanan haşin sevgi uzmanları var: Onlara göre bebeklerin feryat etmelerine ve bazen biraz hüsrana uğramalarına izin vermeniz gerekir. Her ağladıklarında kucağınıza alarak bebekleri "şımartmamalısınız" Onları katı bir programa tabi tutup *sizin* hayatınıza, *sizin* ihtiyaçlarınıza uydurmalısınız. Öbür uçta, şu anda daha popüler olan görüşü temsil eden bebeği-izle akımının savunucuları var; annelere bebeklerini "talep üzerine" beslemelerini söylüyorlar ki bence bu terimi açıklamaya gerek yok -sonunda talepkâr bir bebeğe sahip oluyorsunuz. Bu öğretiyi savunanlar iyi uyum sağlayan bir bebeğe sahip olmak için onun her bir ihtiyacını karşılamanız gerektiğine inanırlar... ki, körü körüne takip edildiğinde bu kendi hayatınızdan vazgeçmek anlamına gelir.

Bir E.A.S.Y. Zaman Çizelgesi

Bütün bebekler farklıdır ama doğumdan 3 aya kadar aşağıdaki rutin oldukça tipiktir. Bebeğiniz daha etkili beslenmeye başladıkça ve daha uzun süreler bağımsız oynamaktan hoşnut oldukça, ufak ayarlamalar yapmaktan korkmayın.

Beslenme: Memede veya biberonda 25 ilâ 40 dakika; 2.750

gram veya üzeri ağırlıkta normal bir bebek, bir sonraki beslenme için 2,5-3 saat bekleyebilir.
Aktivite Zamanı: 45 dakika (alt değişimi, giydirme ve günde bir kez güzel bir banyo da dahildir.)
Uyku: Uykuya dalmak için 15 dakika; yarım saat ilâ bir saat süren gündüz uykuları; ilk iki veya üç haftadan sonra geceleri giderek daha uzun süreler uyuyacak.
Sizin Zamanınız: Bebek uyurken sizin için bir saat veya daha uzun süre; bebek büyüdükçe, yemesi daha az zaman aldığında, bağımsız oynadığında ve gündüzleri daha uzun uyuduğunda bu süre uzar.

Doğrusunu isterseniz, iki yaklaşım da işe yaramıyor. Birinde, bebeğinize saygı duymuyorsunuz; diğerinde kendinize saygı duymuyorsunuz. Dahası, E.A.S.Y. için tüm-aile yaklaşımı esastır, çünkü sadece bebeğin değil ailenin her üyesinin ihtiyaçlarının karşılanmasını sağlıyor. Bebeğinizin ihtiyaçlarına saygı duyarak dikkatlice dinleyip gözlemliyorsunuz ve aynı zamanda onu aile hayatına alıştırıyorsunuz. (E.A.S.Y.'nin talep üzerine beslenmeden veya katı bir beslenme programından ne şekilde farklı olduğuna kısa bir bakış için 78. sayfadaki E.A.S.Y. Yöntemine Kısa Bir Bakış tablosuna bakın.)

E.A.S.Y. Neden İşe Yarıyor?

İnsanlar her yaşta alışkanlıklarına bağlı varlıklardır -düzenli bir olay akışı içinde daha iyi iş görürler. Yapı ve rutin günlük hayatın normal olgularıdır. Her şeyin mantıklı bir düzeni vardır. Anneannemin dediği gibi, "Pişmiş aşa su katılmaz." Evlerimizde, işyerlerimizde, okullarımızda, hatta ibadethanelerimizde, bize kendimizi güvende hissettiren yerleşmiş sistemler vardır.

Bir dakikalığına kendi günlük rutinlerinizi düşünün. Bilinçli olarak farkına varmadan, her sabah, akşam yemeğinde ve yatma vaktinde muhtemelen tekrarlayan ritüelleri yerine getiriyorsunuzdur. Bunlardan biri aksadığında ne hissediyorsunuz? Su tesisatındaki sorunun sabah duşunuzu atlamanıza neden olması, yoldaki bir bariyerin işe gitmek için yolunuzu değiştirmenize yol açması veya yemek vaktinizin biraz gecikmesi gibi önemsiz bir şey olsa bile bu tür aksaklıklar tüm gününüzün gidişatını değiştirebilir. O zaman bebekler için durumun neden farklı olması gerekiyor ki? Onların da rutinlere bizim kadar ihtiyaçları var; işte E.A.S.Y. bunun için işe yarıyor.

Bebekler sürprizlerden hoşlanmaz. Onların hassas sistemleri için en iyisi, her gün aşağı yukarı aynı saatte ve aynı sırayla yemeleri, uyumaları ve oynamalarıdır. Ufak kaymalar olabilir ama çok olmamalı... Çocuklar, özellikle küçük çocuklar ve bebekler de sırada neyin olduğunu bilmekten hoşlanırlar. Gizli sürprizler konusunda genelde iyi değildirler. Denver Üniversitesi'nden Dr. Marshall Haith'in görsel algı konusunda çığır açan araştırmasına dikkat edin. Bebeklerin gözlerinin ilk yılda hafif miyop olmalarına rağmen doğuştan itibaren çok eşgüdümlü olduklarını ve TV ekranında öngörülebilir örüntüler gösterildiğinde olacak şeyleri olmadan *önce* beklemeye başladıklarını belirtmiştir. Haith, bebeklerin göz hareketlerini izleyerek şunu göstermiştir: "Bir imge öngörülebilir olduğunda bebek beklentiler oluşturmaya daha istekli oluyor. Onları şaşırttığınız zaman, keyifleri kaçıyor." Bu genelleştirilebilir mi? Kesinlikle, diyor Haith; bebekler rutine ihtiyaç duyar ve onu tercih ederler.

E.A.S.Y. Yöntemine Kısa Bir Bakış

Talep üzerine	**E.A.S.Y.**	**Saatli**
Bebeğin isteklerini izleme Bebek ağladıkça günde 10 ilâ 12 kez besleme	Beslenme, aktivite zamanı, uyku ve "sizin" zamanınızdan oluşmuş 2,5-3 saatlik dilimleri kapsayan **esnek fakat sistemli bir rutin**	Genelde 3-4 saat arayla olacak şekilde düzenli beslenmelerin önceden belirlenmiş bir zaman çizelgesine uyması için saati takip etme
Öngörülemez Yönetim bebektedir	**Öngörülebilir** Ebeveynler bebeğin uyabileceği bir tempo ayarlarlar, bebek de ne bekleyeceğini bilir	**Öngörülebilir ama kaygı uyandırıcı** Ebeveynler, bebeğin uyum göstermeyebileceği bir program yaparlar
Ebeveynler bebeğin işaretlerini yorumlamayı öğrenmezler; pek çok ağlama açlık olarak yanlış şekilde yorumlanır	**Mantıklı olduğu için ebeveynler bebeğin ihtiyacını tahmin edebilirler;** bu nedenle farklı ağlamaları anlama olasılıkları daha fazladır	**Ağlamalar programa uymuyorsa göz ardı edilebilir;** Ebeveynler bebeğin işaretlerini yorumlamayı öğrenmezler
Ebeveynlerin hayatı yoktur programı bebek yapar	Ebeveynler hayatlarını planlayabilirler	Ebeveynlere saat hükmeder
Ebeveynlerin aklı karışmış gibidir; evde genelde kaos vardır	Ebeveynler ebeveynlikleri konusunda kendilerini daha özgüvenli hissederler çünkü bebeklerinin işaretlerini ve ağlamalarını anlarlar	Eğer bebek programa uymazsa ebeveynler sıklıkla kendilerini suçlu, endişeli hatta öfkeli hissederler

E.A.S.Y. bebeğinizi işlemlerin doğal sırasına alıştırır -beslenme, aktivite zamanı ve uyku. Çoğunlukla, bebek memede veya biberonda uyuyakaldığı için yemekten hemen sonra bebeklerini yatağa koyan ebeveynler gördüm. İki nedenden ötürü bunu önermiyorum. Birincisi bebek biberona veya memeye bağımlı hale geliyor ve çok geçmeden uykuya dalmak için buna ihtiyaç duyuyor. İkincisi, *siz* her yemekten sonra uyumak ister misiniz? Tatilde olup koca bir hindiden oluşan akşam yemeğinden kalkmadığınız sürece, muhtemelen hayır... Daha çok, bir öğün yiyip ardından bir aktiviteye geçersiniz. Gerçekten de yetişkinlerin günleri bir sabah öğünü çevresinde düzenlenir; işe, okula veya oynamaya gidilir; öğle yemeği yenir; biraz daha çalışma, okul veya oyun; sonra akşam yemeği yenir, banyo yapılır ve yatılır. Bebeğinize neden aynı doğal akışı sunmayasınız?

Yapı ve düzenleme ailedeki herkese bir güvenlik hissi verir. Yapısı olan bir rutin, ebeveynlerin, bebeklerinin izleyebileceği bir tempo oluşturmalarına ve bebeğin bir sonraki adımı bilmesine yardımcı bir ortam yaratmalarına yarar. E.A.S.Y.'de katılık yoktur -bebeği dinleriz ve onun spesifik ihtiyaçlarına cevap veririz- ama bebeğin gününü mantıklı bir düzen içinde tutarız. Zemini bebek değil *biz* hazırlarız.

Örneğin, akşamleyin, saat beş veya altıdaki beslenmede (*E*), çocuk odasında veya en azından evde onun öğünlerine ayrılmış, havada dolaşan mutfak kokularından, yüksek seste müzikten ve diğer çocukların gürültüsünden uzak sessiz bir köşede bebeğe meme veya biberon verilir. Sonra aktivite aşamasına (*A*) geçeriz ki akşam vakti söz konusu olduğunda bu, bebeğe banyo yaptırmak demektir. Bu, her seferinde aynı şekilde yapılır (bakınız sayfa 243-245). Pijamaları veya geceliği giydirilen bebek için nihayet yatma vakti gelir (*S*), dolayısıyla yatak odasındaki ışıkları kısarız ve sakinleştirici bir müzik koyarız.

Bu basit planın güzelliği her adımda bebeğin ve diğer herkesin bir sonraki adımın ne olacağını bilmesidir. Bunun anlamı, anne ile babanın da *kendi* hayatlarını planlayabilmeleridir. Öbür kardeşler geri plana atılmaz. Sonuçta, herkes ihtiyacı olan sevgiyi ve ilgiyi görür.

E.A.S.Y. ebeveynlerin bebeklerini yorumlamalarına yardımcı olur. O kadar çok bebekle ilgilendim ki onların dilini biliyorum. Bir bebeğin "Açım -beni besle," anlamında ağlaması "Altım kirli -bezimi değiştir" veya "Yoruldum -sakinleşip uyumama yardım et," anlamındaki ağlamalardan çok farklıdır. Amacım, ebeveynlerin de bebek dilini anlayabilmeleri için *nasıl* dinleneceğini ve gözlemleneceğini öğrenmelerine yardımcı olmaktır. Ama bu, zaman, alıştırma ve biraz da deneme-yanılma gerektirir. Bu arada, E.A.S.Y. ile, bebeğinizin dilini akıcı bir şekilde kullanmaya başlamadan *önce* de akıllı tahminlerde bulunabilirsiniz (Bir sonraki bölümde bebeklerin hareketlerinin, ağlamalarının ve çıkardıkları diğer seslerin nasıl yorumlanacağını daha fazla açıklayacağım).

Örneğin, diyelim ki bebeğiniz beslenmiş (*E*) ve son yirmi dakikadır oturma odasında bir örtünün üstünde, gözlerini siyah-beyaz dalgalı çizgilere dikmiş yatıyor (bu, onun oynama şekli olduğu için *A*). Eğer birdenbire ağlamaya başlarsa, muhtemelen fazla yorulduğundan ve bir sonraki adıma hazır olduğundan epeyce emin olabilirsiniz: uyku (*S*). Ağzına bir şeyler sokuşturmak, onu arabayla gezintiye çıkarmak veya o titreşimli sandalyelerden veya salıncaklardan birine koymaktansa (bunlar onu daha da mutsuz etmekten başka bir işe yaramaz -nedenlerini sayfa 276'da açıklayacağım), onu yatağına yatırırsınız, önce ortamı ayarlarsınız ve sonra -presto!- kendi başına uykuya dalar.

E.A.S.Y. bebeğiniz için sağlam ama esnek bir temel oluşturur. E.A.S.Y. ebeveynlerin bebeklerinin huylarına ve aynı derecede önemli olarak kendi ihtiyaçlarına göre ayarlayabilecekleri birtakım yol göstericiler ve rutinler belirler. Örneğin, küçük Greta'nın annesi June'a E.A.S.Y.'nin *dört* farklı versiyonunda yardımcı olmam gerekti. June sadece ilk üç ay emzirdi ve sonra Greta'yı hazır mamaya geçirdi. Beslenme yöntemindeki böyle bir değişiklik sıklıkla rutinde bir değişiklik yapılmasını gerektirir. Dahası, Greta Huysuz bebekti ve annesinin onun o çok kesin tercihlerine nasıl alışacağını öğrenmesi gerekiyordu. İşleri daha da karışık hale getirecek şekilde June da gözü hep saatte olan biriydi; Greta tam olarak onun planladığı şekilde cevap vermediğinde kendini çok suçlu hissediyordu. Bütün bu faktörler ele alındığında, uygun şekilde değişiklik ve düzenleme yapmaya duyduğumuz ihtiyaç anlaşılabiliyor.

Her ne kadar sıra her zaman aynı şekilde -beslenme, aktivite zamanı ve uyku- korunsa da bebek büyüdükçe de değişikler olur. İkinci Bölüm'de yenidoğan için tipik bir E.A.S.Y. zaman çizelgesi verdim; bu çizelge genelde bebek yaklaşık üç aylık olana kadar geçerlidir. O noktada çoğu bebek daha uzun süre uyanık kalmaya, gün içinde daha az uyumaya, daha etkili biçimde emmeye ve beslenmesi daha az zaman almaya başlar. Ama o zaman itibarıyla bebeğinizi daha iyi tanıyor olursunuz ve rutininizi ayarlamak daha kolaylaşmış olur.

E.A.S.Y. işbirliğine dayalı ebeveynliği kolaylaştırır -bir eş olsun veya olmasın. Yenidoğanın bakımını birincil olarak üstlenen kişinin -genelde anne- kendine ayıracak zamanı olmaz, büyük ihtimalle bundan yakınır veya yükü paylaşmadığı gerekçesiyle eşine kızar. Ziyaret ettiğim o kadar çok evde bu güçlüklerin ortaya çıkıverdiğini görüyorum ki... Hiçbir şey, sıkıntılarını eşine açmaya çalışan bir yeni anneyi "Ne şikâyet ediyorsun? Yaptığın tek şey bebeğe bakmak" sözlerini duymak kadar çileden çıkaramaz.

"Bütün gün onu kucağımda dolaştırmak zorunda kaldım. İki saattir ağlıyor," diyor anne.

Annenin gerçekten istediği şey şöyle güzel bir yakınmak; sonra konu kapanacak. Ama eşinin aklında çözümler var ve durumu düzeltmek istiyor, bunun için de "Sana bir sling alayım" veya "Onu niye yürüyüşe çıkarmadın?" gibi bir öneri getiriyor. Sonunda anne öfkeleniyor ve yeterince takdir edilmediği hissine kapılıyor. Eşinin annenin nasıl bir gün geçirdiği hakkında en ufak bir fikri yoktur; düşünebildiği tek şey şudur: *"Bu kadın benden ne istiyor?"* Bir kocanın şu anda yapmayı en çok istediği şey bir gazetenin arkasına saklanmak veya televizyonu açıp tuttuğu takımın maçını izlemektir. O noktada, kadının öfkeden deliye dönmesi muhtemeldir ve ikisi de bebeğin ihtiyaçlarıyla ilgilenmek yerine kendi dertlerine düşerler.

E.A.S.Y. imdada yetişir! Ortada bir yapı varken, baba, annenin nasıl bir gün geçirdiğini bilir ve aynı derecede önemli şekilde, rutinin parçası olabilir. Erkeklerin en iyi işi, kendilerine kesin görevler verildiğinde çıkardıklarını gördüm. Dolayısıyla eğer baba saat altıda evde olacağını bilirse, siz rutininize bakıp onun hangi görevleri üstleneceğine karar verirsiniz sadece... Pek çok erkek banyo yaptırmayı ve akşam beslenmelerini üstlenmeyi seviyor. Her ne kadar çok daha seyrek görülse de küçük çocuklu ailelerin neredeyse yüzde 20'sinde baba gün boyunca evde oluyor, işten eve dönense anne oluyor. Her iki durumda da benim önerim ev dışındaki kişi eve döndüğünde üçünüzün birlikte yarım saat geçirmesidir. Sonra bütün gün evde olan kişiyi bir yürüyüşe çıkmaya teşvik edin -şöyle bir rahatlasın...

> ***İPUCU**: İşten eve döndüğünüzde, bütün günü ofiste geçirmiş olsanız bile, daima üstünüzü değiştirmelisiniz. Dışarıdaki kokular kıyafetlere siner ve bebeğin hassas duyularını rahatsız edebilir (hem siz de kıyafetleriniz kirlenecek diye endişelenmezsiniz).*

Ryan ile Sarah'nın durumunda, E.A.S.Y., Teddy bebek için neyin "en iyi" olduğu konusundaki sık tartışmaları azalttı. Sarah'nın Teddy'yi bir rutine sokmasına ilk yardım ettiğimde Ryan çok fazla seyahat ediyordu. Eve geldiğinde, anlaşılabilir bir şekilde, küçük oğlunu kucağına alarak ve onunla itişip kakışarak bol bol zaman geçirmek istiyordu. Küçük Teddy'nin, babasının onu kucağında dolaştırmasına alışması uzun sürmedi; üç haftalık olduğunda Sarah'nın Teddy'yi yatırması neredeyse imkânsız hale gelmişti. Baba, farkında olmadan, Teddy'ye, özellikle gündüz uykularından ve gece yatma vaktinden önce epeyce kucağa alınmayı beklemeyi öğretmişti. Sarah beni aradığında ona, özellikle kocası tekrar seyahate gideceği ve zavallı anneyi kucakta taşıma işiyle baş başa bırakacağı için, Teddy'yi, benim tabirimle bir insan "aksesuar" olmadan (bakınız Altıncı Bölüm) uyuyabilmesi için neler yapması gerektiğini anlattım. Çok küçük olduğu için Teddy'yi tekrar düzene sokmamız yalnızca iki gün aldı. Neyse ki Ryan E.A.S.Y.'yi anladı, dolayısıyla bir sonraki seyahatten döndüğünde o ve karısı işbirliği yaptılar.

Peki ya bekâr anneler ve babalar? Kuşkusuz başlarda genelde zor zamanlar geçiriyorlar çünkü onları rahatlatmak için hazırda bekleyen kimse olmuyor. Ama otuz sekiz yaşındaki Karen, zaman zaman duygusal anlamda kendini ezilmiş hissetmenin dışında, aslında kendisinin bazı çiftlerden daha iyi durumda olduğunu düşünüyordu. "Ne yapılması veya nasıl yapılması gerektiği konusunda kavga edecek kimse yok," diye gözlemlemişti. Başkalarını yardıma çağırmaktansa Matthew'u E.A.S.Y.'ye alıştırmak Karen için işleri gerçekten daha az karmaşık hale getirmişti. "Her şeyi yazmış olduğum için," diye anımsıyor, "ne zaman arkadaşlar veya aileden birileri bebeğe bakıcılık yapsa Matthew'un neye ihtiyacı olduğunu, gündüz uykularının zamanını, ne zaman oyun oynadığını vb. tam olarak bilebiliyorlardı. Tahmine dayalı hiçbir şey yoktu."

İPUCU: *Eğer bekâr bir ebeveynseniz, arkadaşlar cankurtarandır. Çocuk bakımı konusunda yardım edemeyen veya bunu yapmak istemeyen arkadaşlarınıza, ev işlerinde, market alışverişinde veya başka ayak işlerinde yardımcı olmaları için liste yapın. Onlardan bunu istemeniz gerektiğini unutmayın. Başkalarının aklınızı okumasını bekleyip de sonra bunu yapmadıklarında onlara kırılmayın.*

Nasıl Devam Edecekseniz Öyle Başlayın

Sistemli bir rutin fikrinin, arkadaşlarınızdan duyduklarınıza veya kitaplarda okuduklarınıza ters düşebileceğinin farkındayım. Minik bir bebek için günü planlama fikri çoğu çevrede yaygın değil -hatta kimileri bunun zalimce olduğunu düşünüyor. Ne var ki akrabalarınız ve arkadaşlarınız gibi yine o aynı kitapların bazıları da genelde üçüncü ayda bir tür rutin oturtmayı öneriyor. O mantığa göre o zamana kadar bebeğinizin ihtiyacı olan kiloyu almış olduğunu ve oldukça muntazam bir uyku düzeni sergilemiş olduğunu biliyorsunuz.

İyi ama niye bekleyesiniz ki? O zamana kadar kargaşa gelip yerleşmiş olur genelde... Ayrıca, bebek üç aylık olduğunda düşünceye dayalı hiçbir şey otomatik olarak ortaya çıkmaz. Çoğu bebeğin o zamana dek birtakım gelişimsel adımları gerçekleştirmiş olacağı doğrudur ama rutin yaşla ilgili bir olgu değildir -rutin, öğrenilen bir şeydir. Bazı bebekler, genellikle de Melek veya Kitap türündekiler o zamandan çok daha önce kendilerini bir programa oturturlar. Diğerleri bunu yapmayabilir. Üç ay itibarıyla, düzenin oturması yerine, yeme ve uyku "sorunları" olarak yorumlanan şeyleri geliştirmiş olurlar *-bebekliğin daha en başında bir yapıya oturtulsalar tamamen engellenebilecek veya en azından asgariye indirilebilecek olan güçlüklerdir bunlar...*

E.A.S.Y. ile bebeğinize kılavuzluk edersiniz ve aynı zamanda ihtiyaçlarını öğrenirsiniz. Üç aylık olduğunda düzenini öğrenmiş olursunuz ve dilini anlarsınız. Ve bebeğinizde hemen iyi alışkanlıklar oluşturmaya başlayabilirsiniz. Anneannemin bana öğrettiği gibi, *nasıl devam edecekseniz öyle başlayın.* Yani, ailenizin nasıl görünmesini istediğinizi düşünün ve bebeğiniz hastaneden eve geldiğinde o şekilde başlayın. Şöyle söyleyeyim: Eğer benim bebeğin ihtiyaçlarının karşılandığı ve aynı zamanda bebeğin aile hayatınıza derhal dahil edildiği tüm-aile ebeveynliği fikrimi benimsemek istiyorsanız E.A.S.Y. yöntemimi kullanın. Başka bir yaklaşımı tercih ederseniz -bu da sizin hakkınızdır- ona devam edin.

Ama sorun şu ki ebeveynler genelde seçim yaptıklarının farkında olmuyorlar -benim "hatalı ebeveynlik" dediğim şeye kayıyorlar. İlk birkaç hafta geçene dek gerçekten istediklerinin bu olup olmadığına karar vermek için düşünmüyorlar ya da davranışlarının ve tutumlarının bebekleriyle olan ilişkilerini nasıl etkilediğinin bilincinde olmayabiliyorlar. Nasıl devam edeceklerse öyle başlamıyorlar (Hatalı ebeveynlik ve bunun neden olabileceği sorunların çözümü hakkında daha fazlası Dokuzuncu Bölüm'de yer alıyor).

Doğruyu söylemek gerekirse, zor durumları yaratan genelde bebekler değil, yetişkinler... Bir ebeveyn olarak liderlik her zaman sizde olmalı... Ne de olsa, siz bebeğinizden daha iyisini biliyorsunuz! Bebeklerin kendi emsalsiz huylarıyla doğdukları gerçeğine rağmen, ebeveynlerin hareketleri bir fark *yaratıyor.* Kargaşa yüzünden akılları karıştığı için serseri mayınlara dönen Melek ve Kitap bebekler gördüm. Bebeğinizin tipi ne olursa olsun, geliştirdiği alışkanlıkların *sizin* elinizde olduğunu unutmayın. Ne yaptığınızı enine boyuna düşünün.

İşi *kendi* rutinleriniz açısından düşünmenin de yararı var. Her zamanki programınız beklenmedik bir olay veya engel yüzünden bozulduğunda size neler oluyor? Asabileşiyorsunuz ve bıkkınlık hissediyorsunuz, belki de deliye dönüyorsunuz ki bu da iştahınızı ve uyku kalitenizi etkileyebiliyor. Yeni doğmuş bebeğiniz için de durum aynı; sadece o kendi rutinini belirleyemiyor. Bunu onun yerine sizin yapmanız gerekiyor. Bebeğin izleyebileceği makul bir plan oluşturduğunuzda, bu ona kendisini daha güvende, size de kendinizi daha az yük altında hissettirecektir.

Bilinçli (Farkında) Ebeveynlik

Budistler "farkındalık" diye bir durumdan söz ederler; anlamı, çevrenizle tam olarak ilgilenmek ve her anın içinde tam olarak var olmaktır. Bu fikri yeni doğmuş bebeğinize ebeveynlik yapma şeklinize uygulamanızı öneriyorum. Yerleştirmekte olduğunuz alışkanlıkların daha bilincinde olmaya çalışın.

Örneğin, uyutmak için bebeklerini kucaklarında gezdiren ebeveynlere aynı şeyi yarım saat süreyle on kiloluk bir patates çuvalıyla yapmalarını öneriyorum. Birkaç ay sonra yapmayı istediğiniz şey bu mu?

Bebekleri eğlendirmek için sürekli tepelerinde dikilip duranlara, "Bebek biraz daha büyüdüğünde hayatınızın nasıl olmasını istiyorsunuz?" diye soruyorum. İster işe dönmeyi isterseniz evde kalmayı planlayın, bebek sürekli olarak sizin ilginize ihtiyaç duyarsa mutlu olacak mısınız? Kendinize de biraz zaman ayırmanız sizce iyi olmaz mı? Eğer öyleyse, onun bağımsızlığını desteklemek için şimdi adımlar atmalısınız.

Oluruna Bırakanlar ve Dakikler

Ebeveynler bazen sistemli bir rutin fikrine başta itiraz ediyorlar. "Bebeğinizin günlük hayatına derhal bir yapı getireceğiz," dediğimde dehşete düşüyorlar.

"Ah, hayır!" diye bağırabiliyor anne veya baba... "Kitaplar liderliği bebeğe bırakmamızı ve onun bütün ihtiyaçlarının karşılanmasını sağlamamızı söylüyor. Aksi takdirde güvende hissetmez." Bir şekilde, bebeği bir rutine sokmanın ya onun doğal ritmini görmezden gelmek ya da onu ağlamaya terk etmek anlamına geldiği yönünde yanlış bir düşünceye sahipler... Bunun tam tersinin geçerli olduğunu fark etmiyorlar: E.A.S.Y.'yi kullanmak, ebeveynlerin, bebeklerini yorumlamada ve onların ihtiyaçlarını karşılamada daha iyi hale gelmelerine yardım eder.

Bazı ebeveynler de, *kendi* hayatlarındaki bütün doğaçlamayı alıp götüreceğine inanmış oldukları için sistemli bir rutin fikrini önemsemezler. Yakın zaman önce böyle düşünen genç bir çifti ziyaret ettim. Yaşam tarzlarına dair her şey -görüntüledikleri manzarayı "doğal" ebeveynlik olarak benimseyen yirmilerindeki -otuzlarındaki pek çok çiftte tipik olduğu üzerebana kendilerini sınırlar ardına koymak istemediklerini söylüyordu. Eski bir diş sağlığı uzmanı olan Chloe, ebe yardımıyla evde doğum yapmıştı. Bilgisayar üstadı Seth kendi isteğiyle esnek bir iş alarak zamanın çoğunda evden çalışmasına olanak sağlamıştı; böylece çocuk bakımını eşiyle paylaşabilecekti. Ve "Küçük Isabella genelde ne zaman emiyor?" ve "Gündüzleri ne zaman uyuyor?" gibi sorular sorduğumda ikisi de akılları karışmış halde bana baktı. Bir süre sonra Seth nihayet cevap verdi: "Şey, bu, *bizim* günümüzün nasıl olduğuna bağlı..."

Başta E.A.S.Y.'ye direnen çiftler, Oluruna Bırakan/Dakik dediğim akımların iki karşıt ucunda olma eğilimi gösteriyorlar. Bazı doğaçlamacılar, Chloe ile Seth'in yaptığı gibi, rüzgara göre yaşama tarzlarına değer veriyor. Diğerleri yapıları gereği düzensiz olabiliyor ve *değişemeyeceklerini* düşünüyorlar (Birazdan öğreneceğiniz gibi bu doğru değil). Ya da Terry gibi olabiliyorlar -önceden yapısı olan bir hayat tarzını çok daha gevşek bir düzenlemeye dönüştürmeye çalışan ebeveynler... Her durumda, "sistemli bir rutin" dediğim zaman onların *duydukları* "program" oluyor ve zaman çizelgelerini, saati takip etmeyi *düşünüyorlar.* Yanlış bir biçimde onlardan doğaçlamanın hayatlarındaki bütün izlerini terk etmelerini istediğimi sanıyorlar.

Kendi hayatlarında tamamen düzensiz veya epeyce oluruna bırakan bir tarzı benimsemiş ebeveynlerle karşılaştığımda, onlara dürüstçe şöyle diyorum: "Bir çocuğa iyi alışkanlıklar aşılayabilmeniz için önce onlara siz sahip olmalısınız. Size bebeğinizin ağlamalarını nasıl yorumlayacağınızı ve ihtiyaçlarını nasıl karşılayacağınızı öğretebilirim ama uygun bir ortam sağlamak için siz de en azından birkaç adım atmadığınız sürece bu bebeğe hiçbir zaman bir güvenlik ve huzur hissi veremezsiniz."

İpin diğer ucunda dakikler, ikisi de Hollywood'da üst düzey yönetici olan Dan ile Rosalie gibi katı kuralcı ebeveynler var. Evleri tertemizdir, kendi zamanları kesin dakikalarla ölçülür. Rosalie'nin dokuz ayı boyunca, bebeklerinin tam olarak uyum sağlayacağını düşünmüşlerdi. Ama küçük Winifred geldikten birkaç hafta sonra baktılar ki işler umdukları gibi gitmiyor. "Winnie programına uyma konusunda genelde iyi -ama bazen daha erken uyanıyor veya yemesi daha uzun sürüyor," diye açıkladı Rosalie... "O zaman bütün günümüz mahvoluyor. Onu nasıl tekrar düzene sokacağımı öğretebilir misiniz?" Rosalie ile Dan'e her ne kadar tutarlılığın önemini vurgulasam da esnekliğe de inandığımı anlatmaya çalıştım. Onlara "Kendinizi bebeğinizin işaretlerine göre ayarlamalısınız," dedim. "Bebeğiniz dünyaya yeni yeni alışıyor. Ondan *sizin saatlerinize* dakikası dakikasına uymasını bekleyemezsiniz."

Çoğu ebeveyn sonunda anlıyor. Başta E.A.S.Y.'yi reddetmiş olan anneler ve babalar, kendi yollarını denedikleri birkaç hafta veya ay sonrasında, hayatları karman çorman olduğu için veya ellerinde huysuz bir bebek tutup onun neye ihtiyacı olduğunu bilemedikleri için -ya da her iki nedenle beni aradıklarında hiç şaşırmıyorum. Eğer bir anne öncesinde çok düzenli ve etkili bir dakik idiyse ve bebeğini kendi eski hayatına uydurmaya çalışıyorsa, bunun neden olmadığını genelde anlamıyor. Ya da bebeğini izleme yolunu seçmiş bir doğaçlamacıysa, sorumluluğu aciz bir bebeğin üstlenmesine izin verip bir duş almaya, giyinmeye, hatta nefes almaya neden zaman bulamadığını merak ediyor! Eşiyle haftalardır sohbet etmemiş veya birlikte bir öğün bile yememiştir. Her iki durumda da cevabım şu: E.A.S.Y. ile kaosu huzura çevirin -ya da kontrol ihtiyacınızın bir kısmını bırakın gitsin...

Sizin OBDF (Oluruna Bırakan/Dakik Faktörü) Değeriniz Nedir?

Elbette, bazılarımız yapımız gereği dakik insanlarız, diğerleri hayatı uçlarda yaşamaktan hoşlanır ve tamamen doğaçlama yaşarlar ve çoğu ortalarda bir yerde yer alır. Ya *siz*? Bunu öğrenmek için, Oluruna Bırakan/Dakik aralığında nerede olduğunuzu öğrenmenize yardımcı olabilecek kısa bir anket tasarladım. Her madde, son yirmi yıl zarfında tanıştığım farklı pek çok ailenin evinde gördüklerime dayanıyor. Ebeveynlerin evlerini nasıl çekip çevirdiklerini ve günlük hayatlarını nasıl idare ettiklerini gözlemleyerek, bebek geldiğinde sistemli bir rutine ne kadar uyum sağlayacaklarını neredeyse tam olarak söyleyebilirim.

OBDF (Oluruna Bırakan/Dakik Faktörü)

Her soruda sizi en iyi tarif eden rakamı işaretleyin. Aşağıdaki anahtarı kullanın:

5 = Her zaman
4 = Genellikle evet

3 = Bazen
2 = Genellikle hayır
1 = Hiçbir zaman

Bir programa göre yaşarım.
5 4 3 2 1

İnsanların uğramadan önce aramalarını tercih ederim.
5 4 3 2 1

Alışveriş yaptıktan veya çamaşır yıkadıktan hemen sonra her şeyi yerine yerleştiririm.
5 4 3 2 1

Günlük ve haftalık işlerimi öncelik sırasına koyarım.
5 4 3 2 1

Çalışma masam çok düzenlidir.
5 4 3 2 1

İhtiyacım olacağını bildiğim gıda malzemeleri ve diğer malzemeler için haftalık alışveriş yaparım.
5 4 3 2 1

İnsanların geç kalmalarından nefret ederim.
5 4 3 2 1

Programımı fazla doldurmamaya dikkat ederim.
5 4 3 2 1

Bir projeye başlamadan önce kullanacağım her şeyi hazırlarım.
5 4 3 2 1

Dolaplarımı düzenli aralıklarla temizleyip düzenlerim.
5 4 3 2 1

Günlük bir işi bitirdiğim zaman kullandığım her şeyi yerine kaldırırım.
5 4 3 2 1

Önceden planlama yaparım.
5 4 3 2 1

OBDF değerinizi bulmak için (Oluruna Bırakan/Dakik Faktörü), puanlarınızı toplayıp 12'ye bölün. Toplam puanınız 1 ile 5 arasında olacaktır ki bu süremde nerede yer aldığınızı gösterecek. Bu neden önemli? İki uçtan birinde yer alıyorsanız, ya biraz katı uçta ya da fazla oluruna bırakan uçta olduğunuz için benim E.A.S.Y. yöntemimle başta sıkıntı yaşayan o ailelerden biri olabilirsiniz. Bu, sistemli bir rutin *uygulayamayacağınız* anlamına gelmez, sadece süremin ortalarında yer alan ebeveynlere göre E.A.S.Y. üzerinde biraz daha fazla düşünmeniz ve ona karşı biraz daha sabırlı olmanız gerekebileceği anlamına gelir. Aşağıdaki tanımlamalar puanınızı ve karşılaşabileceğiniz güçlükleri açıklar:

5 ilâ 4: Muhtemelen düzenli birisiniz. Her şey için bir yeriniz var ve her şeyin yerli yerinde olmasından hoşlanıyorsunuz. Sistemli rutin fikriyle ilgili hiçbir sıkıntı duymadığınızdan eminim -hatta bunu memnuniyetle karşılıyorsunuz. Ne var ki esnekliği gününüze dahil etmek ve/veya bebeğinizin huyunda ve ihtiyaçlarında bir faktör olarak rol oynayabilecek her zamanki uygulamalarınızda değişiklikler yapmak size zor gelebilir.

4 ilâ 3: Temizlik veya düzen konusunda fanatik olmamaya

çalışsanız da epey düzenli birisiniz. Bazen evinizin ve ofisinizin biraz dağılmasına izin veriyorsunuz ama sonunda düzeni tekrar sağlamak için eşyaları yerlerine kaldırıyor, etrafı toparlıyor, evrakları dosyalıyor veya yapılması gereken başka ne varsa yapıyorsunuz. Bebeğinizi E.A.S.Y. rutinine sokmak sizin için büyük olasılıkla nispeten stressiz bir süreç olacak. Ve zaten biraz esnek olduğunuz için, bebeğinizin başka fikirleri olması durumunda da uyum sağlamakta zorlanmayacaksınız.

3 ilâ 2: Biraz dağınık ve düzensiz olma eğilimindesiniz ama ümitsiz vaka olmaktan da uzaksınız. Sistemli bir rutini idare etmek üzere, izlenen yolu kaybetmemek için rutini bilfiil *yazmanız* gerekebilir. Her gün, bebeğinizin tam olarak ne zaman yemek yediğini, oynadığını ve uyuduğunu not edin. Sizin yapmanız gereken şeylerin listesini de yapmak isteyebilirsiniz. (103. sayfada size yardımcı olacak bir form sundum.) İyi haber şu ki siz birazcık kaosa zaten alışkınsınız, dolayısıyla bebekli hayat *o kadar da* büyük bir sürpriz olmayabilir.

2 ilâ 1: Siz, sadece içgüdülerine göre yaşayan tipte gerçek bir oluruna bırakansınız. Sistemli bir rutini idare etmek epey bir zorlu olacak. Her şeyi *kesinlikle* yazmanız gerek ki bu da hayat tarzınızda radikal bir değişiklik anlamına geliyor. Ama ne var biliyor musun tatlım? Bebek sahibi olmak da bir o kadar radikal!

Bir söz vardır: leoparlar beneklerini değiştiremez. Neyse ki, ebeveynler leoparlar gibi değildir. Birkaç nadir vakanın olduğu istisna dışında (E.A.S.Y. Zor Geldiğinde başlığına bakın), çoğumuz yaradılışımızı *değiştirebiliriz*. Süremin ortalarında yer alan ebeveynlerin, belki de yapıları gereği en esnek grup oldukları için, rutini hemen kavradıklarını görüyorum. Düzenin yararlarını takdir edebiliyorlar ve aynı zamanda biraz kaosu da hoş görebiliyorlar. Eğer kendilerini mükemmeliyetçilik mücadelelerinden kurtarabilirlerse üstün başarılı veya fazla titiz davranan ebeveynler de, yönetimle ilgili ve düzenli olduğu için bu yöntemle huzur bulabiliyorlar. Ancak genelde biraz daha esnek olma yönünde çaba göstermeleri gerekiyor. En düzensiz ebeveynlerin E.A.S.Y.'nin mantığını ve yararlarını kavradıklarını görmek de bana büyük keyif veriyor.

E.A.S.Y. Zor Geldiğinde

Nadirdir ama bazı ebeveynler sistemli bir rutini oturtmada çok zorlanırlar. Genellikle bunun nedeni aşağıdakilerden biridir:

- **Perspektifleri zayıftır.** İşe daha büyük bir perspektiften bakılacak olursa, bebeklik göz açıp kapayıncaya dek biter. E.A.S.Y.'yi ömür boyu hapis cezası gibi gören ebeveynler yakınıp sızlanırlar ve bebeklerini asla anlayamaz ve onun keyfini süremezler.
- **Kendilerini adamamışlardır.** Rutininiz zamanla değişebilir ya da sizin çocuğunuzun veya kendi ihtiyaçlarınızın gerektirdiği ayarlamalar yapmak durumunda kalabilirsiniz. Yine de her gün o yapıyı üç aşağı beş yukarı olduğu gibi muhafaza etmeniz gerekir -beslenme, aktivite zamanı, uyku ve sizin zamanınız. Biraz sıkıcı görünebilir ama işe yarıyor.
- **Pratik bir orta yol tutturamazlar.** Ya bebeği kendi ihtiyaçlarına uydurmaya inanırlar ya da evde bebeğin (ve kaosun) hüküm sürdüğü her-zaman-hep-bebek felsefesini benimserler.

Hannah. İlk tanıştığımda OBDF değeri 5 olan Hannah uzun yol katetti. Bebeğini saate göre beslediğini söylerken bunu kelimenin gerçek anlamıyla söylüyorum. Müzmin bir kuralcı olan Hannah'ya, hastanede, küçük Miriam'ı her memede on dakika emzirmesi söylenmiş (ki buna kesinlikle inanmıyorum; 169. sayfaya bakın) ve o da tam olarak bunu yapıyordu. Ne zaman bebeği emzirse saati kuruyordu. O korkunç zil sesiyle Miriam'ı memesinden ayırıp öbür memeye geçiriyordu. On dakika sonra zil yine çalıyor ve Miriam memeden koparılıp gündüz uykusu için alelacele odasına götürülüyordu. Hannah, açıklama yaparken beni dehşetler içinde bırakarak saati yeniden kurdu: "On dakikada bir odasına gidiyorum. Eğer hâlâ ağlıyorsa, onu rahatlatıyorum. Sonra onu on dakika daha bırakıyorum ve sonunda uykuya dalıncaya kadar bunu bu şekilde tekrar ediyorum." (Lütfen unutmayın, Miriam'ın o on dakikanın *dokuzunda* ağlamasının önemi yok; önemli olan saat!)

Elimden geldiğince nazik ve hassas bir ses tonuyla "At şu lanet saati!" dedim. "Miriam'ın ağlamalarını dinleyip ne söylemeye çalıştığını anlayalım. Beslenmesini gözlemleyeceğiz, küçük bedenini izleyeceğiz ve verdiği işaretlerle neye ihtiyacı olduğunu bize anlatmasına izin vereceğiz." Hemen E.A.S.Y. rutinimi açıkladım ve Hannah'nın onu oturtmasına yardımcı oldum. Annenin buna alışması birkaç hafta aldı (elbette Miriam anında rahatladı) ama çok geçmeden Miriam beslenip biraz biraz kendi kendine oynamaya başladı. Sadece yorgunluk belirtileri gösterdiğinde Hannah Miriam'ın karyolasına yöneliyordu.

Terry. Her ne kadar sistemli bir rutin fikri onu başta dehşete düşürmüş olsa da Terry'nin süremdeki puanı 3,5 idi. Şahsen, 4'e daha yakın olabileceğini düşünüyorum çünkü yıllarını nüfuzlu bir yönetici olarak geçirmişti. Belki de sorulara verdiği cevaplar Terry'nin nasıl olmak *istediğini* yansıtıyordu. Buna karşın bir kez kendi direnişini aşınca, ilk olarak Garth'ın beslenmelerini düzene sokmaya odaklandık. Terry'nin, bebeğinin oldukça etkili bir şekilde emdiğini ve göğsüne her takılıp kaldığında amacının emmek olduğunu anlamasına yardımcı oldum. Çok geçmeden, Terry, bebeğinin açlık ağlamaları ile aşırı yorgunluk ağlamaları arasındaki farkı daha iyi anlamaya başladı -ve inanın bana farklılar... Ona, Garth'ın beslenmelerini, aktivite zamanını, gündüz uykularını -ve aynı şekilde kendi zamanını- gösterecek bir günlük kayıt tutmasını da tavsiye ettim (bakınız sayfa 103). Yapının olması, gününün akışını yazılı halde görmesi ve ne bekleyeceğini bilmesi Terry'nin, Garth'ın ağlamalarını yorumlamada ustalaşmasına yardımcı oldu ve kendisine zaman ayırabilmesini de sağladı. Kendisini daha iyi bir ebeveyn gibi hissetti -aslında, hayatındaki her alanda kendisini daha iyi hissetti.

İki hafta sonra aradı. "Daha saat sabahın on buçuğu, Tracy -ve ben kalktım, giyindim, dışarı çıkıp ayakişlerimi yapmaya hazırım," dedi gururla... "Komik olan ne biliyor musun, doğaçlama yaşayayım diye kendimi o kadar hırpalamama karşın hayatım tamamen tahmin edilemez durumdaydı. Asıl şimdi doğaçlama yaşayacak zamanı bulabiliyorum!"

Trisha ve Jason. İkisi de evden çalışan danışmanlar olan Trisha ve Jason Oluruna Bırakan/Dakik süremin 1 değerindeki ucuna yakındılar. Otuzlu yaşlarının ortalarında sevimli bir çifttiler ama birlikte oturma odalarında oturduğumuz daha ilk görüşmemizde, bayat çörekleri, kirli kahve fincanlarını, oraya buraya saçılmış kâğıtları görmemek için her birinin kendine ait ofislerinin kapılarını kapatmaya mecbur hissettim kendimi... Açıkça, bu evde kaos hüküm sürüyordu. Her yerde sandalyelerin üstünde kirli çamaşırlar vardı ve yere de aynı şekilde çoraplar, kazaklar ve günlük hayatın çeşitli eşyaları saçılmıştı. Mutfak dolapları açıktı ve evyede kirli bulaşıklar sıralanmıştı. Görünüşe göre bunların hiçbiri Trisha'yı veya Jason'u rahatsız etmiyordu.

İnkâr yoluna giden bazı çiftlerden farklı olarak, o zaman dokuzuncu aylarında olan Jason ile Trisha, kızları geldiğinde her şeyin farklı olacağını biliyordu. Bebekleri geldiğinde hayat tarzlarında yapmaları gerekecek somut ve spesifik değişikliklerin neler olduğunu anlamalarına yardım ettim. Bebekleri için aşırı uyarıya maruz kalmadan beslenebileceği, oynayabileceği ve uyuyabileceği kendine ait dokunulmaz yerler yaratılması gerekmekle kalmayacak, Trisha ve Jason'un bebeklerinin istikrar için duyacağı ihtiyaca da saygı göstermeleri gerekecekti.

Elizabeth bir Cumartesi günü doğdu ve ertesi gün eve geldi. Onlara, el altında olmasına ihtiyaç duyacakları malzemelerin bir listesini vermiştim. Takdir etmeliyim ki çoğunu almışlardı. Bebeğin odasını hazırlama ve bütün paketleri açıp ihtiyaçları olan her şeyi kolay erişebilecekleri yerlere koyma konusunda verimleri biraz daha düşüktü. O birkaç aksaklığa rağmen Jason ve Trisha E.A.S.Y. rutinini muhafaza etme konusunda inanılmayacak derecede (şaşırdığımı kabul etmeliyim) iyiydiler. Elizabeth'in Kitap bebek olmasının da faydası oldu. İki haftalık olduğunda ebeveynlerinin onu düzen içinde tutma konusunda bir sıkıntıları yoktu; yedinci hafta itibarıyla, geceleri uyanmadan beş-altı saat uyuyabiliyordu.

Yine de yanılgıya düşmeyin: Trisha ve Jason temel olarak

hâlâ aynı Trisha ve Jason... Ama en azından iyi bir başlangıç yaptılar. Evleri biraz daha düzenli ama çoğunlukla hâlâ savaş alanı gibi görünüyor. Yine de, ebeveynleri onun için güvenli, rahat bir ortam yarattıkları *ve* onun izleyebileceği bir tempo tutturdukları için küçük Elizabeth güzelce büyüyor. Aynı şekilde, Terry de hâlâ aynı Terry; Garth'a olan sevgisi ile kariyerine duyduğu özlem arasında iki arada bir derede kalmış gibi biraz... İşe geri dönmeyeceği konusunda kendine ne kadar söz verdiyse de o kararı yeniden değerlendirebileceğini tahmin ediyorum. Eğer bunu yaparsa, yerleşmiş E.A.S.Y. rutini ile o ve Garth yumuşak bir geçiş yapacaktır. Ve Hannah da hâlâ aynı Hannah... Artık saat kurmuyor ama evi bal dök yala; Miriam henüz yürümeye başlamadı ama şimdilik evde bir bebeğin yaşadığına inanmak zor. Ama en azından Hannah kızının dilini konuşuyor.

Sizin Bebeğiniz Ne Kadar E.A.S.Y.?

Doğal olarak, sistemin ne kadar başarılı olacağı bebeğe de bağlı oluyor. İlk çocuğum Sara, son derece talepkâr ve beklentileri yüksek, her saat ayakta olan bir Hareketli bebekti. Çok zekiydi ve gözünü açtığı anda onunla bir şeyler yapmamı isterdi. Beni bitkin düşürürdü.

İkimize de çare olan tek yol tutarlı bir yapı izlemek oldu. Akşamları duraksamadan yaptığımız bir uyku zamanı ritüelimiz vardı. Aksattığımda, raydan çıkar ve kızılca kıyamet kopardı. Sonra küçük kızkardeşi Sophie geldi ki en başından itibaren Melek bebekti. Sara'nın oyunbazlıklarına alışmış olan ben yeni bebeğimin sürekli sakinliği karşısında hep hayran kalıyordum. Doğruyu söylemek gerekirse, pek çok sabah kendimi Sophie'nin karyolası üstüne eğilmiş nefes alıp almadığını kontrol ederken buluyordum. Ve işte oradaydı, tamamen uyanık, mutlu bir şekilde oyuncaklarıyla gevezelik ediyordu. Onunla bir rutin oturtmak neredeyse aklıma bile gelmeyecekti!

Siz *sizin* çocuğunuzdan neler bekleyebilirsiniz? Bunu kesin olarak bilmenin bir yolu yok. Ama bir şeyden eminim: Ne E.A.S.Y.'de başarısız olan bir bebekle karşılaştım ne de sistemli bir rutin sayesinde gelişme göstermeyen bir ev halkı gördüm. Eğer bebeğiniz Melek veya Kitap bebekse, muhtemelen sizin çok bir şey yapmanıza gerek kalmadan onun iç saati ona iyi bir başlangıç yaptıracaktır. Ama diğer bebek tiplerinin biraz yardıma ihtiyacı olabilir. İşte bebeğinizden bekleyebilecekleriniz:

Melek. Tahmin edilebileceği gibi, ılımlı, uysal yapıya sahip bir bebek, sistemli bir güne kolayca uyum sağlar. Emily böyle bir bebekti. Hastaneden eve gelir gelmez onu E.A.S.Y. rutinine oturttuk ve karyolasındaki o ilk gece akşam 11:00'den sabah 5:00'e kadar uyudu ve üç haftalık olana dek böyle devam etti -ki bu noktada 11'den 7'ye kadar uyumaya başladı. Bütün arkadaşları annesine gıpta ediyordu. Benim deneyimlerime göre bu tipiktir- sistemli bir rutinde Melek bebekler üçüncü hafta itibarıyla gece boyu uyurlar.

Kitap. Bu tip bebeği de kolayca biçimlendirebilirsiniz çünkü çok tahmin edilebilir yapıdadır. Bir rutine başladığınızda çizilen yoldan çok fazla sapmadan rutini izler. Tommy beslenmeleri için düzenli aralıklarla uyanır ve akşam 10:00'dan sabah 4:00'e kadar mutlu bir şekilde uyurdu; altıncı hafta itibarıyla sabah 6'ya kadar uyumaya başladı. Kitap bebeklerin genelde yedi-sekiz haftalık olduklarında gece boyu uyuduklarını fark ediyorum.

Nazlı. Bu bizim en narin bebeğimizdir ve bir rutinin tahmin edilebilirliğini sever. Ne kadar tutarlı olursanız birbirinizi o kadar iyi anlarsınız ve o kadar erken -işaretleri doğru yorumlandığında genelde sekiz ilâ on hafta itibarıyla- gece boyu uyumaya başlar. Ama eğer işaretleri doğru yorumlanmazsa dikkatli olun. Nazlı bebek sistemli bir rutinde olmadığı sürece, ağlamalarını ayarlamak zordur -ve bu onu daha da aksileştirir. Planlanmamış bir ziyaretçiden tutun da dışarıda havlayan bir köpeğe kadar her şey Iris'i yoldan çıkarabilirdi. Annesinin Iris'in işaretlerine çok dikkat etmesi gerekiyordu. Eğer bir açlık veya yorgunluk işaretini fark edemez ve Iris'i beslemek veya onu karyolasına koymak için çok fazla beklerse, bu Nazlı bebek dakikalar içinde kendini koyverir ve sonrasında onu sakinleştirmek zorlaşır.

Hareketli. Aklını kullanan bu bebek sizin programınıza direniyor gibi görünebilir. Ya da tam onu iyi bir rutine soktuğunuzu düşündüğünüzde, o bunun işe yaramadığına karar verir. O zaman bir gününüzü onun işaretlerini izlemeye ayırmalısınız. Sizden ne istediğini anlayın ve sonra onu tekrar yola sokun. Hareketli bebekler kendilerinde neyin işe yarayıp neyin yaramadığını size gösterir. Örneğin Bart, birden, annesi onu her beslemeye çalıştığında annesinin memesinde uyuyakalmaya başladı. Sonrasında annesi onu uyandırmakta zorlanıyordu -bu, dört hafta boyunca E.A.S.Y.'yi takip etmesinden sonra ortaya çıkmıştı. Pam'e, bir gününü, oğlunu dikkatlice dinleyip gözlemlemeye ayırmasını tavsiye ettim. Açıkça gördüğü, Bart'ın gün içinde daha kısa süreler halinde uyuduğuydu; uyandığında gündüz uyku süresi kotasını gerçekten doldurmamış oluyordu. Pam, oğlu uyanmaya başlarken onun işaretlerini dinlemek yerine ona biraz fazla çabuk müdahale ettiğini de fark etti. Aceleyle odasına girmek yerine bir süre bekleyince, oğlunun biraz daha uyumak üzere kendi kendine yeniden uykuya daldığını ve sonra beslenme zamanında daha uyanık olduğunu gördü. Böylece onu tekrar düzene soktu. Hareketli bebeklerin bütün gece uyumaya başlamaları yaklaşık on iki hafta alır. Sanki bir şey kaçırıyorlarmışçasına uyur vaziyette kalmak istemezlermiş gibi davranırlar. Yatıp dinlenme konusunda da genelde güçlük yaşarlar.

Huysuz. İşte *hiçbir* tür rutinden hoşlanmayabilecek bir bebek, çünkü bu bebek tipi hemen hemen her konuda aksidir. Ama eğer onu bir düzene oturtabilir ve bunda istikrarlı olabilirseniz, çok daha mutlu olacaktır. Bu tip bir bebek çok gergindir ama E.A.S.Y. ile banyoda, giyinmede hatta beslenmede sorun yaşama ihtimaliniz daha az olur çünkü en azından huysuz ufaklığınız kendisini neyin beklediğini bilir -ve muhtemelen daha hoşnut olur. Bir Huysuz'un aslında tüm ihtiyacı olan yapı ve tahammülken genelde kolik sancısı çektiği tanısı konulur. Stuart böyle bir bebekti. Kendini eğlendirmekten hoşlanmazdı, altının değiştirilmesinden hoşlanmazdı ve memedeyken huysuzdu -ve bunu belli ederdi. Stuart'ın doğal ritmi onun için uygundu ama annesine uygun değildi çünkü annesi gecenin bir yarısı ortada hiçbir neden yokken uyanmaktan özel bir keyif almıyordu. E.A.S.Y. yöntemini başlattı ve artık günü daha tahmin edilebilir olduğu için Stuart geceleri daha uzun süreli uyumaya ve aslında gün içinde de epeyce hoşnut olmaya başladı. Huysuz bebekler gece boyu uyumaya genelde altıncı hafta itibarıyla başlarlar. Aslına bakarsanız, en mutlu göründükleri zaman evin koşuşturmacasından uzakta yatağa konuldukları zamandır.

Bu "tipler"i size Birinci Bölüm'de ilk anlattığımda yaptığım gibi şunu hatırlatmama izin verin: Sizin bebeğiniz birden fazla tipin özelliklerini sergileyebilir. Ne olursa olsun, bu tanımlamaları değiştirilemez olarak görmemelisiniz. Ne var ki, bazı bebeklerin E.A.S.Y. rutinini diğer bebeklere göre daha kolay izleyebildiklerini görüyorum. Benim kızım Sara gibi bazıları da diğerlerine göre daha sistemli bir rutine *ihtiyaç duyuyor.*

İyi Ama Bebeğimin Neye İhtiyaç Duyduğunu Nasıl Öğreneceğim?

Tamam, şimdi kendinizi anlıyorsunuz ve bebeğinizden neler bekleyebileceğinize dair bir fikriniz var. Bu bir başlangıç ama unutmayın dünya da bir günde yaratılmadı. Sistemli bir rutinin ilk birkaç haftası zorlu geçebilir. Bu iş, zaman ve sabır ister. Ve planınıza bağlı kalmanız için azim ister. İşte hatırlamanız gereken diğer birkaç tüyo:

Her şeyi yazın. Ebeveynlere sunduğum ve özellikle oluruna bırakanlar için faydalı olan araçlardan biri E.A.S.Y. günlüğümdür. Bu günlük, hem sürecin neresinde olduklarını hem de anne ile bebeğin yaptıklarını takip etmelerine yardımcı olur. Özellikle, bebeğinizin hayatının ilk altı haftasında bir günlük tutmak önemlidir. Kendi iyileşme sürecinizi de kaydetmeyi unutmayın. Yedinci Bölüm'de daha ayrıntılı açıklayacağım gibi, anne için, o ilk altı haftada bebeğine nasıl bakacağını öğrenmek kadar dinlenmek de büyük önem taşır.

Birkaç gün ilâ bir hafta zarfında bebeğinizin ne yaptığını tam olarak görürsünüz. Örneğin daha fazla gıda aldığı için bir büyüme atağı fark edebilirsiniz. Ya da memede daha uzun süre kaldığını görebilirsiniz. Bir beslenmeyi otuz dakikada bitirirken birden göğsünüzde 50 dakika veya bir saat kalmaya başlıyorsa, gerçekten besleniyor mu yoksa uyumak için memenizi kullanıp aylaklık mı ediyor?

Sizin E.A.S.Y. Günlüğünüz									
TARİH									
Beslenme (**E**)				Aktivite Zamanı(**A**)				Uyku (**S**)	Sizin Zamanınız (**Y**)
saat kaçta	kaç gram	sağ meme (kaç dk)	sol meme (kaç dk)	kaka	çiş	ne ne kadar	banyo sabah? akşam?	ne kadar süre	DİNLENME? AYAKİŞLERİ? İÇGÖRÜLER? YORUMLAR?

Cevabı -anneler ve babaların bebek dilini ve kendi bebeklerinin alışkanlıklarını nasıl öğreneceklerini- ancak onu etkin biçimde gözlemlemeye zaman ayırırsanız bilebilirsiniz... (Bu konuda daha fazlası için bkz. Üçüncü Bölüm)

Bu öncelikle anneler için tasarlanmış örnek bir günlük sadece... Beslenmeleri kaka yapma, çiş yapma, aktiviteler ve bebeğinizin gününün diğer yönleri hakkında daha fazla ayrıntıya giren dördüncü ilâ altıncı bölümleri okurken, bebeğinizin ilerlemesini ölçmek için daha başka yol göstericiler bulacaksınız. Ayrıca, bu günlüğü sizin özel durumunuza uyacak herhangi bir biçimde uyarlayabilirsiniz. Örneğin, siz ve eşiniz ebeveynliği yarı yarıya paylaşıyorsanız, kimin hangi işi yaptığını belirtmek isteyebilirsiniz. Ya da bebeğiniz prematüre doğmuş veya hastaneden eve belli bir sorunla gelmişse (Sekizinci Bölüm'ü okuyun), gerekli olan herhangi bir özel bakımı belirtmek için bir sütun daha ekleyebilirsiniz. Unutulmaması gereken önemli şey *tutarlılıktır* - günlük sadece süreci takip etmenize yardımcı olur.

Bebeğinizi bir kişi olarak tanıyın. Sizin için zorlayıcı olan, bebeğinizi, olduğu haliyle benzersiz ve özel bir birey olarak tanımaktır. Eğer bebeğinizin adı Rachel ise onu "bebek" olarak düşünmeyin" -bunun yerine, adı Rachel olan bir kişi olarak düşünün. Rachel'ın gününün hangi sırada ilerlemesi gerektiğini biliyorsunuz -beslenmeler, aktiviteler, gündüz uykuları. Ama Rachel'ın fikrini de almanız gerekir. Bu da birkaç günü deneyerek, ne yaptığını gerçekten izlemek için kendinizi geride tutarak geçirmeniz gerektiği anlamına gelebilir.

İPUCU: *Bebeğinizin gerçekte "sizin" olmadığını, ayrı bir kişi olduğunu unutmayın -bakmanız için size verilmiş bir armağan o...*

Ağırdan alın... gerçekten E.A.S.Y. *(kolay) olsun* hatırlatıcı olsun; bebekler, tatlı, basit ve yavaş hareketlere cevap verirler. Bu onların doğal ritmidir ve bizim ona saygı göstermemiz gerekir. Bebeğinizin sizin temponuza cevap vermesini sağlamaya çalışmak yerine, siz onun temposuna uyacak şekilde yavaşlayın. Böylece, acele etmek yerine bakıp dinleyebilirsiniz. Bunun, onun için iyi olmasının yanısıra onun daha az stresli temposuna "katılmanız" veya o ritme uymanız sizin için de daha iyidir. Bunun içindir ki size bebeğinizi kucağınıza almadan önce bile üç kez derin nefes almanızı öneriyorum. Bir sonraki bölümde yavaşlama ve yakından, özenle dikkat etme konusunu daha fazla açıklayacağım.

üçüncü bölüm

YAVAŞlayın (ve Bebeğinizin Dilini Anlayın)

Bebeğinin işaretlerini okuyabilen,
bebeğinin ona anlatmak istediklerini anlayabilen bir annenin,
çocuğuna, çok büyük ihtimalle, gelişimini zenginleştirecek
ve ileride kavramasını kolaylaştıracak
bir yetişme ortamı sağlayacağını düşünüyoruz.

-Dr. Barry Lester
("The Crying Game," Brown Alumni Dergisi)

Bebekler: Yabancı Bir Ülkedeki Yabancılar

Yeni doğmuş bir bebeğin yabancı ülkeden gelen bir ziyaretçiye benzediğini anlatarak ebeveynlerin kendilerini bebeklerinin yerine koymalarına yardımcı oluyorum. Onlara yabancı ama büyüleyici bir ülkeye seyahat ettiklerini düşünmelerini söylüyorum. Arazi ve manzara güzel, insanlar sıcak ve dost canlısı olabilir -bunu onların gözlerinde görebilir, gülümseyen yüzlerinden anlayabilirsiniz. Ama ihtiyacınız olanı elde etmek oldukça sinir bozucu olabilir. Bir restorana girersiniz ve "Lavabo nerede?" diye sorarsınız, size bir masa gösterirler ve önünüze bir tabak makarna koyuluverir. Ya da tam tersi olur -istediğiniz güzel bir yemektir ve garson sizi tuvalete yönlendirir!

Yenidoğanlar dünyaya geldikleri andan itibaren kendilerini işte *böyle* hissederler. Odaları ne kadar şık döşenmiş ve ebeveynleri ne kadar sıcak ve iyi niyetli olursa olsun, bebekler anlamadıkları ve alışık olmadıkları hislerin bombardımanına uğrarlar. Bebeklerin tek iletişim biçimi -dili- ağlamaları ve beden hareketleridir.

Bebeklerin bizim değil, *kendi* zamanlarına göre büyüdüklerini unutmamak önemlidir. Kitap bebekler dışında çoğu bebeğin gelişimi kesin bir zaman çizelgesine göre ilerlemez. Ebeveynlerin tek yapması gereken kenara çekilip bebeklerinin gelişip serpilmesini seyretmektir -onlara destek olun ama bir şeyler yolunda gitmediğinde alelacele müdahale edip onları kurtarmayın.

Frene Basmak

Ebeveynlerin, bebeklerinin neden huysuzlandığını veya ağladığını anlamalarına yardım etmem istendiğinde, anne ile babanın endişeli olduklarını ve benim hemen bir şeyler *yapmamı* istediklerini biliyorum. Ancak ben onları çok şaşırtacak bir şekilde şöyle diyorum: "Durun. Bize ne söylediğini anlamaya çalışalım!" Ufaklığın hareketlerini seyretmek için önce biraz bekliyorum -sağa sola sallanan kollar ve bacaklar, kıvrılan ve ufacık ağzı içinde içeri dışarı hareket eden küçük dil, kavis çizen sırt... Her hareketinin bir anlamı var. Ağlamalarının cinsine ve çıkardığı seslere çok dikkat ediyorum. Ağlamanın seviyesi, şiddeti ve sıklığı; bunların hepsi bebek dilinin parçalarıdır.

S.L.O.W. (YAVAŞ)

Bebeğiniz ne zaman huysuzlansa veya ağlasa sadece birkaç saniyenizi alacak şu basit stratejiyi deneyin.

Dur. (*Stop*) Ağlamanın bebeğinizin dili olduğunu hatırlayın.

Dinle. (*Listen*) Bu ağlama ne anlama geliyor?

Gözlemle. (*Observe*) Bebeğiniz ne yapıyor? Başka neler olup bitiyor?

Ne Olduğunu Anla. (*What's Up?*) Duyduğunuza ve gördüğünüze dayanarak değerlendirip cevaplayın.

Etrafı da özümsüyorum. O bebek *olmanın* nasıl bir şey olduğunu hayal ediyorum. Onun genel görünüşüne, seslerine ve hareketlerine dikkat etmenin yanısıra odaya bakıyorum, sıcaklığı hissediyorum ve evdeki gürültüleri dinliyorum. Annesiyle babasının nasıl göründüklerini -sinirli, yorgun veya öfkeli- gözlüyorum ve söylediklerini dinliyorum. Şunlar gibi birkaç soru da sorabiliyorum:

"Onu en son ne zaman beslediniz?"
"Uyumadan önce genelde onu şöyle bir dolaştırır mısınız?"
"Bu şekilde sık sık bacaklarını göğsüne mi çekiyor?"

Sonra bekliyorum. Demek istediğim, size ne söylenildiğini tam olarak anlamadan bir yetişkin sohbetine girmezsiniz, değil mi? Araya girmenin uygun olup olmadığını anlamak için bir süre beklersiniz. Ama bebekler söz konusu olunca yetişkinler çok sıklıkla araya balıklama atlama eğiliminde oluyorlar. Mırıldanıyorlar, sallıyorlar, bezi çıkarıyorlar, gıdıklıyorlar, tatlı sözlerle kandırıyorlar veya sarsıyorlar; biraz fazla yüksek sesle veya fazla hızlı konuşabiliyorlar. Bebeğe cevap verdiklerini düşünüyorlar ama cevap vermiyorlar; sadece hareket ediyorlar. Ve bazen, bebeğin ihtiyaçlarına cevap vermenin aksine kendi rahatsızlıklarını dışavurdukları için, istemeden bebeklerinin sıkıntısını artırıyorlar.

Yıllar zarfında, aceleyle davranmadan önce değerlendirme yapmanın önemini öğrendim; geri çekilip beklemek neredeyse kökleşmiş bir huy haline geldi bende... Ama ağlama sesine alışkın olmayan ve bebeklerinin çevresinde performans endişesi yaşayan yeni ebeveynlerin genelde bu konuda daha fazla güçlük yaşadıklarını kabul ediyorum. İşte bunun içindir ki ebeveynlerin ve diğer yetişkin bakıcıların frene basmalarına yardımcı olmak için kullanışlı bir akronim daha buldum: S.L.O.W. (yavaş) sözcüğünün kendisi acele etmemenizi size hatırlatıyor ve her bir harf ne yapacağınızı hatırlamanıza yardım ediyor.

Dur. (Stop) Geri çekilin ve bir an bekleyin; ağladığı anda bebeğinizin üstüne çullanıp onu almanız gerekmiyor. Yoğunlaşmak ve kendi algınızı geliştirmek için üç kez derin nefes alın. Zihninizi diğer insanların seslerinden ve tavsiyelerinden temizlemenin de faydası olacaktır zira bunlar objektif olmanızı genelde zorlaştırır.

Dinle. (Listen) Ağlamak bebeğinizin dilidir. Bu duraksama anının anlamı, bebeğinizi ağlamaya terk etmeniz gerektiği değildir. Aksine, size ne söylediğini dinleyin.

Gözlemle. (Observe) Bebeğinizin beden dili size ne söylüyor? Ortamda neler olup bitiyor? Bebeğiniz bir şey "söylemeden" hemen önce ne oluyordu?

Ne olduğunu anla. (What's Up?) Şimdi her şeyi bir araya getirirseniz -duyduklarınız ve gördüklerinizin yanısıra bebeğinizin günlük rutinin neresinde olduğu- size söylemeye çalıştığı şeyi anlayabilirsiniz.

Neden Durmalısınız?

Bebeğiniz ağladığı zaman, doğal eğiliminiz onu kurtarma olabilir. Bebeğinizin sıkıntıda olduğuna inanabilirsiniz; daha da kötüsü, ağlamanın kötü olduğunu düşünebilirsiniz. S.L.O.W. akronimindeki S, size, bu duygulara gem vurmanızı ve bunun yerine bir an kendinizi tutmanız gerektiğini hatırlatıyor. Kendinizi durdurmanız için ısrar etmemin üç önemli nedenini açıklamama izin verin:

1. *Bebeğinizin "sesini" geliştirmeye ihtiyacı var.* Bütün ebeveynler çocuklarının kendini ifade edebilmesini ister -bunun anlamı, ihtiyaçları olanı isteyebilmek ve duyguları hakkında ko-

nuşabilmektir. Ne yazık ki, pek çok anne-baba bu çok önemli beceriyi öğretmeye başlamak için çocuğun *sözel* dilini geliştirmeye başlamasını bekliyor. Ancak, ifadenin temelleri bebeklikte, bebekler mırıldanmaları ve ağlamalarıyla bizimle ilk kez "iletişim kurmaya" başladıkları zaman atılır...

Bunu aklınızda tutarken, bir annenin her ağlamaya cevaben ufaklığını kaldırıp memesine götürdüğünde veya ağzına bir emzik koyduğunda neler olduğunu bir düşünün. Bu, sadece bebeğin sesini ortadan kaldırmakla kalmaz -esasen onu "yalandan" susturmuş olur (bunun için biz İngilizler emziğe *yalancı* meme deriz) Kaynak metinde geçen "dummy" sözcüğü hem "aptal" hem de "bebek emziği" anlamına gelir. Amerikan İngilizcesi'nde "bebek emziği" için "sakinleştiren" anlamına gelen "pacifier" sözcüğü kullanılır. Yazarın bu sözcüklerle yaptığı kelime oyunu, Türkçe'de "yalancı meme" ifadesiyle yapılmıştır (ç.n.)- farkında olmadan, ona yardım *istememeyi* de öğretir. Buna karşın farklı her ağlama "Benim ihtiyacımı karşılayın" diyen bebeğinizden gelen bir taleptir. Eşiniz "Yorgunum" dediğinde ağzına bir çorap mı tıkıştırıyorsunuz? Ne var ki, bir anlığına geri çekilip söylediklerini dinlemek yerine sadece ağzına bir şeyler tıktığımızda bebeğe yaptığımız da aslında budur.

Bunun en kötü kısmı aceleyle davranan bir ebeveynin bebeğine farkında olmayarak söz sahibi olmamayı öğretmesidir. Ebeveynler gerçekten dinlemek ve farklı ağlamaları nasıl ayırt edeceklerini öğrenmek için durmadıklarında, o ağlamalar -ki ağlama üzerine yapılmış sayısız çalışma bunların doğumda farklı olduklarını göstermiştir- zamanla gerçekten de birbirlerinden *ayırt edilemez* hale geliyor. Başka bir deyişle, bir bebeğe hiç cevap verilmediğinde veya her ağlamaya yemekle "cevap verildiğinde" bebek nasıl ağladığının bir önemi olmadığını öğreniyor -ağlamaları her zaman aynı sonucu getiriyor. Sonunda bebek vazgeçiyor ve ağlamaları kulağa aynı *geliyor.*

2. *Bebeğinizin kendi kendini yatıştırma becerilerini teşvik etmelisiniz.* Yetişkinken kendi kendini yatıştırmanın önemini hepimiz biliyoruz. Moralimiz biraz bozuk olduğunda sıcak bir banyo yaparız, masaja gideriz, kitap okuruz veya tempolu bir yürüyüşe çıkarız. Herkesin rahatlama yöntemi farklıdır ama sizi neyin sakinleştirdiğini veya uykuya hazırladığını bilmek önemli bir başa çıkma becerisidir. Bu becerinin kanıtlarını farklı yaşlarda çocuklukta da görüyoruz. Üç yaşındaki bir çocuk dünyadan sıkıldığında başparmağını emebilir veya en çok sevdiği tüylü oyuncağına yapışabilir; bir genç odasına kapanıp müzik dinleyebilir.

Peki, ya bebekler? Rahatlamak için yürüyüşe çıkamayacakları veya televizyonu açamayacakları ortada ama onlar da içlerindeki kendi kendini yatıştırma donanımıyla dünyaya geliyorlar -ağlamaları ve emme refleksleri- ve bunu nasıl kullanacaklarını öğrenmeleri için onlara yardım etmemiz gerekiyor. Üç aydan küçük bebekler henüz kendi parmaklarını bulamayabilirler ama kesinlikle ağlayabilirler. Ağlamak, başka amaçların yanısıra, dışarıdan gelen uyarımı engellemenin bir yoludur, bunun içindir ki bebekler fazla yorulduklarında ağlarlar. Aslına bakarsanız yetişkinler olarak biz de bunu hâlâ yaparız. Siz hiç "O kadar doldum ki avaz avaz bağırabilirim" demediniz mi? Yapmak istediğiniz şey gözlerinizi kapatmak, kulaklarınızı ellerinizle örtmek, ağzınızı açıp bağırmak ve böylece her şeyi engellemektir.

Şunu belirtmeliyim; bebekleri uyumaları için ağlamaya terk

etmeyi savunmuyorum -söylediğim bundan çok başka... Bunun hem tepkisiz hem de zalimce olduğunu düşünüyorum. Ama onların "yorgun" ağlamalarını işaret olarak kullanabiliriz; odalarının ışığını kısabilir, onları ışıktan ve sesten koruyabiliriz. Dahası, bazen bir bebek sadece birkaç saniyeliğine ağlar - buna "hayalet bebek" ağlaması diyorum (bakınız sayfa 283)- ve sonra tekrar kendi kendine uykuya dalar. Esasen kendini yatıştırmıştır. Eğer aceleyle odasına girersek, o zaman o yeteneğini çabucak kaybeder.

3. *Bebeğinizin dilini öğrenmelisiniz.* S.L.O.W., bebeğinizin dilini öğrenmenize ve onun neye ihtiyacı olduğunu anlamanıza yardım edecek bir araçtır. İhtiyacının ne olduğunu gerçekten anlamadan memenizi ağzına sokuşturmak veya onu sallayıp durmak yerine kendinizi tutup ağlamayı ve ona eşlik eden beden dilini gerçekten anlamak için izleyip anlamaya çalışarak bebeğinizin ihtiyaçlarını çok daha uygun bir biçimde karşılayabilirsiniz.

Kavramanın Kanıtlanmış Yararları

Brown Üniversitesi Çocuk Gelişim Merkezi'nden Psikiyatri ve İnsan Davranışları Profesörü Barry Lester, yirmi yılı aşkın süredir bebeklerin ağlaması üzerinde çalışmaktadır. Dr. Lester, ağlama türlerini sınıflandırmanın yanısıra, annelerden bir aylık bebeklerinin ağlamalarını teşhis etmelerini istediği çalışmalar da yapmıştır. Annenin algısı araştırmacıların sınıflandırmasıyla uyuştuğunda eşleşme puanı verilmiştir. On sekiz aylık olduklarında, anneleri daha fazla eşleşme puanı alan bebekler eşleşme puanı daha düşük annelerin bebeklerine göre daha yüksek zekâ puanı almışlar ve onlardan iki buçuk kat daha fazla sözcük öğrenmişlerdir.

Ancak bir kez daha altını çizmeliyim ki, bu zihinsel değerlendirme sürecinden geçmek için birkaç saniyeliğine durmak bebeğinizi ağlamaya terk etmek anlamına *gelmez*. Yaptığınız sadece onun dilini anlamak için birkaç saniyenizi ayırmaktır. Onun ihtiyacını *karşılıyorsunuz* ve onun çok fazla düş kırıklığı yaşamasına izin *vermiyorsunuz*. Aslında, bu yöntemle bebeğinizi yorumlama konusunda o kadar ustalaşırsınız ki sıkıntıyı, kontrolden çıkma şansı bulamadan teşhis edersiniz. Kısacası, bakıp dinlemek için durmak ve sonra dikkatlice değerlendirmek sizi güçlendirir ve daha iyi bir ebeveyn yapar ("Kavramanın Kanıtlanmış Yararları" başlığına da bakın).

Dinlemeye Başlama

Bebeğinizin farklı ağlama türlerini ayırt etmek biraz alıştırma gerektirecek ama S.L.O.W.'daki *L*'nin -dinle- anlama dair işaretler bulmak için daha geniş resme dikkat etmeyi de içerdiğini unutmayın. Bu konunun amacı doğrultusunda, şimdi E.A.S.Y. rutinini izlediğinizi varsayıyorum. Bu varsayımla, işte daha dikkatle dinlemenize yardımcı olacak bazı tüyolar:

Günün hangi saatinde olduğunuzu değerlendirin. Günün hangi noktasında bebeğiniz huysuzlanmaya veya ağlamaya başlıyor? Henüz mü beslenmişti? Oynuyor muydu? Uyuyor muydu? Bezi ıslak veya pis olabilir mi? Fazla uyarılmış olabilir mi? Kafanızdan, daha öncesinde, hatta bir önceki gün neler olduğunu geriye sarıp düşünün. Bebeğiniz, ilk defa yuvarlanmak veya emeklemeye başlamak gibi yeni bir şey yaptı mı? (Bazen bir büyüme atağı veya başka tür bir gelişim atılımı bebeğin iştahını, uyku düzenini veya yapısını etkiler: bakınız sayfa 180.)

Ortamı değerlendirin. Ev içinde başka neler olup bitmişti?

Köpek havlıyor muydu? Biri elektrik süpürgesi veya başka herhangi bir gürültülü alet mi kullanıyordu? Dışarıda çok mu gürültü vardı? Bunlardan herhangi biri bebeğinizi üzmüş veya ürkütmüş olabilir. Yemek mi pişiriliyordu? Öyleyse, mutfağınızdan keskin kokular mı yayılıyordu? Havada oda parfümü veya spreyi gibi başka herhangi bir keskin koku var mıydı? Bebekler kokulara karşı çok hassastır. Odanın sıcaklığına da dikkat edin. Cereyan var mıydı? Bebeğinizin kıyafeti fazla veya yetersiz miydi? Onu normalden daha uzun süre dışarıda tuttuysanız, alışık olmadığı görüntülere, seslere, kokulara veya yabancı kişilere maruz kalmış mıydı?

Kendinizi değerlendirin. Bebekler bir yetişkinin, özellikle de annelerinin duygularını özümserler. Eğer siz kendinizi normalden daha endişeli veya yorgun hissediyorsanız, bu, bebeğinizi etkileyebilir. Ya da belki üzücü bir telefon almıştınız ve birisine bağırıyordunuz. Bebeğinizi ondan sonra emzirdiyseniz, halinizdeki değişikliği mutlaka hissetmiştir.

Bir bebek ağladığında çoğumuzun objektif olmaktan çok uzak olduğunu da unutmayın. Bunun, sıkıntıda bir yetişkin gördüğümüzde ona, kendi deneyimlerimize dayanarak *bizim* hissettiğini *düşündüğümüz* şeyleri yansıtmamızdan pek bir farkı yoktur. Karnını tutan bir kadın fotoğrafı gören biri, "Ah, sancısı var," derken aynı fotoğrafa bakan bir başkası, "İyi bir haber almış -hamile," diyebilir. Bebeklerin ağladığını duyduğumuzda da yansıtma yaparız. Onların ne hissettiklerini bildiğimizi düşünürüz ve eğer çağrıştırdığı anlam olumsuzsa, gerginleşebilir ve bir sonraki adımda ne yapacağımız konusunda endişelenebiliriz. Bebekler bizim güvensizliğimizi -ve öfkemizihemen anlarlar. Bir anne kendini "bebeğinin beşiğini biraz fazla sert sallarken" bulduğunda sinirlerinin bozuk olduğunu hissetmişti.

Gerçekçi olun. Bir şeyin nasıl yapılacağını *bilmemek* normaldir; nasıl ilerleneceğini merak etmek normaldir. Öfkelenmek de normaldir. Endişelerinizin ve duygularınızın olması sizi sadece normal bir ebeveyn yapar. Normal olmayan, endişenizi veya hiddetinizi bebeğinize yansıtmaktır. Annelere her zaman şunu söylerim: "Ağlamaktan ölen bebek yoktur. Bebeğinizi birkaç dakika daha fazla ağlatmak anlamına gelse bile eğer sinirli ve gerginseniz odadan çıkın ve fazladan birkaç dakikayı önce kendinizi sakinleştirmeye ayırın."

İPUCU: *Bir bebeği sakinleştirmek için sizin sakin olmanız gerekir. Üç kez derin nefes alın. Kendi duygunuzu hissedin, kaynağını anlamaya çalışın ve en önemlisi hissettiğiniz endişe veya öfke neyse bırakın azalsın.*

Ağlayan Bebek = Kötü Anne? Hayır Canım, Doğru Değil!

Los Angeles'ta anaokulunda öğretmen olan otuz bir yaşındaki Janice, S.L.O.W. yönteminde zor zamanlar geçirdi çünkü ilk harfi geçemiyordu. Küçük Eric ne zaman ağlasa, Janice onu kurtarması gerektiği hissine kapılıyordu. Tipik bir biçimde, onu beslemeye çalışıyor veya ağzına emzik sokuveriyordu. Janice'e tekrar tekrar aynı şeyi söyledim: "Biraz bekle ki tatlım, sana söylediği şeyi anlayasın." Ama kendini durduramıyor gibiydi. Sonunda, bir gün, Janice neler olup bittiğini kendi kendine fark etti ve olayın içyüzünü benimle paylaştı.

"Eric iki haftalıkken annemle bir konuşmam olmuştu; annem o zaman Chicago'ya geri dönmüştü. Eric doğduğunda babam ve kızkardeşimle birlikte onu görmeye gelmişler ama Eric'in *sünnetinden* sonra hepsi gitmişlerdi. Birkaç gün sonra telefonda konuşurken annem arka planda Eric'in ağladığını duydu. Gerçekten küçümseyici bir tavırla 'Nesi var?' diye sordu. 'Ona ne *yapıyorsun*?'"

Başkalarının çocuklarıyla çok deneyimi olmasına rağmen Janice kendi çocuğuna annelik etme yeteneği konusunda kendisini şimdiden güçsüz hissediyordu ama onu çıldırma noktasına getiren annesinin üstü kapalı sözüydü. Bu telefon görüşmesinin ardından Janice *bir şeyleri* yanlış yaptığına inanmıştı. Konuşmanın sonunda annesi yaraya tuz basarcasına şunu eklemişti: "*Sen* bebekken hiç ağlamadın. Ben mükemmel bir anneydim."

İşte bu, duyduğum en büyük ve en zarar verici yanlış yorumlardan birisi: *Ağlayan bebek eşittir kötü anne...* Bu mesaj Janice'in beynine kazınmıştı; Eric'i kurtarmaya çalıştığı için onu kim suçlayabilirdi? Janice'in kızkardeşinin nadiren ağlayan bir Melek bebeğe sahip olması da tuz biber olmuştu. Nazlı bebek olan Eric çok daha duyarlıydı: Her bir küçük uyarma onun dünyasını sarsıyordu. Ama Janice durumunu açıkça göremiyordu çünkü endişesi görüşünü gölgelemişti.

Ancak sorunu enine boyuna konuşunca Janice'in bakış açısı değişmeye başladı. Her şeyden önce, kendisi ve kardeşleri küçükken annesinin saate bağlı bir çocuk bakımını benimsemiş olduğunu hatırladı. Belki zaman annesinin hafızasını köreltmişti, belki de ev halkının yardımı ağlayan çocukları hep onun görüşünden çıkarmıştı. Ne olursa olsun, gerçek şu ki, ters giden bir şeyler olmadığı sürece (Ağlamanın Tehlike Sinyalleri başlığına bakın) *her* bebek ağlar. Doğrusunu isterseniz, makul seviyede ağlama bebekler için aslında iyidir: Gözyaşında, göz enfeksiyonlarını önleyen bir antiseptik bulunur. Eric'in ağlaması sadece ihtiyaçlarını bildirmeye çalıştığının bir göstergesiydi.

Evet, Eric çığlığı bastığında, zihninde "Kötü anne! Kötü anne!" diye bağıran sesi bastırmak Janice için kolay olmadı. Ama endişesinin kaynağını bilmek, Janice'in, oğlunu derhal susturmaya çalışmak yerine davranışlarını enine boyuna düşünmesine yardımcı oldu. Kendi içsesini dinlemek, oğlunu, kendi yaşadığı duyguların girdabından uzak tutmasına yardım etti. Ayrıca, oğlunu, olduğu haliyle, tatlı, duyarlı ufak bir oğlan olarak daha net görmesine de faydası oldu -kız kardeşinin küçük meleğinden tamamen farklı ama onun kadar harika ve sevimli bir armağan...

Yeni doğan grubumdaki ilk kez anne olan diğer kadınlarla öykü alışverişinde bulunmanın da Janice'e yararı oldu çünkü yalnız olmadığını gördü. Doğrusu, S.L.O.W. yönteminde başta sıkıntı yaşayan pek çok ebeveynle karşılaşıyorum çünkü ilk harfi güçbela geçiyorlar -kendilerini durduramıyorlar. Durdursalar bile, duygularının kendilerini alt etmesine izin vermeden dinleyip gözlemlemede güçlük yaşıyorlar.

Dinlemek Bazen Neden Zordur?

Ebeveynlere ağlayan bir bebeği dinlemenin ve duydukları hakkında objektif olmanın zor gelmesinin birkaç nedeni var. Belki, aşağıdakilerden bir veya birkaçı kulağınıza mantıklı gelebilir. Öyleyse, S.L.O.W. yöntemindeki *L* ile başlangıçta sıkıntı yaşayabilirsiniz. Cesur olun: Bakış açınızı değiştirmek için genelde tek gereken farkında olmaktır.

Ağlamanın Tehlike Sinyalleri

Ağlamak normal ve sağlıklıdır. Ama şu durumlarda doktorunuzu aramalısınız:

• Genelde mutlu olan bir bebek iki saat veya daha uzun süre ağlarsa

• Aşırı ağlamaya

Ateş
Kusma
İshal
Kasılmalar
Gevşeklik
Soluk veya mavi cilt
Olağandışı morarma veya kızarıklık
eşlik ederse

• Bebeğiniz *hiç* ağlamazsa veya ağlaması son derece zayıf ve bir bebeğinkinden çok bir kedi yavrusununkine benziyorsa

Kafanızda başka birinin sesi var. Bu sesin sahibi ebeveynleriniz olabilir (Janice'in durumunda olduğu gibi), arkadaşlarınız olabilir ya da medyada duymuş veya görmüş olduğunuz bir bebek bakım uzmanı olabilir. Ebeveynlik deneyimimize ömrümüz boyunca yaşamış olduğumuz geçmişteki etkileşimleri de katıyoruz ki bu da "iyi bir ebeveyn"in ne yapması veya yapmaması gerektiğine dair görüşlerimizi biçimlendiriyor (iyi bir ebeveyn konusunda ne düşündüğüm hakkında hafızanızı tazelemek için 28. sayfadaki başlığı tekrar okuyun). Bunlar, çocukken size nasıl davranıldığını, arkadaşlarınızın bebekleriyle nasıl ilgilendiklerini, TV'de ve filmlerde gördüklerinizi ve kitaplarda okuduklarınızı kapsar. Hepimiz kafalarımızın içinde başkalarını duyarız. Önemli olan nokta şu ki onları dinlemek zorunda değiliz.

İPUCU: Barındırdığınız "-meli,-malı"ların farkına varın ve onlara boyun eğmek zorunda olmadığınızı bilin. Onlar, başkasının bebeği, başkasının ailesi için doğru olabilirler ama sizin için doğru olmak zorunda değiller.

Bu arada, kafanızdaki ses size şunu da söylüyor olabilir, "Şunun veya bunun yaptığının *tam tersini* yap," ama bu da aynı derecede sınırlayıcıdır. Ne de olsa, birinin tamamen kötü bir ebeveyn olması neredeyse mümkün değildir. Belli bir kişi gibi olmamaya çalışmak onu sahte bir şablon yapar. Diyelim ki anneniz, sizin çocuklarınıza karşı olmak istediğinizden daha katıydı. Anneniz, aynı zamanda inanılmayacak ölçüde düzenli veya yaratıcı da olabilir. Neden kurunun yanında yaş da yansın ki?

İPUCU: Ebeveynliğin gerçek keyfi, güçlendiğimiz ve bize yol gösteren kendi iç sesimizi dinleyebildiğimiz zaman çıkar. Gözünüzü dört açın, bilgilenin; bütün seçenekleri, bütün ebeveynlik tarzlarını değerlendirin. Sonra sizin ve aileniz için neyin doğru olduğu hakkında kararlar alın.

Yetişkin duygularınızı ve niyetlerinizi ağlayan bebeğinize yüklüyorsunuz. Bir bebek ağladığında ebeveynlerin en çok sorduğu soru şudur: "Üzgün mü?" Ya da şöyle derler: "Sanki akşam yemeğimizi mahvetmek için ağlıyor." Bir yetişkin için, ağlamak, bir duygunun dışa taşmasına işarettir; sıklıkla bu duygu, büyük bir üzüntü, sevinç ve bazen de öfkedir. Her ne kadar yetişkinlerin ağlaması genelde olumsuz bir şeyleri çağrıştırsa da, arada sırada şöyle bir güzel ağlamak normal ve sağlıklıdır. Aslına bakarsanız, hayatımız boyunca, her birimiz otuz kovaya yakın gözyaşı üretiyoruz! Ancak *bizim* ağlama nedenlerimiz normal bebeklerin ağlama nedenlerinden farklı... Onlarda üzüntü yok. Onlar başkalarını işlerine göre kullanmak için ağlamıyorlar. Onlar sizden öç almak ya da gününüzü veya akşamınızı kasten mahvetmek istemezler. Onlar sadece bebek, hepsi bu -bu kadar basit... Onlar ne bizim maruz kaldıklarımıza maruz kaldılar ne de bizim yaşadıklarımızı yaşadılar. Ağlamak, onların size "Uyumam lazım," veya "Açım," veya "Bu kadar yeter," veya "Biraz üşüdüm" deme şekilleridir.

> **İPUCU**: *Yetişkin duygularınızı veya niyetlerinizi bebeğinize yansıttığınızı fark ederseniz, ufaklığınızı, havlayan bir köpek yavrusu veya miyavlayan bir kedi yavrusu gibi düşünün. Bu ikisinden hiçbirinin acı çektiğini düşünmezdiniz, değil mi? Sadece onların sizinle "konuştuğunu" düşünürdünüz. Bebeğinize de aynısını yapın.*

Sağlıklı Bir Bebeğin Ağlamaları

Şu Anlama Gelebilir:	**Şu Anlama Gelmez:**
Açım.	Sana kızgınım.
Yorgunum.	Üzgünüm.
Fazla uyarıldım.	Yalnızım.
Manzara değişikliğine ihtiyacım var.	Sıkıldım.
Karnım ağrıyor.	Senden öç almak istiyorum.
Rahat değilim.	Hayatını mahvetmek istiyorum.
Çok terledim.	Kendimi terk edilmiş hissediyorum.
Çok üşüdüm.	Karanlıktan korkuyorum.

Bu kadar yeter.
Kucaklanmaya veya
pışpışlanmaya ihtiyacım var.

Karyolamdan nefret ediyorum.
Keşke başkasının bebeği
olsaydım!

Kendi dürtülerinizi veya sorunlarınızı bebeğinize yansıtıyorsunuz. Uykuya dalmadan önce huysuzlanan bir bebeği olan Yvonne, bebek odasındaki telsizden gelen küçük bebek seslerine bile dayanamayarak alelacele odaya dalıyor. "Ah, zavallı Adam," diye iç geçiriyor. "Burada bir başına yalnız mı kaldın? Korktun mu?" Sorun küçük Adam'da değil, Yvonne'da... "Ah, zavallı Adam" aslında "Ah, zavallı ben" demek... Kocası çok sık seyahat ediyor ve yalnız kalma konusunda Yvonne kendini hiçbir zaman iyi hissetmemiş. Başka bir evde, Donald, üç haftalık Timothy her ağladığında endişeleniyor. "Ateşi mi var?" diye soruyor. "Sancısı olduğu için mi bacaklarını böyle yukarı çekiyor?" Bu yeterince kötü değilmiş gibi Donald bir aşama daha atlıyor: "Ah, hayır. Muhtemelen onun da tıpkı benim gibi koliti olacak."

Kişisel saplantılar kişinin gözlemleme gücünü zayıflatabilir. Bunun çaresi, kendi zaaflarınızı bilmek ve bu farkındalıkla, çocuğunuz her ağladığında en kötü kâbusunuzu düşünmeyi bırakmaktır. Kendi başınıza olmak size sıkıntı mı veriyor? Çocuğunuzun yalnız olduğu için ağladığını düşünebilirsiniz. Hastalık hastası mısınız? Her ağlama size bir hastalık işareti gibi görünebilir. Öfke patlamaları yaşamaya mı meyillisiniz? Çocuğunuzun da öfkeli olduğunu düşünebilirsiniz. Kendinize olan saygınız az mı? Sizin gözünüzde, çocuğunuzun ağlamaları da kendisi hakkında kötü duygulara sahip olduğunun göstergesi olabilir. İşe geri dönme konusunda suçluluk mu duyuyorsunuz? Eve geldiğinizde ve bebeğiniz ağlamaya başladığında, sizi özlemiş olduğunu düşünebilirsiniz (Bebeklerin gerçekten neden ağladıklarını anlamak için 138–142. sayfalardaki tabloya bakın).

İPUCU: Her zaman bir durup kendinize şu soruyu sorun, "Gerçekten bebeğimin ihtiyacına mı yoğunlaşıyorum yoksa kendi duygularıma mı tepki veriyorum?"

Ağlama sesine karşı tahammülünüz az. Bunun nedeni kafanızdaki sesler olabilir. Janice'te durum kesinlikle böyleydi. Ama kabul edelim ki ağlayan bir bebeğin ses seviyesi insanı sinir edebilir. Bir bebeğin ağlamasını olumsuz bir şey olarak duymuyorum ben -belki yetişkin hayatımın büyük bölümünü bebeklerin çevresinde geçirdiğimdendir bu- ama çoğu ebeveyn, en azından başlangıçta, ağlamaya olumsuz bir şekilde yaklaşır. Hamilelik derslerime katılan müstakbel ebeveynlere üç dakikalık "ağlayan bebek" kasetimi her dinlettiğimde bu olayı görüyorum. Önce sinirli bir şekilde gülüyorlar. Sonra kıpırdanmaya ve sandalyelerinde pozisyon değiştirmeye başlıyorlar. Kasetin sonuna gelindiğinde, odadaki yüzlerin en azından yarısındaki bakıştan -sıklıkla babaların yüzlerindeki bakıştan- gözle görülür biçimde etkilenmiş olmasalar da rahatsız oldukları açıkça anlaşılıyor. O noktada hep şunu soruyorum: "Bebek ne kadar süre ağladı?" Bugüne dek altı dakikadan daha kısa bir süre tahmininde bulunan olmadı. Başka bir deyişle, ne zaman bir bebek ağlasa, pek çok insana süresi iki kat uzunmuş *gibi geliyor.*

Dahası, bazı ebeveynlerin başkalarına göre gürültü eşikleri gerçekten daha düşüktür. Tepkileri sadece fiziksel olarak başlar ama sonra zihin de harekete geçer. Ağlama sesi yetişkin sessizliğini delip geçer ve yeni ebeveyn hemen şöyle düşünür: "Ah,

Tanrım! Ne yapacağımı bilmiyorum." Ağlamaya tahammülü olmayan babalar sıklıkla benden "bu konuda bir şeyler yapmamı" isterler. Ama anneler de, eğer bebekleri asabi bir sabah geçirmişlerse günlerini "tepetaklak olmuş" şekilde tanımlarlar.

İki yaşında oğlu olan Leslie, bana şu itirafta bulunmuştu: "Ethan'ın benden bir şeyleri fiilen isteyebilmesi işleri çok kolaylaştırdı." Leslie'nin yeni anne olduğu zamanı hatırlıyorum. Bebeğinin ağlamasına dayanamıyordu ve bunun tek nedeni gürültü değildi; oğlunun gözyaşları kalbini de kırıyordu çünkü bir şekilde onun acı çekmesine neden olduğuna inanmıştı. Leslie'yi, ağlamanın Ethan'ın sesi olduğuna ikna etmek için onunla üç hafta beraber yaşamamız gerekti.

Bu arada, bebeklerini memeyle susturmaya çalışanlar sadece anneler değil. Yeni doğmuş Scott ne zaman birkaç saniyeden fazla ağlasa, yakın zaman önce birlikte çalıştığım babası Brett, karısının bebeklerini emzirmesi için ısrar ediyordu. Brett'in yalnızca fiziksel olarak gürültü eşiği düşük değildi, kendi endişesini veya eşinin endişesini de idare edemiyordu. Her ne kadar ikisi de nüfuzlu yöneticiler olsa da, yeni bebekleri güvenlerini yerle bir etmişti. Üstelik ikisi de içten içe, Scott'un ağlamasının kötü bir şey olduğuna inanıyordu.

***İPUCU**: Eğer gürültüye karşı özellikle hassassanız, kabullenme üzerine çalışmanız gerekebilir: Bu şu andaki hayatınız... Bir bebeğiniz var ve bebekler ağlar. Bu, sonsuza dek sürmeyecek. Onun dilini ne kadar çabuk öğrenirseniz o kadar az ağlayacak ama yine de ağlayacak. Bu arada, bunu olumsuz düşünüp çarpıtmayın. Ayrıca kendinize bir çift kulak tıkacı alın veya ipod'unuzu takın; ikisi de bebeğinizi duymanızı engellemeyecektir ama sesi biraz kısarlar. İngiltere'de bir* *arkadaşın gözlemlediği gibi: "Ağlama sesindense Mozart dinlemeyi bin kere tercih ederim."*

Bebeğinizin ağlaması sizi utandırıyor. Bu çok yaygın duygunun erkeklerden daha çok kadınları etkisi altına aldığını söylemeliyim. Bir diş hekiminin bekleme salonunda oturduğum yaklaşık yirmi beş dakikada bunun yaşandığını gördüm. Karşımda, üç-dört aylık bebeği olan bir anne vardı. Annenin ona önce bir oyuncak vermesini, o oyuncaktan sıkılınca başka bir tane vermesini izledim. Bebek huysuzlanmaya başladı, anne üçüncü oyuncağı denedi. Bebeğin dikkat süresinin hızla azaldığını görebiliyordum. Annenin olan bitenden çekinmeye başladığını da görüyordum. Yüzünde "Ah, hayır! Bir sonraki adımda neler olacağını biliyorum," diyen bir bakış vardı. Ve haklıydı. Küçük oğlu çözülmeye başladı ve huysuzluğu çabucak çok yorulmuş bir bebeğin o belirgin feryadına dönüştü. O noktada, Anne utanmış bir halde odada etrafına bakındı. Bekleme salonundaki herkese "Özür dilerim," dedi.

Ona o kadar üzüldüm ki yanına gidip kendimi tanıttım. "Özür dilemeye gerek yok, tatlım," dedim. "Ufaklığın sadece konuşuyor. Sana, 'Anne, ben küçük bir bebeğim ve dikkat sınırıma ulaştım. Gündüz uykusuna ihtiyacım var!' diyor."

***İPUCU**: Ev dışındayken, yanınıza bir puset veya portbebe almak iyi bir fikirdir; böylece yorgun bir bebeğin uyuması için kullanışlı ve güvenli bir yeriniz olur.*

Aşağıdaki nokta da tekrar edilmeye değer, dolayısıyla bütün annelerin görebilmesi için yayımcımdan bunu koyu harflerle basmasını istiyorum (bunun gibi işaretler hazırlayın ve onları evin her yerine, arabanıza ve ofisinize asın, bir tane de cüzdanınıza koyuverin):

AĞLAYAN BİR BEBEK
KÖTÜ BİR EBEVEYN DEMEK DEĞİLDİR.
Sizin ve çocuğunuzun iki ayrı insan olduğunuzu da unutmayın -ağlamasını kişisel olarak almayın.
Bunun sizinle hiçbir ilgisi yok.

Zor bir doğum yaşadınız. İkinci Bölüm'de tanıştığınız Chloe ile Seth'i hatırlıyor musunuz? Chloe yirmi saat doğumda kaldı çünkü Isabella doğum kanalında sıkışmıştı. Beş ay sonra, Chloe bebeği için hâlâ üzülüyordu -ya da böyle düşünüyordu. Asıl olansa, kendi hayal kırıklığını Isabella'ya aktarmış olmasıydı. O zihninde evdeki doğumunun hiç aksamadan gerçekleşeceğini hayal etmişti. Geçmek bilmeyen bu üzüntüyü ve pişmanlığı başka annelerde de gözlemledim. Yeni bebeğe odaklanmak yerine kendilerine üzülmeye takılıp kalıyorlar çünkü umduklarını yaşayamamış oluyorlar. Doğumu zihinlerinde tekrar tekrar canlandırma eğiliminde oluyorlar. Suçluluk hissediyorlar, özellikle de bebeğin bir sorunu varsa -ve kendilerini çaresiz hissediyorlar. Ama ruhlarında gerçekten neler olup bittiğinin farkında olmadıkları için, bunu atlatamıyorlar.

***İPUCU**: Eğer doğumunuzun üzerinden iki aydan daha uzun bir süre geçmiş ve siz kendinizi zihninizde tekrar tekrar bu olayı incelerken veya dinlemeye istekli herkese bu öyküyü anlatırken buluyorsanız, bunun hakkında yeni bir şekilde düşünmeye veya konuşmaya çalışın. "Zavallı bebeğe" odaklanmak yerine kendi hayal kırıklığınızı kabullenin.*

Doğumunu zihninde işlemeye son vermediğini bildiğim bir anneyle karşılaşınca, ona, yakın bir akrabayla veya iyi bir arkadaşla sohbet etmenin bile bakış açısını değiştirmesine yardımcı olmaya yetebileceğini söylüyorum. Chloe'ye söylediğim gibi, yaşadıklarını doğrulamaya çalışmak ama aynı zamanda onu bu dramı bırakmaya teşvik etmek için şöyle diyorum: "Bunun senin için ne kadar zor olduğunu anlıyorum. Ama bunu düzeltemezsin veya değiştiremezsin. Onun için şimdi yoluna devam etmelisin."

Gözlem Gücünüzü Keskinleştirmek: Baştan Ayağa bir Rehber

Bir bebeğin ağlamasına el-kol hareketleri, yüz ifadeleri ve beden duruşu eşlik eder. Bebeğinizi "okumak," hemen hemen bütün duyu organlarınızın yanısıra -kulaklarınız, gözleriniz, parmaklarınız, burnunuz- zihninizi de içerir, zira zihniniz her şeyi bir araya getirir. Ebeveynlere S.L.O.W. yönteminde yer alan ve ebeveynlerin bebeklerinin beden dilini yorumlamalarını sağlayan *O* kavramında yardımcı olmak için, tanıdığım ve baktığım pek çok bebeğe dair zihinsel bir envanter yaptım. Ağlamalarının kulağa nasıl geldiğinin yanında, aç, yorgun, sıkıntılı, terlemiş, üşümüş veya ıslanmış olduklarında nasıl *göründüklerini* de kendi kendime sordum. Gözetimim altındaki minik çocuklarımı sesi olmayan bir video kasettelermiş gibi hayal ettim ki bu da beni yüzlerinin ve bedenlerinin nasıl göründüğüne yakından bakmaya zorladı.

Aşağıda, hayali videomda neler gördüğümün baştan ayağı bir incelemesini bulacaksınız. Bebeklerin bu beden dilini beş veya altı aylık olana dek "konuştuklarına" dikkat edin; o noktada bedenleri üzerinde daha fazla kontrol sahibi olmaya başlarlar -örneğin, kendilerini yatıştırmak için parmak emebilirler. Yine de, bu yaştan sonra bile iletişim temelde aynı kalıyor. Öte yandan, eğer şimdi başlarsanız, o zamana dek *kendi* bebeğinizi tanıyor olursunuz ve büyük ihtimalle onun kendine has bedeninin lehçesini anlarsınız.

Beden Dili	**Çevirisi**
Baş	
. Bir taraftan diğerine hareket ediyor	Yorgun
. Nesneden başka tarafa çeviriyor	Manzara değişikliğine ihtiyacı var
. Yana çeviriyor ve boynunu geriye uzatıyor (ağzı açık)	Aç
. Dik pozisyondayken öne düşüyor, tıpkı metroda uyuyakalan birinin başı gibi...	Yorgun
Gözler	
. Kırmızı, kanlanmış	Yorgun
. Yavaşça kapanıyor ve birden açılıyor; tekrar yavaşça kapanıyor ve tekrar birden açılıyor -tekrar ve tekrar	Yorgun
. "Gözü dalmış" -gözler, kürdanla açık tutuluyormuşcasına iyice açık ve kırpılmıyor	Fazla yorgun; fazla uyarılmış
Ağız/Dudaklar/Dil	
. Esniyor	Yorgun
. Büzülmüş dudaklar	Aç
. Çığlık atma görüntüsü	Gazı veya başka bir sancısı var ama ses çıkmıyor; sonunda, önce

	bir zorla soluma ardından işitilebilir düzeyde bir feryat gelir
. Alt dudak titriyor	Üşümüş
. Dilini emiyor	Kendini yatıştırıyor, bazen yanlışlıkla açlıkla karıştırılır
. Dilini yanlardan kıvırıyor	Aç -klasik "aranma" hareketi
. Dilini yukarı doğru kıvırıyor, tıpkı küçük bir kertenkele gibi; emme eşlik etmiyor	Gazı veya başka bir sancısı var
Yüz	
. Yüzünü ekşitiyor, çiğnenmiş şekerleme gibi buruşturuyor; yatar pozisyondaysa sık nefes almaya, gözlerini devirmeye ve gülümsemeye benzer bir ifade takınmaya başlar	Gazı veya başka bir sancısı var; ya da kaka yapıyor
. Kırmızı; şakaklardaki damarlar göze çarpabilir.	Çok uzun süre ağlamaya terk edilmiş, nefesini tutmasına neden olmuş; damarlar genişler
Eller/Kollar	
. Ellerini ağza götürüp emmeye çalışıyor	Eğer bebek 2,5-3 saattir beslenmemişse aç; aksi takdirde emme ihtiyacı duyuyor
. Parmaklarıyla oynuyor	Manzara değişikliğine ihtiyacı var
. Elini kolunu çok uyumsuz bir şekilde sağa sola sallıyor	Fazla yorgun; veya gazı var
. Kollar sallanıyor, hafif titreme var	Gazı veya başka bir sancısı var
Gövde	
. Memeyi ve biberonu arayarak geriye doğru kavisleniyor	Aç

. Poposunu bir taraftan diğerine oynatarak	Bezi ıslak veya üşümüş; gaz da olabilir
. Kasılıyor	Gazı veya başka bir sancısı var
. Titriyor	Üşümüş
Cilt	
. Nemli, terli	Fazla sıcak gelmiş; veya çok uzun süre ağlamaya terk edilmiş çünkü bu da bedenin sıcaklık ve enerjiyi dışarı atmasına neden olur
. Mavimsi el ve ayak	Üşümüş, gazı veya başka bir sancısı var ya da çok uzun süre ağlamaya terk edilmiş; beden sıcaklığı ve enerjiyi dışarı atarken el ve ayaklardan kan çekilir
. Tüylerin minik minik ürpermesi	Üşümüş
Bacaklar	
. Uyumsuz, güçlü tekmeleme	Yorgun
. Göğse çekilmiş	Gazı veya karın bölgesinde başka bir sancısı var

Ne Olduğunu Anla...

S.L.O.W. yönteminde yer alan ve sizi her şeyi bir araya getirip sonucun ne olduğunu bulmaya yönlendiren W kavramına geçmek için 138.-142. sayfalardaki tabloya başvurun; bu tablo, bebeğinizin çıkardığı sesleri ve yaptığı hareketleri değerlendirmenize yardımcı olacak. Elbette her bebek benzersizdir ama bize bir bebeğin neye ihtiyacı olduğunu genelde söyleyebilen birkaç evrensel işaret var. Eğer dikkat ederseniz, bebeğinizin dilini anlamaya başlarsınız.

Emin olmak için, benim işimin en sevindirici yönlerinden biri sadece bebeklerin değil, *ebeveynlerin* de geliştiklerini görmektir. Bu becerileri edinmek bazı anne-babalar için diğerleri için olduğundan daha zordur. Her ne kadar bazılarının bir ayını alsa da, birlikte çalıştığım çoğu ebeveyn "bebek konuşması"nı çözmeyi iki hafta içinde öğreniyor.

Shelly. Shelly'nin bana gelme nedeni kızının kolik sancısı olduğundan emin olmasıydı. Ama Shelly ile konuşunca gerçek sorun ortaya çıktı -ve sorun kolik değildi. Ona şakayla taktığım isimle Shelly kesinlikle "Batı'nın en hızlı silah çekeni" idi. Maggie en ufak bir ses çıkarır çıkarmaz, bir meme hemen çıkıveriyordu. Shelly bebeğini kucağına alıyordu ve dan! -meme çoktan Maggie'nin minik ağzına girmişti bile!

"Onun ağlamasına izin veremem -çok sinirleniyorum," diye itiraf etti Shelly "ve ona karşı öfkeden deliye dönmektense mememi ağzına dayıyorum." Shelly'nin suçluluğunu da hissedebiliyordum. "Bir şeyleri yanlış yapıyor olmalıyım. Belki sütüm iyi değildir." Bu öldürücü kötü duygular kokteyli, durup dinleyip gözlemlemek şöyle dursun, duraklamayı bile Shelly için zor hale getiriyordu.

Onun neler olup bittiğini görmesini sağlamak için, Shelly'den önce bir günlük tutmasını istedim (bakın sayfa 103). Böylece, Maggie'nin tam olarak ne zaman beslendiğini, oynadığını ve uyuduğunu taip etmek durumunda olacaktı. Sorunun ne olduğunu anlamak için sadece iki günlük değerlere bakmam yeterli oldu. Maggie kelimenin gerçek anlamıyla her yirmi beş ilâ kırk beş dakikada bir besleniyordu. Sözde kolik sancısı çok fazla laktozdan kaynaklanıyordu; bunun anlamı, E.A.S.Y. rutinini izlemesi ve böylece uygun aralıklarla beslenmesi durumunda sorununun sihirli bir şekilde ortadan kalkacağıydı.

"Farklı ağlamalarının ne anlama geldiğini anlamayı öğrenmezsen bebeğin sana ne istediğini söyleme yeteneğini kaybedecek," diye açıkladım. "Bütün ağlamaları tek bir büyük 'dikkatini bana ver' ağlamasına karışıp kaybolacak."

Başta, Maggie'nin farklı ağlamalarını tespit etmesine yardımcı olarak Shelly'yi çalıştırmam gerekti. Birkaç seanstan sonra anne çok etkilenmişti. En azından ağlamalardan ikisini ayırt edebiliyordu: sabit bir *ınga, ınga, ınga* ritmindeki açlık ağlaması ile kıpırdanmalar ve kavislenmiş sırt eşliğinde Maggie'nin boğazının arka kısmında öksürüğe benzer kısa patlamalarla kendini gösteren aşırı yorgunluk ağlaması... Eğer Shelly Maggie'yi o noktada yakalayıp uykuya götürmezse, o huysuzlanma alabildiğine güçlü feryatlara dönüşüyordu.

Daha önce belirttiğim üzere, Shelly'nin durumunda olduğu gibi, sizin kendi duygusal çalkantılarınız yolunuza çıkabilir. Shelly S.L.O.W. tekniğini kullanmada giderek daha iyi hale geliyor ve becerilerinin gelişmeye devam edeceğini sanıyorum. En önemlisi, Shelly'nin farkındalığı, artık Maggie'yi kendine has duyguları ve ihtiyaçları olan ayrı bir varlık olarak görmesine yardımcı oluyor.

Marcy. Açıkça benim yıldız öğrencilerimden biri olan Marcy, ufaklığını anlamayı öğrenince bu işin hararetli bir taraftarı haline geldi. Başta beni arama nedeni göğüslerinin yaralı, ağrılı olması ve oğlunun düzensiz beslenen bir bebek olduğunu düşünmesiydi.

İlk tanıştığımızda "Dylan sadece aç olduğunda ağlıyor," diye ısrar etmişti. Neredeyse her saat "acıktığını" açıkladığında, Dylan'ın ağlamalarını birbirinden henüz ayırt edemediğini anladım. Derhal, Marcy'nin, üç haftalık oğlunu bir rutine sokması gerektiğini anlamasına yardımcı oldum; bu rutin hem bebeğinin hem de tesadüfi olmayan bir şekilde Marcy'nin günlerine tahmin edilebilir bir yapı getirecekti. Sonra bir öğleden sonramı onunla geçirdim. Bir noktada, Dylan öksürüğe benzer ufak sesler çıkarmaya başladı.

"Acıktı," diye açıkladı Marcy... Haklıydı; oğlu güzelce emdi ama birkaç dakika sonra uyuyakalmaya başladı.

"Onu nazikçe uyandır," diye tatlılıkla ikna etmeye çalıştım. Bana sanki bebeğe işkence etmesini önermişim gibi baktı. Dylan'ın yanağına hafifçe dokunmasını söyledim (beslenmeler esnasında uykulu bebeğinizi uyandırmak için daha fazla numara sayfa 184'te). Dylan tekrar emmeye başladı. Tam on beş dakika annesinin göğsünde kaldı ve sonrasında bir güzel geğirdi. Sonra onu bir örtünün üzerine yatırıp bazı parlak renkli oyuncakları görüş alanının içinde tuttum. Yaklaşık on beş dakika hayatından gayet memnundu, derken huysuzlanmaya başladı. Tam olarak ağlamıyordu -daha çok şikâyet eder gibiydi.

"Görüyor musun?" dedi Marcy. "Yine acıkmış olmalı."

"Hayır, tatlım," diye açıkladım, "sadece yorulmaya başladı."

Böylece onu yatağına koyduk (Burada ayrıntılara girmiyorum çünkü bebekleri uykuya yatırma konusundan Altıncı Bölüm'de söz edeceğim). Yalnız şu kadarını söyleyeyim ki iki gün içinde Dylan E.A.S.Y. rutinine girmiş her üç satte bir besleniyordu. Aynı derecede önemli bir şey daha var: Marcy yeni bir kadın olmuştu. Bana şöyle dedi. "Kendimi, seslerden ve hareketlerden oluşan yabancı bir dil öğrenmiş gibi hissediyorum." Hatta başka annelere tavsiyelerde bulunmaya başladı. Yenidoğan grubumuzdaki bir anneye "Bebeğiniz aç olduğu için ağlamıyor sadece" dedi. "Bir an geri durup onun ne söylediğini anlamak için beklemeniz gerekiyor."

Bebeğinizin Hızına Ayak Uydurmak

Evet, tüm bunlar alıştırma gerektiriyor ama bu kullanışlı yöntemi aklınızda tuttuğunuz zaman bebeğinize ne kadar farklı cevap verdiğinize hayret edeceksiniz. S.L.O.W. bakış açınızı da değiştirecek. Çocuğunuzu olduğu haliyle ayrı bir insan olarak görmenizi sağlayacak ve size onun benzersiz sesini dinlemeniz gerektiğini hatırlatacak. Lütfen unutmayın, bu stratejiyi kullanmak sadece birkaç saniyenizi alır ama o birkaç saniyede bebeğinizin sahip olmayı ümit edebileceği en iyi ebeveyn olursunuz.

Bebeğinizin ne söylediğini anladığınız ve cevap vermeye hazırlandığınız zaman S.L.O.W. akronimi bir hatırlatıcı olarak görev yapacak: *Bebeğinizin yanında yavaş ve nazik hareket edin.*

Bu noktayı açıklamak için, yeni ebeveyn sınıflarımda sık sık şu canlandırmayı kullanıyorum: Herkesin yere uzanmasını istiyorum. Tek bir kelime söylemeden, birinin yanına gidiyorum, bacaklarını tutuyorum ve kaba bir şekilde kaldırıp başının üstüne doğru itiyorum. Tabii herkes kahkahayı basıyor ama sonra bunu neden yaptığımı açıklıyorum. "İşte bebekler böyle hissediyor!"

Hiçbir zaman, bir bebeğe kendimizi tanıtmadan yaklaşmanın veya uyarıda bulunmadan bir şey yapmanın ve sonra yaptığımız şeyi açıklamadan geçiştirmenin uygun olduğunu zannetmeyelim. En basitinden bu saygılı bir tutum değil. Dolayısıyla, ufaklığınız ağladığı zaman ve siz bunun nedeninin bezinden rahatsızlık duyması olduğunu ve değiştirilmesini istediğini bildiğiniz zaman, ona yapmak üzere olduğunuz şeyi anlatın, işlem süresince açıklama yapın ve işinizi bitirdiğinizde ona "Umarım bu sana kendini daha iyi hissettirmiştir" deyin.

Sonraki dört bölümde, beslenme, alt değişimi, banyo, oyun ve uyku konularında daha fazla ayrıntıya gireceğim. Ama ufaklığınızla birlikte veya onun için ne yaparsanız yapın, yavaş yapın.

Neden	Dinleyin	Gözlemleyin	Başka Değerlendirme Yolları / Yorumlar
Yorgun veya fazla yorgun	Düzensiz aralıklarla asabi bir huysuzlanma olarak başlar ama eğer çabucak durdurulmazsa aşırı yorgunluk ağlamasına doğru tırmanır: önce üç kısa bağırma, ardından güçlü bir ağlama, sonra iki kısa nefes ve daha da yüksek sesli bir ağlama gelir. Genelde ağlarlar, ağlarlar -ve eğer yalnız bırakılırlarsa sonunda uyuyakalırlar.	Gözlerini kırpıştırır, esner. Yatağa yatırılmazsa, bedensel işaretler arasında sırtın kavislenmesi, bacakların tekmelemesi ve ellerin sağa sola sallanması görülebilir; kendi kulaklarını ve yanaklarını yakalayabilir ve yüzünü tırmalayabilir (refleks); eğer kucağınızdaysa kıpırdanır ve bedenini sizin bedeninize doğru çevirmeye çalışır. Ağlamaya devam ederse, yüzü kıpkırmızı olur.	Bütün ağlamalar içinde, açlık ağlamasıyla en çok karıştırılan ağlamadır. Bu nedenle, *ne zaman* meydana geldiğine çok dikkat edin. Oyun sonrası olabilir veya birinin bebeği sevmesinden sonra ortaya çıkabilir. Kıpırdanması sıklıkla kolikle karıştırılır.

Neden	Dinleyin	Gözlemleyin	Başka Değerlendirme Yolları / Yorumlar
Fazla uyarılmış	Fazla yorgun ağlamasına benzer uzun, güçlü ağlama.	Kollar ve bacaklar sağa sola sallanır; başını ışıktan uzağa çevirir; kendisiyle oynamaya çalışan herkese sırt çevirir.	Genelde bebek yeterince oyun oynadıktan sonra ve bir yetişkin onu eğlendirmeye devam etmeye çalıştığı zaman ortaya çıkar.
Manzara değişikliğine ihtiyacı var	Açık bir ağlamadan çok sıkıntı sesleriyle başlayan asabi bir huysuzlanma.	Önüne konulan nesneden başını çevirir; parmaklarıyla oynar.	Pozisyonunu değiştirdiğinizde durum daha da kötüleşiyorsa, o zaman yorulmuş olabilir ve bir gündüz uykusuna ihtiyacı var demektir.
Sancı/gaz	Bir uyarı olmaksızın gelen ve yanlış yorumlanamayacak şekilde yüksek perdeden tiz bir çığlık;	Bütün bedeni gerilir ve kaskatı olur ki bu da döngüyü devam ettirir çünkü bu durumda gaz geçemez;	Bütün yenidoğanlar hava yutar ve bu da gaza neden olabilir. Gün içerisinde, boğazın arka kısmında

Neden	Dinleyin	Gözlemleyin	Başka Değerlendirme Yolları / Yorumlar
	bağırmalar arasında nefesini tutabilir ve sonra tekrar başlar.	dizlerini göğsüne doğru çeker, yüzünü sancı ifadesiyle buruşturur, küçük bir kertenkele gibi dilini yukarı doğru oynatır.	cızırtılı, kısık bir ses duyarsınız -bu, hava yutmadır. Düzensiz beslenme de gaza yol açabilir (bakınız Dokuzuncu Bölüm).
Acıkmış	Boğazın gerisinde öksürüğe benzer hafif bir ses; sonra ilk ağlama gelir. Başta kısadır, sonra daha sabit hale gelir: ınga, ınga, ınga ritmindedir.	Bebek hafifçe dudaklarını yalamaya ve sonra "aranma"ya başlar -dilini dışarı çıkarmaya başlar ve başını yana doğru çevirir; yumruğunu ağzına götürür.	Açlığı fark etmenin en iyi yolu bebeğin en son ne zaman beslendiğine bakmaktır. Eğer E.A.S.Y. rutinindeyse, tahmin yürütme işinin bir kısmı ortadan kalkar. (Beslenme hakkında bilmek istediğiniz her şey Dördüncü Bölüm'de.)

Neden	Dinleyin	Gözlemleyin	Başka Değerlendirme Yolları / Yorumlar
Üşümüş	Alt dudak titremesinin eşlik ettiği tam bir ağlama.	Tüylerin minik minik ürpermesi; titreyebilir; soğuk el, ayak, burun; bazen cilt mavimsi bir renk alabilir.	Yenidoğanda, banyodan sonra ya da bezini veya kıyafetini çıkarınca görülebilir.
Fazla sıcak gelmiş	Yaklaşık beş dakika boyunca, daha çok kesik kesik solumaya benzer şekilde mızmız inlemeler; başta azdır ama bebek yalnız bırakılırsa sonunda ağlamaya başlar.	Sıcak ve terli hissedilir; yüzü kızarmıştır; düzgün nefes almak yerine kesik kesik nefes alır; bebeğin yüzünde ve gövdesinin üst kısmında kırmızı lekelenme görülebilir.	Ağlamanın sancı ağlamasına benzemesi bakımından ateşten farklıdır; cilt nemli değil, kurudur (Yine de emin olmak için bebeğinizin ateşini ölçün).
"Nereye gittin? Bir kucaklanmaya ihtiyacım var."	Mırıldanmalar birden kedi yavrusu sesine benzer, küçük, kısa *ıngalara* döner; bebek	Etrafına bakınıp sizi bulmaya çalışır.	Bunu hemen yakalarsanız, bebeği kucağa almak durumunda kalmayabilirsi-

Neden	Dinleyin	Gözlemleyin	Başka Değerlendirme Yolları / Yorumlar
	kucağa alındığı anda ağlama kesilir.		niz. Sırtını hafifçe pışpışlama ve güven verici tatlı sözler daha çok işe yarar çünkü bunlar bağımsızlığı teşvik eder.
Fazla beslenmiş	Yemekten sonra huysuzlanma, hatta ağlama.	Sık sık kusar.	Bu genellikle, uyku ihtiyacı ve fazla uyarılma açlıkla karıştırıldığında ortaya çıkar.
Kaka yapma	Beslenirken homurdanır veya ağlar.	Kıpırdanır ve gayret eder; beslenmeyi bırakır; bağırsak hareketi gerçekleşir.	Açlıkla karıştırılabilir; anne genelde "bir şeyleri yanlış yaptığını" düşünür.

*Öfke -bakınız "Fazla uyarılmış" ve "Yorgun."
Bebekler gerçekten "öfkeli" olmazlar-bu, yetişkinlerin yansıtmasıdır. Sadece söyledikleri doğru yorumlanmıyor, hepsi bu.

dördüncü bölüm

E - İyi de, Bu Kimin Ağzı?

Bir hemşire size bebeğinizin aç olduğunu söylediği zaman,
bu sizin yumuşak karnınızdır.
Çok şükür ki kitaplar okudum
ve kurslara katıldım.
-Üç haftalık bebek sahibi bir Anne

Önce yemek, sonra ahlâk gelir.
-Bertolt Brecht

Annelerin İkilemi

Beslenme insanoğlunun hayatta kalmasının ana kaynağıdır. Biz yetişkinlerin çok çeşitli seçeneği var ama hangi beslenme biçimini seçersek seçelim, *birilerinin* bunun hakkında her zaman bir fikri vardır. Örneğin, vejetaryen beslenme biçimini destekleyen ama yüksek proteinli yiyeceklere karşı olan muhtemelen yüz kişi bulabilirim. Öte yandan, yüksek proteinli beslenme biçimine yürekten inanan başka bir yüz kişi de bulma konusunda hiç sıkıntı yaşamayacağımdan eminim. Kim haklı? Son noktada, bunun önemi yok. Farklı uzmanların bizlere söylediklerine karşın, kendi beslenme biçimimiz hakkında seçim yapması gereken *biziz.*

Ne yazık ki, müstakbel anneler bebeklerini nasıl besleyeceklerine karar verirken benzer bir çıkmazla karşı karşıya kalıyorlar.

Günümüzde anne sütü ile hazır mama arasında yaşanan çekişme düşünüldüğünde, seçim yapmak, muazzam propaganda kampanyaları tarafından daha da karmaşık hale getirilmektedir. Açıkçası, emzirmeyle ilgili kitaplarda ya da LaLeche League International veya U.S. Kamu Sağlığı Hizmeti'nin -ki ikisi de emzirme kültürünü aktif bir şekilde destekler- sponsorluğundaki web sitelerinde, malzemeler, bebeğinize anne sütü vermeniz yönündedir. Ama bunun tersini de hazır mama üreticisinin sponsor olduğu bir web sitesinde bulmanız aynı şekilde muhtemeldir. Şunu kabul edelim: mutfak robotu satın alıp kullanma kılavuzuna baktığınızda, orada yumurta çırpıcı kullanmaya dair bir bilgi bulabilmeniz pek olası değildir.

Peki yeni bir anne olarak ne yapacaksınız? Dengeli bir bakış açısını muhafaza etmeye çalışın ve sonunda sizin için doğru olana karar verin. Bütün fikirleri değerlendirin ama kime ve neyi danıştığınız konusunda tedbirli davranın; belli bir kaynağın ne "satmaya" çalıştığını bilin. Arkadaşlara gelince, onların deneyimlerini dinleyin ama korku hikâyelerini daha az dikkate alın. Kuşkusuz, emzirilen bir bebeğin kötü beslendiği örnekler olduğu gibi, bozuk mamaların söz konusu olduğu durumlar da vardır. Ama bu örnekler standart olmaktan çok uzak...

Bu bölümde, seçiminizde daha net olmanıza yardım etmek için size güç verecek bilgiler sunuyorum -hem de geleneksel kitapların üzerinize yağdırdığı roket bilimi veya istatistikî rakamlar olmadan... Sizi, bu bilgileri ve sağduyuyla ilgili sunduğum tüyoları kullanmaya ama hepsinden önemlisi kendi içgüdülerinize güvenmeye davet ediyorum.

Doğru Karar/Yanlış Neden mi?

Beni çok üzen bir nokta, "en iyi" ve "doğru" konusunda aklı karışmış pek çok annenin bazen tamamen yanlış nedenlere dayanarak karar vermesidir. Bir bebek doğduktan sonra defalarca emzirme eğitmeni olarak çağrıldım ve gördüğüm, annenin kendini emzirme yolunu seçmeye mecbur hissetmesinin nedenlerinin eşinin veya aileden birinin onu bunu yapmaya zorlaması, arkadaşları arasında saygınlığını kaybetmekten korkması ya da onu gerçekten başka seçimi olmadığına ikna etmiş bir şeyler okumuş veya duymuş olmasıydı.

Örneğin, Lara, kötü bir başlangıç yaptığı için ofisimi aramıştı. Küçük Jason memeyi düzgün kavramıyordu ve ne zaman Lara onu emzirmeye çalışsa Jason ağlıyordu. Lara'nın doğum sonrası dönemi özellikle kötüydü çünkü sezaryen olmuştu. Sadece göğüsleri acımıyor, kesisi de acı veriyordu. Bu arada eşi Duane kendini bilgisiz, çaresiz ve şaşkına dönmüş hissediyordu -bir adamın kendini böyle hissetmesi iyi değildir.

Elbette, çiftin etrafındaki herkesin bir fikri vardı. Uğrayan arkadaşlar emzirme hakkında tavsiyelerde bulunuyordu. Bir arkadaş özellikle külfetliydi. O tipleri bilirsiniz: Eğer doğumdan sonra sizin başınız ağrımışsa, *onun* migreni tutmuştur; siz sezaryen olmuşsanız, *o* korkunç bir sezaryen geçirmiştir; emzirmeden ötürü sizin göğüs uçlarınız acıyorsa, *onunkiler* iltihaplanmıştır. Lara'nın *bundan* kurtulup biraz rahatlaması lazımdı.

Bu arada, bir de Lara'nın annesi vardı; üç kızından en küçüğüne "artık bunu aşmasını" söyleyen oldukça katı bir kadın -ne de olsa, bebek emziren ilk insan Lara değildi. Yaşça büyük kızkardeş de aynı ölçüde anlayışsızdı; kendisinin, bebeklerine memeyi kavratmada hiç sorun yaşamadığını söyleyip duruyordu. Lara'nın babası görünürlerde yoktu, ama annesi önemseyip dinleyen herkese babanın, kızının acı çekmesinden ötürü çok üzgün olduğu için hastaneye ikinci kez gelme gücünü kendinde bulamadığını belirtmişti.

Bu etkileşimleri birkaç dakika gözlemledikten sonra, nazik bir biçimde herkesin gitmesini istedim ve Lara'ya *kendisinin* neler hissettiğini bana anlatması için baskı yaptım.

"Bunu yapamıyorum, Tracy," dedi, yanaklarından süzülen koca koca yaşlarla... Emzirmek "fazla zor" diye itiraf etti... Hamileliği boyunca, kendini, göğsünde kibarca emen bir bebekle, yeni doğmuş bebeği için göğsündeki her gözenekten sevgi sızdığını düşünürken hayal etmişti. Gerçek, Lara'nın hayalinin yakınından bile geçmiyordu. Şimdi kendini hem suçlu hem de korkmuş hissediyordu.

"Sorun değil," dedim ona... "Evet, zor olabilir. Evet, bir sorumluluktur. Ama benim yardımımla bunun altından kalkacaksın."

Lara bitkin bir şekilde gülümsedi. Ona daha da fazla güven vermek için, herkesin onun yaşadıklarının bir çeşidini yaşadığını söyledim. Lara gibi, pek çok kadın emzirmenin *öğrenilen* bir beceri olduğunun farkında değil; bu, hazırlık ve alıştırma ister. Herkes bunu yapamaz veya yapmak istemeyebilir.

Bebeğinizi Nasıl Besleyeceğinize Karar Vermek

- Hazır mamayla besleme ve emzirme arasındaki farkları öğrenin.
- Lojistik ve kendi yaşam tarzınız açısından değerlendirme yapın.
- Kendinizi tanıyın -sabır düzeyinizi, insanların yanında emzirme fikrine ne kadar sıcak baktığınızı, meme ve meme uçlarıyla ilgili duygularınızı, annelikle ilgili olarak bakış açınızı etkileyebilecek sizde yer etmiş fikirleri bilin.
- Fikrinizi değiştirebileceğinizi ve her zaman iki yöntemi birden uygulamaya karar verebileceğinizi unutmayın (bakınız sayfa 189).

Karar Vermek

İlk olarak, emzirmek, çoğu müstakbel annenin hayal ettiğinden daha zordur. İkincisi, herkesin bakış açısı farklıdır. Lara'ya söylediğim gibi: "Bu, sadece bebeğinizin ihtiyaçlarını karşılamakla ilgili bir şey değil; sizin ihtiyaçlarınızı karşılamakla da ilgili... İnsanlar emzirmek istemeyen veya gerçekten zaman ayırıp bunun artısını eksisini düşünmemiş bir anneye baskı yaptıkları zaman, durumdan pek de hoşnut olmazsınız.

Önemli olan nokta şu ki *seçeneklerimiz var*. Hem hazır mamayla beslenme hem de emzirme için iyi şeyler söylenebilir. Bu, kişiye bağlıdır. Dahası, seçim sadece fizyolojik bir seçim değildir; duygusal bir karardır. Kadınların, emzirmenin hem neleri içerdiğini hem de risklerini -hem bebek hem de kendileri için- anlamalarında ısrar ediyorum. Emzirmeyi bilfiil görebileceğiniz bir kurs bulmanızı tavsiye ediyorum. Emziren bir anne bulun ve konuyu nasıl ele aldığını dinleyin. Doktorunuza danışın, bir ebeyle veya doğum merkeziyle irtibata geçin ya da sarı sayfalarda "emzirme danışmanları" veya "emzirme eğitmenleri" başlıklarına bakın.

Çocuk doktorlarının genelde bir beslenme biçimine veya diğerine eğilimleri olduğunu da unutmayın. Bu nedenle, seçeneklerinizi keşfederken birkaç çocuk doktoruyla görüşmek en iyisidir ama beslenme konusunda son kararınızı verene kadar ille de birinde karar kılmanız gerekmez. Örneğin Los Angeles'ta hazır mamayla beslenmeye karşı olan birkaç doktor biliyorum; hatta bazıları anneyi, emzirmediği sürece hasta olarak bile kabul etmiyor. Hazır mamayı tercih eden bir anne böyle bir doktorla kendini oldukça rahatsız hisseder. Öte yandan, eğer bebeğinizi emzirmek istiyorsanız ve olur ya, emzirme hakkında çok az bilgiye sahip bir doktor seçmişseniz, aynı şekilde, orada da iyi hizmet alamazsınız.

Bebek bakımı konusundaki pek çok kitap hazır mamanın ve emzirmenin avantajlarını ve dezavantajlarını listeler ama ben bu konuyu başka bir şekilde ele almaya çalıştım. Bu, mantıklı bir yaklaşıma meydan okuyacak kadar cesur bir karardır. Bu nedenle, dikkate alınması gereken noktaları listeleyeceğim ve her beslenme şekli hakkında size fikirlerimi söyleyeceğim.

Anne/çocuk bağlanması. Emzirme taraftarları kadınların emzirmeleri için bir neden olarak "bağlanma"dan söz ederler. Bebek emdiği zaman kadınların özel bir yakınlık hissettiklerini kabul ediyorum ama bebeklerini hazır mamayla besleyen anneler de kendilerini bebeklerine yakın hissederler. Ayrıca, anne ile çocuk arasındaki ilişkiyi güçlendiren tek şeyin bu olduğunu düşünmüyorum. Gerçek yakınlık bebeğinizi tanıdığınız zaman ortaya çıkar.

Bebeğin sağlığı. Pek çok çalışma, anne sütünün yararlarını göklere çıkarır (anne sağlıklı olduğu ve iyi beslendiği zaman). Aslına bakarsanız, anne sütü başka besin maddelerinin yanısıra, çoğunlukla, bakterileri, mantarları ve virüsleri öldüren hücreler olan mikrofajlardan oluşur. Emzirme taraftarları tipik bir şekilde, kulak enfeksiyonları, streptokok boğaz ağrısı, sindirim sistemi sorunları ve üst solunum yolu hastalıkları gibi anne sütünün önleyebildiği bir dizi belli hastalığı listeler. Anne sütünün bebekler için hiç şüphesiz en iyi olduğuna katılmakla birlikte, aşırıya kaçmamalıyız. Sık sık anılan araştırma bulguları *istatistikî olasılıkları* gösterir; emzirilen bebekler de bazen bu hastalıklara yakalanırlar. Üstelik, anne sütünün bileşiminde saatten saate, aydan aya ve kadından kadına önemli farklar görülür. Ayrıca, günümüzde hazır mama daha rafinedir ve hiç olmadığı kadar besleyici maddeyle doludur. Hazır mama bebeğe doğal bağışıklık sunmasa da gelişmek için ihtiyacı olan besinlerin Önerilen Günlük Miktarı'nı (RDA) kesinlikle sağlar (Ayrıca 154. sayfadaki "Beslenme Biçimleri" başlıklı ek bilgi kutusuna bakın).

Annenin doğum sonrası iyileşmesi. Doğumdan sonra, emzirmek anneye çeşitli yararlar sağlar. Salgılanan hormon -oksitosin- plasentanın çıkmasını hızlandırır ve rahimdeki damarları büzerek kan kaybını en aza indirir. Anne emzirmeye devam ettikçe bu hormonun tekrar tekrar salgılanması rahmin hamilelik öncesi boyuna daha çabuk dönmesini sağlar. Anne için bir başka artı, doğumdan sonra daha çabuk kilo vermesidir; içerideki süt üretimi kalori yakar. Ancak aslında bu bir dengeleme işidir, zira bebeğin uygun şekilde beslenmesini sağlamak için emziren annenin fazladan üç beş kiloyu tutması gerekir. Hazır mamada bu tür endişeler yoktur. Bir annenin, nasıl beslendiğine bakmaksızın, göğüsleri ağrılı ve hassas olabilir. Bebeğini hazır mamayla besleyen bir annenin de, göğüslerindeki süt kururken bazen sancılı olabilen böyle bir dönemden geçmesi gerekir ama emziren bir anne göğüsle ilgili başka sorunlar da yaşayabilir (bakınız sayfa 177-179).

Annenin uzun vadede sağlığı. Araştırmalar, emzirmenin, kadınları premenopozal meme kanserine, osteoporoza ve yumurtalık kanserine karşı koruyabildiğini ileri sürmekte ama bunu kanıtlamamaktadır.

Annenin beden imgesi. Bebek geldikten sonra, kadınlar sıklıkla "Bedenimi geri istiyorum," derler. Bu, sadece kilo vermekle ilgili bir şey değildir. Bu daha çok beden imgesiyle ilgilidir. Emzirmek, bazı kadınlara kendilerini bedenlerinden "vazgeçmek" zorunda kalmış gibi hissettirir. Ayrıca, emzirmek çoğu kadının göğüslerinin görünüşünü hamileliğin değiştirdiğinden de çok değiştirir. Emzirdiğiniz zaman, göğüslerin daha verimli şekilde süt üretmesini sağlayan *geri döndürülemez* birtakım fizyolojik değişiklikler olur: Kanallar sütle dolmaya başlar ve bebek memeyi kavradığında süt veren sinüsler titreşerek beyne sabit bir miktarı muhafaza etmesini söylerler (164. sayfada "Göğüsleriniz Nasıl Süt Yapıyor" başlıklı ek bilgi kutusuna bakın). Meme uçları düz olan bazı anneler, emzirme döneminden sonra sonunda "tişörtten belli olan meme uçları"na bile sahip olabilirler. Her ne kadar kadın emzirmeyi bıraktığında göğüsleri yine değişecek olsa da, asla eski hallerine dönmeyeceklerdir. Bir yıldan daha uzun süre emziren küçük göğüslü kadınların göğüsleri kâğıt gibi dümdüz olabilir; büyük göğüslü kadınların göğüsleri sarkabilir. Bundan ötürü, eğer bir kadın beden imgesi konusunda endişe duyuyorsa, emzirmek onun için en iyisi *olmayabilir*. Böyle bir karar aldığı için "bencil" olduğunun söylenmesi ihtimali vardır ama hiç kimsenin ona kendisini suçlu ve hatalı hissettirmeye hakkı yok.

Başka bir etken, kişinin göğsünü bir bebeğin ağzına koyma fikrine ilişkin duygusal rahatlığın yanısıra fiziksel rahatlık konusudur. Bazen kadınlar kendi göğüslerine dokunmaktan, hatta onları tutmaktan dahi hoşlanmazlar ya da meme uçları uyarıldığı zaman bundan hazetmezler. Eğer bir kadının böyle bir rahatsızlığı varsa, emzirmede sorun yaşama olasılığı yüksektir.

Zorluk. Her ne kadar emzirme, doğası gereği "doğal" olsa da, tekniği yine de öğrenilen bir beceridir -en azından başlarda, bir bebeği biberonla beslemekten daha zordur. Annelerin, emzirme sanatında daha bebek gelmeden pratik yapmaları önemlidir (bakınız sayfa 163).

Rahatlık. Emzirmenin rahatlığı konusunda çok şey duyuyoruz. Kısmen bu doğru, özellikle de gecenin bir yarısında -bebek ağladığında anne bir göğsünü çıkarıveriyor. Ve eğer anne sadece emziriyorsa, sterilize edilmesi gereken biberonlar ve biberon emzikleri de olmuyor. Ne var ki, çoğu kadın sütünü pompayla sağıyor ki bu onların sütlerini sağmaya vakit ayırmaları gerektiği ve aynı şekilde biberonlarla uğraşmaları gerektiği anlamına geliyor. Ayrıca, emzirme kişinin kendi mekânında rahat olabilse de, pek çok kadın işteyken pompayla süt sağmak için zaman ve yer bulmakta zorlanıyor. Son olarak, anne sütü hep olması gereken sıcaklıktadır. Ama bilmiyor olabileceğiniz bir şey var: *Hazır mamanın ısıtılması gerekmez* (bebeklerin bu konuda bir tercihi yok gibi görünüyor), dolayısıyla en azından önceden karıştırılmış tür mama, neredeyse anne sütü kadar rahattır. Saklama konusunda her ikisi de bazı tedbirler gerektiriyor (anne sütünün saklanması konusunda sayfa 170'e, hazır mamanın saklanması konusunda sayfa 186'ya bakın).

Maliyet. Ortalama olarak ilk yıl boyunca, bebeğiniz tahmini 411 kilo besin isteyecektir -günde 1,1 kilo (elbette yeni doğduğunda miktar daha azdır). Emzirme kesinlikle daha az maliyetli bir alternatiftir çünkü anne sütü bedavadır. Emzirme danışmanının, kursların, çeşitli aksesuarların ve bir yıllığına göğüs pompası kiralamanın maliyetini hesaba katsanız dahi, aylık bedel yaklaşık 115 TL olacaktır ki bu rakam aylık ortalama hazır mama masrafının yarısıdır. Çoğu hazır mamayı toz halde (suyla karıştırılmaları gerekir), konsantre halde (eşit oranda su gerektirir) ya da kullanıma hazır türde -ki anlaşılır biçimde en pahalı olanı budur; genelde ayda 350 TL veya daha fazlasına malolur- satın alabilirsiniz (Bu denkleme biberonların ve emziklerin maliyetini dahil etmiyorum çünkü emziren pek çok anne de biberon satın alıyor).

Beslenme Biçimleri

Günümüzde, emzirme son derece yaygın... Bu, hazır mamanın "kötü" olduğu anlamına gelmiyor. Aslına bakarsanız, savaş sonrası on yıllar boyunca, çoğunluk, bebekler için en iyisinin hazır mama olduğuna inanmış ve tüm annelerin sadece üçte biri bebeklerini emzirmişti. Bugün annelerin yaklaşık yüzde 60'ı emziriyor -gerçi onların yarısından daha azı altı ay sonrasında da emzirmeye devam ediyor. Bu kitabın yazılma aşamasında, biliminsanları, ineklerin anne sütü vermesini sağlayacak genetik değişiklik kavramı üzerinde deneyler yapıyorlar.

Eğer bu gerçekleşirse, belki de gelecekte herkes inek sütünün peşinde olacak.

Aslına bakılacak olursa, *Journal of Nutrition*'da 1999 yılında çıkan bir makalede, "insan yavrularının ihtiyaçlarını anne göğsünden gelen sütten daha iyi karşılayabilecek hazır mamalar tasarlamanın en nihayetinde mümkün olabileceği" ileri sürülmektedir.

Eşinizin rolü. Bazı babalar anne emzirdiğinde kendilerini dışlanmış hissederler ama bu kadının tercihi olmalıdır. Aslında çoğu anne -bebeklerini nasıl beslediklerine bakmaksızın- eşlerinin sürece dahil olmasını istiyor ve olmalılar da... Sürece katılmak, beslenme yönteminden çok bir motivasyon ve ilgi meselesidir. Anne bebeğe ister hazır mama isterse anne sütü vermeye karar vermiş olsun, sütünü sağmaya istekli olduğu sürece eşi sürece katılabilir. Her iki beslenme yönteminde de babanın yardımı annenin o çok ihtiyaç duyduğu molayı alabilmesi demektir.

BABALARA BİR HATIRLATMA: Sizin anneniz veya kız kardeşiniz emzirmiş olduğu için veya siz bunun en iyi yol olduğunu düşündüğünüz için eşinizin emzirmesini isteyebilirsiniz. Ya da onun emzirmesini istemeyebilirsiniz. Her iki durumda da, eşiniz bir birey; hayatta seçimleri vardır ve bu da onlardan biridir. Eğer emzirmek istiyorsa bu sizi daha az sevdiği anlamına gelmez; eğer emzirmiyorsa kötü bir anne olmaz. İkinizin endişeleriniz hakkında konuşmamanız gerektiğini söylemiyorum ama nihayetinde bu onun vermesi gereken bir karardır.

Bebek açısından kontrendikasyonlar. Farklı birtakım hastalıkları test etmek amacıyla yenidoğan üzerinde rutin olarak yapılan metabolik inceleme sonuçlarına dayanarak, çocuk doktorunuz emzirmemenizi önerebilir. Gerçekten, bazı durumlarda laktoz içermeyen çok spesifik hazır mamalara işaret edilmektedir. Aynı şekilde, bebeğin yüksek derecede sarılığı olması durumunda (ki genelde karaciğer tarafından parçalanan sarımsı bir madde olan bilirubin fazlalığından kaynaklanır) bazı hastaneler hazır mamada srar ederler (bakınız sayfa 190). Hazır mama alerjilerine gelecek olursak, Amerikalılar'ın bu konuda fazlasıyla endişeli olma eğilimi gösterdiklerini düşünüyorum. Anneler belli bir hazır mamanın bebeklerinde döküntüye veya gaza yol açtığını söylerler ama emzirilen bebekler de bu sorunları yaşarlar.

Anne açısından kontrendikasyonlar. Bazı anneler, memelerinden ameliyat geçirmiş oldukları için (156. sayfadaki başlığa bakın), HIV gibi bir enfeksiyonları olduğu için ya da lityum veya esaslı bir sakinleştirici gibi sütlerini bozan bir ilaç kullandıkları için emziremezler. Her ne kadar araştırmalar göğsün büyüklüğü ve meme ucu şekli gibi fiziksel faktörlerin konuyla ilgisi olmadığını belirtse de, bazı anneler iyi bir süt akışı sağlama ve bebeğe memeyi kavratma konularında diğer annelerden daha fazla sorun *yaşarlar.* Bu sorunların çoğu halledilebilir (bakınız sayfa 177-179) ama bazı anneler dişlerini sıkıp sabır gösteremez.

Herkesçe bilinen sonuç, özellikle ilk ayda anne sütü almak bebek için en iyi olsa da, annenin seçimi bu yönde değilse veya bir sebepten ötürü anne *emziremiyorsa* hazır mamayla beslenme de gayet kabul edilebilir -hatta kimileri için tercih edilen- bir seçenektir. Kadın emzirmeye vakti olmadığını düşünebilir veya bebeğini emzirme düşüncesi ona cazip gelmiyor olabilir. Özellikle bebek kadının ilk çocuğu değilse, bebeğini emzirme görüntüsünün ailenin dengesini bir şekilde bozacağından korkabilir -yaşça büyük çocukları kıskançlık yaşayabilir.

Durum ne olursa olsun, kadın emzirmek istemediğinde onu desteklemeli ve suçlamaktan kaçınmalıyız. *Kendini adama* kavramını da sadece emzirmeyle bağlantılı olarak kullanmaktan vazgeçmeliyiz. *Her* tür beslenme biçimi kendini adamayı gerektirir.

Meme Ameliyatı Geçirdiyseniz...

- Rekonstrüksiyon veya küçültme ameliyatı geçirdiyseniz, cerrahın kesiyi meme ucundan mı yoksa göğüs kemiği arkasından mı yaptığını öğrenin. Süt veren kanal zarar görmüş olsa bile, tamamlayıcı bir emzirme sistemi kullanmanız durumunda bebeğiniz yine de emebilir; bu sistemle bebek aynı anda hem meme ucunu hem de beslenme sondasını emer.
- Bir emzirme danışmanı bulun; bebeğin memeyi doğru

kavrayıp kavramadığını anlamanıza yardımcı olabileceği gibi gerekmesi durumunda tamamlayıcı beslenme sistemini nasıl kullanacağınızı da gösterebilir.

• Bebeğinizin uygun oranda kilo aldığından emin olmak için en az altı hafta boyunca bebeğinizi her hafta tarttırın.

Ve Sonsuza Dek Mutlu Beslendiler...

Doğru başlangıç yapmak işin en önemli kısmıdır (ilk beslenmelerle ilgili ayrıntılar için emziriyorsanız sayfa 164'e, hazır mama kullanıyorsanız sayfa 183'e bakın). Evinizde özel bir yer belirlemek -bebeğinizin odası veya ev halkının curcunasından uzakta sessiz bir köşe- ve o yeri sadece beslenmelere ayırmak önemlidir. Acele etmeyin. Bebeğinizin huzurlu bir öğün yeme hakkına saygı gösterin. Ağzında biberon veya göğsünüz olan bebeğiniz kucağınızdayken telefonda konuşmayın ya da komşunuzla çitin üstünden çene çalmayın. Beslenme interaktif bir süreçtir; sizin de dikkatinizi vermeniz gerekir. Bebeğinizi tanımanızın yolu budur. Ve bebeğinizin sizi tanımasının da yolu budur. Ayrıca, bebeğiniz büyüdükçe görsel ve işitsel dikkat dağıtıcı unsurlara karşı daha duyarlı hale gelir ki bu da yemesini bozabilir.

Anneler genellikle, "Bebeği beslerken onunla konuşmam uygun olur mu?" diye sorarlar. Kesinlikle, ama sessizce, nazik bir biçimde konuşmalısınız. Bunu mum ışığında yenen bir akşam yemeğindeki sohbet olarak düşünün. Çok hafif bir ses tonu kullanın, ani çıkışlardan kaçının ve teşvik edici olun: "Haydi, biraz daha -biraz daha fazla yemen gerekiyor." Ben sıklıkla tatlı goo-goo sesleri çıkarıyorum veya bebeğin başını okşuyorum. Bunlar bir bebekle yakın bağ kurmanın yolları olmanın yanısıra bebeği uyanık tutmanın da esas yoludur. Eğer bebek gözlerini kapatır ve bir anlığına emmeyi bırakırsa ona "Orada mısın?" diye sorarım. Ya da şöyle derim: "Haydi ama, iş başında uyumak yok -ne de olsa senin *tek* işin bu!"

İPUCU: *Beslenme sırasında bebeğiniz uyuyakaldığında, emme refleksini başlatmak için şu stratejilerden herhangi birini deneyin: Baş parmağınızla bebeğin avcunun içini dairesel hareketlerle nazikçe ovun; sırtını veya koltuk altını ovalayın; ya da parmaklarınızı omurgası üzerinde aşağı yukarı "gezdirin" -ben bu tekniğe "volta atmak" diyorum. Bazılarının tavsiye ettiği gibi bebeği uyanık tutmak için asla alnına ıslak bez koymayın veya ayaklarını gıdıklamayın. Bu benim masanın altından çıkıp size şöyle dememe benziyor: "Tavuğunun hepsini yememişsin, ayağını gıdıklayayım da yemeye devam et." Eğer bu stratejilerin hiçbiri işe yaramazsa, bebeği yarım saat kendi haline bırakıp uyumasına izin veririm. Bebeğiniz beslenirken sürekli uyuyakalıyor ve uyandırmak zor oluyorsa, çocuk doktorunuzdan tavsiye alın.*

İkinci Bölüm'de açıkça anlattığım gibi, anne hangi beslenme biçimini seçmiş olursa olsun, ben hiçbir zaman talep üzerine beslemeden yana değilim. Talepkâr bir bebek yaratmanın yanında, genellikle ortaya çıkan durum, bebeklerinin çıkardığı farklı seslere henüz uyum sağlamamış ebeveynlerin, ağlamanın açlık anlamına geldiğini düşünmeleridir. Bu nedenledir ki aşırı beslenen çok sayıda bebeğimiz var -bu, sıklıkla "kolik"le karıştırılan bir sorundur (Dokuzuncu Bölüm'e bakın). Bunun aksine, eğer bebeğinizi E.A.S.Y. rutinine alıştırırsanız, bebeğinizi ya iki buçuk-üç saatte bir göğsünüzle ya da üç-dört saatte bir hazır mamayla beslersiniz ve aralardaki ağlamaların başka nedenleri olduğunu bilirsiniz.

Yeme Profilleri

Bebeğin huyu, yeme şeklini etkiler. Tahmin edilebileceği gibi, **Melek** ve **Kitap** bebekler genelde iyi beslenen bebeklerdir ama **Hareketli** bebekler de öyledir.

Nazlı bebekler, özellikle de emziriliyorlarsa, sıklıkla bir engellenmişlik hissi yaşarlar. Bu bebekler fazla esnekliğe izin vermezler. Nazlı bebeği beslemeye belli bir pozisyonda başlarsanız, her zaman o şekilde beslenmeye ihtiyaç duyar. Ayrıca, onu beslerken yüksek sesle konuşamaz, pozisyonunuzu değiştiremez veya başka bir odaya geçemezsiniz.

Huysuz bebekler sabırsızdır. Eğer emziriyorsanız, sütün gelmesini beklemekten hoşlanmazlar. Bazen annenin göğsüne asılırlar. Serbest akışlı bir emziği olduğu sürece genelde biberonla sorun yaşamazlar (biberon emzikleri hakkında daha fazla bilgi sayfa 187'dedir).

İzleyen bölümlerde, emzirmenin, hazır mamayla beslemenin ve ikisini birleştirmenin farklı inceliklerini anlatacağım. Ama önce, bebeğinizin beslenme şekli ne olursa olsun, ortaya çıkıveren bazı meseleleri açıklayayım.

Besleme pozisyonları. İster memeyle isterseniz biberonla besleyin, bebeğinizi (biberonla besliyor olsanız bile) aşağı yukarı göğüs hizanızda tutarak kolunuzun kıvrımına rahatça yerleştirmelisiniz; böylece başı hafifçe yükseltilmiş, bedeni de düz bir hatta olur ve göğsünüze ya da biberonuna ulaşmak için boynunu zorlamasına gerek kalmaz. İçte kalan kolu yanında veya yan tarafınızı çevreleyecek şekilde aşağıya kıvrılır. Bebeğinizi, başı bedeninden aşağıda kalacak şekilde yatırmamaya dikkat edin, zira bu onun yutkunmasını zorlaştırır. Eğer biberonla besliyorsanız, bebeğiniz sırtüstü yatmalıdır; eğer emziriyorsanız, yüzü meme ucunuza bakacak şekilde hafifçe size dönük olmalıdır.

Hıçkırık. Bütün bebekleri hıçkırık tutar, bazen beslendikten sonra, bazen gündüz uykusundan sonra... Hıçkırığın sebebinin dolu bir karın veya hızlı yemek olduğu düşünülmektedir; yemeklerini çabucak silip süpüren yetişkinlerin yaşadığı da tam olarak budur. Diyaframın ritmi bozulur. Yapabileceğiniz fazla bir şey yok -sadece hıçkırığın başladığı gibi çabucak geçip gittiğini aklınızdan çıkarmayın.

Gazını çıkarma. İster emzirilsin ister biberonla beslensinler, bütün bebekler hava yutar. Sıklıkla bunu duyabilirsiniz -küçük bir geğirme veya bir yutkunma... Hava küçük bir kabarcık gibi bebeğinizin karnında toplanarak bazen midesi gerçekten tam dolmadan ona doymuş olduğu hissini verir; bunun içindir ki gazını çıkartmanız gerekir. Ben bebeklerin gazını meme veya biberon vermeden önce çıkartmayı seviyorum çünkü bebekler uzanır durumdayken de hava yutarlar ve sonra beslenmeleri bitince tekrar gazlarını çıkartıyorum. Yahut bebek beslenmenin ortasında durup huysuzlanmaya başlarsa, sıklıkla bu, biraz hava yutmuş olduğu anlamına gelir. Bu durumda, beslenme ortası gazını çıkartmak uygun olacaktır.

Bebeğin gazını çıkartmanın iki yolu vardır. Biri, çenesi elinizin üzerinde olacak şekilde bebeğinizi dik pozisyonda kucağınıza oturtup sırtını nazikçe ovuşturmaktır. Diğer yol, ki şahsen bunu tercih ediyorum, bebeği, kolları gevşek halde omzunuzun üzerinden sarkacak şekilde dik pozisyonda tutmaktır. Bacakları dümdüz aşağıya uzanmalıdır; böylece havanın yukarıya hareket edip dışarı çıkmasını sağlayacak düz bir yol yaratılmış olur. Sol tarafını karnı hizasında aşağı yukarı hareketlerle nazikçe ovuşturun (Eğer biraz daha aşağısını ovuşturursanız, böbreklerini ovuşturmuş olursunuz). Bazı bebeklerde tek ihtiyacınız olan ovuşturmaktır; bazıları hafif hafif vuruşlara da ihtiyaç duyar.

Eğer beş dakika hafifçe vurup ovuşturduğunuz halde gaz çıkarmamışsa, bebeğinizin karnında hava kabarcığı olmadığı kararına varabilirsiniz. Yatırdığınızda kıpırdanmaya başlıyorsa, onu nazikçe alın -ve nefis bir gaz çıkaracaktır. Bazen bir hava kabarcığı karnın ötesine geçerek bağırsaklara girer. Bu çok fazla rahatsızlığa yol açabilir. Bunu anlarsınız çünkü bebeğiniz bacaklarını karnına çeker, ağlamaya başlar ve bütün bedenini gerer. Bazen gazın geçtiğini de duyarsınız ki o noktada bedeni gevşer (Gaz hakkındaki diğer ipuçları için Dokuzuncu Bölüm'e bakın).

Beslenme ve kilo alma. Bebeklerini nasıl beslerlerse beslesinler yeni anneler sıklıkla şu endişeyi yaşar: "Bebeğim yeterince besleniyor mu?" Hazır mama kullanan anneler bebeklerinin ne yediklerini görebilirler. Emziren bazı anneler sütün inme refleksine bazen eşlik eden karıncalanmayı veya çimdiklenme hissini bilfiil yaşarlar, dolayısıyla en azından süt yaptıklarını bilirler. Ama kadının böyle bir hassasiyeti yoksa -ki pek çok kadının yoktur- ona hep şöyle derim: "Bebeğinin emdiğini görebilirsin ama yutma sesini de dinle." Endişe duyan emziren anneler, 169. sayfada önerdiğim gibi, bir "randıman" da alabilirler. Her hâlükârda, eğer bebeğiniz beslendikten sonra halinden memnunsa, bu onun uygun beslendiğinin bir göstergesidir.

Ebeveynlere şunu da hatırlatıyorum: "İçeri girenin dışarı çıkması gerekir." Yeni doğmuş bebeğiniz yirmi dört saat içinde altı ilâ dokuz bez ıslatacaktır. İdrarı neredeyse renksiz denecek kadar uçuk sarı olacaktır. Ayrıca iki ilâ beş kez de kaka yapacaktır; hardal kıvamındaki bu kakanın da rengi sarıdan tabaya dek değişebilir.

İPUCU: *Hazır bez kullanıyorsanız, bu bezler idrarı o kadar iyi emer ki bebeğinizin çişini ne zaman yaptığını veya rengini söylemek zordur. Özellikle ilk on gün boyunca, bebeğinizin çiş yapıp yapmadığını ve ne sıklıkta yaptığını anlamak için hazır bezin içine kâğıt mendil koyun.*

Son olarak, her ne kadar normal yenidoğanlar ilk birkaç gün içinde doğum kilolarının yüzde 10'una kadar bir bölümünü verseler de, alınan besinin en iyi göstergesi kilo alımıdır. Rahim içindeyken bebek sürekli olarak plasenta tarafından besleniyordu. Şimdi bağımsız olarak beslenmeyi öğrenmesi gerekiyor ve buna başlamak biraz zaman alır. Ne var ki, miadında doğmuş çoğu bebek, kendisine yeterli sıvı ve kalori sağlandığı takdirde, yedi ilâ on günlük olduğunda doğum kilosuna geri dönüyor. Bazı bebekler için bu süre uzayabilir ama bebeğiniz iki haftalık olduğunda bu kiloya geri dönmemiş durumda olursa, sıradaki iş çocuk doktorunuzu ziyaret etmektir. Üçüncü hafta itibarıyla doğum kilosuna geri dönmemiş bebekler klinik olarak "gelişemeyen" bebekler olarak değerlendirilebilir.

İPUCU: *İki kilo yedi yüz gramın altındaki bebeklerin, kilolarının yüzde 10'unu vermeye güçleri yetmez. Böyle durumlarda, takviye gerekebilir.*

Normal kilo alma aralığı haftada 110 gram ilâ 200 gramdır. Ama bebeğinizin kilo alımını saplantı haline getirmeden önce, emzirilen bebeklerin biberonla beslenen akranlarına göre daha zayıf olma ve biraz daha yavaş kilo alma eğiliminde olduklarını unutmayın. Bazı endişeli anneler tartı satın alıyor veya kiralıyorlar. Şahsen, çocuk doktorunuzu düzenli olarak ziyaret ettiğiniz sürece, bebeği ilk ay boyunca haftada bir, sonrasında da ayda bir tartmanın yeterli olduğunu düşünüyorum. Ancak eğer tartınız varsa, kilonun günden güne dalgalandığını unutmayın; bunun için bebeğinizi dört-beş günde birden daha sık tartmayın.

Emzirmenin Temel Noktaları

Sadece emzirmeye adanmış kitaplar var; eğer halihazırda bebeğinizi emzirme kararı almışsanız, kitaplığınızda şimdiden onlardan *birkaç* tane olduğuna bahse girerim. Her beceriyi öğrenirken olduğu gibi, anahtar noktalar sabır ve pratik yapmadır. Okuyun, bir emzirme kursuna gidin ya da bir emzirme destek grubuna katılın. Bedeninizin nasıl süt yaptığını anlamanın yanında (bir sonraki sayfadaki başlığa bakın), işte *benim* en önemli addettiğim nokta...

Hamileyken pratik yapın. Emzirme sorunlarının başlıca (ve sıklıkla tek) nedeni memenin düzgün kavranmamasıdır. Birlikte çalıştığım annelerde bunu engelliyorum çünkü doğum tarihlerinden önceki dört ilâ altı hafta onlarla buluşuyorum. Onlara göğüslerinin nasıl çalıştığını açıklıyorum ve iki küçük yuvarlak yara bandını göğüslerine, meme ucunun 2,5 cm. altında ve 2,5 cm. üstünde olacak şekilde nasıl yerleştireceklerini gösteriyorum; emzirirken göğüslerini tutmaları gereken yer tam olarak burasıdır. Bu, onları, parmaklarını uygun şekilde yerleştirmeye alıştırıyor. Bunu kendiniz deneyin -ve pratik yapın.

Göğüsleriniz Nasıl Süt Yapıyor?

Bebeğiniz doğduktan hemen sonra, beyniniz, süt yapımını başlatan ve sürdüren bir hormon olan *prolaktin* salgılar. Bebeğiniz göğsünüzü her emdiğinde prolaktin ve *oksitosin* hormonu salgılanır. Meme ucunun etrafındaki koyu alan, areola, iyi bir kavramaya dayanacak kadar sert, bebeğin kolayca sıkıştırabileceği kadar yumuşaktır. Bebeğiniz emerken, *süt veren sinüsler* -areola içerisindeki kabartılar- beyninize bir sinyal gönderir: "Süt yap!" Bebeğiniz emdiğinde süt veren sinüsler titreşerek *süt veren kanalları* harekete geçirir; bu kanallar, göğsünüzde sütün depolandığı küçük keseler olan *alveoller* ile meme ucunu birleştiren geçitlerdir. Bu nazik sıkma hareketi bir pompa gibi çalışarak sütü alveollerden süt veren kanallara ve son olarak da meme ucuna indirir; meme ucu da bir huni gibi sütü bebeğinizin ağzına akıtır.

Bebeklerin sütü meme ucundan elleriyle çıkarmadıklarını unutmayın; süt, bebeğin emmesinin sağladığı uyarılmayla üretilir. Uyarılma ne kadar fazla olursa süt de o kadar fazla olur. Dolayısıyla, başarılı olmak için doğru yerleştirme ve doğru kavrama esastır. Bu ikisi doğru olduğunda emzirme size "doğal" *gelecektir.* Ancak, eğer bebek doğru yerleşmezse ve memeyi düzgün şekilde kavramazsa, süt veren sinüsler beyne mesaj gönderemez ve emzirme için gerekli olan hormonların hiçbiri salgılanmaz. Sonuç olarak, süt gelmez ve hem anne hem de bebek sıkıntı çeker.

***İPUCU:** Düzgün bir kavrama için, bebeğinizin dudakları meme ucu ve areola çevresini bir conta gibi sarmalıdır. Doğru yerleştirme içinse, bebeğin boynunu, burnu ve çenesi göğsünüze değecek şekil-*

de hafifçe uzatın. Bu pozisyon, sizin göğsünüzü tutmanıza gerek olmadan bebeğin burnunun açıkta kalmasına yardımcı olacaktır. Eğer göğüsleriniz büyükse onları yukarıda tutmak için altlarına bir çorap veya rulo yapılmış bir el havlusu koyun.

Doğumdan sonra bebeğinizin ilk beslenmesini mümkün olduğunca erken gerçekleştirin. İlk beslenme önemlidir -ama sizin aklınıza gelmesi muhtemel nedenden ötürü değil... Bebeğiniz ille de aç olmayabilir. Ancak, ilk beslenme, bebeğin hafızasına memenin nasıl doğru kavranacağına dair bir model yerleştirir. Eğer mümkünse, bu ilk kavramada size yardımcı olması için doğumhanede yanınızda bir hemşire, bir emzirme danışmanı, iyi bir arkadaşınız veya (eğer emzirmişse) anneniz olsun. Anne vajinal doğum yaptığında, bebeğe hemen oracıkta, doğumhanede memeyi kavratmaya çalışıyorum. Bunu ne kadar ertelerseniz, o kadar zor olabilir. O ilk bir-iki saat içinde bebeğiniz en atik halindedir. Sonraki iki-üç gün zarfında bir tür şok haline girer -doğum kanalındaki yolculuğunun artçı etkisidir bu- ve yeme ve uyuma yapısı muhtemelen düzensiz olacaktır. Dolayısıyla, kadın sezaryen olduğunda ilk beslenme doğumdan sonra en az üç saat veya daha uzun süre boyunca gerçekleşmez ve hem anne hem de bebek bitkin düşer. Böyle durumlarda, memenin düzgün kavranması genelde daha fazla zaman ve sabır ister (Ancak düşük doğum kilosunun -2,5 kilonun altı- söz konusu olduğu durumlar dışında, ebeveynlere, bu zamanda, beslemek için bebeklerini uyandırmayı önermiyorum).

Emzirme: İlk Dört Gün

Bebeklerin doğum kilosu 2,7 kg. veya daha fazla olduğunda, annelerine genelde, ilk birkaç beslenmede yol göstermesi için buna benzer bir çizelge veriyorum.

	Sol Meme	Sağ Meme
Birinci gün: gün boyunca, bebek her istediğinde besleyin	5 dakika	5 dakika
İkinci gün: 2 saatte bir besleyin	10 dakika	10 dakika
Üçüncü gün: 2,5 saatte bir besleyin	15 dakika	15 dakika
Dördüncü gün: tek taraftan emzirmeye ve E.A.S.Y. rutininize başlayın	her 2,5 saatte bir, en fazla 40 dakika, beslenmeden beslenmeye meme değiştirerek	

İlk iki-üç gün kolostrum üreteceksiniz -bu, anne sütünün "en faydalı kaymak" kısmıdır. Koyu ve sarıdır, sütten çok bala benzer ve proteinle doludur. Bu süre boyunca, göğsünüzden gelen süt saf kolostrumken, bir memenizden on beş, öbür memenizden de on beş dakika emzireceksiniz. Anne sütü üretmeye başladığınız zaman tek taraftan beslemeye geçebilirsiniz.

Anne Sütünde Neler var?

Anne sütü dolu bir biberonu bir saat dışarıda bıraksanız, süt üç bölüme ayrılır: Yukarıdan aşağıya doğru, giderek yoğunlaşan bir sıvı görürsünüz ki sütünüz bebeğinize verirken de böyledir:

Hararet giderici (ilk beş ilâ on dakika): Bu daha çok yağsız süte benzer -ben bunu çorba servisi gibi düşünüyorum çünkü bebeğin susuzluğunu giderir. Sevişme sırasında salgılanan hormon olan oksitosin açısından zengindir ve bu hem anneyi hem de çocuğu etkiler. Anne, gerçekten rahatlar, bebekse mahmurlaşır. Anne sütünün bu bölümü aynı zamanda laktoz yoğunluğu en fazla olan bölümdür.

İlk süt (beslenmenin beşinci ilâ sekizinci dakikalarında başlar): Daha çok normal sütün koyuluğuna benzer şekilde ilk sütün protein içeriği fazladır ve bu da kemikler ve beyin gelişimi için iyidir.

Son süt (beslenmenin on beşinci ilâ on sekizinci dakikalarında başlar): Bu koyu ve kremsi süt bütün iyi yağın bulunduğu süttür -bu, bebeğinizin kilo almasına yardım eden "tatlı"dır.

Kendi sütünüzü tanıyın ve göğüslerinizin nasıl süt yaptığını bilin. Sütünüzü tadın. Bu şekilde, sütün saklandığı zamanlarda, ekşiyip ekşimediğini anlarsınız. Göğüsleriniz doluyken verdikleri hisse dikkat edin. Göğüslerinizden süt gelirken, genelde bir karıncalanma veya hızla akma hissedersiniz. Süt tahliye refleksinden bilindiği üzere bazı annelerin sütü aşağı hızla iner; bunun anlamı süt akışlarının epey hızlı olmasıdır. Bebekleri bazen beslenmenin ilk birkaç dakikasında öksürüp boğulacak gibi olurlar. Sütün hızlı inmesini durdurmak için, bir kesikten akan kanı durduruyormuşsunuz gibi bir parmağınızı meme ucunuzun üzerine koyun. Sütünüzün aşağı indiğini hissedemezseniz telaşlanmayın; hassasiyet kadından kadına değişir. Annelerin yavaş bir süt tahliye refleksleri varsa, bebekleri hayal kırıklığına uğramış gibi görünebilir ve akışı uyarmak için göğsü ileri geri çekiştirebilir. Sütün yavaş inmesi gerginliğin bir işareti olabilir; biraz daha rahatlamaya çalışın, belki beslenme öncesi bir meditasyon CD'si dinleyebilirsiniz. Eğer bu işe yaramazsa, sütünüzün geldiğini görene kadar göğüslerinizi bir el pompasıyla "hazırlayın" ve sonra bebeğinizi memenize koyun. Bunun gerçekleşmesi üç dakika alabilir ama bebeği hayal kırıklığı yaşamaktan kurtarır.

Lahana Efsanesi

Emziren annelere, genelde, sütlerine "geçer" diye lahanadan, çikolatadan, sarımsaktan ve diğer güçlü besinlerden uzak durmaları söylenir. Saçmalık! Normal, değişken bir diyetin anne sütü üzerinde etkisi olmaz. Bana Hindistan'daki annelerin baharatlı diyetleri ve bunların çoğu *yetişkin* Amerikalı'nın midesini bozacağı hatırlatılıyor. Ama ne o anneler ne de onların bebekleri bu konuda sıkıntı yaşıyor.

Bebekler lahana veya benzer şeyler yüzünden gazlanmıyor. Gazlanmalarının nedeni, çok fazla hava yutmaları, gazlarının yanlış şekilde çıkartılması veya sindirim sistemlerinin olgunlaşmamış olmasıdır.

Bazen bir bebek, annesinin beslenmesindeki bir şeye karşı hassasiyet gösterebilir -tipik olarak inek sütünde bulunan proteinler, soya, buğday, balık, mısır, yumurta ve sert kabuklu yemişler... Bebeğinizin diyetinizdeki bir şeye tepki verdiğine inanıyorsanız o besini diyetinizden iki üç hafta çıkarın ve sonra tekrar deneyin.

Egzersizin de sütünüzü etkilediğini unutmayın. Egzersiz yaptığınızda kaslarınız laktik asit üretir ki bu bebeğinizin karnını ağrıtabilir. Bu nedenle, emzirmeden önce daima bir saat bekleyin.

Meme değiştirmeyin. Bu ülkede pek çok hemşire, doktor ve emzirme uzmanı, kadınlara, on dakikadan sonra meme değiştirmelerini, böylece bebeklerine her beslenmede iki memeden de emme şansı vermelerini söylüyor. 166. sayfada yer alan ve anne sütünün üç bileşenini tanımlayan başlık, bunun bebeğiniz için neden iyi olmadığını size açıklıyor.

Özellikle bebeğinizin hayatının ilk haftalarında, son süte ulaştığından emin olmak isteriz. İlk on dakikadan sonra diğer memeye geçerseniz, en iyi ihtimalle bebeğiniz sadece ilk sütü almaya başlar ve asla son süte yetişemez. Daha da kötüsü, bu meme değiştirme nihayetinde bedeninize son süt yapmanın gerekli olmadığı mesajını gönderir.

Bunun yerine tüm beslenme boyunca bebeğinizi bir memede tutarsanız, üç tür sütten de eşit porsiyonlarda alır -bu, dengeli bir beslenme şeklidir. Dahası, bedeniniz bu düzene alışacaktır. Düşünürseniz, ikiz anneleri bebeklerini bu şekilde beslemek *zorundadırlar.* Emzirmenin ortasında birdenbire meme değiştirmeleri aptalca olmaz mıydı? Doğrusu, tek bebek sahibi annenin de bunu yapması aynı ölçüde verimsiz bir davranıştır.

İyi de Ne Kadar?

Pompayla sağıp sütünüzü tartmadığınız sürece (sonraki ipucuna bakın), bebeğinizin aldığı süt miktarını bilmeniz zordur. Her ne kadar saate bakmayı tavsiye *etmesem* de, pek çok anne bir bebeği emzirmek için gereken yaklaşık sürenin ne kadar olduğunu soruyor. Bebekler büyüdükçe daha verimli beslenmeyi öğreniyorlar ve beslenmeleri daha az zaman alıyor. Aşağıda tahminî bir süre ve ardından her beslenmede alınan yaklaşık miktarları görüyorsunuz:

4–8 hafta: 40 dakikaya kadar (55–140 ml)
8–12 hafta: 30 dakikaya kadar (110–170 ml)
3–6 ay: 20 dakikaya kadar (140–225 ml)

İPUCU: *Eğer süt miktarınız konusunda endişeniz varsa, iki-üç gün benim "mahsul" dediğim şeyi yapın -çiftçi kökenimden gelen bir kavramdır bu... Günde bir kez, beslenmeden on beş dakika önce göğüslerinizi sağın ve mahsulünüzü ölçün. Bir bebeğin göğsünüzü fiziksel olarak emmek suretiyle en azından 30 ml daha fazla süt çıkarabileceğini hesaba katarak, üretim miktarınız hakkında iyi bir fikre sahip olabilirsiniz.*

Anne Sütünün Saklanması

Bir keresinde bir anneyi ziyaret etmiştim; kadın tek kelimeyle çıldırmıştı çünkü bir elektrik kesintisi sırasında sağıp dondurucuya koyduğu dört litre sütü çözülmüştü. Şaşkına dönmüş bir halde sordum: "Tatlım, yeni bir dünya rekoru mu kırmaya çalışıyorsun? Her şeyden önce neden bu kadar çok süt depoladın ki?" Kesinlikle, anne sütünü sağıp saklamak mükemmel bir fikir ama aşırıya kaçmayın. İşte hatırlamanız gereken bazı noktalar:

• Yeni sağılmış anne sütü derhal buzdolabına konmalı ve yetmiş iki saatten daha uzun süre saklanmamalıdır.

• Anne sütünü altı aya kadar dondurabilirsiniz ama o zaman bebeğinizin ihtiyaçları değişmiş olacaktır. Bir aylık bebeğin beslenme gereksinimleri, üç veya altı aylık bebeğinkinden farklıdır. Anne sütünün mucizesi, yapısının bebek büyüdükçe değişmesidir. Bu nedenle, dondurulmuş sütteki kalorilerin bebeğinizin ihtiyaçlarını karşıladığından emin olmak için, on iki adet 110 gr'lık poşetten daha fazla süt depolamayın ve bunları her dört haftada bir sıraylayenileyin. İlk önce en eski tarihli sütü kullanın.

• Anne sütü steril biberonlarda ve sütü saklamak için özel olarak tasarlanmış naylon poşetlerde depolanabilir (sıradan naylon poşetlerdeki kimyasallar süte geçebilir). Her iki şekilde de, üzerine tarih ve zaman daima yazılmalıdır. İsrafı önlemek için sütü 55 ve 110 gr'lık kaplarda saklayın.

• Anne sütünün insan sıvısı olduğunu unutmayın. Her zaman ellerinizi yıkayın ve elle teması en az düzeyde tutun. Mümkünse, sütünüzü doğrudan dondurucu poşetlerinin içine sağın.

• Dondurulmuş sütü çözmek için, ağzı kapatılmış kabı yaklaşık 30 dakika sıcak su dolu bir kâsenin içine koyun. Asla mikrodalga fırın kullanmayın; bu, proteini parçalayarak sütünüzün yapısını değiştirir. Çözülme sırasında ayrılıp yüzeye çıkmış olabilecek yağı karıştırmak için kabı çalkalayın. Çözülen sütü hemen kullanın veya buzdolabında en fazla yirmi dört saat saklayın. Taze süt ile çözülmüş sütü karıştırabilirsiniz ama asla tekrar dondurmayın.

İPUCU: *Her beslenmeden sonra, bir sonraki beslenmede kullanacağınız göğsünüzü çengelli iğneyle işaretleyin. Boşaltılmamış olan göğüsteki doluluğu da hissedebilirsiniz.*

Bir anneyle ilk günden itibaren çalıştığım zaman, anne, üçüncü veya dördüncü gün itibarıyla tek taraftan emzirmeye başlar. Ne var ki, sıklıkla, çocuk doktorları veya emzirme eğitmenleri tarafından kendilerine meme değiştirmeleri söylenmiş annelerden umutsuz telefonlar alıyorum. Tipik olarak, bebekleri iki ilâ sekiz haftalık oluyor.

Örneğin, oğlu üç haftalık olan Maria bana şöyle demişti: "Bebeğim saatte bir veya en fazla bir buçuk saatte bir emiyor.

Başa çıkamıyorum." Maria'nın çocuk doktoru endişeli değildi: Justin yavaş yavaş kilo alıyordu ama en azından alıyordu. Justin'in saat başı beslenmesi doktoru rahatsız etmiyordu -emziren *o* değildi ki! Maria'ya tek taraftan beslemekten söz ettim. Maria'nın bedeni halihazırda meme değiştirmeye alışmış olduğundan, Justin'in rutinini kademeli olarak değiştirmek durumunda kaldık. Maria'yı her beslenmeye Justin'i bir memeye yalnızca beş dakika koyarak başlattım ve sonra beslenmenin geri kalanı ikinci memede geçti. Buna üç gün devam ederek her beslenmede kullanılmayacak olan memedeki baskı alınmış ve angorjman önlenmiş oldu. Aynı ölçüde önemli olarak, bu, Maria'nın beynine bir mesaj gönderdi: "Diğer memeye şimdi ihtiyacımız olmayacak." Kullanılmayan göğüsteki süt Maria'nın sistemi tarafından yeniden içeri alınıp Justin'in bir sonraki beslenmesi için üç saat sonrasına saklanmış oldu. Dördüncü gün itibarıyla, Maria tek taraftan emzirebiliyordu.

Saate bakmayın. Emzirme asla zamanla veya miktarla ilgili bir şey değildir. Emzirme kendinizin ve bebeğinizin farkına varmanızla ilgilidir. Emzirilen bebekler genelde biraz daha sık yerler çünkü anne sütü hazır mamaya göre daha çabuk sindirilir. Dolayısıyla, eğer kırk dakika emen iki-üç aylık bir bebeğiniz varsa, üç saat içinde sistemi bütün emdiğini sindirmiş olur (Bebeğinizin beslenmesinin ne kadar zaman alabildiğine dair kılavuz bilgiler için 169. sayfadaki başlığa bakın.)

***İPUCU**: Emzirdikten sonra daima meme uçlarınızı temiz bir bezle silin. Süt kalıntısı bakterilerin üremesine zemin hazırlayabilir ve sizin göğsünüzde ve bebeğinizin ağzında pamukçuğa neden olabilir. Hiçbir zaman sabun* *kullanmayın; sabun meme uçlarınızı kurutur.*

İstediğiniz şekilde emzirme hakkınızı savunun. Bebeğinizi nasıl beslemeye karar verirseniz verin, kararınıza bağlı kalın.

> ***EŞLER VE ARKADAŞLAR İÇİN BİR İPUCU:*** *Eşiniz (veya iyi bir arkadaşınız) ilk emzirmeye başladığında, onun öğrendiklerini öğrenin ve keskin bir gözlemci olmayı sürdürün. Bebeğinizin memeyi doğru kavradığından emin olun. Ancak, çok da tetikte olmayın. Her ne kadar niyetiniz iyi olabilse de, "koçluk yapma" adına canlı yorum yapmayın: "Aferin sana, başardın... Ah hayır, memeyi çıkardı... İşte yine alıyor... Evet, başardı, küçük bir şampiyon gibi emiyor... Ahh, yine çıkardı... Onu biraz yukarıda tut... Evet, oldu, oldu... Ah, yine çıkardı!" Kendinizi annenin yerine koyun. Annenin oyunu anlatan bir spor spikerine değil, sevgi dolu desteğe ihtiyacı var. Bir kadın için yargılandığı hissine kapılmadan emzirme sanatını öğrenmek yeterince zordur.*

Bir akıl hocası bulun. Emzirme tekniği eskiden anneden kızına geçerdi. Ancak 40'lı yılların sonlarından 60'ların sonlarına dek hazır mamanın popülerliği nedeniyle bebeklerini potansiyel olarak emzirebilecek bütün bir nesil bebeklerini biberonla beslemeye karar verdi. Sonuç olarak, bugün pek çok anne kendi annesinden yardım isteyemiyor çünkü annesi bebeğini hazır mamayla beslemişti. Daha da üzücü olan, genç annelere sıklıkla çelişkili bilgiler veriliyor olmasıdır. Örneğin hastanede, bir nöbetteki hemşire ona bebeği şu veya bu şekilde tutmasını söylerken bir sonraki nöbetteki hemşire farklı bir şey söylüyor. Böyle bir kaos sadece annenin süt miktarını etkilemekle kalmayabilir, anneyi duygusal bir çalkantıya da sürükleyebilir ki bu, her şeyden çok, onun emzirme yeteneğini etkileyebilir. Bu karışıklık nedeniyle, annelerim için emzirme destek grupları kuruyorum. Başlangıçtaki sorunlar konusunda hiç kimse size, yakın zaman önce bunları yaşamış olan başka bir kadından daha fazla yardım edemez. Eğer akıl danışacak kimse yoksa, bölgenizde bir emzirme danışmanı bulun; o sizi önleyici tedbirlerle donatabilir ve sorun çıkması halinde yardıma hazır olur.

***İPUCU**: Akıl hocanızı akıllıca seçin -sabrı, mizah duygusu ve emzirme konusunda iyi hisleri olan birisi olsun. Olumsuz bilgilere veya abartılı hikâyelere ihtiyatla yaklaşın. Bu bana zavallı Gretchen'i hatırlatıyor; Gretchen bana emzirmek istemediğini söylemiş, "çünkü arkadaşımın bebeği meme ucunu yutmuş" demişti.*

Emzirme günlüğü tutun. İlk birkaç günü atlattıktan ve tek taraftan emzirmeye başladıktan sonra, her zaman, bebeğinizin hangi memeden ne zaman, ne kadar süre beslendiğini ve ilgili diğer ayrıntıları takip etmenizi öneririm. 177. sayfada, annelerime verdiğim kâğıdın bir kopyası var. Onu kendi ihtiyaçlarınıza uyacak şekilde uyarlayabilirsiniz. Göreceğiniz gibi, ilk iki satırdaki örnekleri ben doldurdum.

Pompa Rehberi

Anne sütünü pompayla sağmanın amacı emzirmenin yerini almak değil, daha ziyade bu deneyimi tamamlamak ve güçlendirmektir. Pompayla sağmak göğüslerinizi boşaltmanıza olanak tanır, böylece bebeğinizi emziremeyeceğiniz durumlarda dahi bebeğiniz sütünüzle beslenebilir. Pompayla sağmak angorjman gibi sorunları da önleyebilir (bakınız sayfa 177). Bir emzirme eğitmeninin size pompanın nasıl düzgün kullanılacağını gösterdiğinden emin olun.

Hangi tip? Eğer bebeğiniz prematüre ise, güçlü sanayi tipi bir pompaya ihtiyacınız olacak. Eğer bebeğinizden sadece ara sıra uzak kalmayı planlıyorsanız, bir el veya ayak pompası işinizi görecektir. Her hâlükârda, elektrik kesintisine karşı elinizle sağmayı öğrenin.

Satılık mı kiralık mı? İşe dönecekseniz ve bir yıl boyunca emzirmeyi planlıyorsanız satın alın; altı aydan daha az emzirmeyi planlıyorsanız kiralayın. Kiralık pompalar her zaman hizmete açıktır, dolayısıyla paylaşılabilirler, yeter ki her kişi kendine yeni aksesuarlar satın alsın... Satın aldığınız pompalar en çok bir kişi tarafından kullanılır.

Hangi özelliklere bakılmalı? Hız ve güç için motorun ayarlanabildiği bir pompa satın alın veya kiralayın. Parmağınızı bir hortum üzerine yerleştirerek pompa devrini manuel olarak ayarlamanızı gerektirenlerden uzak durun -bunlar güvenli değildir.

Ne zaman? Genel olarak, bir beslenmenin ardından göğsünüzün yeniden dolması bir saat alır. Süt miktarınızı artırmak için, iki gün süreyle bebek beslendikten sonra göğsünüzü on dakika pompayla sağın. İşe döndüğünüzde, eğer normalde emzireceğiniz zamanda sağamazsanız, en azından her gün aynı saatte sağın -örneğin öğle yemeği zamanında on beş dakika...

Nerede? İşteyken tuvalette sütünüzü sağmayın; sağlıksızdır. Ofisinizin kapısını kapatın ya da başka sakin bir yer bulun. Annelerimden biri bana işinde "süt sağma odası"nın olduğunu ve emziren anneler için buranın çok temiz tutulduğunu söylemişti.

Kırk-gün kuralıma uyun. Bazı kadınlar birkaç gün içinde emzirme işini kavrar; bazılarında bu daha uzun sürer. Eğer siz ikinci gruptansanız, lütfen paniklemeye başlamayın. Çok büyük bir beklenti içine girmemek için kendinize kırk gün verin. Elbette, herkes (baba dahil) emzirmenin hemen yoluna girmesini istiyor, dolayısıyla iki-üç gün sonra, siz veya eşiniz sabırsızlanabilir ve endişelenebilir. Ama gerçekten rahat etmek ve doğru şekilde emzirmek için genelde daha uzun süre gerekir. Kırk günün ne özelliği var? Kırk gün yaklaşık altı hafta eder ki genelde doğum sonrası dönem bu şekilde tanımlanır (bu konuda daha fazla bilgi Yedinci Bölüm'de). Bazı kadınlar için emzirmeye alışmak bu kadar süre gerektirir. Meme düzgün kavransa bile, göğüslerinizde bir sorun yaşayabilirsiniz veya bebeğiniz hemen kavrayamayabilir. İkinize de şans ve deneme-yanılma için zaman tanıyın.

Saat	Hangi göğüs?	Beslenme süresi	Yutkunma duyuyor musunuz?	Son beslen-meden sonraki ıslak bez sayısı	Son beslen-meden sonraki kaka sayısı ve rengi	Takviye: su/hazır mama	Sağılan süt miktarı	Diğer
6:00 Sb.	❑ sol ❑ sağ	35 dk	❑ evet ❑ hayır	1	sarı çok yumuşak	yok	30 gr (7.15 Sb)	Yemekten sonra biraz mızmız gibiydi
8:15 Sb.	❑ sol ❑ sağ	30 dk	❑ evet ❑ hayır	1	yok	yok	45 gr (8.30 Sb)	Beslenme sırasında uyandırmak zorunda kaldım
	❑ sol ❑ sağ		❑ evet ❑ hayır					
	❑ sol ❑ sağ		❑ evet ❑ hayır					

Emzirme Sorunlarını Çözme Rehberi

Sorun	Belirtiler	Ne Yapmalı?
Angorjman: Göğüsler sıvıyla dolu hale gelir. Bazen bu süttür, ama daha sıklıkla, özellikle de sezaryenden sonra, el ve ayaklara yerleşmiş sıvı fazlasıdır -kan, lenf sıvısı ve su.	Göğüsler sert, sıcak, şiştir; buna gribi andıran belirtiler eşlik edebilir -ateş, üşüme, gece terlemeleri; bebeğin memeyi kavramasını da zorlaştırabilir, dolayısıyla meme uçlarının acımasına neden olabilir.	Göğüsleri sıcak, ıslak bir kumaş bezle sarın; emzirmeden hemen önce, her iki saatte bir beş set kulaç egzersizi yapın (top atma hareketi) ve kollarınızı ve ayak bileklerinizi çevirin. Durumunuz yirmi dört saat içinde hafiflemezse doktora başvurun.
Tıkalı Süt Kanalı: Süt, süt veren kanalda koyulaşır ve süzme peynir kıvamına gelir.	Göğüste bölgesel bir yumru olur, dokununca acır.	Tedavi edilmezse mastite yol açabilir (aşağıya bakın). Sıcak uygulayın ve meme ucuna doğru

		sıvazlayarak yumru çevresinde ufak dairesel hareketlerle göğüslerinizi ovuşturun. Süzme yoğurdu ayrana dönüştürmek için yoğurduğunuzu hayal edin. (Göğsünüzden sütün geldiğini bilfiil görmeyeceksiniz)
Meme Uçlarında Acı	Meme uçları çatlamış, yaralanmış, hassas ve/veya kızarmış olabilir; kronik vakalarda kabarmalar, yanma, kanama ve hem emzirme aralarında hem de emzirme boyunca acı görülür.	Emzirmenin ilk birkaç gününde görülmesi normal bir durumdur; bu durum, bebeğiniz ritmik şekilde emmeye başlayınca ortadan kalkacaktır. Eğer rahatsızlık devam ederse, bebeğiniz memeyi doğru kavramıyor demektir. Bir emzirme danışmanından yardım alın.
Fazla oksitosin yüklenmesi	Anneler emzirme sırasında "hormon" üretimi nedeniyle mahmurlaşırlar.	Gerçek bir engel değildir ama emzirmeler arasında daha fazla dinlenmek iyi bir fikir olabilir.
Baş ağrısı	Emzirme sırasında veya hemen sonrasında ortaya çıkar; hipofiz bezinizin oksitosin ve prolaktin salgılamasının sonucudur.	Devam ederse doktor tavsiyesine başvurun.

Döküntü	Kurdeşen gibi, vücudun her yerinde görülür.	Oksitosine karşı gösterilen bir alerjik reaksiyondur. Genelde antihistaminik ilaçlar tavsiye edilir ama önce doktorunuzla konuşun.
Mantar enfeksiyonu	Göğüsler ağrılıdır ya da göğüslerinizin içinde bir yanma hissedersiniz; aynı zamanda bebeğinizin poposunda kırmızı beneklerle pişik görülebilir.	Doktorunuzu arayın. Enfeksiyon sorununu çözmek için ikinizin de ilaç kullanması gerekebilir; bebeğiniz poposu için kreme veya merheme ihtiyaç duyacaktır ama siz bunu göğüslerinizde kullanmayın -salgı bezlerinizi tıkayabilir.
Mastit	Meme bezlerinin iltihaplanmasıdır. Göğüsler üzerinde düzensiz parlak kırmızı çizgi; göğüsler sıcaktır; aynı zamanda gribe benzer belirtiler görülür.	Derhal doktora danışın.

İPUCU: Gün boyunca aldığınız kaloriler hem kendi bedeniniz için hem de bebeğiniz içindir. Bu nedenledir ki emzirirken gıda alımınızı sürdürmeniz çok önemlidir -şok diyetler yok. Protein ve kompleks karbonhidratlar açısından zengin, sağlıklı, dengeli bir beslenme biçimini muhafaza edin. Ayrıca, bebeğiniz sıvıyı sizin bedeninizden aldığı için günde on altı bardak su içtiğinizden emin olun -tavsiye edilen miktarın iki katıdır bu...

Emzirme Çelişkileri: Açlık mı, Emme İhtiyacı mı yoksa Büyüme Atağı mı?

Yenidoğanların yirmi dört saatin yaklaşık on altı saatinde fiziksel bir emme ihtiyacı duyduklarını hatırlamak önemlidir. Özellikle emziren anneler bazen bu emme ihtiyacını, bebeğin gerçekten aç olduğunda yaptığı "aranma" hareketiyle karıştırırlar (bakınız sayfa 138). Örneğin, emziren Dale, tavsiyemi almak için beni aradığında bu aşikâr yapıyı şöyle tarif etmişti: "Öyle görünüyor ki, Troy her zaman aç. Dolayısıyla, ağladığı zaman onu mememe koyuyorum, yaklaşık üç dakika emiyor ve sonra uyuyakalıyor. Onu uyandırmaya çalışıp duruyorum, çünkü yeterince beslenemediğinden korkuyorum." Üçüncü haftada dört kilo gelen bir bebekten bahsediyorduk, dolayısıyla Troy'un kötü besleniyor olamayacağını biliyordum. Daha ziyade, Dale, her ne kadar bir saat önce beslenmiş de olsa, bebeğinin emme refleksini açlıkla karıştırıyordu. Bebeği memesinde uyuyakaldığında da onu dürtüp duruyor ama birkaç yudum daha süt alması için onu uyandıramıyordu. O zaman Troy'u memesinden ayırıyordu. Sorun şu ki, aradan yirmi-otuz dakika geçtikten sonra, Troy bir uyku döngüsünü daha bitirmiş oluyordu (bakınız Altıncı Bölüm). Dale onu memesinden ayırdığında, muhtemelen Troy tam REM uykusuna geçmek üzere oluyordu ve uyanıyordu. Rahatsız edilmiş bir halde, *birdenbire acıktığı için değil, kendisini yatıştırmak için* yeniden emmek istiyordu. Dolayısıyla, anne oturuyor ve döngü tekrar başlıyordu.

Buradaki sorun -ve yaygın bir sorundur bu- Dale'in farkında olmadan Troy'a "atıştırmacı" olmayı öğretmesidir. Ve şimdi kazanma ihtimali olmayan bir mücadeleye girmiştir. Bir düşünün:

Yürüme çağındaki çocuğunuza öğünler arasında kurabiye vermemenizin nedeni budur. Eğer bir çocuk gün boyunca bir şeyler yeyip durursa, düzgün bir öğün yiyemez, değil mi? Saatte bir veya bir buçuk saatte bir beslenen bebekler de bunu yapamaz. Bu sorun biberonla beslenmede bu kadar sık görülmez çünkü anne bebeğin kaç mililitre içtiğini bilfiil görür. Ancak, her iki beslenme yönteminde de, bebek iyi bir üç saatlik rutinde olduğunda, onun düzgün bir öğün yediğini bilirsiniz ve muhtemelen onu beslenmeler sırasında uyandırmak zorunda da kalmazsınız zira iyice dinlenmiştir.

Sağduyunuzu Kullanın

Her ne kadar düzenli bir beslenme rutinini tavsiye etsem de, iki saatin ardından bebek açlıktan ağlamaya başlarsa onu beslemeyin demiyorum. Aslına bakarsanız, büyüme atağı esnasında biraz daha sık yeme ihtiyacı duyabilir. Benim söylediğim, bebeğinizin düzenli aralıklarla düzgün öğünler alması durumunda daha iyi yiyeceği ve bağırsaklarının daha iyi çalışacağıdır.

Arada sırada, bebeğiniz çok hızlı büyüdüğü için fazladan bir kucaklanma veya beslenme ihtiyacı duyduğunda bundan kendinizi alıkoymanız gerektiğini de söylemiyorum. Benim söylediğim şu: anneleri ve babaları işe nasıl devam edeceklerse öyle başlamadıkları için bebeklerin üzüldüğünü görmekten nefret ediyorum. Bir bebeğe kötü alışkanlıklar edindiren ebeveynlerdir; bu küçüklerin hatası değil. Onun için, eğer şimdi sağduyunuzu kullanırsanız, daha zonra bebeğinizin travma yaşamasını önleyebilirsiniz (Kötü alışkanlıklardan kurtulmak hakkında daha fazla bilgi Dokuzuncu Bölüm'de...)

Şimdi, emziren bir annenin aklını karıştırabilen başka bir duruma bakalım -büyüme atakları. Diyelim ki bebeğiniz her iki buçuk-üç saatte bir düzenli olarak beslenirken birden ekstra aç görünüyor -adeta sanki bütün gün boyunca yemek istiyor gibi... Bebeğiniz muhtemelen bir büyüme atağında -bebeğin normalden daha fazla besin istediği bir-iki günlük bir dönemdir bu... Büyüme atakları genelde her üç ilâ dört haftada bir ortaya çıkar. Eğer dikkat ederseniz, bu bütün gün süren aşırı açlık hallerinin sadece yaklaşık kırk sekiz saat sürdüğünü ve sonra tekrar E.A.S.Y. düzenine girdiğinizi göreceksiniz.

Ne yaparsanız yapın, bir büyüme atağını süt miktarınızın azalmasıyla veya tamamen kurumasıyla karıştırmayın. Aslına bakarsanız, bebeğiniz büyüyor, ihtiyaçları değişmekte ve onun daha fazla emmek istemesi doğanın bedeninize bir mesaj gönderme şekli: "Daha fazla üret!" Mucizevi bir şekilde, sağlıklı bir annede, bebeğin almaya ihtiyaç duyduğu ne varsa beden onu üretecektir. Hazır mamayla beslenmede, eğer bebeğiniz üç saatlik bir beslenme döngüsünde olsa ve birden daha aç görünse, tek yapmanız gereken ona daha fazla besin vermek olacaktı. Emziren bir annenin de tüm yapması gereken budur.

Ayrıca, tek taraftan beslenmede, bebeğiniz bir memeyi boşalttığında (ki genelde bu beş buçuk kilo olduğu zaman itibarıyla gerçekleşir) tek yapmanız gereken öbür memeye geçmek ve böylece ona ihtiyacı olan bütün sütü vermektir.

Eğer bebeğiniz *sadece geceleri* ekstra aç görünüyorsa, bu muhtemelen bir büyüme atağı değildir. Daha ziyade, bebeğinizin yeterince kalori almadığının bir işaretidir ve E.A.S.Y. rutininizi bebeğinizin daha fazla kalori ihtiyacına uyum sağlayacak şekilde ayarlamanız gerekir. Bu, "üst üste beslenme" için iyi bir zaman olabilir (bakınız Altıncı Bölüm).

> **İPUCU:** *İyi bir gece uykusundan sonra sabahları göğsünüzdeki süt yağ açısından en zengin halindedir. Eğer bebeğiniz geceleri ekstra aç görünüyorsa gündüz erken saatlerde sütünüzü sağın ve yağı bol bu sütü gece beslenmesine saklayın. Bu, bebeğinize ihtiyacı olan ekstra kalorileri, size ve eşinize akşamları bir dinlenme fırsatı verecek, en önemlisi de "Bebeğime yetecek kadar süt üretiyor muyum?" diyen o can sıkıcı sesi susturacaktır.*

Hazır Mamayla Beslenmenin Temelleri

Nedenlerinizin ne olduğu önemli değil; eğer okumuş, araştırmış ve bebeğinizi hazır mamayla beslemek istediğiniz sonucuna varmışsanız, sorun yok. *Bebeğinize hazır mama verme hakkınızı savunun.* Karmaşık tıbbî raporlar da dahil olmak üzere eline geçirdiği her şeyi kelimesi kelimesine okumuş olan Bernice, bana şöyle dedi: "Tracy, eğer daha az bilen biri olsaydım, bana kendimi suçlu hissettirirlerdi. Hazır mama hakkında edindiğim bilgiler nedeniyle -hemşirelerin bile bilmediği şeylerdi bunlar- kararıma saygı duymak zorunda kaldılar. Ama bu kadar güçlü olmayan kadınlar için üzülüyorum." Hazır mama eleştirilerine karşı en iyi savunmanız -her ne kadar buna ihtiyaç duymamanız gerekse de- gerçeklerdir.

Emzirmeyle İlgili Yersiz Korkular

Ne Oluyor?	Neden?	Ne Yapmalı?
"Bebeğim sık sık beslenmenin ortasında kıpırdanıp duruyor."	Dört aylıktan küçük bebeklerde, bu, kaka yapma ihtiyacı olduğu anlamına gelebilir. Aynı zamanda hem kaka yapıp hem de ememez.	Bebeği memenizden ayırın, dizinize yatırın, kaka yapmasına izin verin ve sonra emzirmeye devam edin.
"Bebeğim, ben onu beslemeye çalışırken sık sık uyuyakalıyor."	Bebeğiniz yüksek dozda oksitosin alıyor olabilir. Ya da atıştırıyor olabilir ve gerçekten aç değildir.	Uyuyan bir bebeği uyandırmak için 158. sayfadaki ipucuna bakın. Ama kendinize de şu soruyu sorun: "bebeğim düzenli bir rutinde mi?" Gerçekten aç olup olmadığını belirlemenin en iyi yolu budur. Eğer saat başı besleniyorsa, karnını adamakıllı doyurmak yerine sadece atıştırıyor olabilir. Bebeğinizi E.A.S.Y. rutinine sokun.
"Bebeğim göğsümü çekiştirip duruyor."	Sütün yavaş inmesiyle ilgili sabırsızlık olabilir. Buna bacaklarını yukarı çekmesi eşlik ediyorsa, gazı olabilir. Ya da aç	Eğer bu durum tekrar tekrar yaşanıyorsa, muhtemelen sütünüzün inme refleksi yavaştır. Sütünüzü önce

	olmayabilir.	pompayla sağarak kendinizi "hazırlayın" (168. sayfaya bakın). Eğer sorun gaz ise, 400. sayfadaki çareleri deneyin. Bunların hiçbiri işe yaramazsa, muhtemelen emzirilmekle ilgilenmiyordur. Bebeğinizi göğsünüzden alın.
"Bebeğim memeyi nasıl 'kavrayacağını' unutmuşa benziyor."	Erkek bebekler başta olmak üzere bütün bebekler arada bir "unuturlar" -odak noktalarını kaybederler. Bu, bebeğin aşırı aç olduğu anlamına da gelebilir.	Ona bir odak noktası vermek ve nasıl emileceğini hatırlatmak için serçe parmağınızı birkaç saniyeliğine bebeğinizin ağzına koyun. Sonra onu yine memenize koyun. Eğer aşırı açsa ve sütünüzün yavaş indiğini biliyorsanız, bebeğinize memenizi kavratmadan önce göğüslerinizi sağarak hazırlayın.

Hazır mama seçmek için içindekileri okuyun. Piyasada pek çok farklı türde hazır mama var ki hepsi de itinayla test edilmiş ve ve Amerikan Gıda ve İlaç Dairesi (FDA) tarafından onaylanmıştır. Temel olarak, hazır mama inek sütü veya soyadan yapılır. Şahsen, her ne kadar ikisi de vitaminlerle, demirle ve besleyici başka öğelerle güçlendirilmiş olsa da inek sütü bazlı mamaları soyalılara tercih ediyorum. Aralarındaki fark şu: inek sütlü mamada aldığınız sütyağının yerini soyalı hazır mamada bitkisel yağ alıyor. Her ne kadar soya bazlı mamalarda kolik sancısına ve birtakım alerjilere bağlı olduğu iddia edilen hayvansal protein ve laktoz bulunmasa da, ben önce inek bazlı hipoalerjenik bir mama denenmesini tavsiye ediyorum. Soyanın bu sorunları önlediğine dair kesin bir kanıt yok. Ayrıca, inek sütlü mamalarda soyada bulunmayan besleyici öğeler var. Hazır mamanın neden olduğu döküntüler ve gaz konusundaki endişelere gelince, bu sorunların emzirilen bebeklerde de görüldüğünü hatırlayın.

Bu tür belirtiler genelde ters bir reaksiyon *değildir*; ancak, fışkırırcasına kusma veya ishal gibi daha aşikâr belirtiler ters bir reaksiyon olabilir.

Hazır Mamanın Saklanması

Toz halinde, konsantre halde veya daha da büyük rahatlık sunması için teneke kutularda hazır karıştırılmış halde olabilen hazır mama üretici tarafından tarihlendirilir. Teneke kutular açılmadığı sürece son kullanma tarihine kadar saklanabilir. Ancak, bir kez biberona konulunca, hangi formda olursa olsun, hazır mama sadece yirmi dört saat dayanır. Çoğu üretici mamanın dondurulmasını tavsiye etmiyor. Anne sütünde olduğu gibi, asla mikrodalga fırın kullanmayın; her ne kadar hazır mamanın yapısını değiştirmese de, mikrodalga fırın sıvıyı eşit olmayan şekilde ısıtır ve bebeğinizi yakabilir. Bebeğinizin bitirmediği bir biberonu asla tekrar kullanmayın. İsrafı önlemek için, yeni doğmuş bebeğinizin kapasitesi artıncaya kadar sadece 125-250 ml'lik biberonlar hazırlayın.

Sizin meme uçlarınıza en çok benzeyen biberon emziklerini seçin. Piyasada farklı pek çok tip biberon emziği -düz, uzun, kısa, şişkin- ve onlara uygun biberon var. Ben yenidoğan için her zaman Haberman biberon tavsiye ederim; bu biberonun ucunda, bebeklerin, tıpkı emzirmede olduğu gibi sütü sadece güçlü emdiklerinde alabilmelerine izin veren özel bir kapakçık vardır. Her ne kadar bazı emzikler akışı diğer emziklere göre daha fazla ayarlasa da, Haberman dışında bütün biberonlarda mama biberonun içine akıyor ve akışı belirleyen bebek değil yerçekimi oluyor ("Meme Uçlarını Karıştırma Efsanesi" başlığına da bakın). Kural olarak, her ne kadar diğer beslenme sistemlerinden biraz daha maliyetli olsa da, bebek üç-dört haftalık olana kadar bir Haberman biberon kullanılmasını tavsiye ediyorum. İkinci ay yavaş akışlı bir emziğe, üçüncü ay ikinci aşama bir emziğe geçin ve dördüncü aydan sonra memeden kesene dek normal akışlı bir emzik kullanın. Akışı göz önünde bulundurmanın yanısıra, bebeğinizi hem emzirmeyi hem de biberonla beslemeyi planlıyorsanız, sizin meme ucunuza yakın bir uç bulmanız önemlidir. Örneğin, eğer meme uçlarınız düz ise, Nuk emzik deneyin; eğer meme uçlarınız sert ve dik ise, Playtex, Avent veya Munchkin en iyisi olabilir.

Hazır Mamanın Miktarı Ne Olmalı?

Hazır mamayla beslenmede anne sütünün aksine mamanın yapısı hiç değişmez ama bebek -anlaşılır bir şekilde- daha fazla yeme ihtiyacı duyar.

Doğumdan 3 haftaya kadar: Her 3 saatte bir 85 ml.

3–6 hafta: Her 3 saatte bir 115 ml.

6–12 hafta: Her 4 saatte bir 115 ilâ 170 ml. (genelde 3 ay itibarıyla 170 ml.'de sabitlenir.)

3–6 ay: Her 4 saatte bir 225 ml.'ye çıkar.

Yakın zaman önce, emziren ve işe geri dönmeyi planlayan bir anne olan Irene'yi ziyaret ettim. Sekiz farklı beslenme sistemi vardı ve küçük Dora'sı bunların hepsini reddetmişti. "Ya ağzını kapatıyor ya da bunları ağzında çevirip duruyor," diye dert yandı Irene, "ve her beslenme bir kâbusa dönüşüyor." Ortalama olarak bebeğini günde sekiz kez beslemesi gerektiğini hesaplayınca bunun epeyce bir kâbus edeceğini düşündüm. Dolayısıyla ona şöyle dedim: "Göğsüne iyice bir bakayım, sonra da alışverişe gidelim." Ve öyle de yaptık. Irene'nin meme ucuna en çok benzeyen biberon emziğini bulduk. Ondan sonraki birkaç gün zarfında Dora annesine yine biraz zor zamanlar yaşattı ama onu annenin meme ucuna benzeyen bir emziğe alıştırmak diğer sekizine alıştırmaktan kesinlikle daha kolaydı.

Biberon ve emzik alışverişi yaparken, başlık takma sistemi yaygın olan kombinasyonları alın ki gerektiğinde değiştirebilesiniz. Göze çok hoş görünen ve her türlü şahane vaatlerde bulunan -"tıpkı anne göğsü gibi," "doğal eğim," "gazı önler"- birkaç sistem gördüm. Reklamlara temkinli yaklaşın ve bebeğinizin işini en iyi hangisinin gördüğüne bakın.

İlk kez beslerken nazik davranın. Bebeğinizin ağzına ilk kez bir biberon emziği koyarken, dudaklarına emzikle hafifçe dokunun ve bebeğiniz ağzını açarak cevap verinceye dek bekleyin. Sonra emziği kavrarken nazikçe ağzının içine kaydırın. Asla biberonu bebeğinizin ağzına zorla sokmayın.

Beslenme şeklinizi emziren bir anneninkiyle kıyaslamayın. Hazır mama anne sütüne göre daha yavaş sindirilir; bunun anlamı, hazır mamayla beslenen bebeklerin genelde, üç değil de dört saat arayla beslenebilecekleridir.

Üçüncü Seçenek: *Hem* Meme *Hem* Biberon

Anne sütü ve hazır mama konusundaki tarafsızlığım bir yana, ailelere her zaman birazcık anne sütünün hiç olmamasından daha iyi olduğunu söylüyorum. Bazı anneler, özellikle de emzirmeyi destekleyen ve beslenmenin ya-hep-ya-hiç meselesi olduğuna inanan doktorlara veya kuruluşlara danışmış olanlar bunu duyduklarında şok oluyorlar.

"Gerçekten ikisini birden yapabilir miyim?" diye soruyorlar. "Bebeğimi *hem* emzirip *hem* biberon vermem mümkün mü?" Benim cevabım hep "Elbette" oluyor. "İkisi"nden kastımın bir bebeğe hem anne sütü hem de hazır mama verilebilmesi veya hem biberondan hem de göğüsten yalnızca anne sütü verilmesi olduğunu da açıklıyorum.

Meme Uçlarını Karıştırma Efsanesi

Bebeklerin hem göğüsten hem de biberondan beslenmemeleri gerektiğinin bir nedeni olarak "meme uçlarını karıştırma" hakkında çok fazla şey söylenmiştir. Ben bunun bir efsane olduğuna inanıyorum. Bebeğin aklını karıştırabilecek olan akıştır ve bu da kolayca çözülebilir. Memedeki bir bebek biberonla beslenen bir bebekten farklı dil kaslarını kullanır. Ayrıca, emzirilen bir bebek emme şeklini değiştirerek aldığı süt miktarını ayarlayabilir ama biberonda bebeğin değil yerçekiminin kontrol ettiği sürekli bir akış vardır. Eğer bir bebek biberondayken tıkanırsa Haberman gibi bir biberon kullanmak en iyisidir zira bu biberon sadece güçlü emildiğinde sütün gelmesine olanak tanır.

Evet, bazı anneler daha en başından tercihlerinden emindir. Hamileyken muazzam şekilde araştırma yapmış olan Bernice, Evan'a hazır mama verme kararından yüzde 100 emindi -o kadar emindi ki, kadın doğum doktorundan sütünü derhal kurutması için kendisine hormon iğnesi vermesini istemişti. Öte yandan Margaret, emzirme konusunda aynı ölçüde kararlıydı. Ama ya arada kalan anneler? Bazıları, ilk birkaç gün boyunca sınırlı süt miktarı nedeniyle hazır mama takviyesi yapmak *zorunda* kalıyor. Diğerleri en başından itibaren hem biberonla hem göğüsle beslemeyi *tercih ediyorlar* çünkü kendi hayatlarını kısıtlamak istemiyorlar. Üçüncü bir grup bir yöntemle başlıyor ve daha sonra fikrini değiştiriyor. Bunların arasında, çoğu anne önce emziriyor ve sonra hazır mamayı ekliyor; ama ister inanın ister inanmayın, bazen bunun tam tersi de oluyor.

Bebek üç haftalıktan küçükse, memeden beslenirken biberonu almasını ya da bunun tersini yapmasını sağlamak ve bebeğin ikisinden birden beslenmeyi sürdürmesi nispeten kolaydır. Ancak üç haftadan sonra, değişim anne ve bebek açısından çok zor olabilir (195 sayfadaki başlığa bakın). Bu nedenle, eğer bebeğinize sadece meme verme konusunda en ufak bir kararsızlık yaşıyorsanız, o uygun zaman aralığını hatırlayın ve ne kadar erken harekete geçerseniz o kadar iyi olacağını unutmayın.

Annelerin iki dünyanın en iyi yanlarını tercih ettikleri bazı örneklere bakalım.

Carrie: ek bir beslenmeye ihtiyaç duydu. Özellikle anne sezaryen olmuşsa, bebeğine hayatın ilk günlerinde ihtiyacı olan sütü üretemeyebilir. Doğum sonrasında tipik olarak verilen bir damla morfin, bedeni durdurur. Bu sırada anne, sütünün geldiğini fark etmeyebilir. Bir bebeğin annesinin memesini emdiği, takip eden haftalarda ise ciddi sıvı kaybı yaşadığı, hatta yetersiz beslenmeden ötürü hayatını kaybettiği trajik durumlarda yaşanan budur. Bebek emiyordur ama dışarı çıkan hiçbir şey yoktur ve anne bunun farkında değildir. Bebeğin çişini ve kakasını kontrol etmek ve bebeği haftada bir tartmak da işte bunun için çok önemlidir.

Ne yazık ki, pek çok anne, sütünün aşağı inmesinin bir haftaya kadar uzayabileceği gerçeğinden habersizdir. Bu nedenle, bebek ne kadar iyi yerleştirilmiş veya memeyi ne kadar sıkı kavramış olursa olsun, eğer anne süt yapmıyorsa, bebek gelişemeyecektir. Hastanede, hemşire gelip de annenin bebeğine glikozlu su veya hazır mama takviyesi vermesi gerektiği bilgisini verdiğinde, anne karşı çıkabilir: "Bebeğime hazır mama vermek yok!" Ek gıdanın anne sütünü "bozacağını" duymuştur. Gerçek şu ki bazen mama vermek gerekebilir, bu dünyanın sonu değildir.

Hazır mamaya başlandığında bile annelere bebeklerini yine de göğüslerine koymalarını söylüyorum çünkü emme hareketi, annenin süt veren sinüslerinin harekete geçmesine yardımcı olur ki bu göğüs pompasının beceremediği bir şeydir. Bebeğin emzirilmesi beyne süt üretme mesajı gönderirken, mekanik bir pompa sadece sütün depolandığı alveolleri boşaltır. Bu nedenle, hazır mama verirken süt akışınızı sağlamak için iki saatte bir göğüslerinizi sağmaya da devam edin. Örneğin sezaryenle ikiz erkek bebek dünyaya getirmiş olan Carrie'nin ilk üç gün sütü olmamıştı. Bebeklerin kan şekeri seviyeleri düşük olduğundan onlara hemen hazır mama verdik. Carrie yine de bebekleri göğsüne koyuyordu -her iki saatte bir yirmi dakika- ama sonunda oğlanları 30 ml mamayla da tam olarak doyuruyorduk.

Beslenmeden sonra anne sütünü sağıyordu ve ondan bir saat sonra tekrar sağıyordu. Dördüncü günde Carrie'nin sütü gelmeye başladı ve bebeklere 30 ml yerine sadece 15 ml mama verdik. Yanılgıya düşmeyin: Bu anne için çok yorucu bir şey... Pompayla sağdığı üçüncü günün akşamında Carrie'nin göğüs pompasını odanın öbür ucuna kelimenin tam anlamıyla atmasına şaşmamak gerek... Carrie o çözülmeyi yaşarken baba ile ben biraz geride durduk ve sonra hayat kaldığı yerden devam etti. Ancak, beşinci gün itibarıyla ikizler tamamen anne sütüne geçmişti.

Freda: emzirmek istemedi ama bebeğinin anne sütü almasını istedi. Daha önce söz ettiğim gibi, bedenleriyle özellikle de göğüsleriyle ilgili hisleri nedeniyle bazı anneler emzirme fikrini reddeder ama bunun bebeğin sağlığı açısından yararlarının da farkındadır. Örneğin Freda, sırf sütünün gelmesini sağlamak için bebeğini sadece ilk birkaç gün emzirdi. Ondan sonra bebeği yaklaşık bir aylık olana kadar sütünü sağmaya devam etti ve o noktada da sütünün azalmaya başladığı açıkça belli oldu. Bir de tanıdığım bir taşıyıcı anne vardı; sütünü sağıp dondurup FedEx ile bebeği evlat edinen anneye gönderiyordu. Her iki durumda da tek başına pompayla sağma anne sütü üretimini beş haftadan daha uzun süre devam ettiremedi.

Kathryn: ailedeki ahenk konusunda endişeliydi. Üçüncü çocuğuna hamileyken Kathryn, tıpkı yedi yaşındaki Shannon ile beş yaşındaki Erica'da olduğu gibi yeni bebeğini de emzirmeye karar vermişti. Steven hastanede memeyi kavrama konusunda bir sıkıntı yaşamamıştı ama Kathryn eve geldiğinde çok bunalmıştı. Gün içinde Steven'i emzirmeye yetecek vakit yoktu dolayısıyla anne istemeye istemeye hazır mamaya geçti. Yaklaşık iki hafta sonra, son çare olarak beni aradı. Steven'in kız kardeşlerini emzirirken onlarla yaşadığı o aynı yakınlık hissini Steven ile de yaşamak istiyordu ama herkes ona bunun için çok geç olduğunu söylüyordu. Ayrıca, emzirmenin ailesinin hayatını ne kadar aksattığını zaten görmüştü. "Benim gerçekten istediğim," diye içini döktü Kathryn, "günde iki kez emzirmek - sabahları uyandığında ve öbür çocuklar okuldan dönmeden önce öğlenleri..." Kathryn'e göğüslerin mucizevi olduğunu açıkladım -bebeğe günde sadece iki kez meme verdiğinde, göğüslerin sadece o iki beslenmeye yetecek kadar süt yapar. Yeniden süt salgılamak -göğüslerine süt gelmesini sağlamak için- Kathryn, Steven'i günde iki kez göğsüne koyarak *ve* günde altı kez göğüs pompasını kullanarak gerçekten de "göğüslerini canlandırmaya çalıştı." Başta, her ne kadar Steven'i emzirse de, Kathryn beslenme sonunda onu hazır mamayla tam olarak doyurmak durumunda kalıyordu. Beşinci gün itibarıyla Steven beslenmelerden sonra daha hoşnut görünüyordu ve Kathryn pompayı kullanırken sütünün gerçekten de geri geldiğini görebiliyordu. Kathryn'in durumunda, sütü geri geldikten sonra artık pompayla sağmasına gerek kalmadı. Sonunda, Kathryn özlemini çektiği o yakın temasa kavuştu ama bunu ailenin geri kalanını olumsuz yönde etkilemeyecek bir şekilde başardı.

Vera: işe geri dönüyor. Eğer bir kadın işe dönmeyi planlıyorsa, ya kendi sütünü sağıp saklamak ya da hazır mamaya başlamak zorundadır. Bazı kadınlar bir hafta öncesine kadar bekleyip günde bir veya iki kez beslenmeye biberonla hazır mama eklemeye başlıyor ama eğer bebek biberon almamışsa benim tavsiyem annenin işe dönmeye hazır olmasından üç hafta önce buna başlanmasıdır. Örneğin büyük bir sanayi kompleksinde sekreter olarak çalışan ve evde oturmaya durumu el vermeyen Vera'nın tercihi sabahları emzirmek, bebeğine gün boyunca hazır mama vermek ve işten eve dönünce yine emzirmek olmuştur. Gece beslenmesinde bebeğe biberonu hep eşi vermiştir.

Bir anne sadece kendisine daha fazla vakit ayırmak istediğinde veya seyahat etmek durumunda kaldığı zamanlarda da ortaya benzer senaryolar çıkıyor. Evden çalışan bir anne de - diyelim ki bir ressam veya yazar- sadece, bebeğe bakan başka birinin bazı beslenmeleri halletmesine olanak vermek için sütünü sağmak isteyebilir.

> ***İPUCU:*** *Bebeğini nasıl beslemeyi seçmiş olursa olsun, yorgunluk, çalışan annenin en büyük düşmanıdır. İlk birkaç hafta içindeki aşırı yorgunluğu en aza indirmenin yollarından biri, işe bir Pazartesi yerine Perşembe başlamaktır.*

Jan: ameliyat emzirmesini engelledi. Ciddi bir hastalık veya ameliyat söz konusu olduğunda, genelde, annenin emzirmeye devam etmesi fiziksel olarak imkânsızdır. Bu tip durumlarda, Dünya Sağlık Örgütü, başka annelerden anne sütü bağışlamalarını istemenizi öneriyor. Jan'in bebeği daha bir aylıkken kendisine ameliyat olması gerektiği ve bebeğinden hastanede geçireceği en az üç gün boyunca uzak kalacağı söylendi. Emzirdiklerini bildiğim yirmi altı anneyi aradım ve aralarından sadece biri sütünü bağışlamayı istedi -ve o da sadece 240 ml idi. İstediğimin altın değil, anne sütü olduğunu unutmayın! Sonuçta, Jan kendi sütünden epeyce bir miktar sağabildi ama bebeğine hazır mama da verdi ve inanın bana bebek bu yaşananlardan hiç de zarar görmedi.

Değişimi Gerçekleştirmek

Bebekler, ilk üç hafta içinde, memeden biberona, biberondan memeye kolayca geçerler. Ancak beklerseniz, muhtemelen bu daha zor olur. Emzirilen bir bebek başlangıçta biberona ayak direyebilir çünkü ağzının bildiği ve beklediği tek şey insan etidir. Muhtemelen biberonun emziğini ağzında yuvarlayacak ama nasıl emeceğini veya kavrayacağını bilemeyecektir. Bunun tersi de aynı şekilde geçerlidir. Eğer bir bebek annesinin meme uçlarını hissetmeye alışık değilse, onları nasıl kavrayacağını içgüdüsel olarak bilemeyecektir.

Önceden emzirilen bebekler, genelde, gün içinde beslenmeyi reddederek beslenme grevine girerler. Anne eve geldiğinde, uyku öncesinde o son birkaç öğünü telâfi etmek için meme verme niyetindeyken bebeğin başka fikirleri vardır. O küçücük şey kaçırdığı öğünleri telâfi etmek için annesini bütün gece uyutmayacaktır. O gece olduğunu bilmez veya bunu umursamaz; onun enerjiye ihtiyacı vardır.

Ne yapacaksınız? İki gün süreyle, meme değil de biberon sunmaya devam edin (ya da biberonla beslenen bir bebeği memeye alıştırmaya çalışıyorsanız tam tersi). Bebeklerin her zaman özgün beslenme şekillerine dönmeyi istediklerini unutmayın. Bebeğiniz *ister* memeye, *isterse* biberona alışmış olsun, bunu bir kez hafızasına alınca, onu reddetmesi gibi bir şey söz konusu değildir.

Dikkat: Bu zor bir iştir. Bebeğiniz kendisini engellenmiş hissedecek ve çok ağlayacak. Size şunu söylüyor: "Seni şeytan, ağzıma ne sokmaya çalışıyorsun öyle?" Hatta beslenirken nefessiz kalıp öksürebilir bile; bu, özellikle biberona geçerken yaşanır zira kauçuk bir meme ucundan akan sıvı selinin nasıl ayarlanacağını bilemez. Yine akış ayarlı biberonlar bu akış sorununu ortadan kaldırır.

Yatıştırmak için Emzik Vermeli mi Vermemeli mi: Her Annenin Kafasındaki Soru

Emzik yüzyıllardır var -ve haklı olarak var. Bir yenidoğanın bedeninde kontrol edebildiği neredeyse tek bölüm ağzıdır. İhtiyacı olan oral uyarıyı alabilmek için emer. Eski zamanlarda anneler, ağız yoluyla yatışsın diye bebeğin ağzına bez parçası hatta porselen tıpa koyarlardı.

Başparmak Emmeye Övgü

Parmak emmek oral uyarılmanın ve kendini yatıştırma hareketinin önemli bir şeklidir. Rahimdeki bebekler bile başparmaklarını emerler. Dışarı çıktıklarında, genelde etrafta buna şahit olacak kimse yokken, geceleri başparmaklarını veya diğer parmaklarını emmeye başlarlar. Sorun şu ki sizin başparmak emmekle ilgili kendi olumsuz çağrışımınız sizin bakışınızı çarpıtmaktadır. Belki siz çocukken bunu yaptığınız için sizinle alay edilmişti. Belki bir ebeveyn bir keresinde elinize vurup buna "kötü alışkanlık" demişti ya da bunu yaptığınız için sizin (veya başka biri

yaptıysa onun) "iğrenç" olduğunu söylemişti. Bebeğin ellerini eldivenle kapatan veya tadı kötü sıvıya bulayan hatta bebeğin kollarının hareketini engelleyen ebeveynler olduğunu duydun -hepsinin amacı bebeği başparmağını emmekten vazgeçirmek...
Gerçek şu ki, fikir **ister hoşunuza gitsin ister gitmesin**, emmek bebeklerin **yaptığı** bir şeydir ve bizim teşvik etmemiz gereken bir şeydir. Objektif olun. Bunun, bebeğinizin bedeni ve duyguları üzerinde kontrol gücü kazanmasının ilk yollarından biri olduğunu hatırlayın. Bir başparmağı olduğunu ve onu emmenin kendisini daha iyi hissettirebildiğini keşfettiği zaman, bu ona harika bir kontrol ve başarma hissi verir. Bir emzik de aynı işi görebilir ama onu kontrol eden büyük bir insandır ve emzik kaybolabilir. Oysa insanın başparmağı her zaman el altındadır -kelime oyununu mazur görün lütfen- ve bebek keyfine göre ağzına alır veya ağzından çıkartır. Sizi temin ederim ki bebeğiniz **hazır olduğunda**, tıpkı benim Sophie'min yaptığı gibi, başparmağından vazgeçecektir.

Emziklere olumsuz düşünceyle yaklaşılması gerekmez. Günümüzde bu konuda ihtilâf olması, kısmen, emziklerin yanlış kullanılmalarından kaynaklanmaktadır. Emzik düzgün kullanılmadığında, benim prop dediğim şey haline geliyor -bebeğin kendini yatıştırmak için bağımlı hale geldiği şeydir prop... Ve daha önce sözünü ettiğim gibi, ebeveynler kendilerini tutup çocuklarının gerçekten neye ihtiyacı olduğunu dinlemek yerine onları yatıştırmak için emzik kullandıklarında, bebeği etkili bir biçimde susturuyorlar.

Bebeğe uygun bir emme zamanı vermek, gece veya gündüz uykusundan önce onu sakinleştirmek veya bir gece beslenmesini atlamasını sağlamak için (yöntemlerimi Altıncı Bölüm'de, sayfa 280'de açıklıyorum), hayatın ilk üç ayında emzik kullanmayı seviyorum. Ne var ki, o dönemden sonra, bebekler ellerini daha çok kontrol edebiliyorlar ve kendi parmaklarını veya başparmaklarını kullanarak kendilerini yatıştırabiliyorlar.

Emzikler hakkında bir sürü efsane var. Mesela kimileri bebeğe emzik verilirse, kendi başparmağını emmeyi öğrenmeyeceğine inanır. Boş laf! Bebeğinizin kendi baş parmağını almak için emziği fırlatıp atacağını garanti ederim. Benim kızım Sophie aynen böyle yaptı ve sonraki altı yıl boyunca başparmağını emmeye devam etti. Büyüdükçe, başparmağını yalnızca uyku zamanı geldiğinde emmeye başladı -ve şunu da söyleyeyim, hiçbir zaman tavşan dişli olmadı!

Emzik satın alırken, biberon emziği alırkenki prensibi uygulayın: Bebeğin alışkın olduğu şekle sahip bir emzik alın. Piyasada şu anda onlarca farklı emzik çeşidi var. Seçim yapılabilecek bu kadar geniş bir yelpazede, anne, kendi meme uçlarına veya biberonlarda kullandığınız plastik emziklerin tipine uyan bir emzik kesinlikle bulursunuz.

Memeden Kesil Bebek, Memeden Kesil!

Memeden kesilme artık iki farklı şey ifade etmeye başladı. Yaygın bir yanlış inanışın aksine, memeden kesilme anne sütünün kesilmesi anlamına gelmiyor. Daha ziyade, bütün memelilerde görülen doğal bir gelişmeye işaret ediyor: ister anne sütü isterse hazır mama olsun, sıvı beslenmeden katı gıdalara geçiştir bu... Genelde, bebeklerin memeden "kesilmeleri" gerekmez hiç... Ek gıdalara başladığınızda, bebeğiniz memeden veya biberondan giderek daha az beslenecektir çünkü başka şekillerde de beslenmektedir. Aslına bakarsanız, bazı bebekler -kendi kendilerine- sekizinci ay civarında memeden vazgeçmeye başlar ve anne bunun yerine bebeğe sadece bir alıştırma bardağı verir. Elbette diğer bebekler daha inatçıdır. Bir yaşındaki Trevor, her ne kadar annesi ve babası çoktan hazır olsalar da, sütten kesilmeye hiç niyetli değildi. Annesi Eileen'e kararlı olmasını ve Trevor ne zaman annesinin üstünü çekiştirse -ki bunu birkaç gün yaptı- ona "Artık meme yok!" demesini söyledim. Her iki ebeveyni de uyarmıştım: "Bebeğiniz birkaç gün üzülecek ve sizi bırakmayacak. Ne de olsa, bir yıldan fazladır emziriliyor ve hiç biberon almamış." Ancak, birkaç gün içinde, Trevor nihayet gönüllü bir şekilde alıştırma bardağından içti. Başka bir anne, Adrianna, küçük oğluna "Artık meme yok" demek için iki yıl bekledi. Çoğu zaman olduğu gibi, bu, bebeğin yaptığı bir şey değil. Adrianna, emzirmenin yarattığı o yakınlıktan vazgeçmeyi istemiyordu (Dokuzuncu Bölüm'de, size Adrianna'nın hikâyesiyle ilgili daha fazla ayrıntı vereceğim.)

Çoğu çocuk doktoru, katı gıdalara başlamak için bebeğinizin altı aylık olmasını beklemenizi öneriyor. Çok büyük bebekler (dört aylıkken 7,5-10 kilo olan bebekler) veya bebeklerde mide yanmasının karşılığı olan reflü sıkıntısı yaşayan bebekler dışında, buna katılıyorum. Altıncı ay itibarıyla, bebeğinizin demir rezervi azalmış olacağından, katı gıdalarda bulunan ekstra demire ihtiyacı olacaktır. Ayrıca, herhangi bir şey (meme ucu veya kaşık gibi) ağzına dokunduğunda bebeğin dilini dışarı çıkarmasına neden olan çıkarma refleksi yok olmuştur, dolayısıyla peltemsi katı gıdaları artık daha iyi yutabilir hale gelmiştir. Yine altıncı ay itibarıyla, baş ve boyun kontrolü gelişmiştir. Bebeğiniz artık kaykılarak ve başka tarafa yönelerek size ilgilenmediğini veya yeterince beslendiğini ifade edebilir.

Şu üç önemli kılavuz bilgiyi izlerseniz, memeden kesilme aslında oldukça basittir:

- *Tek bir gıdayla başlayın.* Benim tercihim armut çünkü sindirilmesi kolay ama çocuk doktorunuz başka bir besin öneriyorsa, elbette onun söylediğini yapın. İkinci bir katı gıdaya geçmeden önce, yeni gıdayı iki hafta süreyle sabah ve akşam olmak üzere günde iki kez verin.

Göğüs Görgü Kuralları

Dört ay civarında bebeklerin elleri etrafta gezinmeye başlar ve bebekler başlarını çevirip bedenlerini döndürebilirler. Emzirilirken, kıyafetinizle veya takılarınızla oyalanırlar ve çenenize, burnunuza veya ulaşabiliyorlarsa gözlerinize uzanırlar. Büyüdükçe, başka kötü alışkanlıklar geliştirebilirler ki bir kez başlayınca bunların değiştirilmeleri zordur. Dolayısıyla, "göğüs görgü kuralları" dediğim şeyi bebeğinize şimdi öğretmeye başlayın. Her durumda, işin püf noktası, kararlı ama nazik olup bebeğinize sınırlarınızı hatırlatmaktır. Ayrıca, dikkat dağıtıcı unsurları bertaraf etmek için sakin bir ortamda emzirmeye çalışın.

Eliyle dokunup acıttığı zaman: Elini tutun ve nazikçe bedeninizden veya dokunduğu şeyden uzaklaştırın. "Anne bundan hoşlanmıyor," deyin.

Dikkat dağıtıcı unsurlar olduğu zaman: En kötüsü bebeğin dikkatinin dağılıp başını çevirmeye çalışmasıdır... tabii annenin meme ucu hâlâ ağzındayken! Bu olduğunda, onu göğsünüzden alın ve "Anne bundan hoşlanmıyor," deyin.

Isırdığı zaman: Bir bebeğin dişleri çıkınca, neredeyse her anne ısırılır. Ancak bunun sadece bir kez olması gerekir. Uygun şekilde tepki vermekten, geri çekilip "Ah, acıdı. Anneyi ısırma," demekten korkmayın. Genelde bu yeterli olur ama eğer bu onu durdurmuyorsa onu memenizden alın.

Üstünüzdekini çekiştirdiği zaman: Hâlâ emen yürüme çağındaki çocuklar yatıştırılmak istediklerinde bazen bunu yaparlar. Sadece şöyle deyin: "Anne üstündeki açmak istemiyor. Onu çekiştirme."

- *Yeni bir gıdaya her zaman sabah başlayın.* Böylece bebeğinizin o gıdaya karşı, döküntü, kusma veya ishal gibi olumsuz bir tepki verip vermediğini gözlemlemek için önünüzde bütün bir gün olur.
- *Asla gıdaları karıştırmayın.* Böylece belli bir gıdaya karşı gösterilen alerjik reaksiyonlar konusunda şüpheye yer kalmaz. Bir sonraki sayfadaki "İlk On İki Hafta" başlıklı tabloda, hangi besinlere ne zaman başlanacağına dair ayrıntıları listeliyorum. Bebek dokuz aylık olduğunda, tadı esasen macun gibi olan bebek lapasını tatlandırması ya da evde püre haline getirdiğim sebzeleri sulandırması için tavuk suyuna başlıyorum. Ancak, et, yumurta veya tam yağlı süte başlamak için bebek bir yaşına gelene dek beklenmesini öneriyorum. Elbette, bu konuda son söz çocuk doktorunuzun olmalıdır.

Belli bir besini yemek istemeyen bir bebeği asla zorlamayın veya onunla mücadeleye girmeyin. Beslenme, hem bebek hem de bütün aile için keyifli bir deneyim olmalıdır. Bu bölümün başında söylediğim gibi, beslenme insanın hayatta kalması için temel bir gerekliliktir. Eğer şansımız varsa, bize bakan insanlar aynı zamanda iyi gıdaların tadını ve dokusunu tanımamızı ve bunun keyfini çıkarmamızı da sağlayacaklardır. Bu zevk alma işi bebeklikte başlar. Besin sevgisi, bebeğinize verebileceğiniz en muhteşem armağanlardan biridir. Dengeli iyi bir beslenmenin ona koca bir günün altından kalkabilmesi için ihtiyacı olan enerjiyi ve gücü de verecek olması o kadar da tesadüfî değildir. Ve bir sonraki bölümde göreceğimiz gibi, koca bir günün altından kalkmak, büyüyen bir bebek için meşakkatli bir iştir.

Memeden Kesilme: İlk On İki Hafta

Aşağıdaki on iki haftalık program, altı aylık bir bebeğin memeden kesilmesini temel almaktadır. Sabah beslenmesini her zamanki gibi emzirerek veya biberonla yapacaksınız ve "kahvaltı"yı iki saat sonra vereceksiniz. "Öğle yemeği" gün ortasında, "akşam yemeği" de öğleden sonra geç saatlerde olmalıdır. Kahvaltıyı ve akşam yemeğini emzirerek veya biberon vererek tamamlayın. Her bebeğin farklı olduğunu unutmayın; sizin bebeğiniz için neyin doğru olduğunu çocuk doktorunuza sorun.

Hafta	Kahvaltı	Öğle Yemeği	Akşam Yemeği	Yorumlar
1 (6 aylık)	Armut, 2 çay kaşığı	Biberon veya meme	Armut, 2 çay kaşığı	
2	Armut, 2 çay kaşığı	Biberon veya meme	Armut, 2 çay kaşığı	
3	Kabak, 2 çay kaşığı	Biberon veya meme	Armut, 2 çay kaşığı	

Hafta	Kahvaltı	Öğle Yemeği	Akşam Yemeği	Yorumlar
4	Tatlı patates, 2 çay kaşığı	Kabak, 2 çay kaşığı	Armut, 2 çay kaşığı	
5 (7 aylık)	Yulaf ezmesi 4 çay kaşığı	Kabak, 4 çay kaşığı	Armut	Bebeğinizin artan ihtiyaçlarını karşılamak için miktarı artırın
6	Yulaf ezmesi ve armut, her biri 4 çay kaşığı	Kabak, 8 çay kaşığı	Yulaf ezmesi ve tatlı patates, her biri 4 çay kaşığı	Artık bir öğünde birden fazla besin verebilirsiniz
7	Şeftali, 8 çay kaşığı	Yulaf ezmesi ve kabak, her biri 4 çay kaşığı	Yulaf ezmesi ve armut, her biri 4 çay kaşığı	
8 (8 aylık)	Muz	Bu noktadan itibaren, yukarıdaki besinleri istediğiniz gibi eşleştirebilir, sol tarafta gösterildiği gibi, öğün başına 8 ilâ 12 çay kaşığı olacak şekilde her hafta yeni bir besin başlayabilirsiniz.		
9	Elma			
10	Bezelye			
11	Taze fasulye	Öğün başına 8 ilâ 12 çay kaşığı olacak şekilde her hafta yeni bir besin başlayarak besinleri istediğiniz gibi eşleştirmeye devam edebilirsiniz.		
12 (9 aylık)	Elma			

beşinci bölüm

A - Uyan ve Bezi Kokla

Bebekler ve küçük çocuklar düşünür,
gözlemler ve mantık yürütürler. Kanıtları
değerlendirir, sonuçlar çıkarır, denemeler yapar,
problem çözer ve doğruyu ararlar. Elbette, bunu,
biliminsanlarının yaptığı gibi yaptıklarının bilincinde
olarak yapmazlar. Ve çözmeye çalıştıkları problemler, yıldızlar
ve atomlarla ilgili sır dolu problemlerden
ziyade, insanların, nesnelerin ve kelimelerin ne
menem şeyler olduğuna dair günlük problemlerdir.
Ama en küçük bebekler bile dünya hakkında
epey çok şey bilirler ve daha fazlasını öğrenmek
için aktif bir şekilde çalışırlar.

-Alison Gopnik, Andrew N. Meltzoff,
ve Patricia K. Kuhl,
The Scientist in the Crib (Beşikteki Biliminsanı)

Uyanık Olduklarında

Yeni doğmuş bir bebek için her gün bir mucizedir. Bebekler ana rahminden çıktıkları andan itibaren, gelişmeleri katlanarak ilerler, elbette keşfetme yetenekleri ve çevrelerinden aldıkları zevk de öyle... Bir düşünün: Bebeğiniz daha sadece bir haftalıkken, yaşı doğduğu güne göre yedi kat büyüktür; ilk ayının sonuna geldiğinde, birinci günde olduğu noktadan çok ileridedir ve böyle devam edip gider.

Bu değişiklikleri en çok bebeklerin aktiviteleri sırasında görüyoruz; burada aktivite, uyanık olduğu zaman süresince, bebeğin yaptığı ve bir veya daha fazla duyusunun çalıştığı herhangi bir şey olarak tanımlanmaktadır (Beslenme de, açıkça, bebeğin tatma duyusunu harekete geçiren bir aktivitedir ama ben onu bir önceki bölümde ele aldım).

Bir bebeğin algılaması rahimdeyken gelişmeye başlar. Aslına bakarsanız, biliminsanları, rahmin içindeyken boğuk da olsa annelerinin sesini duydukları için, bebeklerin doğduklarında annelerinin sesini tanıyabildiklerini tahmin etmektedirler. Dünyaya geldiklerinde, beş duyunun hepsi şu sırayla gelişmeye devam eder: işitme, dokunma, görme, koku alma ve tatma. Bir alt değiştirme masasında yatıp bezlenmek veya giydirilmek, banyo yaptırılması veya masaj yapılması ya da bir dönenceye gözünü dikip bakmak veya bir dolgu oyuncak hayvana elini atmak size pek fazla bir aktivite gibi gelmeyebilir. Ama bu çeşitli çabalar sayesinde bebekler sadece duyularını geliştirmekle kalmazlar, aynı zamanda kim olduklarını ve dünyalarının nasıl bir şey olduğunu da öğrenmeye başlarlar.

Bir çocuğun potansiyelini en üst düzeye çıkarmak hakkında son yıllarda çok fazla şey yazıldı. Bazı uzmanlar, doğduğu andan itibaren, bebeğin içinde bulunduğu ortamın onun hayata avantajlı başlamasını sağlayacak şekilde düzenlenmesini öneriyor. Ebeveynlerin bir çocuğun ilk öğretmenleri olduğu kesinlikle doğru olsa da, bebeklere bilgiler verme konusundan çok, onların doğal merakını canlandırma ve onları adam etme konularıyla ilgileniyorum -yani onların dünyanın nasıl işlediğini ve insanlarla nasıl etkileşimde bulunulacağını anlamalarına yardım etmekle ilgileniyorum.

Bu amaç doğrultusunda, ebeveynleri, bebeklerinin yaptığı her aktiviteyi, güvenliği ve aynı zamanda özgürlüğü teşvik etmek için bir fırsat olarak düşünmeye sevk ediyorum. Bu iki amaç birbirine aykırı görünebilir ama aslında birbirlerine bağlıdırlar. Her yaştan çocuk kendini ne kadar güvende hissederse, yardıma veya dışarıdan müdahaleye ihtiyaç duymadan (tehlikede olduğu durumlar dışında) cesaret edip girişimde bulunma ve kendini oyalama ihtimali o kadar fazla olur. Dolayısıyla, E.A.S.Y. rutinindeki A bu çelişkiyi sunar: *Aktiviteler bizim bebeklerimizle bağ kurmamıza yardımcı olurlar ama aynı zamanda onlara özgürlükle ilgili ilk derslerini vermemize de yardım ederler.*

Çocuklar için, muhtemelen yaptığınızdan daha azını *yapmaya* ihtiyacınız var. Elbette bu onu yalnız bırakmanız anlamına gelmiyor. Bu, orta noktayı bulmak demek -bebeğinize ihtiyacı olan rehberliği ve desteği sağlamak ve aynı zamanda onun doğal gelişim seyrine saygı göstermek... Gerçek şu ki sizin yardımınız olmasa dahi, bebeğiniz uyanık olduğu her anda bir şeyler dinliyor, hissediyor, seyrediyor, kokluyor veya tadıyor. O halde, özellikle ilk aylarda, daha her şey yeniyken (ve bazı bebekler için korkutucuyken) sizin en önemli işiniz, her deneyimin bebeğinize kendisini rahat -ve keşfedip gelişmeyi sürdürmeyi istemesine yetecek kadar güvende- hissettirmesini sağlamaktır. Bunu yapmanın yolu, benim "saygı çemberi" dediğim şeyi yaratmaktır.

Bir Saygı Çemberi Çizmek

İster sabah bebeğinizi karyolasından alın, ister ona banyo yaptırın, ister ce-e oynayın, onun sizin bölünmemiş ilginizi ve saygınızı hak eden ama aynı zamanda kendi başına da hareket edebilen ayrı bir kişi olduğunu hatırlamanız çok önemlidir. Bebeğinizin etrafına bir çember, onun kişisel alanını belirten hayalî bir sınır çizdiğinizi düşünmenizi istiyorum. Bebeğinizin saygı çemberine asla izin almadan, ona oraya neden girdiğinizi söylemeden ve ne yaptığınızı açıklamadan girmeyin. Bu kulağa uyduruk ve aptalca gelebilir ama onun sadece bir bebek olmadığını hatırlayın -o aynı zamanda bir *birey*. Eğer bu bölümde daha ayrıntılı olarak anlatıp örneklerle açıklayacağım şu temel prensipleri aklınızda tutarsanız, bebeğinizin yaptığı her aktivitede bir saygı çemberini kolayca ve doğallıkla muhafaza edebilirsiniz:

- *Bebeğinizle birlikte olun.* O anda ilgilendiğiniz tek nokta o olsun. Bu, bağlanma vaktidir, dolayısıyla odaklanın. O anda telefonda olmayın, kafanızı çamaşırların yıkanmasına takmayın ya da tamamlamanız gereken raporu düşünmeyin.
- *Bebeğinizin duyularına hitap edin ama aşırı uyarımdan kaçının.* Bizim kültürümüz aşırılıkları ve fazla uyarılmayı teşvik eder -ebeveynler de bilmeden sorunu daha güç hale getirirler çünkü bebeklerinin duyularının ne kadar hassas olduğunu ve-

ya bebeklerin aslında ne kadarını alabildiğini fark etmezler. Çocuklarımıza şarkı söylemeyi, onlara müzik çalmayı, parlak renkli nesneler göstermeyi hatta onlara oyuncak almayı bırakmamızı önermiyorum ama bebekler söz konusu olduğunda daha az daha iyidir.

Bebeğiniz Sandığınızdan Daha Fazlasını Biliyor

Çoğunlukla yaklaşık son yirmi yılda, büyük ölçüde video mucizesi sayesinde, bebek araştırmacıları bebeklerin ne kadar ilerleme kaydedebildiklerini keşfedebildiler. Bir zamanlar bebekleri "beyaz sayfa" olarak düşünürken, şimdi yenidoğanların dünyaya keskin duyularla ve gözlemlemelerini, düşünmelerini hatta mantık yürütmelerini sağlayan hızla geliştirilebilir bir dizi yetenekle geldiklerini biliyoruz.

Bebeklerin yüz ifadelerini, beden dillerini, göz hareketlerini ve emme reflekslerini (bebekler heyecanlandıklarında daha güçlü emerler) izleyen biliminsanları, bebeklerin hayret verici yeteneklerini doğrulamışlardır. Aşağıda birkaç bilimsel buluş yer alıyor; daha fazlasını bu bölüm içine serpiştirilmiş olarak bulacaksınız.

• Bebekler bir görüntüyü bir diğerinden ayırabiliyorlar. Daha 1964 yılında, biliminsanları bebeklerin tekrarlanan görüntülere uzun süre bakmayı sürdürmediklerini ama yeni görüntülerin dikkatlerini çektiğini keşfetmişlerdir.

• Bebekler cilve yapar. Bebekler cıvıldar, gülümser ve sesinizin tonuna uygun ritimde ellerini kollarını oynatır.

• Bebekler daha üç aylıkken beklentiler oluştururlar. Bir laboratuvar ortamında kendilerine bir dizi görsel imge gösterilen bebekler desenleri bulabilmişler ve bir sonraki görüntü beklentisiyle gözlerini hareket ettirmişlerdir ki bu onların o görüntüyü beklediğine işaret etmektedir.

• Bebekler hatırlayabiliyorlar. Daha beş haftalık bebeklerde hafıza belgelenmiştir. Bir çalışmada, daha önce bebekken (altı ilâ kırk haftalıkken) test edilmiş olan yürüme çağındaki çocuklar üç yaş civarında yine aynı laboratuvara getirilmişlerdir; her ne kadar daha önceki deneyimlerine dair anılarını sözcüklerle anlatmamışlarsa da hepsi kendilerinden yapmaları istenen göreve (aydınlıkta ve karanlıkta nesnelere uzanma) aşina olduklarını göstermişlerdir.

• *Bebeğinizin içinde bulunduğu ortamı ilginç, keyifli ve güvenli hale getirmeye özen gösterin.* Bunun için paraya ihtiyacınız yok; sağduyuya ihtiyacınız var (bakınız sayfa 224).

• *Bebeğinizin bağımsızlığını teşvik edin.* Bu, kulağa sezgiye karşı bir şey gibi gelebilir -bir bebek nasıl bağımsız olabilir? Tatlım, bugünden valizini hazırlayıp onu göndermen gerektiğini söylemiyorum. Elbette, kelimenin gerçek anlamıyla kendi başına yapamaz ama risk almak, keşfetmek ve bağımsız olarak oynamak için güven kazanmasına yardımcı olmaya başlayabilirsin. Dolayısıyla, bebeğiniz oyundayken, etkileşimde bulunmaktansa gözlemlemek her zaman iyi bir fikirdir.

• *Bebeğinize değil, bebeğiniz ile konuşmayı unutmayın.* Diyalog kurmak iki yönlü bir süreci kapsar: Çocuğunuz ne zaman bir aktiviteyle meşgul olsa, onu izleyin, dinleyin ve onun cevabını bekleyin. Eğer sizi dahil etmeye çalışırsa, hemen kabul edin. Eğer sizden bir sahne değişikliği "isterse", kesinlikle isteğine saygı gösterin. Aksi takdirde, bırakın keşfetsin.

• *İlgisini çekin ve ilham verin ama her zaman liderliğin bebeği-*

nizde olmasına izin verin. Hiçbir zaman bir bebeği kendi başına giremeyeceği (veya çıkamayacağı) bir pozisyonda bırakmayın. Onun "öğrenme üçgeni"nin dışında kalan oyuncakları vermeyin (bu konuda daha fazlası sayfa 224'de). Bebeğinizin uyandığı andan akşam yatma vaktine kadar, yukarıdaki kılavuz bilgileri aklınızdan çıkarmayın. Bebeğiniz de dahil olmak üzere herkesin kişisel bir alana sahip olmayı hak ettiğini hatırlayın. Aşağıda, sizi bebeğinizin bir gününde adım adım ilerletirken, bu ilkelerden her birinin nasıl sonuç verdiğini göreceksiniz.

Kalk Artık Sabah Oldu!

Her sabah siz tam rüyalar ülkesinden yola çıkarken eşiniz odanıza gelip üstünüzden örtüleri çekip alsa hoşunuza gider miydi? Ve sonra size "Haydi, kalkma zamanı!" diye bağırdığını düşünün. Bu sizi ürkütüp canınızı sıkmaz mıydı? Ebeveynleri güne doğru şekilde başlamaya özen göstermezse bebekler de aynen böyle hissederler.

Sabahları bebeğinizle merhabalaşırken nazik, sakin ve saygılı davranın. Ben genelde odaya küçük bir şarkı söyleyerek girerim: "Kalk artık sabah oldu, her taraf sesle doldu!" Bu zamanı sabah olarak belirlediği sürece istediğiniz neşeli uyandırma şarkısını seçebilirsiniz. Ya da Beverly'nin yaptığı gibi, bildik "İyi ki doğdun!" şarkısını kullanarak ama sözlerini "Bebeğime günaydın..." şeklinde değiştirerek kendiniz de bir şarkı uydurabilirsiniz. Şarkıdan sonra şöyle derim: "Hey, Jeremy, iyi uyudun mu? Seni görmek çok güzel... Acıkmış olmalısın." Yatağa doğru eğilirken onu uyarırım: "Şimdi seni kaldıracağım... İşte böyle -bir, iki, üç, işte kalktık!" Günün ilerleyen zamanlarında, bir gündüz uykusundan sonra, şu sözleri ekleyebilirim: "Bahse girerim uyuduktan sonra kendini iyi hissediyorsundur. Amma çok gerindin!" Burada da, sabah yaptığınız gibi onu kaldırmadan önce uyarın.

Elbette, bebeğinizle sabahları nasıl merhabalaşırsanız merhabalaşın, küçük sevgi yumağınızınkendi fikirleri vardır. Tıpkı yetişkinler gibi, bebeklerin de uyanma konusunda farklı tutumları vardır. Bazıları yüzlerinde hazır bir gülümsemeyle uyanırken, bazıları somurtur hatta ağlar. Bazıları hemen günü selamlamaya hazırken, bazılarının biraz cesaretlendirilmeye ihtiyacı olur.

İşte farklı tip bebeklerimizden bekleyebileceklerinizin bir özeti:

Melek. Gülücükler, cıvıldamalar ve bakışmalarla bu bebekler kendi ortamları içinde olmaktan sonsuz derecede mutlu görünürler. Çok aç olmadıkları veya bezleri sızdırmadığı sürece, birileri onları almaya gelene dek karyolalarında oynamaktan hoşnutturlar. Başka bir deyişle, birinci uyanma alarmına nadiren geçerler.

Kitap. Bu bebekleri Alarm 1 itibarıyla yakalamazsanız, "Buraya gel" anlamında huysuz Alarm 2 sesleri çıkartarak size uyandıklarını haber verirler. Eğer "Buradayım -hiçbir yere gitmedim" diyerek yanlarına giderseniz, sorun çıkarmazlar. Eğer görünmezseniz, gürültülü ve açık bir biçimde Alarm 3 sesine geçerler.

Nazlı. Bu ufaklıklar hemen her zaman ağlayarak uyanırlar.

Rahatlatılma ihtiyacı duydukları için bu bebekler, genelde, uyanmanın üç alarmını da hızlı bir şekilde verirler. Karyolalarında beş dakikadan daha fazla bırakılmaya tahammül edemediklerinden, Alarm 1 veya 2 itibarıyla yanlarına gitmediğinizde muhtemelen çözülme yaşarlar.

Huysuz. Islak veya rahatsız olmaktan hoşlanmadıkları için bu bebekler de üç alarmı oldukça çabuk bir şekilde verirler. Onlardan bir sabah gülücüğü koparmayı unutabilirsiniz -amuda da kalksanız, parende de atsanız bu ufaklıklar yine de tebessüm etmezler.

Hareketli. Enerjileri yüksek, çok aktif olan bu bebekler genelde uyanmanın ilk aşamasını atlayıp hemen Alarm 2'ye geçerler. Telaşlanıp kıpırdanırlar, öksürür gibi ufak çığlıklar atarlar ve eğer o noktada kimse görünmezse sonunda yaygarayı koparırlar.

Üç Alarmlı Uyanma Sistemi

Bazı bebekler uyanır, kendisini eğlendirir ve asla birinci alarmı vermez -birileri gelip onları alana kadar karyolalarında mutlu mesut oyalanırlar. Diğerleri, siz ne kadar hızlı tepki verirseniz verin, hızla üç alarmı da verir.

Alarm 1: Vızıldama veya mızmızlanma sesine kıpırdanmalar eşlik eder. Anlamı: "Hey? Kimse yok mu? Neden gelip beni almıyorsunuz?"

Alarm 2: Boğazın gerisinden gelen ve durup tekrar başlayan öksürüğe benzer bir bağırış... Durduklarında sizi dinlerler. Gelmediğinizde demek istedikleri şudur: "Hey, buraya gel!"

Alarm 3: Kolları bacakları savurarak bütün gücüyle ağlama..."Hemen gelin! Ben ciddiyim!"

İlginç bir biçimde, bir bebekte gördüğünüz uyanma davranışını genelde büyüdüğünde de görmeye devam edersiniz. Size kızım Sophie hakkında söylediklerimi hatırlıyor musunuz? O kadar sakin ve iyi huyluydu ki çoğu sabah nefesinin durduğundan endişe ederdim. O gün bugündür Sophie sabahları bir zevk kaynağıdır; kolayca uyanır ve yataktan zıplayarak kalkar. Hareketli bebek olan kızkardeşi sıklıkla mızmızlanarak uyanırdı ve gece uykusunun ardından ayılmak için hâlâ biraz zamana ihtiyaç duyar. Sabahları hemen sohbete başlayan Sophie'den farklı olarak Sara önümüzdeki bizi bekleyen gün hakkında benim çene çalmamdan ziyade önce onun konuşmasını beklememden hoşlanır.

Bez Bağlama ve Giydirme

Daha önce sözünü ettiğim gibi, ebeveynlik derslerimdeki yeni anne babalardan sıklıkla sırtüstü uzanmalarını ve gözlerini kapamalarını isterim. Sonra, hiçbir uyarıda bulunmadan, erkeklerden birini seçer, bacaklarını tutar kaldırır ve başının üzerine doğru iterim. Söylemeye gerek yok tabii, adam bayağı bir irkilir. Diğerleri yaptığım şeyi fark edince, bunun oldukça komik olduğunu düşünürler ve hepimiz kahkahayı basarız. Ama sonra bu şakamın nedenini açıklarım: Uyarmadan veya bir açıklamada bulunmadan bezini değiştirdiğinizde bir bebek de kendini aynen böyle hisseder. Gerçekte onun saygı çemberini istila etmiş oluyorsunuz. Eğer bunun yerine "John, biraz sonra bacaklarını yukarıya kaldıracağım" demiş olsaydım, o zaman John kendini benim dokunuşuma hazırlamakla kalmaz, onun duygularını göz önünde bulundurduğumu da bilirdi. Bebeklere de aynı nezaketi gösteriyorum.

Araştırmacılar, dokunmanın bebeğinizin beynine kaydolmasının üç saniye aldığını belirtmişlerdir. O halde bir bebek için, bacaklarının yukarıya itilmesi, bedeninin alt kısmının soyulması ve poposunun silinmesi korkutucu bir ifadedir; göbek deliğine soğuk alkol uygulandığı zaman bu daha da korkutucudur. Çalışmalar bebeklerin keskin bir koku alma duyusuna sahip olduklarını da göstermiştir. Yenidoğanlar bile alkole batırılmış ağır kokulu bir pamuklu çubuk olduğunda başlarını öte tarafa çevirir. Bir haftalık bebekler annelerini teşhis etmek için kokuyu kullanabilirler. Bütün bunları bir araya getirdiğinizde, bebeğinizin, kendi alanı istila edildiği zaman, her ne kadar kendini ifade edemese de bir şeyler olduğunun şiddetle farkına vardığını anlarsınız.

Gerçek şu ki, çoğu bebek alt değiştirme masasında ağlar çünkü başlarına neler geldiğini bilmezler ve/veya bundan hoşlanmazlar -hem de hiç... Yani gerçekten, bir bebeği en savunmasız, en açık -bacakları ayrık- pozisyona getirerek ne bekliyorsunuz ki? Jinekoloğun muayenehanesinde kol ve bacaklarınız yana açık yattığınızda kendinizi nasıl hissediyorsunuz? Ben kendi doktoruma hep şunu söylüyorum: "Aşağıda ne yaptığınızı tam olarak bilmem gerekiyor." Bebeklerin bizden yavaşlamamızı veya kendi sınırlarına saygı göstermemizi isteyecek kelimeleri yok henüz ama ağlamaları aynı kapıya çıkıyor.

Yıkanabilir Kumaş Beze Karşılık Hazır Bez

Her ne kadar kumaş bez geri döndüyse de, ebeveynlerin çok büyük bir çoğunluğu hâlâ hazır bezleri tercih ediyor. Bu bir tercih meselesi ama ben kumaş bezi seviyorum çünkü daha ucuz, bebeğin poposu için daha yumuşak ve çevre bilincine sahip...

Ayrıca, bazı bebekler, hazır bezlerdeki emici taneciklere karşı alerjik reaksiyon gösteriyor; bu durum bazen pişikle karıştırılır. Aralarındaki fark şudur: pişik genelde anüs çevresinde olacak şekilde bölgeseldir, oysa alerjide döküntü, bele kadar bezin kapladığı bütün bölgeyi kapsar.

Hazır bezlerde başka bir sorun çok emici olmaları ve idrarı uzaklaştırma konusunda çok iyi iş çıkarmalarıdır; o kadar ki görünüşe göre sadece Huysuz bebekler altlarının ıslak olduğunu fark ediyor. Yürüme çağındaki bebekler üç yaşına kadar tuvalet eğitimi kazanmadıklarında bazen bunun nedeni hazır bezlerin altlarının ıslak olduğunu fark etmelerine olanak tanımamasıdır.

Kumaş bezle ilgili bir uyarı: Islaklığı kontrol etme konusunda tetikte olmanız gerek zira bu pişiğe yol açabilir.

Bana bir anne "Edward alt değiştirme masasından nefret ediyor," dediğinde ona şöyle diyorum: "Masadan nefret etmiyor tatlım, o masanın üstünde yapılanlardan nefret ediyor. Muhtemelen biraz gevşemen ve onunla konuşman gerekiyor." Dahası, bütün aktivitelerde olduğu gibi alt değiştirirken de dikkatinizi elinizdeki işe vermelisiniz.

Allah aşkına, telsiz telefonu omzunuzla kulağınızın arasına sıkıştırıp konuşmayın. Duruma bebeğinizin perspektifinden bakın.

Bebeğinizin üzerine eğilirken nasıl göründüğünüzü bir hayal edin -telefonu pat diye bebeğin kafasına düşürebileceğinizi söylemeyelim bile... Bu durum bebeğinize şunu "söyler": "Seni yok sayıyorum."

Ben bir bebeğin bezini değiştirirken sabit bir diyaloğu muhafaza etmeye çalışıyorum. Eğiliyorum ve yüzümü onun yüzüne yaklaşık 30-35 cm mesafede tutuyorum -asla açılı değil dümdüz karşısında duruyorum çünkü bebekler bu şekilde daha iyi görüyorlar- ve ona süreci adım adım anlatıyorum: "Şimdi senin bezini değiştireceğiz. Hadi seni buraya yatıralım da altını açabileyim." Onun yapmakta olduğum şeyi anlaması için konuşmaya devam ediyorum. "Şimdi tulumunun çıtçıtlarını açıyorum... İşte oldu. Ah, bak bacakların ne de güzelmiş... Şimdi küçücük bacacıklarını yukarı kaldıracağım. İşte böyle... Bezini açıyorum... Ah, bakıyorum burada benim için küçük bir paket var... Şimdi altını sileceğim." Küçük kızlarda önden arkaya doğru silmeye özen gösteririm; erkeklerde ise, yüzüme çiş fışkırtmasınlar diye pipinin üstüne bez koyarım. Eğer bebek ağlamaya başlarsa, ona sorarım: "Çok mu hızlı gidiyorum? Yavaşlayayım."

İPUCU: *Bebeğiniz çıplakken, elinizi nazikçe göğsüne koyun ya da oraya bir ayıcık veya başka bir hafif dolgu hayvan koyun. Bu fazladan ufak ağırlık bebeğin kendisini daha az açıkta ve savunmasız hissetmesine yardımcı olur.*

Alt değiştirme masasında biraz daha hızlı davranmanız gerekebileceğini de eklemeliyim. Bazılarının kirli bir bezi değiştirmesinin yirmi dakika aldığını gördüm. Bu çok uzun bir süre... Demek istediğim, bebeğin altını beslenmeden önce değiştirdiklerini, kırk dakika beslediklerini sonra yemeğin ardından bir kez daha alt değiştirdiklerini düşünürseniz, bu bir saat yirmi dakika eder. Böylece, hem harcanan zaman hem de eğer bebek altının değiştirilmesinden hoşlanmıyorsa bunun yarattığı stres ve yorgunluk nedeniyle çocuğun aktivite dönemi etkilenir.

İPUCU: *İlk üç-dört hafta için, önden aşağıdan bağlamalı veya çıtçıtlı olup alt değişimi için beze kolay erişim sağlayan ve pahalı olmayan tulum ve body'ler satın alabilirsiniz. Başlarda, ara sıra, sızdırmış birkaç bez göreceksiniz mecburen... El altında fazladan birkaç pijama bulundurmak hem zamandan kazandırır hem de endişeye yer bırakmaz.*

Bu işi öğrenmek birkaç haftanızı alabilir ama hedefiniz bezi beş dakikada değiştirmek olmalıdır. Kilit nokta, her şeyin hazır olmasıdır -kremin kapağı ve ıslak mendil kutusu açık, hazır bez açılmış ve bebeğin poposunun altına kaydırılmaya hazır, çöp sepetiniz açık ve kirli bez için hazır durumda olsun.

İPUCU: *Bebeğinizin altını değiştirmek için yatırdığınızda, poposunun altına temiz bir bez koyuverin. Kirli bezini açın ama genital ve anal bölgeleri temizleyene dek kirli bezi altından almayın. İşinizi bitirince eski bezi alın; yeni bez orada, tam ihtiyacınız olan yerde olacaktır.*

Öğrenilen tüm numaralar bir bebeği sakinleştirmede yetersiz kaldığında, bebeğin altını kucağınızda değiştirmeyi deneyin -pek çok bebek bunu tercih eder ve bu sizi alt değiştirme masasının başında durma derdinden kurtarır.

Gereğinden Fazla Oyuncak / Gereğinden Fazla Uyarı

Tamam tatlım. Bebeğiniz ilk beslenmesini gerçekleştirdi, altına temiz bez konuldu, şimdi de oyun zamanı... İşte genelde ebeveynlerin aklı bu noktada karışıyor. Ya bebek sadece bir noktaya gözünü dikip bakıyor olsa bile öğrenmenin büyük bir bölümünün bu sırada gerçekleştiğini fark etmeyerek bebeğin oynamasının önemini küçümsüyorlar ya da sürekli bebeklerinin tepesine dikilip onu tatlı sözlerle kandırmak, ona oyuncaklar gösterip bir şeyler sallamak için deliye dönüyorlar. İki uç da iyi değil... Tanıştığım ebeveynlere dayanarak şunu söyleyebilirim ki çoğu ikinci uca yönelme hatasına düşüyor -fazla müdahale etme- ve ben de bu nedenle, üç haftalık Serena'nın annesi Mae'den aldığım telefonlara benzer telefonlar alıyorum düzenli olarak:

"Tracy, Serena'nın nesi var?" diye yakınıyor. Bir bebek ağlaması ve fonda Serena'nın çaresizce onu sakinleştirmeye çalışan kuşatma altındaki babası Wendell'in sesini duyabiliyorum.

"Peki," diyorum, "bana ağlamaya başlamadan önce neler olduğunu anlat."

"Sadece oynuyordu," diye masumca bilgi verdi Mae.

"Ne oynuyordu?" Unutmayın, bahsettiğimiz yürüme çağındaki bir çocuk değil, üç haftalık bir bebek...

"Onu önce bir süre salıncağa koyduk ama sonra huysuzlanmaya başladı, biz de onu oradan alıp koltuğa koyduk."

"Sonra?"

"Ondan da hoşlanmadı, biz de onu battaniyenin üzerine koyduk ve Wendell ona bir şeyler okumaya çalıştı," diye devam etti.

"Şimdi yorgun olduğunu düşünüyoruz ama yine de uyumuyor."

Bebeğinizi Nelerin Etkilediğine Dair Bir Rehber

Duyma (işitsel)	Konuşma Mırıldanma Şarkı söyleme Kalp atışı Müzik
Görme (görsel)	Siyah-beyaz kartlar Çizgili malzemeler Dönence Yüzler Ortam
Dokunma (dokunsal)	Tenle, dudaklarla, saçla temas Sarılma Masaj Su Pamuk /kumaş
Koku alma (Koklamayla ilgili)	İnsanlar Pişen yemek kokuları Parfüm Baharatlar
Tat alma (tatma duyusuyla ilgili)	Süt Diğer besinler
Hareket	Sallanma

(denge)	Kucakta taşınma Salınma Seyir halinde olma (bebek arabasında, arabada)

Mae'nin sözünü etmediği şey -muhtemelen bunun ilgisiz bir şey olduğunu düşündüğü için- salıncağın aynı zamanda müzik de çaldığı, koltuğun titrediği ve battaniyenin bebeğin başının üzerinde dans eden parlak kırmızı-beyaz-siyah dönenceli tertibatın bir parçası olduğu... Bir de bütün bunların üstüne baba bebeğin yüzünün hemen yakınında Kaçak Tavşan'ı tutuyor.

Abarttığımı mı düşünüyorsunuz? Pek sayılmaz tatlım. Sayısız evde benzer sahnelere şahit oldum.

"Minik genç kızınızın sadece aşırı uyarılmış olduğundan şüpheleniyorum," dedim nazikçe ve zavallı ufaklığın -onun bebek perspektifinden bakıldığında- Disneyland'de geçirilen bir güne benzer bir ortama maruz kaldığına işaret ettim!

"Ama oyuncaklarını *seviyor* o," diye itiraz ettiler.

Asla bir ebeveynle tartışmayan biri olarak, temel kuralımı öneriyorum: *Çalkalanan, çıngırdayan, sallanan, hareket eden, cik cik öten veya titreyen ne varsa ortadan kaldırın.* Onlara bunu sadece üç gün denemelerini ve bebeğin sakinleşip sakinleşmediğini gözlemlemelerini söylüyorum (Yolunda gitmeyen başka bir şey olmadığı sürece, genelde sakinleşir).

Ne yazık ki, Serena'nın ebeveynleri -aslında günümüzdeki çoğu ebeveyn gibi- kültürümüzün kurbanları... Her yıl yaklaşık dört milyon bebeğin doğmasıyla, bebeklik çağı eşyalarında eksiksiz bir sanayi ortaya çıktı. Her yıl, bebeklerimize uygun bir "ortam" yaratmamız gerektiğine bizi ikna eden milyarlarca dolar harcanıyor ve ebeveynler bu fikre fena halde rağbet ediyor. Eğer bebeklerini sürekli olarak eğlendirmezlerse, onu bir şekilde başarısızlığa uğrattıklarını çünkü bebeğin yeterli "entelektüel uyarı" almadığını düşünüyorlar. Ve eğer hani bir mucize olur da kendilerini bu baskı altına almamış olurlarsa arkadaşlarından biri o baskıyı uygular: "Serena'ya kapı aralığı için hoppala almadınız mı yani?" diye sorar Mae ile Wendell'in arkadaşları suçlayıcı bir şekilde, sanki hoppala olmadan kızları bir şeyden mahrum büyüyecekmiş gibi... Bu tam bir saçmalık!

Efsane: "Onları Evdeki Seslere Alıştırın"

Ebeveynlere sıklıkla, bebeklerini yüksek seslere alıştırmanın iyi bir fikir olduğu söylenir. Sorarım size, gecenin bir yarısı siz uyurken odanıza girsem ve yüksek sesle müzik çalsam hoşunuza gider mi? Saygılı bir davranış değil bu... Bebeğinize karşı daha az nazik olmanız mı gerek?

Elbette çocuklarımıza müzik çalmalı ve şarkı söylemeliyiz. Elbette onlara parlak renkli nesneler göstermeli ve hatta oyuncaklar almalıyız. Ama gereğinden fazlasını yapıp bebeklere gereğinden fazlasını sunduğumuzda, bebekler *aşırı* uyarılmış oluyorlar. Rahmin o hoş konforundan doğumhanenin o sert floresan ışığına çıkarılmak onlar için zaten yeterince zor -bazıları dar bir doğum kanalından sıkışarak geçmeye zorlanır, diğerleri kelimenin tam anlamıyla rahimden koparılır. Yol boyunca, cerrahî aletlerle, ilaçlarla ve tipik olarak dışarı çıkmalarını izleyen saniyeler içerisinde kendilerini çeken, delen ve ovalayan bir sürü elle karşılaşırlar. Bölüm I'de belirttiğim gibi, her bebek benzersizdir ama neredeyse her yenidoğan bir çeşit kargaşaya katlanmak zorundadır. Daha hassas tipler için doğumun kendisi onların baş edebileceklerinden daha fazla uyarı yaratır.

Buna bir de evinizin normal görüntülerini ve seslerini ekleyin -TV'ler, radyolar, evcil hayvanlar, yakından geçen arabalar, elektrikli süpürgeler, çim biçme makineleri ve sayısız başka alet...

Bir de barındırdığınız ne kadar endişe varsa onunla dolmuş kendi sesinizi, ebeveynlerinizin, eşinizin ailesinin ve başka ziyaretçilerin mırıldanmalarını ve fısıldamalarını hesaba katın. Vay be! Dört buçuk kilodan hafif bir sinir ve kas kütlesiyseniz baş edilemeyecek kadar büyük bir yüktür bu! Ve şimdi de anne veya baba tepenizde dikilip sizden *oynamanızı* istiyor. Bir Melek bebeği bile ağlatmak için bu kadarı yeter...

Öğrenme Üçgeni İçerisinde Oynamak

Oyun derken tam olarak neyi kastediyorum? Eh, bu bebeğinizin neler *yapabildiğine* bağlıdır. Artık, çoğu kitap size oyuncaklarla ilgili yaşa bağlı kriterler sunuyor ama ben buna karşıyım. Bu tür rehber bilgiler yararsızdır demiyorum; farklı yaşlarda neyin tipik olduğunu bilmek iyidir. Aslına bakarsanız, anne-ve-ben sınıflarımı ben bu şekilde düzenliyorum -yenidoğanlar ilâ üç aylıklar, üç ilâ altı aylıklar, altı ilâ dokuz aylıklar ve dokuz ilâ oniki aylıklar... Sorun şu ki, karşılaştığım çok fazla sayıda anne ve baba, *normal* çocuklar arasında, yetenekleri ve farkındalıkları anlamında muazzam bir farklılık olduğunun ayrımında değil... Bunun sınıflarımda tekrar tekrar yaşandığını görüyorum. Değişmez bir biçimde, beş aylık bebeğinin dönmesi gerektiğini bir yerlerden okumuş annelerden biri alarma geçer. Minik oğlu orada öylece yatıyor diye "Ah Tracy, bebeğim geriden geliyor olmalı," der bana... "Dönmeyi öğrenmesine nasıl yardımcı olabilirim?"

Performans gösterilmesi için herhangi bir şekilde baskı uygulamaya inanmıyorum ben... Ebeveynlere her zaman bebeklerinin bir *birey* olduğunu söylüyorum. Kitaplardaki istatistiklerin insandan insana değişen kişisel özellikleri ve farkları hesaba katamaması muhtemeldir. Bu tür referans değerler sadece *rehber bilgi* olarak kullanılmak üzere tasarlanmıştır. Sizin bebeğiniz her gelişim aşamasına kendine uygun olan zamanda varacaktır.

Ayrıca, bebekler köpek değildir; onları "eğitmezsiniz". Çocuğunuza saygı göstermek, arkadaşınızın bebeği gibi olmaması veya birtakım kitapların tasvirlerine uymaması durumunda onu dürtmeden veya panik yapmadan onun gelişmesine olanak tanımaktır. Bırakın öncü o olsun. Tabiat Ana'nın harika, mantıklı bir planı vardır. Eğer bebeğinizi o kendi başına dönmeye hazır hale gelmeden döndürürseniz, bunun nasıl yapılacağını daha çabuk öğrenmeyecektir. Aslına bakarsanız bebeğinizin henüz dönmeme sebebi bunu yapacak fizyolojik yeteneklerinin gelişmemiş olmasıdır. Onu itmeye çalışarak, farkında olmadan onun hayatını olması gerekenden daha stresli hale getiriyorsunuz.

Dolayısıyla, ebeveynlerin daima bebeklerinin "öğrenme üçgeni" içinde kalmalarını öneririm -bunun anlamı, bebeğin idare edebileceği ve *kendi başına* keyif alabileceği fiziksel ve zihinsel görevler sunmaktır. Örneğin, ziyaret ettiğim yenidoğanların hemen hemen hepsinin odasında bir yığın çıngırak oluyor -gümüş olanlar, plastik olanlar, O biçimli, ördek biçimli, halter biçimli çıngıraklar... Hiçbir çıngırak bebeklere uygun değildir çünkü bebek daha eliyle kavrayamaz. Sonunda ebeveyn bebeğin tepesinde çıngırağı sallar durur ama bebeğin çıngırakla oynamadığı kesindir. Benim temel kuralımı hatırlayın: *Bebeğinizin bir oyuncağı varken, müdahale etmek yerine gözlemleyin.*

Bebeğinizin öğrenme üçgenine nelerin uyduğunu anlamak için bugüne kadarki başarılarını düşünün -neler *yapabildiğini...* Başka bir deyişle, birtakım kitaplardaki yaşa bağlı rehber bilgilere bakmak yerine *bebeğinize bakın.* Eğer onun öğrenme üçgeni içinde kalırsanız, çocuğunuz bilgiyi kendi temposunda doğal olarak kazanacaktır.

İlk Günden İtibaren

Bebeklerde kavrayışın etki göstermeye başladığı anı tam olarak bilmek araştırmacılar için bile imkânsızdır, dolayısıyla bebeğiniz geldiği andan itibaren

- Bebeğinize veya bebeğiniz için yaptığınız her şeyi açıklamalısınız
- Günlük faaliyetleriniz hakkında konuşmalısınız
- Aile fotoğraflarını göstermeli ve kişilerin isimlerini kullanmalısınız
- Nesneleri göstermeli ve tanımlamalısınız ("Küçük köpeği görüyor musun?" "Bak, bir bebek daha, tıpkı senin gibi.")
- Basit kitaplar okumalı ve resimlere bakmalısınız
- Müzik çalmalı ve şarkı söylemelisiniz (spesifik rehber bilgiler için 228. sayfadaki ek bilgi bölümüne bakın)

Çoğunlukla izler ve dinler. Yaklaşık ilk altı ilâ sekiz hafta bebeğiniz işitsel ve görsel bir varlıktır ama giderek daha dikkatli hale gelir ve çevresine karşı farkındalığı artar. Her ne kadar görme gücü sadece yirmi ilâ otuz santime uzansa da, sizi görebilir, hatta sizi bir gülücükle veya cıvıldamayla ödüllendirebilir. Ona "cevap vermeye" zaman ayırın. Araştırmacılar, doğumda, bebeklerin, insan yüzlerini ve seslerini diğer görüntülerden ve seslerden ayırabildiklerini -ve bunları tercih ettiklerini- göstermişlerdir. Birkaç gün içinde, bebekler alışkın oldukları yüzleri ve sesleri tanıyabilir hale gelirler ve alışkın olmadıkları bir görüntüye bakmak yerine gözlerini bunlara dikip bakmayı tercih ederler. Bebeğinizin sizin yüzünüze bakmadığı zamanlarda, çizgilere bakmaya karşı da özel bir zaafı olduğunu fark edebilirsiniz. Neler oluyor acaba? Düz çizgiler bebeğinize hareket ediyor gibi görünür çünkü retinaları henüz sabit değildir. Onu eğlendirmek için bir sürü süslü oyuncak ve kitaba yatırım yapmak zorunda değilsiniz. Siyah bir keçeli kalemle, beyaz bir kartın üstüne düz çizgiler çizin. Bunlar bebeğinize bir odak noktası sağlar ki bu önemlidir çünkü görüşü hâlâ bulanık ve iki boyutludur.

Yeni doğmuş bebeğinize bir oyuncak almak istiyorsanız, bebeğin karyolasına yerleştirilen ve bebeğin rahimdeyken duyduğu sesleri taklit eden bir alet olan "rahim kutusu" bebeğiniz daha gelmeden önce satın alabileceğiniz bir şeydir. Ancak yenidoğanlar için karyolada sadece bir veya iki oyuncak tutulmasını öneriyorum. Bebek bu oyuncaklara bakmayı bıraktığı zaman bunları dönüşümlü olarak değiştirin. Rengin yarattığı etkinin farkında olun -ana renkler bebekleri uyarır, pastel renkler sakinleştirir. Günün herhangi bir zamanında, arzu edilen etkiyi yaratacak renkleri seçin -örneğin, eğer bebeğiniz gündüz uykusuna hazırlanıyorsa karyolaya kırmızı-siyah renkte bilgi kartı koymayın.

Büyürken Dinlenecek Müzik

Bebekler müzik sever ama onun da yaşa uygun olması gerekir. Her anne-ve-ben dersimin sonunda daima şu şekilde müzik çalıyorum:

Üç aya kadar: Sadece ninni çalıyorum -yumuşak, dinlendirici bir müzik; çocuk şarkıları gibi çın çın çınlayan bir şey değil... Kullandığım bir koleksiyon, *A Child's Gift of Lullabies*, CD ve mp3 şeklinde bulunabilir. Hoş bir sesiniz varsa, elbette ninninizi kendiniz söyleyin.

Altı ay: Dersin bitiminde sadece bir şarkı çalıyorum; bu, genelde, "*Eensy Weensy Spider*" (Küçük Minik Örümcek) "*The Wheels on the Bus*" (Otobüsün Tekeri) "*Baa Baa Black Sheep*" (Mee Mee Siyah Koyun) "*I'm a Little Teapot*" (Ben Bir Küçük Çaydanlığım) gibi basit bir çocuk şarkısı oluyor.

Dokuz ay: Yukarıdaki şarkılardan üçünü çalıyorum ama her birini sadece bir kez çalıyorum.

On iki ay: Yeni bir şarkı ekleyip sayıyı dörde çıkarıyorum ve her birini ikişer kez çalıyorum. Artık el-kol hareketlerini de dahil edebiliriz.

Başını ve boynunu kontrol etmeye başlar. Genelde ikinci ay içinde bir ara bebeğiniz başını çevirip bir yandan diğer yana hareket ettirebildiğinde, hatta belki biraz kaldırabildiğinde (genelde üçüncü ay itibarıyla) gözlerini de daha iyi kontrol edebilmeye başlar. Bebeğinizi kendi elini seyrederken yakalayabilirsiniz. Laboratuvarlarda bir aylık bebeklerin bile yüz ifadelerini taklit edebildikleri gösterilmiştir -eğer yetişkin dil çıkartırsa, bebek de çıkartıyor; yetişkin ağzını açarsa, bebek de açıyor.

Karyoladan oyun parkına taşıyabileceğiniz klipsli bir dönenceye yatırım yapmak için bu iyi bir zamandır. Bunun çoğu ebeveynin bebekleri için aldıkları ilk şey olduğunu biliyorum ama iki aydan önce dönence aslında bir aksesuardır. Bebekler başlarını çevirmeyi severler (sıklıkla sağa doğru), dolayısıyla dönenceyi doğrudan bebeğin görüş hattına yerleştirmeyin - otuz beş santimden daha uzakta da olmamalıdır. Bu noktada (sekiz hafta civarında) bebeğiniz üç boyutlu görmeye başlar. Duruşu düzelmiştir ve zamanın çoğunda ellerini açık halde tutar. Çoğunlukla tesadüfen kendi ellerini yakalar. Bir sonraki adımda neler olacağını hatırlayabilir ve daha doğru olarak öngörebilir. Aslına bakarsanız, iki aylıkken bebekler bir önceki gün gördükleri birini tanıyıp hatırlayabilirler. Kısa süre sonra, sizi gördüğü zaman mutlulukla kıpırdanacak ve siz odada dolaşırken sizi izlemeye başlayacaktır.

Yeni doğmuş veya dört haftalık bir bebeği düz çizgiler eğlendirirken, sekiz hafta itibarıyla yüz resimleri bebeği gülümsetir. Şimdi dalgalı çizgiler, daireler ya da ev veya gülen yüz gibi basit resimler içeren eşleştirme kartları kullanabilirsiniz. Bebeğinizin karyolasına bir ayna da koyabilirsiniz; gülümsediği zaman, aynadaki yansıması da ona gülümser. Ancak, her ne kadar bir şeylere gözlerini dikip bakmaktan hoşlansa da, buna doyduğu zaman, bebeğinizin, artık ilgisini çekmeyen bir nesneden uzaklaşmasını sağlayabilecek hareket kabiliyetine henüz sahip olmadığını unutmayın. Tetikte olun; eğer sinirli, huysuz sesler çıkarıyorsa bu "bu kadar yeter" demektir. Bütün kuvvetiyle ağlamaya başlamadan önce gidip onu kurtarın.

Uzanır ve yakalar. Hemen hemen her şey -kendi bedeninin bölümleri de dahil olmak üzere- uzanıp yakalayabilen bir bebeği büyüler ki bu üç veya dört ay civarında gerçekleşir. Ve her şey doğrudan ağzına gider. Şimdiye kadar bebeğiniz çenesini de kaldırıp agu sesleri çıkarabilmektedir. En sevdiği oyun nesnesi sizsiniz ama çıngıraklar veya ses çıkartan başka güvenli nesneler gibi karşılık veren basit oyuncaklar ya da köpükten bigudi gibi dokunulması hoş olan nesneler için de iyi bir zamandır. Bebekler keşfetmeyi severler ve bir tepkiye neden olabildiklerinde heyecanlanırlar. Ufaklığınızı çıngırağını sallarken bir seyredin; gözleri kocaman açılır. Bebekler şimdi neden-sonuç ilişkisini anlarlar, dolayısıyla ses çıkartan herhangi bir şey onlara bir başarma hissi verir. Karşılık verme konusunda kısa bir süre öncesinde olduğundan çok daha ileridedir -onun sürekli mırıldanmalarına bayılacaksınız- ve şu andan itibaren hep daha iyiye gidecek. Sıkıldığı zaman sizin dikkatinizi çekmeyi de bilir. Oyuncağını düşürür, boğazının gerisinden öksürüğe benzer bir ses çıkartır ya da sinirle hafiften bir ağlar.

Dönebilir. Üçüncü ayın sonu ile beşinci ay arasında bir zamanda ortaya çıkan, bir tarafının üzerine dönebilme yeteneği bir bebeğin hareket kabiliyetinin başlangıcıdır. Daha siz farkına varmadan, bebeğiniz iki tarafa da dönebilir hale gelir ve eğlence sürüp gider. Ses çıkartan oyuncakları hâlâ sever ama ona kaşık gibi ev içinde her gün kullanılan nesneleri de verebilirsiniz. Bu basit nesneler sonsuz bir keyif kaynağı olacaktır. Bebeğinizi plastik bir tabaklayken seyredin; tabağı bir o yana bir bu yana çevirdiğini, itip kendinden uzaklaştırdığını sonra tekrar kavradığını göreceksiniz. Keşfetmeye devam eden küçük bir biliminsanıdır o... Küpler, yuvarlaklar veya üçgenler gibi küçük şekillerle oynamayı da sever. İster inanın ister inanmayın, bunları ağzına alarak bunların neler olduğunu anlamaya çalışır ve aralarındaki farkları algılayabilir. Araştırmalardan öğrendiğimize göre, çok küçük bebekler ağızlarıyla şekilleri tanıyabiliyorlar. Daha bir aylıkken, bebeklere laboratuvarda dokunma hissiyle eşleştirmeleri için görseller gösterilmiştir. Bebeklere çıkıntılı veya düz bir emzik verilip hem çıkıntılı hem de düz emziğin resmi gösterildiğinde, emmekte oldukları emzikle aynı şekilde olan nesneye daha uzun süre bakıyorlar.

Dik oturabilir. Bebekler, başlarını taşıyabilecek kadar büyüyene dek -ki bu genelde altı ay civarında gerçekleşir- dik oturamazlar; bunun öncesinde, başları ağır gelir. Bebekler kendi başlarına dik oturabildikleri zaman, derinlik algılarını geliştirmeye başlarlar. Ne de olsa oturur pozisyondayken dünya bebeğe yatar pozisyonda göründüğünden çok farklı görünür. Artık nesneleri bir elinden diğerine de geçirebilmektedir; aynı zamanda bir şeyi gösterip işaret edebilir. Merakı onu nesnelere doğru ilerlemeye sevk eder ama fiziksel açıdan henüz tam olarak o noktada değildir. *Bırakın kendi başına keşfetsin.* Bu aşamada başını, kollarını ve gövdesini kontrol edebilir ama bacaklarını edemez. Dolayısıyla, istediği bir şey için öne doğru eğilip hamle yapabilir ama hamlesi göğsü üzerinde son bulur çünkü başı hâlâ biraz ağır gelmektedir. Uçuyormuş gibi kolları ve bacakları havada sallanır. Genelde ebeveynler bebek huysuz bir ses çıkardığı zaman bekleyip izlemek yerine anında müdahale edip bebeğe peşinde olduğu oyuncağı verirler. Ben durun derim! Ona o oyuncağı hemen uzatmayın. Geri durun; bunun yerine onu cesaretlendirin. "Aferin. Neredeyse oldu," demek güven telkin eder. Yine de muhakemenizi kullanın; ona Olimpiyatlar için antrenörlük yapmıyorsunuz. Ona sadece ebeveyn olarak biraz cesaret veriyorsunuz. Bebeğiniz oyuncağa ulaşmaya çabaladıktan sonra ona oyuncağı *verebilirsiniz.*

Bebeğinize, doğru düğmeye veya kola basıldığında kutu içinden birden ortaya çıkan adam veya palyaço gibi hareketi pekiştiren basit oyuncaklar verin. Bunun gibi oyuncaklar en iyisidir çünkü bebekler bir şeylerin meydana gelmesini sağlayabildiklerini görmeyi severler. Bu noktada çok oyuncak almanın cazibesine kapılabilirsiniz. Kendinizi sınırlayın; "daha azın daha fazla" demek olduğunu ve bebeğinize almak istediğiniz şeylerin pek çoğunun onu *eğlendirmeyeceğini* hatırlayın. Aslına bakarsanız, bu çağda çocukları olan ebeveynlerin "Benim bebeğim bu oyuncağı sevmiyor" dediklerini duyduğumda kendi kendime gülüyorum. Bunun hoşlanıp hoşlanmama meselesi olmadığını fark etmiyorlar -bebek oyuncağı anlamıyor, hepsi bu... Oyuncağın kendisi için bir şey *yapmasını* nasıl sağlayacağını bilmiyor.

Hareket edebilir. Bebeğiniz gerçekten emeklemeye başladığında -ki bu genelde sekiz ile on ay arasında gerçekleşir- eğer henüz yapmamışsanız evinizi çocuk için güvenli hale getirmenin zamanıdır (236. sayfadaki başlığa bakın); böylece keşfetmesi için ona bol bol fırsat yaratabilirsiniz. Bu noktada ufaklığınız kendini yukarı çekmeye bile başlayabilir. Bazı bebekler önce geri geri emekler ya da daireler çizerek döner, çünkü bacakları emeklemeye hazırdır ama bedenleri başlarının ağırlığına uyum sağlayacak kadar uzamamıştır veya güçlenmemiştir. Dahası, merak ve fiziksel gelişim birbiriyle yakından ilişkilidir. Bundan öncesinde, bebeğiniz karmaşık düşünce modellerini işleyecek bilişsel becerilere sahip değildi -örneğin, "Odanın karşı tarafındaki o oyuncağı istiyorum, dolayısıyla oraya varmak için şunu yapmalıyım" diye düşünmek gibi... Şimdi, bunların hepsi gerçekleşmeye başlıyor.

Bir kez çeşitli hedeflere odaklanabildi mi, emekleyen bebeğiniz küçük bir arı kadar meşgul bir varlık haline gelir. Artık kucağınızda oturmaktan hoşnut olmayacaktır. Kucaklanmaktan hâlâ hoşlanır ama önce keşfetmesi ve doğal enerjisini tüketmesi gerekir. Ses -ve sorun- çıkartmanın yeni yollarını bulur. En iyi oyuncaklar, bir şeyleri bir şeylerin içine koyup çıkartmasını teşvik eden oyuncaklardır. Elbette, başlarda bozma konusunda daha becerikli olacaktır -her şeyi çıkartacak ama nadiren yerine geri koyacaktır. Sonunda, on ay ilâ on iki ay civarında, bir şeyleri bir araya getirme, hatta yerdeki oyuncaklarını toplayıp oyuncak kutusuna koyma becerisini kazanır. Muhtemelen küçük nesneleri de toplayabilecektir çünkü baş ve işaret parmağının kullanımıyla cımbız misali kavrayışta ustalaşmasını sağlayan küçük kas becerileri gelişmektedir. Kendine doğru çekebileceği oyuncakları yuvarlamaktan da hoşlanır. Ve dolgu hayvan veya delicesine sevdiği bir battaniye gibi belli bir oyuncağa karşı bağlılık geliştirmeye başlayabilir.

İPUCU: Bebeğinizin oynadığı her şeyin yıkanabilir, sağlam olduğundan, sivri kenarları veya gevşeyip yutulabilecek telleri olmadığından emin olun. Tuvalet kâğıdı rulosunun kartonunun içine sığabilen her nesne bebeğinizin oynaması için fazla küçüktür; bebeğin boğazına takılabilir ya da kulağa veya burna sokulabilir.

Şimdi çocuk şarkıları çalarken, işin içine bebeğinizin taklit edebileceği hareketleri de katabilirsiniz. Şarkılar ve ritimler çocuklara dili ve koordinasyonu öğretir. Bu noktada, ce-ee sevilen bir oyun olacaktır, zira bebeğinize nesne kalıcılığını öğretir. Bu önemlidir çünkü bebeğiniz bu kavramı bir kez öğrendi mi, siz yan odaya gittiğinizde sizin de yok olmadığınızı anlayacaktır. Bunu "hemen geri döneceğim" diyerek pekiştirebilirsiniz. Evdeki çeşit çeşit nesneyi oyuncak olarak kullanın ve yaratıcı olun. Bir kaşık ile bir tabak veya tencere davul çalmak için harikadır. Bir süzgeç müthiş bir ce-ee kalkanı olur.

Bebeğiniz fiziksel ve zihinsel repertuvarını genişlettikçe, onun bir birey olduğunu hatırlayın. Sizin bebeğiniz kız kardeşinizin bebeğinin o yaştayken yaptıklarının tam olarak aynısını yapmayacaktır.

Belki daha fazlasını, belki de farklı bir şekilde yapacaktır. Onun da, her insan gibi, kendine has özellikleri, hoşlandıkları ve hoşlanmadıkları olacaktır. Onu izleyin; onu, sizin olmasını istediğiniz şekle sokmaya çalışmak yerine yaptıklarından onun nasıl biri olduğunu öğrenin. Güvende olduğu, desteklendiği ve sevildiği sürece, serpilip harika ve benzersiz bir küçük varlık haline gelecektir. Sürekli hareket halinde olacak, her gün yeni beceriler öğrenecek ve sizi şaşırtmaktan asla vazgeçmeyecektir.

Ortamı Çocuk için Güvenli Hale Getirmeli mi Getirmemeli mi?

Ortamı çocuk için güvenli hale getirmek önemli ve biraz karmaşık bir meseledir. Çocuğunuzun, zehirlenme, yanma, haşlanma, suda boğulma, bir yerini kesme veya merdivenden düşme gibi tehlikelerden korunmasını istersiniz. Evinizi de meraklı bir bebeğin neden olabileceği olası zararlardan korumak istersiniz. Mesele, ne kadar ileri gitmeniz gerektiğidir. Ebeveynlerin endişelerinden gerçek bir sanayi ortaya çıkmıştır. Yakın zaman önce bir anne bana evini çocuk için güvenli hale getirmeye 4,000 dolar harcadığını söyledi -sözde çocuk güvenliği uzmanı kadının evine gelmiş ve oğlunun sekiz-on yıl daha ulaşamayacağı dolaplar da dahil olmak üzere kelimenin tam anlamıyla evdeki her dolaba kilit takmış! Kadını, bebeğin ulaşma ihtimali olmayan yerlere kapı koyulmasına da ikna etmiş. Ben çok daha basit ve daha az masraflı bir yaklaşım tercih ediyorum (236. sayfadaki başlığa bakın). Örneğin, uygun bir oyun alanı, yastıklarla veya tampon görevi görecek başka nesnelerle çevrelenmiş üçe-üçlük bir alandan daha fazlasını gerektirmez.

Dahası, evinizden çok fazla eşyayı kaldırırsanız, bebeğinizi keşfetme fırsatından mahrum edersiniz. Doğruyu yanlıştan ayırmayı öğrendiği öğrenme anlarını da ortadan kaldırmış olursunuz. Bunu size kendi hayatımdan bir hikâyeyle açıklayayım.

Kızlarım küçükken, tehlikeli kimyasal maddeleri ortadan kaldırarak, keşfedilmesini istemediğim alanlara geçişi engelleyerek ve bu tür başka tedbirler alarak evimi çocuklar için güvenli hale getirdim. Ancak aynı zamanda kızlara benim eşyalarıma saygı göstermeleri gerektiğini de öğrettim. Oturma odamızda, alçak bir rafın üstünde birkaç Capodimonte heykelciğimiz vardı. Sara emeklemeye başlayınca, her şeyi merak eder hale geldi. Bir gün heykelciklerin dikkatini çektiğini fark ettim. Dolayısıyla, onun heykelciği almasını beklemek yerine, heykelciği ona gösterdim ve şöyle dedim: "Bu, annenin. Onu ben burada seninleyken şimdi tutabilirsin. Ama bu bir oyuncak değil."

Çoğu bebek gibi Sara da beni birkaç kere denedi. Kestirmeden heykelciklere gidiyordu ama tam birine uzanmak üzereyken, hafif ama kesin bir ses tonuyla, "I-ıh. Dokunmak yok. O annenin -oyuncak değil" diyordum. Israr ederse, konuşma tarzımı sertleştirip kısa bir "Hayır!" diyordum. Üç gün içinde o küçük heykelcikleri artık neredeyse fark etmiyordu. Küçük kızkardeşi Sophie'de de aynı yolu izledim.

Ortamı Çocuk için Güvenli Hale Getirmenin Temel Kuralları

İşin püf noktası, evinize bir çocuğun gözlerinden (ve boyundan) bakmanızdır. Dört ayak üstüne gelin ve etrafta emekleyin! İşte önlemek isteyeceğiniz tehlikeler:

• **Zehirlenme.** Mutfak ve banyo lavabolarının altındaki bütün temizlik sıvılarını ve diğer tehlikeli malzemeleri alıp üst dolaplara koyun. Dolap kapaklarını kilitlemek için klips taksanız bile, yürüme çağındaki güçlü kuvvetli veya zeki bir çocuğun dolabı açıp içine girmesi riskini alabilir misiniz? Bir ilkyardım çantası alın. Bebeğinizin herhangi bir zehirli madde yediğine inanıyorsanız, bir şey yapmadan önce doktorunuzu ya da 112'yi arayın.

• **Hava kaynaklı kirleticiler.** Evinizi, doğal olarak yayılan radyoaktif bir gaz olan radon açısından denetletin. Duman ve karbonmonoksit dedektörleri taktırın -ve pillerini düzenli olarak kontrol edin. Sigarayı bırakın ve kimsenin evinizde veya arabanızda sigara içmesine izin vermeyin.

• **İple boğulma.** Perde ve stor iplerini, elektrik kablolarını, bebeğin ulaşabileceği seviyenin üzerinde mandallayarak veya maskeleme bandıyla sabitleyerek erişemeyeceği yerde tutun.

• **Elektrik çarpması.** Bütün prizlerin üstünü kapatın ve evinizdeki her ampul duyunda ampul olduğundan emin olun.

• **Suda boğulma.** Asla bebeğinizi küvette yalnız bırakmayın. Tuvaletin üstüne de bir klozet kapağı kilidi takın. Bebeğin başı hâlâ ağır geldiğinden klozetin içine düşüp boğulabilir.

• **Yanıklar ve haşlanma.** Ocak düğmelerine koruyucu takın. Banyo musluğunun da üzerini ya plastik bir koruyucuyla (çoğu hırdavat dükkânında bulunur) ya da etrafına sardığınız bir havluyla kapatın; bu bebeğin hem sıcak musluğa dokunmasını hem de kafasını vurması durumunda ciddi bir yaralanmaya maruz kalmasını engeller. Haşlanmayı önlemek için su ısıtıcınızı 35 dereceye ayarlayın.

• **Düşme ve merdiven kazaları.** Bebeğiniz aktif hale gelince, eğer hâlâ alt değiştirme masası kullanıyorsanız, bir eliniz ve iki gözünüz sürekli üzerinde olsun. Merdivenlerin en üst ve en alt kısımlarına kapı takın ama buna güvenip kayıtsız davranmayın. Bebeğiniz merdiven çıkmayı öğrenmeye başladığı zaman hep onun yanıbaşında olun. Yukarı tırmanma konusunda bir yıldızdır ama nasıl ineceğini bilemez.

• **Karyola kazaları.** A.B.D. Tüketici Ürünleri Güvenliği Komisyonu, karyola çıtalarının arasının 7,3 santim olmasını zorunlu tutmaktadır. Bu yönetmeliğin yürürlüğe girdiği 1991 yılından önce üretilmiş karyolaları veya çıtaların arasının daha geniş olduğu antika bir karyolayı kullanmayın.

Bir Amerikan icadı olan karyola kenar koruyucuları buraya ilk geldiğimde bende şok etkisi yarattı. Genelde annelere bunları kaldırmalarını söylüyorum çünkü hareketli bebekler bunların altına yuvarlanıp sıkışabilirler veya daha da kötüsü boğulabilirler.

Sahneyi değiştirip birkaç sene sonrasına gidiyorum; şimdi görüntüde Sophie ile oynamaya gelmiş olan arkadaşımın küçük oğlu var. Onun kendi evinde alçaktaki bütün rafların üstü boştu çünkü annesi kelimenin tam anlamıyla kendine ait bütün eşyalarını ulaşılamayacak yerlere kaldırmıştı. Tahmin edeceğiniz gibi, benim heykelciklerimle tatbikat yapmaya hazırdı. Sara'da kullandığım yaklaşımın aynısını onda denedim ama bu küçük oğlan dur durak bilmiyordu. Sonunda, epey sert bir şekilde "Hayır!" dedim. Annesi bana dehşet içinde baktı. "Biz George'a hayır demiyoruz, Tracy."

"Eh, güzelim," dedim, "belki de başlamanızın zamanı gelmiştir. Buraya gelip benim kızlarımın dokunmamaları gerektiğini gayet iyi bildiği şeyleri altüst etmesine izin veremem elbette... Ayrıca, bu George'un hatası değil -sizin hatanız çünkü neyin ona neyin size ait olduğunu ona öğretmemişsiniz."

Uyarı niteliğindeki bu öyküden çıkarılacak ders çok basit: Eğer bütün eşyaları çocuğunuzun ulaşamayacağı yerlere kaldırırsanız, kendi evinizdeki güzel ve narin şeylere saygı göstermeyi asla öğrenmez ve bir başkasının evinde nasıl davranılacağını da kesinlikle bilemez. Dahası, başka bir ebeveyn sizin çocuğunuza evdeki bazı şeylerin veya yerlerin gerçekten çocukların sınırı dışında kaldığını bildirdiğinde, George'un annesi gibi gücenmezsiniz.

Her zaman, bebek açısından güvenli bir alan ayırmanızı tavsiye ederim. Bebeğiniz bir şeye bakmak istediği zaman, bakmasına izin verin. Bırakın onu hissetsin, ellesin -ama her zaman siz yanındayken... İlginç bir biçimde çocuklar yetişkin eşyalarından sıkılırlar, çünkü bizim biblolarımız genelde bir raf üzerinde durmaktan başka bir şey *yapmazlar*. Bebeğinize bir kez bir eşyayı elleme izni verildiğinde, bundan çabucak sıkılma ihtimali yüksektir. Başka bir şey dikkatini çekecek ve ona gidiverecektir.

Ufaklığınızın, dvd oynatıcısının tepsisinin güzel bir oyuncak olduğunu düşünmekten kendini alamayacağını da aklınızdan çıkarmayın. Orayı, parmaklarını, krakerlerini ve içine doldurabildiği başka her şeyi koymak için harika bir yer olarak görecektir. Endişelenmek yerine üzerini kapatın. Size ait olan ve çocuğunuza çok ilginç gelen bir şeyin minyatür bir versiyonunu satın almanın karşılığını görebilirsiniz. Örneğin, çoğu bebek tuşlarla ve düğmelerle oynamayı sever. TV uzaktan kumandası veya bir radyo gibi görünen -onun idare edebileceği herhangi bir şey- bir oyuncak satın alın. Ne de olsa, onun ilgilendiği şey evi hasara uğratmak veya sizin alet edevatınızı mahvetmek değil; onun tek istediği sizin yaptığınızı gördüğü şeyi taklit etmektir.

İPUCU: *Bir çocuğa bir şeye dokunmamayı öğretmek sadece birkaç gün alır ama muhtemelen süreci evin farklı alanlarında, farklı objelerle tekrar etmeniz gerekecektir. Bu öğretme aşamasında, siz benim almış olduğum riski almak istemeyebilirsiniz. Bu nedenle, en pahalı ve kıymetli aksesuarlarınızın yerine pahalı olmayan ıvır zıvırlar koyun.*

Dinlenme Zamanı

Beslenmekle, uyumakla ve oynamakla geçen zor bir günün ardından bebeğiniz bir banyoyla dinlenmeyi ve gevşemeyi hak eder. Aslına bakarsanız, bir bebek iki-üç haftalık olduğunda, akşamları normalde olduğundan daha huysuz olduğunu fark edebilirsiniz. Giderek daha fazla aktif hale geldikçe ve çevresinde daha fazla şeyi anladıkça, geçirdiği günün uyarımlarından uzaklaşıp sakinleşme ihtiyacı duyar. Banyo, saat beş veya altıdaki beslenmesinin ardından, son gaz çıkarmasının yaklaşık on beş dakika sonrasında, onun Aktivite zamanı olabilir. Elbette, bebeğinize sabahleyin veya gün içinde herhangi bir zamanda banyo yaptırabilirsiniz ama bana göre ideal zaman yatmadan öncedir çünkü dinlenmenin en iyi şekli budur. Aynı zamanda bu, en özel ebeveyn-çocuk deneyimlerinden biridir ve sıklıkla babanın en sevdiği günlük iştir.

İlk üç ay boyunca banyodan nefret eden Nazlı bebekler ile banyoya sadece tahammül gösteren Huysuz bebekler dışında çoğu bebek banyoyu sever -eğer ağırdan alır ve "Banyoya Giriş Dersi" bölümünde adım adım verdiğim talimatları izlerseniz (243. sayfaya bakın)...

Süngerle Temizleme Önerileri

• İhtiyacınız olan her şey -sabunluk, sıcak su, alkol, makyaj pamuğu, yağ ve havlu- elinizin altında ve kullanıma hazır olsun.

• Bebeği sarmalanmış halde sıcak tutun. Baştan ayağa doğru ilerleyerek bir seferde bedeninin bir bölümünü yıkayın; hafifçe sıvazlayarak kurulayın ve devam edin.

• Kasık bölgesini temizlemek için küçük bir sabunluk kullanın; daima cinsel organdan anüse doğru silin.

•Gözleri temizlemek için her göze bir adet olmak üzere makyaj pamuğu kullanın ve burna en yakın köşeden başlayıp dışarı doğru temizleyin.

•Göbek kordonunu temizlemek için alkole batırılmış pamuklu çubuk kullanın. Doğrudan kök kısmına gidin. Her ne kadar bu acı vermese de bebekler bazen ağlar; aslında sadece bir soğukluk hissederler.

• Bebeğiniz sünnet olmuşsa, kesiyi nemli tutun ve Vazelin sürülmüş bir gazlı bez veya pamukla üstünü örterek kesiyi idrardan koruyun. İyileşene kadar bebeğinizin pipisine su değdirmeyin.

Bebeğinizin ilk banyosu yaklaşık on dördüncü günde gerçekleşir; bu, göbek kordonunun düşmesi ve erkeklerde sünnetin iyileşmesine yetecek süredir. Bundan önce, bebeğinize süngerle banyo yaptıracaksınız (bu sayfada "Süngerle Temizleme Önerileri" başlıklı ek bilgi bölümüne bakın). Her iki durumda da, deneyimi *bebeğinizin perspektifinden* görmeye dikkat edin. Bunun, en az on beş-yirmi dakika süren, eğlenceli, interaktif bir zaman olması gerekiyor. Giydirirken ve bez değiştirirken olduğu gibi, saygılı olun. Bebeğinizin kendisini ne kadar savunmasız hissettiğini hatırlayın ve sağduyunuzu kullanın. Daima en nazik yolu izlemeye çalışın.

Örneğin, banyodan sonra bebeğinizi giydirirken zıbını (çamaşırı) başından aniden çekmeye çalışıp sonra da kollarını zıbının kol kısımlarının içine zorla sokmaya kalkışmayın. Bebeklerin başları çok ağırdır -yaklaşık sekiz aya kadar başları vücut ağırlıklarının üçte ikisini oluşturur. Başlarının üstünden geçirilmesi gereken giysiler giydirmeye çalıştığınızda, genelde başları bir o yana bir bu yana düşüp durur. Ayrıca, tulumun kol kısmını bebeğin *kolunu* çekerek giydirmeye çalıştığınızda, size direnecektir. Bebek, fetüs pozisyonunda olmaya alışkın olduğundan, kollarının bedeninin yakınında durmasını isteyerek içgüdüsel olarak kendini geri çekecektir. Bunun yerine, giysiyi bebeğin el bileğinde büzün ve bebeği değil, *giysinin kol kısmını* çekin.

Mücadeleyi bütünüyle önlemek için, ebeveynlere, bebeğin başından geçen tulumlar almamalarını ısrarla tavsiye ediyorum (Eğer bunlardan halihazırda birkaç tane almışsanız, bu sayfadaki başlığa bakın). Önden çıtçıtlı tulumlar, alttan çıtçıtlı veya omuzdan cırt-cırt bantlı tek parça giysiler alın. Her zaman tarzdan ziyade kolaylığı ve rahatlığı seçin.

Çamaşır İkilemi

Tavsiye etmiyorum ama halihazırda bebeğinize başın üzerinden geçirilen çamaşırlardan aldıysanız, mücadeleyi önlemenin en iyi yolu şudur:

- Bebeğinizi sırtüstü yatırın.
- Giysiyi elinizde buruşturun ve yaka kısmını iyice genişletin. Giydirmeye bebeğinizin çenesinin altından başlayın ve giysiyi çabucak yüzünün üzerinden geçirip başının arkasına alın.
- Önce kendi parmaklarınızı giysinin kol kısmı boyunca ilerletin, sonra bebeğinizin elini kavrayın. İğneye iplik geçiriyormuşsunuz gibi, bebeğin elini giysinin kol kısmı içinden geçirin.

Eğer bebeğiniz banyo zamanı ağlıyorsa ve siz, bu deneyimi güvenli, yavaş ve keyifli hale getirecek olan aşağıda sıralanmış adımlara dikkat ediyorsanız, mesele muhtemelen sizin yaptığınız bir şeyden ziyade bebeğinizin hassasiyetleri veya huyuyla ilgilidir. Eğer bebek banyo zamanı kronik bir biçimde sıkıntılı görünüyorsa, en iyisi birkaç gün bekleyip sonra tekrar denemektir. Eğer hâlâ mutsuzsa -ki Nazlı bebeğiniz varsa, bu olabilir- ilk bir-iki ay süngerle temizlemeye devam etmek zorunda kalabilirsiniz ve bunda hiçbir sorun yoktur. Bebeğinizi okumanız gerekiyor. Eğer size "yaptığın şeyden hoşlanmıyorum -buna tahammül edemiyorum," diyorsa bir süre beklemelisiniz.

Banyoya Giriş Dersi: On Adımlık Rehberim

Aşağıda, anne babalara öğrettiğim banyo prosedürünü göreceksiniz. Her adım önemli... Başlamadan önce, her şey elinizin altında olsun ki (aşağıdaki ek bilgi bölümüne bakın), kaygan bebeğinizi sudan çıkardığınızda mümkün olduğunca etrafta bir şeyler arayıp durmayın... Bu arada, bazılarınıza bebeğe mutfaktaki eviyede banyo yaptırabileceğinizi söylediklerini biliyorum ama ben banyoyu tercih ediyorum -banyo yapılması gereken yer orasıdır.

Adımları okurken, süreç boyunca bebeğinizle bir diyalog kurmanız gerektiğini de hatırlayın. Konuşmaya devam edin. Bebeğinizin cevabını dinleyin, izleyin ve ona ne yapmakta olduğunuzu anlatmayı sürdürün.

Banyo Esasları

. Tabanı düz plastik küvet (küveti yere koymaktansa küvet ayağı üzerine yerleştirmeyi seviyorum zira insanın sırtı için böylesi daha iyi oluyor ve genelde ayakların her şeyin el altında olmasını sağlayan çekmeceleri ve rafı oluyor)

. Bir maşrapa ılık, temiz su

. Bebeklere özel şampuan

. İki lif veya banyo süngeri

. Kapüşonlu veya büyük havlu
. Alt değiştirme masası üzerinde hazır bekleyen kıyafetler ve temiz bez

1. Ortamı ayarlayın. Odanın sıcak (22–24 derece) olduğundan emin olun. Müzik çalın -herhangi tarz bir hafif pop müzik (bu, sizin de gevşemenize yardımcı olur).

2. Küveti üçte ikisine kadar doldurun. Birkaç damla şampuanı doğrudan suya dökün. Suyun sıcaklığı 37,5 derece civarında, vücut sıcaklığından biraz daha fazla olmalıdır. Suyun sıcaklığını asla elinizle değil, bileğinizin iç kısmında kontrol edin; su, sıcak değil ılık gelmelidir çünkü bebeğin teni sizinkinden daha hassastır.

3. Bebeğinizi kucağınıza alın. Sağ elinizin avuç içini bebeğin göğsüne koyun ve başparmağınızla işaret parmağınız göğsü üzerinde kalacak, diğer üç parmağınız bebeğin sol koltuk altından geçecek şekilde parmaklarınızı makas gibi yapın (Eğer solaksanız öbür elinizle yapın). Sol elinizi bebeğin boynunun ve omuzlarının arkasına kaydırın ve vücudunu hafifçe öne doğru bükerek bedeninin ağırlığını sağ eliniz üzerine aktarın. Şimdi sol elinizi poposunun altına koyup kaldırın. Sağ elinizin üzerine yığılmış olan bebeğiniz şimdi hafifçe öne doğru eğilmiş ve sol eliniz üstüne tünemiş halde oturur pozisyondadır.

Hiçbir zaman bebeği küvetin içine sırtüstü pozisyonda indirmeyin. Bu bebek için kafa karıştırıcı olur; tramplenden geriye doğru atlamaya benzer.

4. *Bebeği küvete koyun.* Bebeği o oturma pozisyonunda, önce ayakları sonra poposu olacak şekilde yavaşça küvete indirin. Sonra desteklemek için sol elinizi başının ve boynunun arkasına geçirin. Çok yavaşça onu tekrar suya sokun. Şimdi sağ eliniz boşta... Bebeği sıcak tutmak için sağ elinizle ıslak bir sabunluğu göğsüne koyun.

5. *Bebeğin cildine doğrudan sabun sürmeyin.* Suya biraz şampuan koyduğunuzu hatırlayın. Parmaklarınızla, boynunu ve kasık bölgesini silin. Poposuna ulaşabilmek için bacaklarını birazcık kaldırın. Sonra sabunlu suyu durulamak için ufak bir maşrapadaki temiz suyu vücudu üzerine dökün. Tatlım, bu çocuk kum havuzunda oynamadı, dolayısıyla gerçekten kirli değil... Bu noktada onun banyosu temizlikten çok bir rutin oturtmaya yöneliktir.

6. *Saçını yıkamak için başına bir sabunluk kullanın.* Çok sıklıkla bebeklerin çok fazla saçı olmaz. Saçları olsa bile şampuana veya şekil vermeye gerek olmaz. Sabunluğu açıp saç derisini silin. Durulamak için temiz su dökün; bebeğin gözlerine su kaçırmamaya dikkat edin.

Asla bebeği küvette yalnız bırakmayın. Eğer kazara şampuanı unutmuşsanız, bu seferlik sadece temiz suyla durulayın ve bir sonraki banyoda her şeyi hazır etmeyi unutmayın.

7. *Kulaklarına su kaçırmayın.* Bebeğiniz sırtını destekleyen elinizin çok derinde olmadığından emin olun.

8. Banyoyu bitirmeye hazırlanın. Boşta olan elinizle, kapüşonlu havluyu (veya kapüşonu olmayan büyük boy bir havluyu) alın. Kapüşonu (veya büyük havlunun köşesini) dişlerinizin arasına alın ve havlunun kenarlarını da koltuk altlarınıza sıkıştırın.

9. Bebeği küvetten çıkarın. Bebeğinizi, dikkatlice, banyonun başında kullandığınız oturma pozisyonuna getirin. Şimdi ağırlığının büyük kısmı sağ elinizde olmalı, sağ eliniz de makas gibi duran parmaklarla göğsünü desteklemelidir. Bebeği, sırtı size dönük olarak kaldırın; başını, kapüşonun veya büyük havlunun köşesinin biraz altına gelecek şekilde göğsünüzün ortasına koyun. Havlunun kenarlarını vücuduna sarın ve kapüşonu veya havlunun köşesini başının üstüne geçirin.

10. Giydirmek için bebeği alt değiştirme masasına alın. Giydirme işini aynen ilk üç ayda yaptığınız şekilde yapın. Tekrar etmek güvenlidir. Zamanla, bebeğinizin yapısına bağlı olarak, ona doğrudan pijamalarını giydirmek yerine, bu gevşeme zamanına masaj da ekleyebilirsiniz.

Çare Masajdır

Bebek masajı konusundaki en eski araştırma prematüre bebeklere yoğunlaşmış, kontrollü uyarmanın beynin ve sinir sisteminin gelişimini hızlandırabildiğini, dolaşımı iyileştirebildiğini, kasları güçlendirebildiğini, stresi ve asabiyeti azaltabildiğini göstermiştir. Bir sonraki mantıksal sonuç, normal bebeklerin de bundan yararlanabileceğidir. Gerçekten de, masajın, bebek sağlığını ve büyümesini desteklemenin harika bir yolu olduğu ortaya çıktı. Araştırmaya bağlı olmaksızın, ben masajın bebeklere dokunmanın gücünü öğrettiğini ilk elden gördüm. Masaj yapılan bebekler, yürüme çağına geçerlerken bedenleri konusunda kendilerini daha rahat hissediyor gibiler... Kaliforniya'daki ofisimde bebek masajı konusunda bir ders veriyorum ve bu sunduğum en popüler şeylerden biri... Ne de olsa bu, ebeveynlerin bebeklerinin bedenini tanımaları, bebeğin rahatlamasına yardımcı olmaları ve ebeveynle çocuğun kendilerini birbirlerine bütünüyle bağlanmış ve ahenk içinde hissetmeleri için bir şans...

Bir bebeğin duyularının nasıl geliştiğini de düşünün. Rahimde başlayan işitme duyusunun ardından gelişen bir sonraki duyu dokunmadır. Doğumda, bebek hem sıcaklıkta hem de dokunma uyarımında bir değişiklik yaşar. Ağlamaları bize "Hey, bunu hissediyorum," der. Aslına bakarsanız, hisler duyguların gelişmesinden önce gelir -bir bebek, sıcağın, soğuğun, acının, açlığın gerçekten ne anlama geldiğini daha öğrenmeden bunları hisseder.

Her ne kadar bazı annelerin masaja daha da erken dönemde başladıklarını gördüysem de üçüncü ay bebeğinize masaj yapmaya başlamak için en uygun zamandır. İşe yavaşça başlayın ve acelenizin veya kafanızın meşgul olmadığı bir zaman seçin ki sürece kendinizi tam olarak verebilesiniz. Süreç boyunca hızlanamazsınız veya bu işi gönülsüz bir şekilde yapamazsınız. Masajı ilk denemenizde bebeğinizin orada on beş dakika boyunca öylece yatmasını da beklemeyin. Daha ziyade, işe üç dakikalık bir ovma ile başlayın ve giderek süreyi artırın. Ben masajla akşam banyosunu birleştirmeyi seviyorum çünkü bu hem yetişkin hem de bebek için çok rahatlatıcı oluyor. Ama zamanınız olan her zaman doğru zamandır.

Doğal olarak, bazı bebekler masajı diğerlerine göre daha iyi karşılar. Melek, Kitap ve Hareketli bebekler nispeten daha hızlı uyum sağlarlar. Ancak Nazlı ve Huysuz bebeklerde işe biraz daha yavaş başlamanız gerekir çünkü bu tip bebeklerin uyarılmaya alışmaları daha uzun süre alır. Zamanla, masaj onların uyarılma eşiklerini yükselterek tahammüllerinin giderek artmasına olanak sağlayabilir.

Nazlı bebek hassas yapısını teskin edebilir, Huysuz bebek de gevşemeyi öğrenir. Masaj, kolik sıkıntısı çeken bir bebeğin -aksi takdirde rahatsızlığı artıracak olan- gerginliğini bile azaltabilir.

Masaj konusundaki en büyük başarı öykülerimden birini Timothy ile yaşadım; bez değiştirmenin bile zor olduğu çok hassas bir Nazlı bebekti. Annesi veya ben onu küvete sokmaya çalıştığımızda o kadar çok ağlardı ki ilk düzgün banyosunu yaptığında neredeyse altı haftalık olmuştu. Timothy'nin yapısı annesi Lana'yı gerçekten üzüyordu. Babası Gregory yükün birazını üstlenebilmesinin herhangi bir yolu olup olmadığını soruyordu. Zaten her gece saat onbirde Tim'e biberonla Lana'nın sütünü veriyordu ama gün içinde ev dışındaydı. Ona hassas minik oğluna banyo yaptırmayı bir denemesini önerdim. Sıklıkla babalara bu şekilde destek veririm. Bu, onlara bebeklerini gerçekten tanıma şansı ve aynı ölçüde önemli olarak kendi anaç yanlarıyla bağ kurma şansı verir.

Gregory banyo işine yavaş yavaş başladı ve nihayetinde Timothy'yi küvete sokmayı da başardı. Sonra bir görev daha ekledim: masaj. Gregory, ben aşağıda anlattığım adımları takip ederken beni dikkatle izledi. Çok tedbirli bir biçimde ilerleyip

Timothy'nin önce benim sonra babasının dokunuşuna alışmasına izin verdik.

Masaj Esasları

Masajı ister yerde, isterseniz alt değiştirme masasında yapabilirsiniz; size de rahat gelen bir pozisyon seçin. Şunlara da ihtiyacınız olacak:

. Yastık

. Su geçirmez altlık

. İki adet yumuşacık banyo havlusu

. Bebek yağı, bitkisel yağ veya özel olarak formüle edilmiş bebek masaj yağı (asla kokulu bir aromaterapi yağı kullanmayın; bu, bebeğinizin cildi için fazla güçlü ve koku duyusu için fazla keskindir)

Timothy şimdi neredeyse bir yaşında ve hâlâ hassas bir küçük oğlan ama çok yol katetti. Uyarılmaya tahammül yeteneğinin artması, en azından kısmen, babasının hâlâ sürdürdüğü akşam banyosunun ve masajının bir sonucu... Elbette, masajı annesi de yapsaydı Tim aynı yararları görürdü ama Nazlı bebeğiyle geçirdiği günün ardından Lana'nın gücünü yeniden toplaması için o akşam molasına ihtiyacı vardı. Ayrıca, çocukların babalarıyla bu tür bağlanma anlarına ihtiyacı var. Böylesine yakın bir zamanı paylaştıklarında bu onlara farklı tür bir özgüven veriyor. Dolayısıyla, Lana emzirmenin yarattığı yakınlığı yaşarken, Gregory benzer bir bağlanmayı kucaklaşma ve ten tene temasla geliştirebildi.

Masaja Giriş Dersi: On Adımda Daha Gevşemiş Bir Bebek

Banyo konusunda yaptığım gibi, size, öğrettiğim on adımlık süreci sunuyorum. İhtiyacınız olan her şeyin elinizin altında olduğundan emin olun -önceki sayfalardaki "Masaj Esasları"na bakın. Ağırdan almayı, bebeğinize dokunmadan önce ona ne yapacağınızı anlatmayı ve süreç boyunca her adımı açıklamayı unutmayın. Eğer herhangi bir noktada bebeğiniz rahatsız görünürse (ağlamasını beklemeniz gerekmez; kıvranmasından anlarsınız) masajı bırakma zamanı gelmiş demektir. Bunu ilk denediğinizde bebeğinizin tüm vücut masajı için öylece yatmasını beklemeyin. Tahammülünü her seferinde birkaç dakika daha artırmak durumundasınız. Sadece iki-üç dakika sürecek birkaç hareketle başlayın. Birkaç hafta zarfında veya daha uzun sürede on beş-yirmi dakikaya ulaşın.

1. Ortamın işinize yardımcı olduğundan emin olun. Oda sıcak, 24 derece civarında olmalı; cereyan olmasın. Yumuşak bir müzik koyun. "Masaj masanız" bir yastığın üzerine konulmuş su geçirmez bir altlıktan oluşacak; onun üzerinde de yumuşacık bir banyo havlusu serin.

2. Deneyime hazırlanın. Kendinize şunu sorun: "Gerçekten şu anda burada bebeğimle birlikte olabilir miyim yoksa bunu yapabileceğim daha iyi bir zaman var mı?" Kendinizi tamamen verebileceğinizden eminseniz, ellerinizi yıkayın ve gevşemek için birkaç derin, yoğunlaştırıcı nefes alın. Sonra bebeğinizi hazırlayın. Onu yatırın. Onunla konuşun. Ona "Minik bedenine masaj yapacağız," diye açıklayın. Yapmak üzere oldu-

ğunuz şeyi açıklarken, ellerinize az bir miktar (bir-iki çay kaşığı) yağ koyun ve yağı ısıtmak için avuç içlerinizi hızla birbirine sürtün.

3. *Başlamak için izin isteyin.* Masaja bebeğinizin ayaklarından başlayıp yukarıya doğru ilerleyecek ve başına ulaşacaksınız. Ancak daha bebeğinize dokunmadan şu açıklamayı yapın: "Şimdi o küçük ayağını kaldıracağım. Sadece ayağının tabanını ovacağım."

4. *Önce bacaklar ve ayaklar.* Ayağında, başparmak-başparmak üstüne hareketini uygulayın -bu harekette başparmaklar sırayla ayağı aynı yönde, yukarı doğru ovar. Ayağının tabanını, topuktan parmak ucuna doğru nazikçe ovalayın. Ayağın tüm tabanına baskı uygulayın. Ayağın her parmağını usulca sıkın. Her bir parmağı sıkışınızda "Buraya bir kuş konmuş, bu tutmuş..." oyununun sözlerini şarkı gibi söyleyebilirsiniz. Ayağın üst kısmına ayak bileğine doğru masaj yapın. Ayak bileği çevresinde ufak daireler çizin. Bacağa doğru ilerledikçe, nazikçe "ip burma" hareketini yapın: Ellerinizi hafifçe bebeğinizin bacaklarının etrafına sarın. Üstteki elinizi sola doğru hareket ettirirken alttaki elinizi sağa doğru hareket ettirin; gerçekten cildini ve kaslarını hafifçe burarak bacaklarındaki dolaşımı artırıyor olacaksınız. Bunu her bir bacakta, yukarı kadar devam ettirin. Sonra ellerinizi bebeğinizin poposunun altına kaydırıp her iki kalçaya da masaj yapın ve bacakları ayağa kadar ovalayın.

5. Sıra midede. Ellerinizi bebeğin karnına koyun ve nazikçe dışa doğru süpürme hareketleri yapın. Her iki başparmağınızı

da kullanarak, göbek deliğinden dışarı doğru hafifçe masaj yapın. Parmaklarınızı mideden göğse "yürütün."

6. Göğüs. "Seni seviyorum" deyin ve "güneş-ve-ay" hareketini yapın: her iki işaret parmağınızı da kullanarak bebeğinizin göğsünün en üst kısmından başlayıp göbek deliği çevresinde son bulacak şekilde bir daire -"güneş"- çizin. Şimdi sağ elinizi, bir "ay" çizecek şekilde (ters C) yeniden göğsünün en üst kısmına götürün; sonra aynısını sol elinizle yapın (düz C). Bunu birkaç kez tekrar edin. Sonra da kalp şekli hareketini yapın -bütün parmaklarınız bebeğinizin göğsünde, göğüs kemiğinin ortasındayken, göbek deliğinde bitecek şekilde nazikçe bir kalp şekli çizin.

7. *Kollar ve eller.* Kolun altına masaj yapın. "İp-burma" hareketini yapın, sonra her iki kola da açık el masajı yapın. Her parmağı yuvarlayın ve bu sefer el parmaklarında "Buraya bir kuş konmuş" oyununu tekrarlayın. Elin üstünde, el bileği çevresinde ufak daireler çizin.

8. *Yüz.* Yüz çevresinde çok daha nazik olmaya dikkat edin. Alna ve kaşlara masaj yapın; göz çevresinde başparmaklarınızı kullanın. Bebeğinizin burun kemiğinden aşağı doğru ilerleyin; yanaklarında, kulaklarından alt ve üst dudaklarına doğru ve sonra tekrar kulaklara doğru olacak şekilde ileri-geri gidin. Çenesi etrafında ve kulaklarının arkasında ufak daireler çizin. Kulak memelerini ve çenesinin altını ovalayın. Şimdi onu nazikçe ters çevirin.

9. Baş ve sırt. Bebeğinizin başının arkasında ve omuzlarında daireler çizin. İleri-geri hareketiyle onu aşağı-yukarı şekilde ovalayın. Omurgaya paralel olan sırt kasları boyunca ufak daireler çizin. Ellerinizin, sırtının en üst noktasından poposuna ve sonra da ayak bileklerine kadar bedeninin tüm uzunluğunca gidip gelmesine izin verin.

10. *Masajı bitirin.* "Bitirdik, canım. İyi geldi, değil mi?"

Her defasında yukarıdaki adımları takip ederseniz, bebeğiniz bu deneyimi dört gözle bekleyecektir. Tekrar edeyim; bebeğinizin hassasiyetine saygı göstermeyi unutmayın. Ağlaması durumunda asla masaja devam etmeyin; bırakın aradan birkaç hafta geçsin, sonra tekrar deneyin ve bu kez süresi daha da kısa olsun. Sizi temin edebileceğim tek şey şu: eğer bebeğinizi dokunmanın keyfine alıştırabilirseniz, bunun yararını sadece uzun vadede görmekle kalmayacak, uykuya dalması da daha kolay olacak -bu da sonraki bölümümüzün konusu...

altıncı bölüm

S - Uyuma, Belki Biraz Ağlama

Bir daha asla dinlenmiş olamayacağım
kafama dank ettiğinde bebeğim olsa olsa iki haftalıktı.
Tamam, belki asla değil...
Belki çocuk üniversiteye gittiğinde
geceleri tekrar deliksiz uyuyabilirim diye
birazcık umudum var.
Ama bunun çocukluğu süresince
gerçekleşmeyeceğini kesinkes görebiliyorum.
-Sandi Kahn Shelton
Gece Boyunca Deliksiz Uyumak
ve Diğer Yalanlar'dan

İyi Uyku, Mutlu Bebek

Hayatlarının ilk günlerinde, bebeklerin başka her şeyden çok yaptıkları şey uyumaktır -bazı bebekler ilk hafta boyunca günde tam yirmi üç saat uyur! Ve bu, Martha Stewart'ın tabiriyle, iyi bir şeydir. Elbette, uyku bütün insanlar için önemlidir ama bebekler için her şey demektir. Bir bebek uyurken, beyni yeni beyin hücreleri üretmekle meşguldür ve bu hücreler zihinsel, fiziksel, duygusal gelişim için gereklidir. Gerçekten de, iyi dinlenmiş bebekler, tıpkı bizim iyi bir uyku çektikten veya bizi kendimize getiren bir gündüz uykusundan sonraki halimize benzer: uyanık, dikkatli ve huzurlu. İyi beslenirler, iyi oynarlar, güçleri kuvvetleri yerindedir ve çevrelerindeki insanlarla iyi etkileşimde bulunurlar.

Bunun aksine, iyi uyumayan bir bebek, verimli şekilde iş görmek için ihtiyacı olan nörolojik kaynaklara sahip olamaz. Huysuzlanma ve organize olamama ihtimali yüksektir. Annesinin memesiyle veya biberonla güzelce ilgilenemez. Dünyasını keşfetmek için ihtiyacı olan enerjiye sahip olamaz. Ve en kötüsü de, aşırı yorgun olması uykusunu gerçekten mahveder. Bunun nedeni, kötü uyku alışkanlıklarının kendi kendilerini devam ettirebilmeleridir. Bazı bebekler o kadar yorgun olurlar ki fiziksel olarak gevşeyip uykuya dalamazlar. Nihayetinde, ancak tamamen tükendiklerinde uyuyakalırlar. Bir bebeği, dünyayı kendinden uzaklaştırmak için gerçek anlamda feryat ederek uyumak zorunda kalacak kadar gergin ve üzgün görmek acı vericidir. Daha da kötü olan kısım, sonunda uyuduğunda ortaya çıkar; uykusu bölük pörçük ve kısadır, bazen yirmi dakikadan fazla sürmez, dolayısıyla bebek gerçekten sürekli olarak huysuzdur.

Şimdi, bunların hepsi oldukça tanıdık gelebilir. Ama birçok insanın farkına varmadığı şey uygun uyuma alışkanlıkları oturtmak için bebeklerin ebeveynlerinin yönlendirmelerine ihtiyaç duyduğudur. Aslına bakarsanız, sözde uyku sorunlarının yaygın olmasının nedeni çok sayıda ebeveynin, uyku zamanını bebeklerinin değil de kendilerinin kontrol etmeleri gerektiğinin farkında olmamalarıdır.

Durumu daha da kötüleştiren unsur, baskıdır. Çok küçük yaşta bir bebeğin ebeveynine hemen hemen herkesin sorduğu ilk soru şudur: "Gece boyu deliksiz uyumaya başladı mı?" Eğer bebek dört aylıktan büyükse, soru biraz değişebilir ("İyi uyuyan bir bebek mi?") ama sıklıkla kendisi az bir uykuyla yetinen zavallı ebeveyn için sonuç aynıdır: suçluluk ve gerginlik. Ebeveynlik sitesine yazan bir anne, pek çok arkadaşının, bebeğin gece yarısı uyanıp uyanmadığını ve ne sıklıkta uyandığını sordukları için sonunda bebeğinin uyku düzenini gözlemlemek üzere bütün gece ayakta kaldığını itiraf etmiştir.

Bu bilhassa Amerika'da yaşanan bir olgudur. Bebeklerin uyku alışkanlıklarına dair bu kadar çok efsanenin ve modanın söz konusu olduğu başka bir kültür görmedim hiç... Dolayısıyla bu bölümde, sizinle uyku hakkındaki görüşlerimi paylaşmak istiyorum ve bu görüşlerin çoğu okuduklarınızla veya başkalarından duyduklarınızla çelişebilir. Yorgunluğu aşırı bitkinliğe dönüşmeden anlayabilmeyi ve bu değerli fırsat penceresini kaçırmanız durumunda ne yapılması gerektiğini öğrenmenize yardım edeceğim. Size, bebeğinizin uyumasına nasıl yardım edeceğinizi ve uyku güçlüklerini kemikleşmiş ve sürekli sorunlar haline gelmeden önlemenin yollarını öğreteceğim.

Geçici Modalardan Vazgeçme: Makul Uyku

Bir bebeği uyutmanın en iyi yolu ve bunu başaramadığınızda ne yapılması gerektiği hakkında herkesin bir fikri vardır. Önceki onyılların geçici modalarına değinmeyeceğim ama bu kitabı yirmi birinci yüzyılda yazarken, birbirinden belirgin biçimde farklı iki düşünce tarzı ebeveynlerin (ve medyanın) dikkatini çekmekte... Bunlardan birinde, değişimli olarak, birlikte uyumak, paylaşılan uyku, aile yatağı veya adını, bebeklerin kendi yataklarında yatmayı isteyene dek ebeveynlerinin yatağında yatmalarına izin verilmesi fikrini yaygınlaştırmış olan Kaliforniyalı çocuk doktoru Dr. William Sears'dan alan ve Sears yöntemi olarak bilinen bir uygulamanın taraftarları vardır. Bu düşüncenin ardındaki mantık, çocukların uyku zamanıyla ilgili olarak olumlu çağrışımlar geliştirmeleri gerektiği (ki sonuna kadar katılıyorum) ve bunu sağlamanın en iyi yolunun bebek uykuya dalıncaya kadar onu kucaklamak, ona sarılmak, onu sallamak ve ona masaj yapmak olduğudur (ki hiç mi hiç katılmıyorum). Bu yöntemin, sesini açık ara en çok duyuran taraftarı Sears, 1998 yılında *Child* dergisinde bir gazeteciye şöyle demiştir: "Bir ebeveyn, çocuğunu, karanlık bir odada, etrafı çubuklarla çevrili bir kutunun içinde tek başına bırakmayı neden istesin ki?"

Aile yatağı felsefesini paylaşan diğerleri genelde, bebeklerin üç aylık olana kadar yere değmelerine izin verilmeyen Bali gibi kültürlerdeki ebeveynlik uygulamalarına atıfta bulunurlar (Tabii, biz Bali'de değiliz...) LaLeche League, bebeğin zor bir gün geçiriyor olması durumunda, annenin bebekle birlikte yatakta olup ona ihtiyacı olan ekstra teması ve beslenmeyi sağlaması gerektiğini öne sürmektedir.

Her şey "bağlanmanın" ve "güvenliğin" hizmetindedir ve bu arkadaşlar anne ile babanın kendilerine ait vakitten, mahremiyetlerinden veya kendi uyku ihtiyaçlarından vazgeçmelerinde hiçbir sakınca görmemektedirler. Ve bu uygulamanın işleyebilmesi için, *Emzirme Sanatı*'nda kendisinden alıntı yapılmış olan aile yatağı felsefesinin savunucusu Pat Yearian durumdan şikâyetçi olan ebeveynlere bakış açılarını değiştirmelerini tavsiye eder: "Eğer zihinsel tavrınızı daha büyük bir kabullenmeye [bebeğinizin sizi uyandırıp duracağına] ayarlayabilirseniz, geceleri, kucaklanıp beslenmeye ihtiyaç duyan bebeğinizle veya sadece birileriyle birlikte olma ihtiyacı hisseden yürüme çağındaki çocuğunuzla birlikte o sessiz anların keyfini sürebildiğinizi fark edeceksiniz."

Öbür uçta, Boston Çocuk Hastanesi Çocuk Uyku Bozuklukları Merkezi'nin yöneticisi Dr. Richard Ferber'in adına istinaden daha sıklıkla "Ferber yöntemi" olarak adlandırılan kontrollü ağlama yaklaşımı yer alır. Ferber'in teorisine göre, kötü uyku alışkanlıkları öğrenilmiştir, dolayısıyla da unutulabilir (sonuna kadar katılıyorum). Bu maksatla, ebeveynlere, bebeklerini henüz uyanıklarken karyolalarına koymalarını ve onlara kendi kendilerine uykuya dalmayı öğretmelerini önerir (bu da hemfikir olduğum bir nokta...) Ancak, bebek içi geçip uykuya dalmak yerine ağladığı zaman, yani aslında "Gelip beni buradan alın" dediğinde, Ferber, bebeği giderek daha uzun süre ağlamaya terk etmeyi tavsiye ediyor -ilk gece beş dakika, sonraki gece on, on beş, vb. (ki Dr. Ferber ile benim ayrı düştüğümüz nokta da burası...). *Child*'da yapılan alıntıda Dr. Ferber şu açıklamayı yapıyor: "Bir çocuk tehlikeli bir şeyle oynamak istediğinde ona hayır diyoruz ve ayak direyebileceği sınırlar koyuyoruz... Ona geceleri kurallarınız olduğunu öğretmek de aynı şey... İyi bir gece uykusu onun yararınadır."

Her iki düşünce tarzının da mantıklı yanları olduğu açık; bunları savunan uzmanlar çok eğitimli ve ehil kişiler... Anlaşılır bir biçimde, her iki yaklaşımın da ortaya koyduğu meseleler basında sıkça ve ateşli bir şekilde tartışılmaktadır. Örneğin, 1999 sonbaharında, A.B.D. Tüketici Ürünleri Güvenliği Komisyonu, "bebekle birlikte uyumanın veya bebeği yetişkin yatağında uyutmanın" nefessiz kalma veya boğulma açısından yüksek risk taşıdığını söyleyerek ebeveynleri bebekle birlikte uyuma konusunda uyardığında, *Mothering* dergisinin editörü Peggy O'Mare, bu uyarıyı "Yatak Odamdan Çık!" başlıklı ateşli bir makaleyle kınamıştır. O'Mare, başka pek çok noktanın yanısıra iddia edilen bu altmış dört ebeveynin kimler olduğunu sorgulamıştır. Sarhoşlar mıydı? İlâç mı almışlardı? Aynı şekilde, basın veya bir ebeveynlik uzmanı, Ferber'in stratejisini, tamamen zalimce olmasa da bebeklerin ihtiyaçlarına karşı duyarsız olduğu gerekçesiyle eleştirdiğinde, bu yöntemin sağlıklarını ve evliliklerini kurtardığını iddia eden aynı derecede hararetli bir ebeveyn topluluğu ortaya çıkmaktadır -ve bu arada bebekleri şimdi gece boyu deliksiz uyumaktadır.

Belki siz de halihazırda bu görüşlerden birinin veya bir diğerinin taraftarısınız. Eğer bu uygulamalardan biri size, bebeğinize, yaşam tarzınıza uyuyorsa o zaman kesinlikle ona bağlı kalın. Sorun şu ki, yardım için bana başvuran insanlar iki yolu da denemiş oluyorlar. Tipik senaryoya göre, başta ebeveynlerden birine aile yatağı fikri çekici geliyor ve bu kavramı eşine "satıyor." Ne de olsa, işlerin daha kolay olduğu eski zamanları anımsamak pek çok açıdan romantik bir düşünce... Bebeğinizle-birlikteuyumak gerçekleri-kabul-etmek ile aynı tınıyı taşıyor... Geceyarısı beslenmeleri düşüncesinin de kulağa daha kolay gelmesini sağlıyor. Buna dünden hazır olan çift, karyola almamaya karar veriyor. Ama sonra, aradan birkaç ay veya daha fazla zaman geçince, cicim ayları bitiyor. Bebeğin üstüne yuvarlanmamaya dikkat eden anne ve baba, ya çok tetikte olduklarından ya da ufaklığın gece yarısı çıkardığı her küçük bebek sesine karşı aşırı hassas hale geldiklerinden uykusuz kalıyorlar.

Bebek kendisine ilgi gösterecek birine bel bağlayarak iki saatte bir olacak kadar sık uyanabilir. Bazı ufaklıklar yeniden uykuya dalmak için sadece bir pışpışlanma veya burnuyla şöyle bir sürtünmek ister; diğerleri oyun zamanı olduğunu düşünür. Ebeveynler sonunda işi nöbetleşe yapmaya başlarlar -bir gece yatakta, uykusuz saatleri telâfi etmek için bir gece misafir odasında... Ama iki ebeveyn de işin başında bu fikrin yüzde 100 arkasında olmazlarsa, şüphesi olan kendini kızgın hissetmeye başlamaya mahkûmdur.

Tipik olarak, Ferber yöntemi fikrinin en cazip geldiği zaman budur. Böylece anne ile baba bir karyola satın alır ve bebeğin kendine ait bir yatağa sahip olma zamanının geldiğine karar verirler. Şimdi, bu kadar büyük bir değişikliğin ne demek olduğuna bebeğin gözünden bir bakın: "Anne ile baba beni aylardır memnuniyetle yataklarına kabul edip kucaklıyor, benimle cilveleşiyor, beni mutlu etmek için ne gerekiyorsa yapıyorlardı ama birden "dan diye" bir şey oldu! Ertesi gün, sürgün edilip koridorun sonunda, içinde kendimi kaybolmuş hissedecek kadar tuhaf bir yere konuverdim. 'Hapis' diye düşünmüyorum ve karanlıktan korkmuyorum çünkü benim bebek aklım bunu bilemez ama 'Herkes nereye gitti? Genelde yanımda yatan o sıcak bedenler nerede?' diye düşünüyorum. Dolayısıyla ağlıyorum çünkü bu benim 'Neredesiniz?' diye sorma şeklim... Ağlıyor, ağlıyor, ağlıyorum ama kimse gelmiyor. Sonunda geliyorlar. Pışpışlıyorlar, bana uslu bir bebek olmamı ve uyumamı söylüyorlar. Ama kimse bana kendi başıma nasıl uyuyacağımı öğretmedi ki... Ben daha bebeğim!"

Benim vurgulamak istediğim nokta, uçlardaki uygulamaların pek çok kişi açısından, kesinlikle de yardım etmek üzere çağrıldığım bebekler açısından işe yaramadığıdır. Dolayısıyla, ben en başından itibaren bir orta yolu, makul uyku diye adlandırdığım sağduyulu bir yaklaşımı tercih ediyorum.

Makul Uyku Nedir?

Makul uyku, uçlarda yer almayan bir bakış açısıdır. Felsefemin her iki düşünce tarzının da bazı yönlerini barındırdığını göreceksiniz ama ben "bırak ağlasın" teorisinin bebeği dikkate almadığına ve aile yatağı kavramının ebeveynleri neredeyse yok saydığına inanıyorum. Bunun aksine makul uyku *herkesin* ihtiyaçlarına saygı gösteren, tüm aileye yönelik bir yaklaşımdır. Benim görüşüme göre, bebeklerin nasıl kendi başlarına uykuya dalacaklarını öğrenmeleri gerekir; kendi karyolalarında kendilerini güvende hissetmeleri gerekir. Ama aynı zamanda, kendilerini sıkıntıda hissettiklerinde bizim onları rahatlatmamıza da ihtiyaç duyarlar. İkinci gruptaki hedefleri aklımızda tutmadan birinci gruptaki hedeflere ulaşılamaz. Aynı zamanda, ebeveynlerin de yeterli dinlenmeye, kendilerine ve birbirlerine ayıracakları zamanlara ve hep bebek üzerine kurulu olmayan bir yaşama ihtiyaçları vardır. Ama bebeklerine zamanlarını, enerjilerini ve dikkatlerini vermeleri de gerekir. Bu iki hedef grubu birbiriyle çelişkili değildir. Bunları başarabilmek için, aşağıda belirttiğim ve makul uykunun temelleri olan noktaları aklınızdan çıkarmayın. Bu bölümde, E.A.S.Y. rutininin *S* ayağını açıklarken, her bir prensibin nasıl pratik bir gerçekliğe dönüştüğünü göreceksiniz.

Nasıl devam edecekseniz öyle başlayın. Eğer başta, paylaşılan uyku kavramının cazibesine kapıldıysanız, bunu enine boyuna düşünün. Üç ay sonra da bu şekilde olmasını mı istiyorsunuz? Ya altı ay sonra? Ya daha sonrasında? Yaptığınız her şeyin bebeğinize bir şey *öğrettiğini* unutmayın. Bu nedenle, bebeğinizi kucaklayıp yatağa yatırdığınızda veya onu kırk dakika boyunca salladığınızda, aslında ona bunu öğretiyorsunuz. Ona "İşte uykuya böyle dalacaksın," diyorsunuz. Bir kez o yola girdiğinizde, o zaman kendinizi, onu epey uzun bir zaman kucaklayıp sallamaya hazırlasanız iyi olur.

Bağımsızlık ihmal etmek değildir. Bir günlük bir bebeğin annesine veya babasına "Onun bağımsız olmasına yardım etmek istiyoruz," dediğimde bazen bana bakakalıyorlar. "Bağımsız mı? O daha birkaç saatlik, Tracy." Ben de şunu soruyorum: "Peki, *ne zaman* başlamak istersiniz?" Bu soru, kimsenin, bilim insanlarının bile cevaplayamadığı bir soru çünkü bir bebeğin dünyayı gerçekten kavramaya veya çevresiyle baş edebilmek için ihtiyacı olan becerileri geliştirmeye tam olarak ne zaman başladığını bilmiyoruz. Dolayısıyla, ben şimdi başlayın diyorum. Ancak, bağımsızlığı teşvik etmek bebeği ağlamaya terk etmek anlamına gelmiyor. Bu, ağladığında onu kucaklamak da dahil olmak üzere onun ihtiyaçlarını karşılamak anlamına geliyor çünkü neticede size bir şey söylemeye çalışıyor. Ama bağımsızlık, ihtiyacı karşılandığı anda onu yeniden yerine yatırmak anlamına da geliyor.

Müdahale etmeden gözlemleyin. Bu talimatı, bebeğinizle oynama konusundan söz ederken söylediğimi hatırlayabilirsiniz. Aynısı uyku için de geçerli... Bebekler her uykuya dalışlarında tahmin edilebilir bir döngüden geçerler. Ebeveynlerin aceleyle araya girmemeleri için bu döngüyü anlamaları gerekir. Bebeğin doğal akışına müdahale etmek yerine, geride durup bebeğin kendi başına uykuya dalmasına izin vermeliyiz.

Bebeğinizi aksesuarlara bağımlı hale getirmeyin. Yok olması halinde bir bebeğin sıkıntı hissetmesine neden olan her alet veya müdahale bir aksesuardır. Bebeğimizi, babanın göğsünün, otuz dakika boyunca kucakta taşınmanın veya ağızda duran memenin onu yatıştırmak üzere daima hazır bulunacağına inanmayı öğretirsek, ondan kendi kendine uykuya dalmayı öğrenmesini bekleyemeyiz. Dördüncü Bölüm'de söylediğim gibi, ben emziklerden yanayım (196. sayfaya ve bu bölümde 274. sayfaya bakın) ama bebeğin ağzını kapatmak için kullanıldıklarında değil... Her şeyden önce, bebeği susturmak için ağzına bir emzik veya meme dayamak saygılı bir davranış değil. Dahası, bir bebeği uyutmak adına böyle şeyler yaptığımız veya onu kucakta taşıyıp salladığımız veya sonu gelmez bir biçimde kucaklayıp durduğumuz zaman, aslında onu aksesuarlara bağımlı hale getiriyor, kendi kendini yatıştırma stratejileri geliştirme fırsatını elinden alıyor ve kendi başına uykuya dalmayı öğrenmesini engelliyoruz.

Bu arada, aksesuar, *bebeğinizin benimsediği* ve bağlandığı dolgu oyuncak hayvan veya battaniye gibi geçici bir rahatlama nesnesi değildir. Çoğu bebek, yedi-sekiz aylık olana kadar bunu yapmaz -bunun öncesinde, "bağlanmalar" genelde ebeveyn-güdümlüdür. Elbette, eğer sizin çocuğunuz sevdiği bir yumuşacık oyuncakla rahatlıyorsa, bırakın oyuncağını alsın. Ama ona, onu sakinleştirmek için verdiğiniz her şeye karşıyım. Bunun yerine, bırakın kendi kendini sakinleştirme yollarını kendisi keşfetsin.

Gece uykusu ve gündüz uykuları için ritüeller geliştirin. Gece ve gündüz uyku zamanları her seferinde aynı şekilde geçirilmelidir. Hep üstüne basarak söylediğim gibi, bebekler alışkanlıktan ibaret varlıklardır. Bir sonraki adımda ne olacağını bilmekten hoşlanırlar ve araştırmalar da göstermiştir ki belli bir uyaranı beklemeye şartlandırılmış olan çok küçük yaştaki bebekler bile bu uyaranın ne zaman geleceğini tahmin edebilmektedirler.

Uyku Türleri

Her ne kadar uykuya dalmanın öngörülebilir üç aşamalı bir süreci olsa da sizin bebeğinizin nasıl uykuya daldığını bilmeniz önemlidir. Eğer bu döngü bir yetişkinin müdahalesiyle kesintiye uğramazsa, **Melek** ve **Kitap** bebekler kolayca ve bağımsız olarak uykuya dalarlar.

Çöküş yaşamaya eğilimli **Nazlı** bebeklerde fazlasıyla gözlemci olmalısınız; bu bebeklerdeki fırsat penceresini kaçırırsanız, endişelenir ve sakinleşmesi çok zor olur.

Hareketli bebekler çok kıpırdanma eğilimindedirler;

görsel uyaranları engellemeniz gerekebilir. Bazen, yorulduğunda, sanki göz kapakları kibrit çöpleriyle açık tutuluyormuş gibi, gözlerini hiddetle faltaşı gibi açarlar.

Huysuz bebekler biraz huysuzluk edebilir ama genelde uykuya yatmaktan hoşnut olurlar.

(Bebek tipleri hakkındaki genel açıklama için Birinci Bölüm'e bakın.)

Sizin bebeğinizin nasıl uyuduğunu bilin. Bir çocuğu uyutmaya dair herhangi bir "tarif"in en önemli eksikliği, hiçbir şeyin herkeste işe yaramamasıdır. Bu nedenle, bebeklerin nihayet uykuya dalmadan önce yaşadıkları öngörülebilir üç uyku aşaması da dahil olmak üzere ebeveynlere pek çok kılavuz bilgi sunsam da, her zaman *kendi* bebeğinizi tanımanızı tavsiye ederim. Bunun en iyi yolu, bilfiil bir uyku günlüğü tutmaktır. Sabahtan başlayarak, bebeğinizin uyanma vaktini not edin ve gün içindeki her uykusunu izleyin. Ne zaman gece uykusuna yattığını ve gece ne zaman uyandığını yazın. Bunu dört gün boyunca yapın; bu, her ne kadar gündüz uykuları değişken görünse de, bebeğinizin uyku düzeni hakkında size bir fikir vermeye yetecek kadar uzun bir süredir.

Uykunun Üç Aşaması

Bebekler her uykuya daldıklarında bu üç aşamadan geçerler. Sürecin tamamı yaklaşık yirmi dakika sürer:

1. Aşama: Fırsat Penceresi. Bebeğiniz "Yorgunum," diyemez ama esneyerek ve başka yorgunluk belirtileri göstererek bunu size belli eder. Üçüncü esnemeden önce onu yatırın. Eğer yatırmazsanız, bir sonraki aşamaya geçmek yerine ağlamaya başlayacaktır.

2. Aşama: Uyku Sahası. Bu noktada, bebeğiniz sabit, odaklanmış bir şekilde bakar -veya benim tabirimle "uzaklara dalar"- ve bu üç-dört dakika sürer. Gözleri açıktır ama aslında görmez -dünyanın dışında bir yerlerde gibidir.

3. Aşama: Bırakma. Şimdi bebeğiniz trende uyuklayan birine benzer: Gözlerini kapatır ve başı ya öne ya da yana düşer. Tam uykuya dalıyor gibiyken gözleri birden açılıverir ve tüm vücudu sarsılarak başı geriye doğru atılır. Sonra gözlerini tekrar kapatır ve bu süreci üç-beş dakika daha tekrar eder. Ve nihayet hayaller ülkesine girer.

Örneğin Marcy, sekiz aylık oğlu Dylan'ın gün içindeki uyku alışkanlıklarının bir haritasını çıkaramayacağından emindi: "Gündüz uykularına asla aynı zamanda yatmıyor, Tracy." Ama dört gün boyunca tutulan kayıtlardan sonra, Marcy, her ne kadar zamanlar biraz değişiklik gösterse de Dylan'ın sabah saat dokuz ile on arasında kısa bir süre, saat yarım ile iki arasında kırk dakika ve saat beş sularında çok huysuzlanıp yaklaşık yirmi dakika daha uyuduğunu gördü. Dylan'la ilgili olarak bunu öğrenmek Marcy'nin kendi gününü planlamasına yardımcı oldu ve aynı derecede önemli bir şekilde küçük oğlunun ruh halini anlamasına yardım etti. Artık Dylan'ın düzgün bir şekilde dinlendiğinden emin olabilecek şekilde oğlunun gününü onun doğal biyoritimlerine göre yapılandırabiliyordu. Dylan ne zaman huysuzlansa daha çabuk harekete geçebiliyordu çünkü onun gündüz uykusuna ne zaman hazır olduğunu biliyordu.

Hayaller Ülkesine Giden Sarı Taşlı Yol

Hatırlar mısınız, *Oz Büyücüsü*'nde, Dorothy, kendisine eve giden yolu gösterecek birisini bulmak için sarı taşlı yolu takip ederdi. Bir sürü aksilikten ve korku dolu andan sonra sonunda bulduğu kendi içindeki erdem olmuştu. Esasen, ebeveynlere iyi uyku alışkanlıklarının onlarla başladığını hatırlatarak ben de onların hemen hemen aynı şeyi yapmalarına yardım ediyorum. Uyku, ebeveynler tarafından başlatılan ve pekiştirilen öğrenilmiş bir süreçtir. Bundan ötürü, ebeveynler bebeklerine nasıl uyunacağını öğretmek durumundadırlar. Ve makul uykuya giden yolun gerektirdiği de budur.

Uykuya giden yolu açın. Bebekler öngörülebilirlikte başarılı oldukları ve tekrar yoluyla öğrendikleri için, gündüz ve gece uykuları öncesi her zaman aynı şeyleri yapmalı ve söylemeliyiz; böylece, kendi bebek kafalarında "Ah, bu demek oluyor ki uyuyacağım," diye düşünürler. Aynı ritüelleri aynı sırada yapın. "Tamam tatlım, gece uykusuna yatıyoruz" veya "Uykuya gitme zamanı" deyin. Bebeğinizi odasına götürürken, sessiz ve sakin olun. Rahat etmesini isteyeceğinizden bezini değiştirmeye gerek olup olmadığını daima kontrol edin. Jaluzileri veya perdeleri kapatın. Ben genelde "Hoşçakal Günışığım. Gündüz uykusundan sonra görüşürüz," derim. Eğer gece uykusu zamanı gelmiş ve dışarısı karanlıksa, "İyi geceler Aydede," derim. Bebekleri oturma odasında veya mutfakta uyutmaya inanmıyorum ben; en basitinden saygılı bir davranış değil bu... Yatağınızın etrafınızda insanların dolaştığı bir mağazanın ortasında olmasını ister miydiniz? Hayır, bebeğiniz de istemez.

Yoldaki işaretlere bakın. Bizler gibi bebekler de yorulmaya başlayınca esnerler. İnsanların esneme sebebi, beden yorulduğunda verimli çalışmamasıdır; akciğerler, kalp ve dolaşım sisteminin bedene getirdiği normal oksijen miktarı biraz azalır. Esnemek, bedenin, içine fazladan oksijen alma yoludur (esner gibi yapın, bunun sizi daha derin nefes almaya zorladığını göreceksiniz). Ebeveynlere, bebeklerinin ilk esnemesi üzerine - ilkinde olmasa bile en azından üçüncü esnemeye kadar- harekete geçmeye çalışmalarını söylüyorum. Eğer işaretleri kaçırırsanız, Nazlı bebekler gibi bazı tip bebekler çabucak çöküş yaşarlar.

İPUCU: *Ortamı ayarlarken dinlenmenin yararlarını vurgulayın. Uykuyu bir ceza veya mücadele olarak göstermeyin. Eğer çocuğa, "Sibirya'ya sürgüne gidiyorsun" tonunda "Gündüz uykusuna gidiyorsun" veya "Şimdi dinlenmen gerek" deniyorsa, ileride, gündüz uykularının kötü bir şey olduğunu veya uyumanın eğlenceyi kaçırmak anlamına geldiğini düşünen biri olacaktır.*

Varış noktasına yaklaşırken tempoyu giderek düşürün. Yetişkinler yatmadan önce günün hareketliliğinden bir an önce uzaklaşmak için kitap okurlar veya televizyon seyrederler. Bebekler de aynı şeye ihtiyaç duyar. Yatmadan önce bir banyo ve üç aylık ya da daha büyüklerse bir masaj uyumaya hazırlanmalarına yardımcı olur. Gündüz uykusunda bile, her zaman sakinleştirici bir ninni söylerim ben... Beş dakika kadar, sallanan bir sandalyeye veya yere oturup bebeği biraz kucaklarım. İsterseniz ona bir hikâye de anlatabilir veya kulağına tatlı şeyler fısıldayabilirsiniz. Ancak buradaki amaç bebeğinizin uykuya dalmasını sağlamak değil, onu sakinleştirmektir. Bu nedenle, uzaklara daldığını görürsem -2. Aşama- veya gözleri kapanmaya başlarsa -ki bu 3. Aşama'ya geçtiği anlamına gelir- kucaklamayı bırakırım (Uyku zamanı hikâyelerine başlamak için hiçbir zaman çok erken değildir ama ben genelde bebeklerin daha iyi odaklanabildikleri ve dik oturabildikleri altıncı aya dek kitaplara geçmem).

Bebeğin Uykusunun Geldiğine Dair İşaretler

Tıpkı yetişkinler gibi bebekler de yorulduklarında esnerler ve daha zor odaklanırlar. Büyüdükçe, değişen bedenleri, uykuya hazır olduğunu söylemenin yeni yollarını bulur.

Başını kontrol edebilmeye başladığı zaman: Uykusu gelmeye başlayınca, dış dünyayı devre dışı bırakmak istercesine başını nesnelerden veya insanlardan uzağa çevirir. Eğer kucakta taşınırsa, yüzünü göğsünüze gömer. İstemsiz hareketler yapıp, kollarını ve bacaklarını sağa sola sallar.

Kol ve bacaklarını kontrol edebilmeye başladığı zaman: Yorulmuş bir bebek gözünü ovuşturabilir, kulaklarını çekiştirebilir veya yüzünü kaşıyabilir.

Hareket kabiliyeti kazanmaya başladığı zaman: Yorulmaya başlayan bebeğin koordinasyonu gözle görülür şekilde azalır ve bebek oyuncaklara karşı ilgisini kaybeder. Eğer kucağa alınırsa, sırtını kavis yapıp geriye doğru eğilir. Karyolasında, bir köşeye doğru yavaşça ilerleyip başını oraya sıkıştırır. Ya da bir yöne yuvarlanır ve sıkışıp kalır çünkü geriye yuvarlanamaz.

Emekleyebildiği ve/veya yürüyebildiği zaman: Daha büyük yaştaki bebek yorulduğunda önce koordinasyon kaybolur. Kendini yukarı çekmeye çalıştığında düşer; yürüyorsa, tökezler veya bir yerlere çarpar. Bedenini tam olarak kontrol edebilir, dolayısıyla onu bir yere koymaya çalışan yetişkine genelde sımsıkı tutunup onu bırakmaz. Karyolasında ayağa kalkabilir ama sıklıkla nasıl geri oturacağını bilemez -tabii düşmediği sürece ki sıklıkla da böyle olur.

İPUCU: *Bebeğinizi yatırırken evinize misafir çağırmayın. Bu adil değildir. Bebeğiniz hareketliliğin bir parçası olmak ister. Misafirleri görür ve onların kendisini görmeye geldiğini bilir: "Mmm... bakılacak yeni yüzler, gülücüğüme karşılık verecek yeni yüzler... Ne yani? Anne ile baba, benim uyuyup bunu kaçıracağımı mı düşünüyor? Hiç sanmıyorum."*

Hayaller ülkesine varmadan bebeğinizi karyolasına bırakın. Pek çok kişi, bebek uykuya dalmadan karyolasına bırakılamayacağını düşünür. Bu, en basit deyişle, yanlış... Bebeğinizi 3. Aşama'nın başlangıcında yatırmak, onun kendi başına uykuya dalması için ihtiyacı olan becerileri geliştirmesine yardım etmenin en iyi yoludur. Bunun bir nedeni daha var: Eğer bebeğiniz kollarınızda veya sallanan bir alette uyuyakalır ve sonra karyolasında uyanırsa, bu, siz uyurken benim yatağınızı bahçeye çıkarmamla eşdeğerdir. Uyanır ve merak edersiniz: "Neredeyim ben? Buraya nasıl geldim?" Bebekler için de durum budur; tek fark, onların "Ah, ben uyurken biri beni buraya koymuş olmalı" diye düşünememeleridir. Bunun yerine akılları karışır, hatta korkarlar. Sonunda, karyolalarında kendilerini rahat veya güvende hissetmezler.

Bir bebeği yatırırken her zaman aynı sözcükleri söylerim: "Uyuman için seni yatağına yatıracağım. Sonrasında kendini ne kadar iyi hissettiğini biliyorsun." Bebeği yakından gözlemlerim. Sakinleşmeden önce, özellikle de 3. Aşama'nın etkisini yaşıyorsa, biraz huysuzlanabilir. Ebeveynler bu noktada aceleyle müdahale etme eğiliminde oluyorlar. Bazı bebekler kendilerini doğal olarak sakinleştirirler. Ama eğer ağlarsa, sırtını ritmik bir şekilde hafifçe pışpışlamak ona yalnız olmadığının güvencesini verecektir. Ama huysuzlanması geçince pışpışlamayı bırakmayı unutmayın -buna ihtiyacı olandan daha uzun süre devam ederseniz, pışpışlanmayı uykuya dalmakla bağdaştırmaya başlayacak ve daha da kötüsü uyumak için buna *ihtiyaç duymaya* başlayacaktır.

> ***İPUCU:*** *Genelde bebeğin sırt üstü yatırılmasını tavsiye ederim. Ancak, yuvarlanmış iki havluyla veya çoğu eczaneden satın alabileceğiniz özel takoz şekli verilmiş yastıklarla destekleyerek bebeği yan da yatırabilirsiniz. Eğer yan yatarak uyursa, rahat etmesi için, hep aynı tarafa dönük yatmadığından emin olun.*

Hayaller ülkesine giden yol biraz engebeliyse, uyumaya yardımcı olması için emzik kullanın. İlk üç ay emzik kullanmayı seviyorum -rutinleri ilk kez oluşturduğumuz dönemdir bu... Emzik, anneyi insan şekline girmiş emzik haline gelmekten kurtarır. Aynı zamanda, emziğin bir aksesuara dönüşmemesi için sınırlı şekilde kullanılmasını da tembih ederim hep... Doğru biçimde kullanıldığında, bebekler emziği yaklaşık altı-yedi dakika boyunca iştahla emecek, sonra biraz yavaşlamaya başlayacaktır; sonunda, emziği ağzından atacaktır. Bunun nedeni, harcamaları gereken emme enerjisini boşaltmış olmaları ve hayaller ülkesine doğru yola çıkmış olmalarıdır. Bu noktada, iyi niyetli bir yetişkin ortaya çıkıp "Ah zavallı bebek, emziğini attın" der ve emziği yeniden bebeğin ağzına sokmaya çalışır. Bunu yapmayın! Eğer bebek uyumaya devam etmek için emziğine ihtiyaç duyarsa, bunu size çıkardığı gürül gürül seslerle ve kıvranarak haber verecektir.

E.A.S.Y. rutinindeki *S*'ye her sıra geldiğinde hayaller ülkesine giden yukarıdaki yol izlendiğinde, pek çok bebek açısından, bebeğin uykuyla olumlu bir bağdaştırma yapmasına yardımcı olmak için gereken her şey yapılmış demektir. Bu yolculuğun tekrar edilmesi güvenliğin yanısıra öngörülebilirliğin de oluşmasını sağlar. Makul uyku için bebeğinizin ihtiyacı olan becerileri ne kadar çabuk öğrendiğine hayret edeceksiniz. Aynı zamanda, uykuyu, canlandırıcı, hoş bir deneyim olarak istekle bekleyecektir. Elbette, bebeğinizin aşırı yorulduğu, diş çıkarma sancısı çektiği veya ateşi olduğu zamanlar olacak (bakınız sayfa 284). Ama bunlar kural değil, istisnadır.

Emzik Kullanımı ve Yanlış Kullanımı: Quincy'nin Hikâyesi

Dördüncü Bölüm'de işaret ettiğim gibi, emzik kullanımı ve yanlış kullanımı arasında çok ince bir çizgi vardır (sayfa 196). Bebekler altı-yedi haftalık olana dek eğer uykuya daldıktan sonra emziklerini otomatik olarak atmamışlarsa, ebeveynler emziği ağızlarından çıkarabilir.

Üç aylık veya daha büyük yaştaki bir bebek uyanıp emziği için ağladığı zaman, ben bunu yanlış kullanımın bir işareti olarak görürüm. Bu bana altı aylık Quincy'yi hatırlatıyor. Gecenin bir yarısı uyanıp durduğu için ebeveynleri beni aradı; sadece emziği onu yatıştırıyordu. Biraz daha sorgulayınca, beklediğim şeyi keşfettim: Quincy emziğini doğal olarak atınca, içeri girip emziği ağzına geri sokup duruyorlardı. Elbette, bebek emziğin verdiği hisse bağımlı hale gelmişti ve emziğin yokluğu uykusunu bölüyordu. Ebeveynlerine planımı anlattım: emziği kaldırmak. O gece, emziği için ağladığında, onu pışpışladım. İkinci gece daha az pışpışlanmaya ihtiyaç duydu. Bu sadece üç gece sürdü ve o noktada Quincy gerçekten daha iyi uyuyordu çünkü kendi bağımsız kendi kendini yatıştırma tekniğini geliştirmişti. Dilini emmeye başlamıştı. Geceleri, biraz Vak Vak Amca gibi sesler çıkarıyordu ama gün içinde çok daha mutlu küçük bir oğlan olmuştu.

Bebeğinizin gerçekten uykuya dalması için yirmi dakika gerektiğini de aklınızdan çıkarmayın, dolayısıyla işleri aceleye getirmeye çalışmayın asla... Eğer acele ederseniz, huysuzlanır ve onun üç aşamalı doğal sürecini bozarsınız. Örneğin, üçüncü aşama sırasında rahatsız edilirse -diyelim ki, bir patırtı, havlayan bir köpek veya bir kapı çarpması nedeniyle- bu onu uykuya değil uyanmaya yönlendirir ve siz her şeye en başından başlamak zorunda kalırsınız. Bunun, bir yetişkinin içinin geçtiği bir anda telefonun çalmasıyla sessizliğin bozulmasından bir farkı yoktur. Eğer kişi kızar veya aşırı uyarılırsa, bazen yeniden uykuya dalması güçleşir. Bebeğiniz için de durum aynı... Eğer böyle bir şey olursa, doğal olarak huysuzlanır, döngünün yeniden başlaması gerekir ve içinin geçmesi için bir yirmi dakika daha gerekebilir.

Fırsat Penceresini Kaçırdığınızda

Şimdi, başta, bebeğinizin ağlamalarına ve beden diline gerçekten aşina olmadığınız zamanlarda, bebeğinizi üçüncü esnemeye kadar yakalayamayabilirsiniz. Eğer Melek veya Kitap bebeğiniz varsa bunun çok önemi olmayabilir; biraz güven verme bu tip bebekleri oldukça kısa sürede tekrar yola sokar. Ama özellikle Nazlı bir bebekte ve biraz da Hareketli veya Huysuz bir bebekte, 1. Aşama'yı kaçırmanız durumunda hazırda birkaç tüyonuzun olması gerekir çünkü o noktada bebek zaten aşırı yorgunluk sınırına yaklaşmıştır. Ya da, yukarıda da söylediğim gibi, yüksek bir ses onu ürkütüp doğal süreci bozabilir; eğer çok sıkıntıdaysa, sizin yardımınıza ihtiyaç duyacaktır.

Çoğu Uyku Sorununun Ortaya Çıkmasının Nedeni...

Uyku zamanından önce şunlardan biri yapılır:

- Bebek beslenir.
- Bebek etrafta dolaştırılır.
- Bebek güçlü bir şekilde veya hafifçe sallanır.
- Bebeğin yetişkinin göğsünde uykuya dalmasına izin verilir.

veya...

- Bebek uyurken, ebeveynler ilk ufak mızırdanmada aceleyle içeri girer. Onların o iyi niyetli müdahalesi olmasa, bebek kendi kendine tekrar uykuya dalabilir aslında... Ama sonrasında bebek ebeveynlerinin kendisini kurtarmasına alışır (bunun hakkında daha fazla bilgi 284. sayfada).

Öncelikle, her iki durumda ne yapılmaması gerektiğini anlatacağım size: Bebeği asla hoplatıp sallamayın. Asla dolaştırmayın veya çok güçlü şekilde sallamayın. Zaten aşırı uyarılmış olduğunu aklınızdan çıkarmayın. Ağlamasının nedeni halihazırda yeterince yorulmuş olduğudur ve ağlaması onun sesi ve ışığı engelleme şeklidir. Onun bu uyarılmışlığını artıracak bir şey yapmak istemezsiniz. Dahası, kötü alışkanlıklar ilk bu şekilde gelişmeye başlar. Anne veya baba uyuması için bebeği dolaştırır veya sallar. Bebek yedi veya daha fazla kiloya ulaşınca onu böyle aksesuarlar olmadan uyutmaya çalışırlar. Anlaşılabilir biçimde, bebek o noktada feryat etmeye başlar. Bu, onun "Hey çocuklar, biz işleri bu şekilde yapmıyoruz. Siz uyumam için beni genelde ya sallarsınız ya da dolaştırırsınız" deme şeklidir.

Böyle bir senaryoyu önlemek ve bebeğinizin sakinleşip dış dünyayı devre dışı bırakmasına yardımcı olmak için işte yapabilecekleriniz:

Kundak yapmak. Cenin pozisyonundan yeni çıkmış olduklarından, bebekler çok açık alanlara alışkın değildirler. Dahası, kollarının ve bacaklarının kendilerine ait olduğunu bilmezler. Aşırı yorulduklarında onları hareketsiz hale getirmeniz gerekir çünkü vücut uzantılarının sallanıp durduğunu görmek onları hem çok korkutur -birilerinin kendilerine bir şey yaptığını düşünürler- hem de bu deneyim zaten aşırı yüklü olan hislerine daha fazla uyarılma yükler. Bir bebeğin uyumasına yardım etmede en eski yöntemlerden biri olan kundak, modası geçmiş görünebilir ama günümüz araştırmaları bile bunun yararlarını onaylamaktadır.

Düzgün bir şekilde kundak yapmak için, kare bir örtünün köşesini üçgen oluşturacak şekilde aşağı doğru katlayın. Bebeğinizi, kat yeri boyun hizasına gelecek şekilde örtünün üstüne yatırın. Bir kolunu 45 derecelik açıyla göğsünün üzerine yerleştirin ve örtünün bir köşesini rahat bir şekilde bedeninin üstünden geçirin. Öteki tarafta da aynı şeyi yapın. İlk altı hafta kundağı öneriyorum ama bebeğin ilk kez ellerini ağzına götürmeye çalıştığı yedinci haftadan sonra, kollarını büküp ellerini yüzüne yakın olacak şekilde açıkta bırakarak ona yardımcı olun.

Güvence vermek. Ona yardım etmek için orada olduğunuzu bilsin. Sırtını kalp atışına benzer bir tempoda sabit bir şekilde pışpışlayın. Buna, şş... şş... şş... şş sesini de ekleyebilirsiniz; bu, bebeğin rahimdeyken duyduğu ritmik ıslık sesine benzer. Sesiniz alçak ve yatıştırıcı olsun; kulağına "Tamam," veya "Sadece uyuyacaksın," diye fısıldayın. Onu yatağına koyarken pışpışlamaktaysanız pışpışlamaya devam edin. Eğer güven verici bir ses çıkartıyorsanız, bunu yapmaya da devam edin. Bu daha kolay bir geçişi sağlar.

Görsel uyaranları engelleyin. Görsel uyarılma -ışık, hareket eden nesneler- Nazlı bebek başta olmak üzere yorgun bir bebeği hırpalar. Bunun içindir ki bebeği yatağına yatırmadan önce odayı karartırız ama bazıları için bu yeterli olmaz. Eğer bebeğiniz yatıyorsa, görselleri engellemek için elinizi gözlerinin üzerinde -üstünde değil- tutun. Eğer bebeğiniz kucağınızdaysa, loş bir alanda veya gerçekten tedirgin olmuş haldeyse tamamen karanlık bir odada hareketsiz durun.

Moralinizi bozmayın. Bir bebeğin aşırı yorgun olması ebeveynler açısından çok zordur. Bu, özellikle de bebek halihazırda kötü bir alışkanlık edinmişse, müthiş bir sabır ve azim gerektirir. Bebekleri feryat etmektedir; onlar pışpışlayıp durmaktadırlar; ağlamalar daha da yüksek sese ulaşır. Aşırı uyarılmış bebekler, o çok tiz "Bitkinim!" feryatları kreşendoya ulaşıncaya dek ağlama eğiliminde olurlar. Sonra bir an için durup tekrar en baştan başlarlar. Genellikle, bir bebeğin nihayet sakinleşmeden önce yaşadığı böyle üç kreşendo vardır. Ne var ki, ikinci kreşendoya gelinceye dek ebeveynlerin canına tak etmiştir bile... Umutsuzca, başvurmuş oldukları ne kadar çare varsa onlara geri dönerler -kucakta taşıma, meme verme, o salıncak...

Sorun şu ki, moralinizi bozmaya devam ederseniz bebeğiniz uykuya dalmak için sizin yardımınıza ihtiyaç duymaya devam edecektir. Bir bebeğin bir aksesuara bağımlı hale gelmesi uzun sürmez -en fazla birkaç kez yeterli olur zira çok ufak bir hafızası vardır. Yanlış bir başlangıç yapmışsanız, buna devam ettiğiniz her gün olumsuz davranışı güçlendirecektir. Bebekler sekiz kiloya ulaşıp artık taşınmaları o kadar kolay olmadığında uyku sorunlarıyla ilgili telefonlar alıyorum. En büyük sorunlar yaklaşık altıncı ilâ sekizinci haftada baş gösteriyor. Aradıkları zaman ebeveynlere hep şöyle diyorum: "Bu arada neler olup bittiğini anlamanız ve teşvik etmiş olduğunuz alışkanlıkların sorumluluğunu almanız gerekiyor. Sonra zor bölüm geliyor: Bebeğinizin yeni ve daha iyi bir yol öğrenmesine yardım etmek için gereken inanca ve azme sahip olun."

(Davranış modellerini değiştirmek hakkında daha fazla bilgi Dokuzuncu Bölüm'de...)

Tekrar Etmekte Fayda Var:
BAĞIMSIZLIK İHMAL ETMEK DEĞİLDİR!

Ben asla feryat eden bir bebeği bırakmam. Tam tersine, kendimi bebeğin sesi olarak düşünürüm. Eğer ben ona yardım etmezsem, onun hislerine kim tercüman olacak? Aynı zamanda, bebeğin ihtiyaçlarını karşıladıktan sonra onu kucağa almaya veya rahatlatmaya da taraftar değilim. Sakinleştiği anda bebeği yerine koyun. Böylece, ona bağımsızlık yeteneğini vermiş olursunuz.

Gece Boyu Uyumak

Bebeklerin ne zaman gece boyu uyumaya başladıkları sorusuna değinmeden uyku hakkında bir bölüm yazamam elbette... Bu bölümün sonunda, gelişimin farklı aşamalarında bebeklerden genel olarak neler bekleyebileceğinize ilişkin bir tablo göreceksiniz. Ancak unutmayın ki bunlar istatistiksel olasılığa dayanan *yol gösterici bilgilerdir.* Sadece Kitap bebekler bunlara tam olarak uyarlar (Kitap bebek ismi de buradan geliyor zaten). Uyku alışkanlıkları bu bilgilere uymayan bir bebekte "yanlış" giden hiçbir şey yoktur -bu sadece onun farklı olduğu anlamına gelir.

Bu konuya, bebeğinizin "gün"ünün yirmi dört saat olduğunu hatırlatmakla başlayayım. Bebeğiniz gece ile gündüz arasındaki farkı bilmez, dolayısıyla gece boyu uyuma fikri ona hiçbir şey ifade etmez. Bu, sizin, onun yapmasını istediğiniz (ve yapmasına ihtiyaç duyduğunuz) bir şeydir. Bu doğal bir hadise değildir; bunu yapması için onu siz eğiteceksiniz, gece ile gündüz arasında fark olduğunu ona siz öğreteceksiniz. İşte ebeveynlere söylediğim bazı hatırlatıcı noktalar:

Ali'den-alıp-Veli'ye-verme prensibini kullanın. Bebeğinizi E.A.S.Y. rutininde tutmanın, onun gece boyu uyumaya başlamasını hızlandırmaya yardımcı olduğuna şüphe yok; zira bu düzenli ama esnek bir rutindir. Bebeğinizin beslenmelerinin ve gündüz uykularının kaydını da tuttuğunuzu ümit ediyorum -bu şekilde, onun ihtiyaçlarını daha iyi anlarsınız. Örneğin, özellikle huysuz bir sabah geçirmişse ve bir sonraki beslenme zamanına sarkacak şekilde fazladan yarım saat uyursa, bırakın uyusun (oysa bir programa göre davransanız, onu kaldırmanız gerekirdi). Ama aynı zamanda muhakemenizi de kullanacaksınız. Gün içinde, bebeğin bir beslenme döngüsünden daha uzun süre -başka bir deyişle, üç saatten fazla- uyumasına asla izin vermeyin çünkü aksi takdirde bu onun gece uyku saatlerinden çalacaktır. Gün içinde kesintisiz altı saat uyumuş herhangi bir bebeğin gece üç saatten fazla uyumayacağını garanti ederim. Dolayısıyla, eğer bebeğinizin böyle yaptığını fark ederseniz, onun "gün"ünün şimdi sizin geceniz haline gelmiş olduğundan emin olabilirsiniz. Bunu tersine çevirmenin tek yolu onu uyandırmaktır; böylece, bebeğinizin gün içinde uyuyarak geçirdiği saatlerden -Ali'den- alıp bu saatleri gece uykusu saatlerine -Veli'ye- eklemiş olursunuz.

Deposunu doldurun. Bu kulağa epey kaba bir ifade gibi gelebilir ama bebeklerin gece boyu uyumalarını sağlamanın yollarından biri, karınlarını doyurmaktır. Bu amaç doğrultusunda, bir bebek altı haftalık olduğunda, iki uygulama öneriyorum: *üst üste besleme* -yani yatma zamanından önce her iki saatte bir besleme- ve siz yatmaya gitmeden hemen önce gerçekleştirdiğiniz *uyku öğünü* dediğim beslenme... Örneğin, akşam altıda ve sekizde meme (veya biberon) veriyorsunuz; on buçuk veya on birde de uyku öğününü gerçekleştiriyorsunuz. Uyku öğününde, kelimenin gerçek anlamıyla bebeği uykusundayken emzirin veya biberonla besleyin. Başka bir deyişle, bebeğinizi alın, biberonu veya memenizi alt dudağı üzerine nazikçe yerleştirin ve onu uyandırmamaya dikkat ederek beslenmesine izin verin. Beslenmesi bittiğinde gazını bile çıkartmadan onu yatırın. Bebekler genelde bu beslenmede o kadar gevşemiş olurlar ki hava yutmazlar. Konuşmayın; çiş sızıntısı veya kaka lekesi olmadığı sürece altını değiştirmeyin. Bu iki depo doldurma yöntemiyle çoğu bebek o gece yarısı beslenmesi olmadan gece boyu uyuyabilir çünkü kendisine beş-altı saat yetecek kaloriyi almış olur.

> **İPUCU:** *Uyku öğününü babaya yaptırın. Çoğu erkek genelde o saatte evde olur ve çoğu bunu yapmaya bayılır.*

Emzik kullanın. Bir aksesuar haline gelmesine izin verilmezse, emzik bebeği gece beslenmesinden uzak tutmada çok faydalı olabilir. Eğer bebek dört buçuk kiloysa ve gündüz beslenmelerinde en az 700-850 ml besin tüketiyorsa ya da altı ilâ sekiz kez meme emiyorsa (gün içinde dört veya beş kez; gece üst üste iki veya üç kez), ilâveten gece beslenmesine ihtiyacı yoktur. Eğer yine de uyanıyorsa, oral uyarılma fırsatını kullanıyordur. Bu noktada tedbirli bir şekilde emzik kullanmak işe yarayabilir. Eğer bebeğiniz uyanıp meme veya biberon için ağladığında gece beslenmesi normalde yirmi dakika sürüyorsa ama sadece beş dakika besleniyor veya güç bela 30 ml alıyorsa, bunun yerine ona emzik verin. İlk gece, muhtemelen, yeniden uykuya dalmadan önce ağzında emzikle yirmi dakika boyunca uyanık kalacaktır. Bir sonraki gece, bu on dakikaya inebilir. Üçüncü gece, normalde beslenme için uyandığı zamanda sadece uykusunda kıpırdanmakla yetinebilir. Eğer uyanırsa, emziği verin. Başka bir deyişle, biberon veya memenin yerine emziğin oral uyarımını koymuş oluyorsunuz. Sonunda, bunun için uyanmayacaktır.

Bebek Uykusu

Yetişkinler gibi bebekler de, uykudayken, yaklaşık kırk beşer dakikalık uyku döngülerinden geçerler. Önce derin uykuya dalarlar, sonra rüyaların olduğu ve daha hafif olan REM evresine, son olarak da bilinçlilik durumuna geçerler. Bu döngüler çoğu yetişkin tarafından (canlı bir rüya bizi uyandırmadığı sürece) neredeyse fark edilmez. Genelde döner ve uyanmış olduğumuzu fark etmeden kendimizi yeniden uykunun kollarına bırakırız.

Bazı bebekler hemen hemen aynı şeyi yapar. Küçük homurtular çıkardıklarını duyabilirsiniz -ben bunlara "hayalet bebek" sesleri diyorum. Ve rahatsız edilmedikleri sürece, tekrar hayaller ülkesine dönerler.

REM uykusundan çıkan diğer bebekler kolayca yeniden uykuya dönemezler. Bunun nedeni, sıklıkla, gözlerini açtıkları anda ebeveynlerinin hemen içeriye dalmaları ("Ah! Uyanmışsın!") ve bu doğal uyku döngülerine girip çıkarken kendilerini nasıl ayarlayacaklarını öğrenme fırsatını asla bulamamalarıdır.

Julianna'nın küçük oğlu Cody'de de yaşanan tam olarak buydu. Cody yedi kiloydu ve onu dikkatlice gözlemlemiş olan Julianna sabaha karşı üçteki beslenmesinin bir alışkanlık olduğunu fark etmişti: Cody uyanıyor, on dakika biberonunu emiyor ve sonra tekrar uyuyordu. Julianna beni arayıp oraya gelip gelemeyeceğimi sordu -her şeyden önce, değerlendirmesinin doğru olup olmadığını görmem için (gerçi anlattıklarından değerlendirmesinin doğru olduğunu zaten anlamıştım), bir de Cody'nin o saatte uyanmaya bir son vermesine yardımcı olmam için... Aileyle üç gece geçirdim. İlk gece, Cody'yi karyolasından aldım ve biberon yerine ona emzik verdim ki bunu da tıpkı biberonu gibi on dakika emdi. Bir sonraki gece, onu karyolasında bırakıp emziği verdim ve bu kez emmesi sadece üç dakika sürdü. Üçüncü gece, beklediğim gibi, saat üçü çeyrek geçe Cody küçük, huzursuz sesler çıkardı ama uyanmadı. Bu kadardı; o zamandan sonra Cody ertesi sabah saat altıya-yediye kadar uyudu.

Hemen içeriye dalmayın. En iyi haliyle, bebekler genelde düzensiz bir şekilde uyurlar (283. sayfadaki "Bebek Uykusu" başlıklı ek bilgi bölümüne bakın). Bunun içindir ki duyduğunuz her ufak sese cevap vermek akıllıca değildir. Aslına bakarsanız, ebeveynlere, her mırıldanmayı ve ağlamayı abartan o lanet monitörlerden kurtulmalarını söylüyorum genelde... Bunlar, ebeveynleri telaşe memurlarına ve evham kumkumalarına çeviriyor! Bu bölüm boyunca tekrar ettiğim gibi, insan *cevap vermek* ile *kurtarmak* arasına ince bir çizgi çizebilmelidir. Ebeveynlerinden cevap alabilen bir bebek, girişimde bulunmaktan korkmayan kendinden emin bir çocuk olur. Kendisini sürekli olarak kurtaran ebeveynlere sahip bir bebek ise kendi yeteneklerinden şüphe etmeye başlar ve dünyasını keşfetmek veya o dünyada kendini rahat hissetmek için ihtiyacı olan gücü ve becerileri asla geliştiremez.

Normal Uyku Bozuklukları

Bu bölümü şöyle sonlandırayım: Daha önce söylenenlerin hiçbirine bakılmaksızın, uyku bozuklukları zaman zaman kaçınılmazdır. Normalde iyi uyuyan bebekler bile huzursuz dönemlerden geçer, hatta uykuya dalmada sorunlar yaşarlar. İşte o zamanlardan bazıları:

Katı gıdalara başlandığı zaman. Katı gıda almaya başladıklarında bebekler gazla uyanabilirler. Hangi gıdalara ne zaman başlanması gerektiğini çocuk doktorunuza danışın. Hangi gıdaların gaz veya alerji yapma ihtimali olduğunu sorun. Başladığınız her gıdanın dikkatli bir şekilde kaydını tutun ki sorun çıkması durumunda çocuk doktorunuz çocuğunuzun gıda geçmişini inceleyebilsin.

Hareketlenmeye başladığı zaman. Genelde, hareketlerini kontrol etmeyi henüz öğrenmiş bebeklerin kol ve bacakları ile eklemlerinde karıncalanma olur. Bir tembellik döneminin ardından jimnastik salonunda egzersiz yaptıysanız, siz de muhtemelen aynı şeyi yaşamışsınızdır. Kol ve bacaklarınız hareket etmeyi bıraktıktan sonra bile, enerji düzeyiniz ve dolaşımınız hâlâ yüksektir. Aynı şey bebeklere de olur. Harekete alışkın değillerdir. Bazen, biraz hareketlenince, kendilerini içinden çıkamayacakları pozisyonlara sokarlar ve bu da uykularını bozabilir. Farklı bir pozisyonda oldukları için kafaları karışmış bir halde de uyanabilirler. Sadece yanına gidin ve bebeğe ritmik bir fısıltıyla güven verin: "Şş... şş... şş... şş... tamam canım..."

Büyüme atağı yaşadığı zaman. Büyüme atağı sırasında (sayfa 182), bebekler bazen aç halde uyanırlar. Bebeğinizi o gece besleyin ama ertesi gün, gün içinde ona daha fazla gıda verin. Büyüme atağı iki gün sürebilir ama bebeğinizin kalorilerini artırmak uyku bozukluğunu genelde sonlandırır.

Diş çıkardığı zaman. Eğer mesele diş çıkarma ise ve başka bir sorun yoksa, salyaları akar, diş etleri kırmızı ve kabarık olur ve bazen hafif ateşlenirler. Benim evde en sevdiğim çarelerden biri, el bezinin bir köşesini ıslatıp buzluğa koymaktır;

iyice donduğunda, verin bebeğe emsin. Şahsen, dondurmak için mağazalardan alınan şeylerden hoşlanmıyorum çünkü içlerinde ne tür bir sıvı olduğunu bilmiyorum. İngiltere'de, Farley's Rusks diye, eriyip yok olan diş çıkarma bisküvileri var - bunlar muhteşem, güvenli ve ABD'deki İngiliz mağazalarının çoğunda bulunabiliyor (Mutlaka doktorunuzdan teyit edin).

Bezi kirlendiği zaman. Tanıdığım bir anne bunlara "güçlü kakalar" diyor -ve bunlar olduğunda çoğu bebek uyanıyor. Hatta bazen bu onları korkutuyor bile... Bebeğinizin uykusunu açmamak için bezini loş ışıkta değiştirin. Ona güven verip yeniden uykuya yatırın.

> ***İPUCU:*** *Hangi sebeple olursa olsun bebeğiniz gecenin bir yarısı uyandığında asla çok oyuncu veya arkadaş canlısı olmayın. Sevgi dolu olun, sorunla ilgilenin ama bebeğinize yanlış bir fikir vermemeye dikkat edin. Aksi takdirde, ertesi gece uyanıp oynamak isteyebilir.*

Uyku konusunda endişelenen ebeveynlere hep hatırlattığım şey şudur: aniden ortaya çıkan sorun ne olursa olsun, sonsuza dek sürmeyecek. Büyük resme bakarsanız, uykusuz geçen birkaç geceyi bir felaketmiş gibi görme eğiliminiz daha az olur. Elbette, şansınıza ne çıkarsa: bazı bebekler diğerlerinden daha iyi *uyurlar*, bu kadar basit... Ama sizin bebeğiniz nasıl olursa olsun, en azından, saldırıya direnebilmek için *siz* yeterince dinlenmelisiniz. Bir sonraki bölümde, bu nokta ve kendinize bakmanın başka pek çok yolu üzerinde duracağım.

Neye İhtiyaçları Var/Neler Bekleyebilirsiniz

Yaş/Kilometre Taşları	Günlük Uyku İhtiyacı	Tipik Düzenler
Yenidoğan: Gözleri dışında hiçbir şeyi kontrol edemez	16-20 saat	Her 3 saatte bir 1 saatlik gündüz uykusu; geceleri 5-6 saat uyur
1-3 ay: Daha dikkatli ve çevresinin daha farkında; başını oynatabilir	15-18 saat, 18 aylık olana dek	Her biri 1,5 saatten üç gündüz uykusu; geceleri 8 saat
4-6 ay: Hareket kabiliyeti kazanır		Her biri 2-3 saatten iki gündüz uykusu; geceleri 10-12 saat
6-8 ay: Hareket kabiliyeti artar; oturabilir, emekleyebilir		Her biri 1-2 saatten iki gündüz uykusu; geceleri 12 saat
8-18 ay: Hep hareket halindedir		Her biri 1-2 saatten iki gündüz uykusu veya 3 saatlik uzun bir gündüz uykusu; geceleri 10-12 saat

yedinci bölüm

Y -Sizin Zamanınız

Hemen şimdi! Uzanın ve bu kitabı her elinize aldığınızda bunu yapın. Bugün size verebileceğimiz en önemli tavsiye oldukça basit: Oturabilecekken ayakta durmayın, uzanabilecekken oturmayın ve uyuyabilecekken uyanık kalmayın.

-Vicki Iovine,
***The Girlfriends' Guide to Surviving the First Year of Motherhood (Kız Arkadaşların Rehberi, Anneliğin İlk Yılında Hayatta Kalmak)*'dan**

Bazen kendinizi düşünün. Her şeyi çocuklara verip kendinize bir şey bırakmamazlık etmeyin. Kim olduğunuzu bilmelisiniz; kendiniz hakkında çok şey öğrenmelisiniz, kendinizi dinlemelisiniz, kendi büyümenizi de izlemelisiniz.

-National Family Opinion'ın The Motherhood Report: How Women Feel About Being Mothers (Annelik Raporu: Anne Olunca Kadınlar Kendilerini Nasıl Hisseder?) araştırmasını cevaplayan 1.100 anneden biri

İlk Bebeğim

Kişi kendinden bilir işi. Ebeveynlerin bana güvenmelerinin nedenlerinden biri, onlarla bir anne olarak kendi eski deneyimlerimi paylaşmamdır. İlk çocuğumda yaşadığım o korkuları ve hayal kırıklığını, ne kadar hazır olduğumu ve gerçekten iyi bir anne olup olamayacağımı sorguladığımı çok iyi hatırlıyorum. İtiraf etmeliyim, benim hazırda harika bir destek sistemim vardı -beni bilfiil büyütmüş olan anneannem, kendi annem ve katkıda bulunmaya hazır başka sayısız akraba, arkadaş ve komşu... Yine de doğum günü nihayet geldiğinde benim için biraz şok olmuştu.

Annemle büyükannem Sara'nın ne kadar güzel olduğunu haykırıyorlardı elbette ama ben pek emin değildim. Ona bakıp "Vay be, kıpkırmızı ve buruş buruş" diye düşündüğümü hatırlıyorum. Hiç de hayal ettiğim gibi değildi. Bu hatıra hafızamda o kadar canlı ki on sekiz yıl sonra kendimi tekrar o ana götürüp Sara'nın üst dudağının tam olarak kusursuz görünmemesinden ötürü yaşadığım hayal kırıklığını hissedebiliyorum. Onun kuzu gibi mızırdandığını ve gözlerini dikip epey uzun bir süre yüzüme baktığını da hatırlıyorum. Anneannem bana dönüp şöyle demişti: "Gönüllü işine başladın, Tracy. Artık, son nefesini verdiğin güne kadar bir anne olacaksın." Anneannemin kelimeleri bende soğuk duş etkisi yapmıştı: *Anneydim ben...* Birden, içimde koşma ya da en azından bütün bu olan biteni durdurma isteği duydum.

Sonraki günler, sonu gelmez beceriksizliklerle, pek çok gözyaşı ve ağrıyla dolu gibiydi... Doğum sırasında tuhaf bir kurbağa pozisyonunda tuttuğum bacaklarım ağrıyordu. Ebenin başımı göğsümün üzerine doğru itmesinden ötürü omuzlarım acıyordu. Bebeği itmenin baskısından göz çukurlarım ağrıyordu ve en kötüsü de göğüslerim patlayacak gibiydi. Annemin hemen emzirmeye başlamam gerektiğini söylediğini hatırlıyorum ve bu fikir beni kesinlikle dehşete düşürmüştü. Neyse ki, anneannem rahat bir pozisyon bulmama yardım etti ama işin aslı şu ki her şeyin çaresine bakması gereken kişi *ben*dim. Günümün büyük kısmı, Sara'nın altını nasıl değiştireceğimi, onu nasıl rahatlatacağımı, gerçekten onunla nasıl birlikte *olacağımı* öğrenmekle, bir yandan da kendime ayıracak bir zaman bulmaya çalışmakla geçiyordu.

On sekiz yıl sonra, yeni annelerin çoğu da hemen hemen aynı şeyleri yaşıyor (Benden on sekiz yıl öncekilerde de durumun farklı olmadığını tahmin ediyorum). Mesele sadece her insanı güçten düşürmeye yetecek olan fiziksel travma değil. Mesele, bitkinlik, duyguların sersemletici karışımı ve aynı zamanda sizi alt eden o ezici yetersizlik duygusu... Ve bu, *normal* tatlım. Sözünü ettiğim şey doğum sonrası depresyonu değil (bunu daha sonra ele alacağım); ben, iyileşmen ve bebeğini tanımak üzere evinin yakınında kalman için doğanın sana verdiği zamandan bahsediyorum sadece... Sorun şu ki, bazı kadınlar bebekleri geldiğinde kendilerini beslemeye zar zor zaman ayırıyorlar ve bu tehlikeli olmasa da çok tahrip edici bir durum...

İki Kadının Hikâyesi

Bu noktayı açıklamak için, size birlikte çalıştığım iki anneyi anlatacağım: Daphne ile Connie. İkisi de çok güçlü kadınlar; yıllarca kendi işlerini yapmış girişimci kişiler... Otuzlarındayken ikisi de sorunsuz bir şekilde vajinal doğum yapmış ve daha da iyisi ikisinin de Melek bebekleri olmuştu. Aralarındaki fark -ki önemli bir farktı bu- şuydu: Connie, bebeği geldiğinde hayatının değişeceğini fark etmişti, oysa Daphne her şeye eskisi gibi devam edebileceği fikrine inatla yapışıp kalmıştı.

Connie. Dekoratör olan Connie, kızı doğduğunda otuz beş yaşındaydı. Yapısı gereği düzenli biri olan Connie (Oluruna Bırakan/Dakik süreminde muhtemelen 4 seviyesinde biri; sayfa 90-92'ye bakın), hamileliğinin üçüncü üç aylık dönemine kadar çocuk odasını tamamen hazır hale getirmeyi kendine hedef olarak belirlemiş ve öyle de yapmıştı. Doğum öncesi ziyaret için gittiğimde "Her şeyi düşünmüşsün gibi görünüyor. Burada ihtiyacımız olan tek şey bir bebek," diye görüşümü belirtmiştim. Bebek geldiğinde, normalde yapmayı sevdiği bir şey olan yemek pişirme işine zamanı veya isteği olmayabileceğini bildiğinden, Connie derin dondurucusunu leziz ve besleyici ev yapımı çorbalarla, tencere yemekleriyle, soslarla ve fırına atmaya hazır başka yiyeceklerle doldurmuştu. Doğum zamanı yaklaştıkça, Connie bütün müşterilerini aramış, onlara acil durumlarda yerine bakacak *birilerinin* olacağını ama önlerindeki iki ay boyunca kendisinin olmayacağını bildirmişti. Kendisi ve yeni bebeği ilk sırada yer almalıydı. İlginç bir şekilde, kimse buna itiraz etmedi; aslında, onun bu açıksözlü yaklaşımını çok hoş ve takdire değer buldular.

Connie ailesiyle çok yakın ve sevgi dolu ilişkiler içinde olmaktan keyif aldığından, bebek geldiğinde herkesin bir şeyin ucundan tutacağı üzerinde anlaşılmıştı ve böyle de oldu. Anne ile büyükanne yemek ve ayak işlerine baktılar. Connie'nin kız kardeşi iş telefonlarını cevapladı, hatta bazı projeleri kontrol etmek üzere Connie'nin ofisine gitti.

Annabelle'in doğumundan sonraki ilk hafta Connie neredeyse tüm gün boyunca yataktan çıkmayıp küçük kızına yoğunlaştı, onu tanıdı. Normalde hızlı olan temposunu yavaşlattı ve emzirmek için kendine bol bol zaman verdi. Kendisine bakması gerektiği gerçeğini kabul etti. Annesi gittiğinde, derin dondurucusu ağzına kadar yemekle doluydu. Fırını ısıtmanın bile zor gelebileceği akşamlar için yığınla dışarıdan sipariş menüsü de vardı.

Connie, eşi Buzz'ı sürece dahil etme konusunda da akıllı davranmıştı. Bazı kadınların eşlerinin tepelerinde durup bebeğin altının nasıl değiştirileceğine dair talimatlar verdiğini, daha da kötüsü bunu yanlış yapmalarından şikâyet ettiklerini görsem de, Connie, Buzz'ın Annabelle'i kendisi kadar çok sevdiğini biliyordu. Belki bağladığı bezler biraz gevşekti ama ne olacaktı ki? Connie eşini iyi bir *ebeveyn* olması için cesaretlendiriyordu. İş bölümü yapmışlardı ve birbirlerinin alanına girmiyorlardı. Sonunda, Buzz bir "yardımcı"dan çok gerçekten ebeveynlik yapan bir eş olduğunu hissetti.

Annabelle'i düzenli bir rutine oturtmak Connie'nin kendi zamanını planlamasına yardımcı oldu. Yine de, sabahları, çoğu yeni anne için nasıl geçiyorsa öyle geçiyordu: Kalktığı andan itibaren Annabelle'in ihtiyaçlarıyla ilgileniyor, duşunu alıp giyiniyor ve öğle yemeği vakti geliyordu. Her öğleden sonra saat iki ile beş arası, Connie uzanıyordu. Ya biraz kestiriyor, ya kitap okuyor, ya da düşüncelerini toparlıyordu; ne yaptığının önemi yoktu, yalnız zaman geçirmeye ihtiyacı vardı. Kendisinden bu değerli serbest zamanı çalmak yerine, sadece yüksek önceliği olan işleri yapıyordu. Yazdığı notlarla veya telefon görüşmeleriyle genelde geldiği nokta "Bekleyebilir" oluyordu.

Ben gittikten sonra bile, Connie dinlenme ve nekahat rutinini sürdürebildi. Başka her şeyi planlarken benim gidişimi de düşünmüştü. Daha haftalar öncesinden, Connie, bir grup iyi arkadaşını sıraya koymuştu; sırayla her gün biri gelip ikiden beşe kadar bebeğe bakacaktı. Ve işe gittiğinde Annabelle'e bakacak bir dadı aramaya da başlamıştı çoktan...

Annabelle iki aylık olduğunda, Connie yavaş yavaş işe dönmeye başladı; başlarda, müşterileriyle yeniden bağ kurmaya ve her şeyin yolunda gittiğinden emin olmaya yetecek kadar bir süre geçiriyordu ofisinde... O noktada yeni projeler almak yerine sadece yarı zamanlı olarak çalıştı.

Annabelle yaklaşık altı aylık olduğunda ve Connie yeni dadıyla seçiminden memnun olmaya yetecek kadar beraber zaman geçirdikten sonra, ofiste geçirdiği saatleri artırdı. Ama o zaman gelene dek, Connie kızını tanımış, kendi ebeveynlik yeteneğine güvenebilmiş ve kendini fiziksel olarak iyi hissetmişti -eski haline geri dönmemiş olsa da en azından yeni halinin sağlıklı bir versiyonu vardı artık...

Şimdi Connie işine tam zamanlı olarak devam ediyor; hâlâ her öğleden sonra ofisinde biraz kestiriyor. Yakın zaman önce bana şöyle dedi: "Tracy, annelik benim yaşadığım en iyi şey oldu çünkü başka pek çok nedenin yanısıra, beni yavaşlamaya zorladı."

Daphne. Hollywood'da eğlence hukuku alanında avukatlık yapan otuz sekiz yaşındaki Daphne de keşke Connie örneğinin izinden gidebilseydi... Telefonun başına geçtiğinde hastaneden eve geleli daha bir saat olmamıştı... Sayısız ziyaretçi evin içinde dolanıp duruyordu. Bebek için iyi döşenmiş, güzel bir çocuk odası hazırdı ama hiçbir şey ambalajından çıkarılmamıştı. İkinci gün itibarıyla, Daphne'nin, oturma odasında yapılacak bir iş toplantısı ayarladığına kulak misafiri oldum. Ve üçüncü gün itibarıyla Daphne, "işe geri dönme" niyetinde olduğunu açıkladı.

Daphne'nin hem iş dışından hem de iş çevresinden muazzam bir çevresi vardı; bebeği olmasının hayatını hiçbir şekilde etkilemeyeceğini kanıtlamak istercesine, bir hafta içinde öğle yemekleri ayarlamıştı. Neredeyse meydan okuyor gibiydi. "Öğle yemeğine çıkabilirim. Tracy burada. Bir de bebek hemşiresi tuttum." Aldığı kilolar konusunda açıkça endişelenerek spor hocasıyla randevular ayarladı ve gıdım gıdım yedi. Stairmaster (Merdiven çıkma hareketinin yapıldığı bir egzersiz aleti (çn) da kullanmak istedi -onun bebek öncesi yoğun yaşam biçimi için mükemmel bir benzetme bu; öyle ki başarı merdivenini tırmanmak onun yaşam biçimi idi.

Daphne bir bebeğinin olduğunun farkında değil gibiydi. Onun şartlarına ve dünyasına bakıldığında -insanların bir projeden "bebeğim" diye söz ettikleri bir sanayiden bahsediyoruz- bu bir anlam ifade ediyordu. Daphne için çocuk doğurmak da bir projeydi -ya da en azından o bunu bu şekilde görmek istiyordu. Hamile kalmak -ki bunda zorlanmıştı- "oluşum" aşamasıydı ve sonra nihayet ürün -bebek- gelmişti ve şimdi yola devam etmeye hazırdı.

Şaşırtıcı olmayan bir biçimde, Daphne evden çıkmak için her fırsatı değerlendiriyordu. Ne kadar sıradan olursa olsun eğer yapılması gereken bir ayak işi varsa, gönüllü oluyordu. Alışveriş listesindeki bir-iki şeyi mutlaka unutuyordu (ya da kasten almıyordu) ve bu da evden çıkması için başka bir bahane oluyordu.

O ilk birkaç gün Daphne'nin evinde olmak kasırgayla yaşamak gibi bir şeydi. Emzirmeyi denedi ama bu işe, en azından başlarda, kırk dakika ayırması gerektiğini fark edince "Galiba ben hazır mamayı denemek istiyorum" dedi. Biliyorsunuz, ben annenin yaşam tarzına uyan *her* beslenme yöntemini savunuyorum ama aynı zamanda pek çok faktörün değerlendirilmesini de tavsiye ediyorum (sayfa 148-154'teki "Karar Vermek" bölümüne bakın). Bu durumda, Daphne'nin tek endişesi, hangi yöntemin kendi gününden daha az çalacağı idi. "Eski kendime geri dönmek istiyorum" diye açıkladı.

Bu arada, görevi üstlenmeye dünden razı pratik bir baba olan zavallı kocası Dirk'e de karışık mesajlar veriyordu. Bazen, onun katılımını memnuniyetle karşılıyordu: "Ben dışarıdayken Cary'ye bakarsın, değil mi?" diyordu kapıdan fırlarken... Ama diğer zamanlarda, Dirk'ün bebeği tutma veya giydirme şeklini eleştiriyordu: Cary'nin kıyafetini süzüp "Onu neden *o* şeyin içine soktun?" diye soruyordu sertçe... Beklendiği üzere, Dirk gücendi ve işlere daha az dahil olmaya başladı.

Daphne'yi yavaşlatmak için kitaptaki her numarayı denedim. Önce telefona el koydum. Bu, işe yaramadı çünkü cep telefonu da dahil olmak üzere bir sürü telefonu vardı. Saat iki ile beş arası yatağa gitmesini istedim ama değişmez bir şekilde o bu zamanı telefon görüşmeleri veya ziyaretler için kullandı. "İki ile beş arası boşum. Gelsenize," diyordu arkadaşlarına... Ya da bir toplantı ayarlıyordu. Bir keresinde Dirk ile ben araba anahtarlarını saklama planı yaptık. Anahtarlarını ararken deliye döndü. Sonunda yaptığımızı itiraf edip yine de bundan vazgeçmeyi reddettiğimizde, cüretkâr bir tavırla "Peki o zaman, ben de ofise yürüyerek giderim" dedi.

Bunların hepsi klasik inkârdı. Benim yerime geçmesi için tuttuğu dadı gelmemezlik etmeseydi geri adım atmayabilirdi ve o noktada benimle geçireceği sadece iki günü kalmıştı. Birden, gerçekler yüzüne bir tokat gibi patladı. Düpedüz tükenmiş bir halde, tamamen çözümsüz kaldı ve sonunda çöküp hıçkıra hıçkıra ağlamaya başladı.

Başından beri güvensizliğini hareketlilikle örtmeye çalıştığını görmesine yardımcı oldum. Ona, iyi bir anne olacağının ama bunun zaman alacağının güvencesini verdim nazikçe... Oğlunu tanıma veya onun nelere ihtiyaç duyduğunu öğrenme fırsatını kullanmadığı için kendisini beceriksiz *hissediyordu* ama bu öyle olduğu anlamına gelmiyordu. Dahası, kendine iyileşecek zamanı vermediği için çok bitkindi. "Hiçbir şeyi doğru yapamıyorum" diye ağladı kollarımda ve en derindeki korkusunu sonunda itiraf etti: "Görünürde herkesin bu kadar iyi yaptığı bir şeyde ben nasıl başarısız olabilirim?"

Bahaneler, Bahaneler, Bahaneler!

Bebeğinizin doğduğu günden itibaren her gün kendinize şu soruyu sorun: "Bugün kendim için ne yaptım?" İşte kendilerine zaman ayırmayan kadınların makul kılmaya çalıştıkları nedenler -ve işte onların bahanelerine benim verdiğim cevaplar:

"Bebeği yalnız bırakamam." Bir saatliğine bir akrabanız veya arkadaşınız gelsin.

"Arkadaşlarımın hiçbiri bebeklere alışkın değil." Onları davet edin ve ne yapılması gerektiğini gösterin.

"Zamanım yok." Eğer benim tavsiyelerime uyarsanız,

zaman yaratırsınız. Muhtemelen işleri bir öncelik sırasına koymuyorsunuz. Telefonlara bakmak yerine telesekreteri devreye sokun.

"Hiç kimse bebeğime benim baktığım gibi bakmaz." Saçmalık -her şeyi kontrol etmeye çalışıyorsunuz. Öte yandan, kendinizi helak ettiğiniz zaman zaten birilerinin müdahale etmesi gerekecek.

"Ben burada olmazsam neler olur?" Her şeyi kontrol etme eğiliminde olan kadınlar, kendileri olmadığında evlerinin dağılmadığını anladıklarında büyük bir şok yaşarlar.

"Bebek biraz büyüdüğünde kendime zaman ayıracağım." Eğer şimdi kendinize zaman ayırmazsanız, kendinizi önemli hissetmezsiniz. Kendi (anne olmayan) kimliğinizi kaybedersiniz.

Niyetim Daphne'yi kötü göstermek değil kesinlikle... Kalbim onunlaydı ve inanın bana aynı senaryoyu sık sık görüyorum. Pek çok anne, özellikle de annelik için başarılı, prestijli kariyerlerini bırakmış olanlar ya da son derece düzenli olanlar inkâr yoluna gidiyorlar. Bebek geldiğinde hayatlarının senkronizasyonu bozuluyor. Hayatlarının tam olarak her zamanki gibi olacağına inanmak istiyorlar. Ve anneliğin ilk dönemlerinde ortaya çıkan duyguları yaşamak veya korkularını itiraf etmek yerine, bu deneyimi en aza indirgiyorlar. Aslına bakarsanız, güç sahibi müstakbel anneler sık sık "Bebek sahibi olmak ne kadar zor olabilir?" veya "Emzirmek ne kadar zor olabilir?" diye sorarlar. Eve geldiklerinde, her ne kadar milyonlarca dolar değerindeki şirketleri yönetebilseler de veya komiteler yoluyla karmaşık programlara önderlik edebilseler de, anneliğin, omuzlarına hiç hayal etmedikleri zorluklar yüklediğini fark ediyorlar. Bu nedenle, inkârlarının bir bölümü, nasıl yapılacağını halihazırda bildikleri ve iyi oldukları bir şeyleri kucaklama ısrarında ortaya çıkıyor. Yeni bir bebekle eve ilk geldiklerinde yapmaları ve öğrenmeleri gereken bütün o şeylerle karşılaştırıldığında ahbap çavuşlarıyla yaptıkları işler veya yedikleri öğle yemekleri onlara çocuk oyuncağı geliyor.

Bir annenin bu yelpazenin diğer ucunda yer alması, her şeyi kendisinin yapmasında ısrarcı davranması da daha iyi bir durum değil... Örneğin Joan benimle görüştükten sonra "Bunu kendi başıma halletmek istiyorum" diye bildirmişti düşüncesini... Denedi... iki hafta sürdü, sonra umutsuz bir telefon aldım. "Kocam Barry ile sürekli kavga etmekten tükendim ve annelik konusunda da iyi bir iş çıkaramıyormuşum gibi hissediyorum. Bu benim düşündüğümden çok daha zor" diye itirafta bulundu Joan... Meselenin işlerin daha zor olmasında yatmadığını açıkladım ona... Sadece onun beklediğinden daha fazla iş vardı. Öğleden sonraları uyumasını sağladım, bu da Barry'ye kızıyla birlikte olma şansı verdi.

Kendinize Mola Hakkı Vermek

Şüphesiz, yeni ebeveynlere ilk günlerde ve haftalarda verdiğim tavsiyelerin en önemlilerinden biri, sandıklarından daha iyi bir ebeveyn olduklarını hatırlamalarıdır. Çoğu, ebeveynliğin öğrenilen bir sanat olduğunu fark etmiyor. Bütün kitapları okumuş ve medyadaki tasvirleri görmüş oluyorlar ve kendilerini neyin beklediğini bildiklerini *düşünüyorlar*. Sonra bebek geliyor. Ne yazık ki, öğrenme eğrisinin tam başlangıcındayken, kendilerini hiç olmadığı kadar da kötü hissediyorlar. Dördüncü Bölüm'de, emziren annelere benim *kırk-gün* kuralıma uymalarını önermemin arkasında yatan neden budur -ama gerçek şu ki, *bütün yeni anneler iyileşmek için kendilerine zaman tanımalıdır.* Doğumun getirdiği olası fiziksel travmanın yanısıra, daha önce hiç düşünmedikleri ayrıntılarla tükenirler, düşündüklerinden daha fazla yorulurlar ve duyguları altında ezilirler. Emziren anneler için, nasıl emzirileceğini öğrenmenin zorlukları ve ortaya çıkabilecek sorunlar (sayfa 177-179'a bakın) yaşanan şokun şiddetini artırır.

İyileşme Konusunda Hatırlatmalar

Bunlar çok basit görünebilir, Watson'cığım (Yazar burada Sherlock Holmes filmlerinde jenerik cümle haline gelmiş "Basit düşün, Watson'cığım, basit düşün" ifadesine gönderme yapmıştır. (çn), ama ne kadar çok annenin bunları unuttuğuna inanamazsınız:

* Yemek yiyin. Günde en az 1.500 kalori, emzirmeniz durumunda ilaveten 500 kalori daha alacak şekilde dengeli beslenin. Kilonuzu takip etmeyin. Derin dondurucunuzda yemekleriniz veya elinizin altında dışarıdan sipariş menüleriniz olsun.

* Uyuyun. En azından her öğleden sonra gündüz uykusuna yatın; yapabiliyorsanız daha sık uyuyun. Babaya bir nöbet sırası verin.

* Egzersiz yapın. En az altı hafta herhangi bir alet kullanmayın veya idman yapmayın; bunun yerine uzun yürüyüşler yapın.

* Kendinize zaman ayırın. Eşinizden, bir akrabanızdan veya arkadaşınızdan işi devralmasını isteyin ki siz gerçekten

"izinli" olabilesiniz.

* Tutamayacağınız sözler vermeyin. Başkalarına en az bir-iki ay ulaşılamayacak durumda olduğunuzu haber verin. Eğer halihazırda kendinize fazla yüklü bir program yapmışsanız, özür dileyin: "Özür dilerim. Bebek sahibi olmayı biraz hafife almışım."

* Öncelik sırasına koyun. Çok önemli olmayan şeyleri listeden çıkarın.

* Planlayın. Bebek bakıcılarını ayarlayın; menüleri planlayın; listeler hazırlayın ki haftada sadece bir kez alışveriş yapmak durumunda olabilesiniz. Haftalık bir kitap kulübüne katılmak gibi bebek öncesi aktiviteleri sürdürmek için eşinizle, bir akrabayla veya arkadaşınızla düzenleme yapın.

* Kendi sınırlarınızı bilin. Yorulduğunuz zaman uzanın; acıkınca yiyin; ve asabi olduğunuzda odayı terk edin!

* Yardım isteyin. Kimse bunu kendi başına yapamaz.

* Eşinizle veya yakın bir arkadaşınızla zaman geçirin. Yeni doğmuş bebeğinizi her dakikanızın merkezi haline getirmeyin. Her-an-hep-bebek yaklaşımı gerçekçi değildir.

* Kendinizi şımartın. Mümkün olduğunca düzenli bir şekilde, masaj (doğum sonrası bedenleri bilen birine), cilt bakımı, manikür ve/veya pedikür yaptırın.

Eski bir anaokulu öğretmeni ve beş kardeşin en büyüğü olan Gail gibi bir kadın bile, bu işin ve sorumluluğun bütün o ağırlığı altında afallayıp kaldığını fark etmişti. Küçük kardeşlerine bakmış ve arkadaşları ilk bebeklerini doğurduğunda imdada yetişen hep o olmuştu. Ama ne zaman ki Lily doğdu, Gail damdan düşmüş gibi oldu. Neden? Her şeyden önce, bu *onun* bebeği ve *onun* bedeniydi -onun ağrısı, onun tutulması, çişini yaptığında onun yanması... Ve hormonları kudurmuştu.

Tostu biraz fazla kızardığında öfkeleniyor, bir sandalyeyi yerinden oynattı diye annesini tersliyor, şişenin kapağını kapatmakta zorlandığında gözyaşlarına boğuluyordu.

"Bununla baş *edemediğime* inanamıyorum" diye ağlayıp sızlanıyordu Gail...

Gail, tek örnek değildi. Başka bir anne, beni kapıda uzun bir soru listesiyle karşılamış olan Marcy ilk birkaç gününü hatırlıyor: "Kötü bir film gibiydi. Akşam yemeği için sofrada, belimden yukarısı çıplak halde oturuyordum çünkü meme uçlarım üstüme hiçbir şey giyemeyeceğim kadar çok acıyordu. Göğüslerimden süt sızıyordu ve annemle kocamın dehşet dolu bakışları altında ben ağlıyordum. Tüm söyleyebildiğim şuydu: 'Berbat bir şey bu!'"

Bence en iyi iyileşme yolu uykudur. Anneleri her gün iki ile beş arası uyumaya gönderirim. Eğer bunu yapamazlarsa, ilk altı hafta boyunca her gün en azından üç kez birer saat uyumalarını söylüyorum. Bu en değerli zamanı, telefonda konuşarak, ev işlerini yetiştirmeye çalışarak veya notlar yazarak geçirmemeleri konusunda onları uyarıyorum. Eğer ihtiyacınız olan uykunun sadece yüzde 50'sini alarak iş görürseniz, yüzde 100'lük bir performans gösteremezsiniz. Size yardım edenler olsa bile, kendinizi yorgun hissetmeseniz bile, içinizde kocaman bir yara var. Eğer yeterince dinlenmezseniz, altı hafta sonra kendinizi otobüs çarpmış gibi hissedeceğinizi garanti ederim. Ama lütfen beni "söylemiştim" demek durumunda bırakmayın.

Kadınların, bunu yaşamış olan iyi arkadaşlarıyla ve eğer ilişkileri iyiyse anneleriyle konuşmalarının yararı oluyor -anneniz çok destek olabilir ve bunun doğal bir süreç olduğunu size hatırlatabilir. Erkekler açısından, erkeklerle konuşmak aynı derecede tatmin edici olmayabiliyor. Grubumdaki babalardan, yeni baba olmuş erkeklerin, durumun ne kadar *kötü* olduğu konusunda birbirleriyle yarışma eğiliminde olduklarını duyuyorum. Biri diğerine "Bebek gecenin yarısı boyunca beni uyutmadı," diyebiliyor. "Öyle mi?" diye cevaplıyor arkadaşı. "Benimki bütün gece ayaktaydı. On dakika bile uyuduğumu sanmıyorum."

Her iki cinsiyet açısından da, süreci ağırdan almak ve hatalarla güçlüklere anlayış göstermek en önemli noktadır. Örneğin Connie, kendisine karşı nazik ve sabırlıydı. Planlamanın ve desteğin önemini anlamıştı. Bir egzersiz aletine çıkmak için acele etmedi. Bunun yerine, kan dolaşımını artıran *ve* evden dışarı çıkmasını sağlayan uzun yürüyüşler yaptı. En önemlisi de, Connie, bebekten sonraki hayatının bir daha asla aynı olmayacağını anladı. Bu kötü bir şey değil -sadece farklı bir şey...

İşleri azar azar yapmanın da yararı olur. Size bakan dağ gibi çamaşır olsa bile, hepsini yıkamak zorunda değilsiniz. Eve bir sürü hediye gelse de, hemen bir teşekkür notu gönderemediğinizde insanlar bunu anlayacaktır.

Gerçek şu ki, bir bebeğiniz olduğunda her şey *değişir* -rutinleriniz, öncelikleriniz ve ilişkileriniz... Bu gerçeği kabul etmeyen kadınları (ve erkekleri) sıkıntılar bekler. Perspektif, perspektif, perspektif -sakin bir doğum sonrası iyileşme döneminin özeti budur. İlk üç gün sadece üç gün sürer. İlk ay sadece bir aydır. Siz uzun süreliğine bu işin içindesiniz. İyi günleriniz ve o kadar da iyi olmayan günleriniz olacak; her ikisine de hazırlıklı olun.

Annenin Sayısız Ruh Hali

Genelde, bir annenin beni kapıda karşılama şeklinden duygusal durumunu anlayabilirim. Örneğin Francine, görünüşte emzirme danışmanlığı için aramıştı. Beni beyaz kusmuk lekeleriyle süslenmiş buruşuk bir tişörtle karşıladığında, tek sorunun emzirme olmadığını anlamıştım. Kılık kıyafetini şöyle bir tarayan gözlerime bakarak "Özür dilerim" dedi hemen... "Kalkıp giyinip duş almak istediğim bir gündü bu -çünkü *siz* gelecektiniz." Sonra, sanki gerek varmış gibi "Bugün kötü bir gün geçiriyorum" diye ekledi.

"Kendimi *Dr. Jekyll ve Mrs. Hyde (*Kişilik bölünmesini konu edinen Dr. Jekyll ve Mr. Hyde, iyi-kötü, güzel-çirkin, şeytan-melek gibi zıt vasıfların insanda aynı anda bulunabileceğini, kitabın ana karakteri Dr. Jekyll'ın kendi kişiliğinin iyi ve kötü yanlarını birbirinden ayırmak istemesiyle ortaya koyar. (çn) gibi hissediyorum, Tracy. Şimdi iki haftalık oğluma karşı dünyanın en iyi ve sevgi dolu annesiyken, bir dakika sonra bütün bunlar çok fazla geldiği için evi terk edip bir daha hiç dönmeyecekmişim gibi hissediyorum" diye içini döktü.

Gülümseyerek, "Tamam tatlım" dedim. "Bu demek oluyor ki sen de diğer tüm yeni anneler gibisin."

"Gerçekten mi?" diye sordu. "Ben de bende bir sorun olduğunu düşünmeye başlamıştım."

Genelde çoğu yeni anneyle yaptığım gibi Francine'i de ilk altı haftada duyguların, lunaparklardaki o çok iniş-çıkışlı hız trenine benzediğine ve yapabileceğimiz tek şeyin kemerlerimizi sıkıca bağlayıp kendimizi bu tren turuna hazırlamak olduğuna ikna ettim. Ruh halindeki bu ani değişimler düşünüldüğünde, pek çok kadının kendilerini aniden birden çok kişiliğe sahipmiş gibi hissetmelerine şaşmamak gerek...

Unutmayın: Bunlar ruh halindeki *ani değişimler*; bunun içindir ki, günün akışı içerisinde ve kesinlikle bir hafta içerisinde, sesleri içinizde yankılanan çeşit çeşit kişilikler tarafından istilâ edilmiş gibi hissedebilirsiniz kendinizi...

"Bu, oldukça kolay." Bu anlarda, kendinizi o mükemmel tabiat ana gibi hissedersiniz -her şeyi epey hızlı bir şekilde ve kolayca halledebilirsiniz. Kendi yargılarınıza güvenir, kendinizden emin olursunuz ve ebeveynlik akımlarına karşı özel bir duyarlılığınız olmaz. Kendinize de gülebilir ve anneliğin her daim mükemmel şekilde yapabileceğiniz bir şey olmadığını bilirsiniz. Soru sormaktan korkmazsınız, sorduğunuz zaman da cevapları kolayca aklınızda tutar veya bunları kendi durumunuza uyarlayabilirsiniz. Kendinizi dengeli hissedersiniz.

"Bu işi doğru yapıyor muyum?" Bunlar, kendinizi acemi ve kötümser hissettiğiniz kaygı dolu anlardır. Bebeği idare etme konusunda ona zarar verebileceğiniz korkusuyla gerginlik yaşarsınız. En ufak bir hata sizi üzmeye yeter -aslına bakacak olursanız, gerçekleşmemiş olaylar için bile üzülebilirsiniz. En uç noktada, belki de hormonlarınızın çılgınca kudurduğu zamanlarda ise, en kötüsünü düşünürsünüz.

"Ah, bu kötü... gerçekten, gerçekten kötü." Bu anlarda, çocuk doğurma ve süregelen annelik destanıyla ilgili sızlanır isyan edersiniz; hiç kimsenin kendisini bu kadar perişan hissetmediğinden de eminsinizdir -yoksa insanlar neden bebek yapsınlar ki? Sezaryenin ne kadar acı verdiğini, bebeğin geceleri sizi na-

sıl uyutmadığını, eşinizin söz verdiği şeyleri nasıl yapmadığını herkese anlatmak size kendinizi daha iyi hissettirir. Ve yardım eli uzatıldığında, kurbanı oynamaya meyledersiniz: "Neyse, tamam. Ben hallederim."

"Sorun yok -Ben her şeyi bir şekle şemale sokarım." Bu tür anlara en fazla eğilimi olanlar, anne olmak için sağlam kariyerlerini bırakmış olan başarılı kadınlardır. Böyle anlarda, yönetim becerilerinizi bebeğiniz üzerinde kullanabileceğinizi düşünür ve bebeğiniz sizinle işbirliği yapmadığında şaşırabilir, hayal kırıklığına uğrayabilir, hatta öfkelenebilirsiniz. Bebekli hayatın, tamamen, o gelmeden önceki gibi olmaya devam edeceğine inanmakla bir inkâr süreci yaşıyorsunuz, tatlım...

"Ama kitapta diyor ki..." Kafanızın karıştığı ve şüphe duyduğunuz anlarda elinize geçen her şeyi okur, sonra da bunları bebeğinize uygulamaya kalkarsınız. Kaosla baş etmek için, sonu gelmez listeler yapar, yazı tahtaları ve ajandalar kullanırsınız. Düzeni ve tertibi takdir etsem de, esnek olmamak, rutininizin sizi yönlendirmesi yerine size hükmetmesine izin vermek iyi bir şey değildir. Örneğin, programınızı bozmasından korktuğunuz için sabah 10:30'da başlayan Annem-ve-ben kursuna kayıt olmamanız gibi...

Elbette, size hep "Bu, oldukça kolay" diyen ses hükmetse ve kendinizi 7 gün 24 saat doğal bir anne gibi hissetseniz iyi olurdu, ama sizi temin ederim ki çoğu annede böyle olmuyor. Yapabileceğiniz en iyi şey, bu seslere dikkat etmek, hatırlayamamanız durumunda değişen ruh hallerinizin bir günlüğünü tutmak ve değişimlerle nasıl baş edeceğinizi öğrenmek... Eğer bir ses size annelik işini asla başaramayacağınızı söyleyip duruyorsa, o zaman durumu yeniden değerlendirmenin zamanı gelmiş olabilir.

Annelik Hüznü mü yoksa Gerçek Depresyon mu?

Tekrar ediyorum: Biraz olumsuzluk *normaldir*. Tipik bir doğum sonrası dönemde, kadınlar ani ateş basması, baş ağrısı ve ani baş dönmesi yaşarlar; uyuşuk veya ağlamaklı olabilirler; kendilerinden şüphe edip kaygı yaşayabilirler. Bu annelik hüznüne neden olan faktörler nelerdir? Doğumdan sonraki birkaç saat içinde, östrojen ve progesteron hormonlarının yanısıra hamilelik süresince neşe ve rahatlık duygularına katkıda bulunan endorfinin de seviyesi ciddi şekilde düşer. Bu da kişinin duygularının çılgınca dalgalanmasına sebep olur. Açıkça görüldüğü üzere, yeni anne olmanın getirdiği stres de faktörlerden biri... Dahası, eğer âdet öncesi sendromuna eğilimliyseniz, tipik olarak hormonlarınız size çılgın bir seyir yaşatıyor demektir; doğum sonrasında da muhtemelen böyle bir seyir bekleyebilirsiniz.

Annelik hüznü günleri genelde dalgalar halinde gelir; bunun içindir ki bunları ortaya çıkaran gücü sizin "iç tsunaminiz" olarak adlandırırım. Bir dalga, muhakemenizi ve esenlik hissinizi bir saatliğine veya bir-iki günlüğüne bastırabilir ya da üç ilâ bir yıl süreyle aralıklarla devam edebilir. Annelik hüznü günleri, başta bebeğiniz olmak üzere her şeyle ilgili olarak hissettiklerinizi çarpıtabilir. Kafanızdaki o seslerin "Ben kendimi nasıl bir şeyin içine soktum?" veya "Ben bu [boşluğu siz doldurun -alt değiştirme, emzirme, gecenin bir yarısı kalkma] işini beceremiyorum" gibisinden şeyler olması muhtemeldir.

İPUCU: *Eğer bebeğiniz ağlıyorsa, yalnızsanız ve kendinizi bununla baş edemeyecek gibi hissediyorsanız ya da daha da kötüsü giderek öfkelendiğinizi fark ediyorsanız, bebeği karyolasına koyun ve odadan çıkın. Ağlamaktan ölen bebek yoktur. Üç kez derin nefes alın, sonra geri dönün. Eğer gerginliğiniz hâlâ geçmemişse, bir akrabanızı, arkadaşınızı veya komşunuzu arayıp yardım isteyin.*

İç tsunaminiz aklınızın sınırlarına çarptığı zaman, daha büyük resme odaklanın. Bütün bu olanlar normal -sadece duruma uyun. Eğer kendinizi daha iyi hissedecekseniz yataktan çıkmayın. Ağlayın. Yararı oluyorsa eşinize bağırın. Bunlar geçecek.

Ama biraz endişenin veya biraz güvensizliğin ne zaman çok fazla olduğunu nasıl bileceksiniz? Doğum sonrası depresyonu, belgelenmiş bir ruhsal bozukluktur -bir hastalıktır. Başlangıcı genellikle doğumdan sonraki üçüncü gün olarak belirtilir ve dördüncü hafta boyunca devam eder. Ancak, ben (ve bu duruma aşina pek çok psikiyatrist) bunun çok dar bir zaman aralığı olduğunu düşünüyoruz. Derin, amansız bir üzüntü hali, sık sık ağlama ve çaresizlik hissi, uykusuzluk, atalet, kaygı ve panik atakları, asabiyet, saplantı ve tekrar eden korkutucu düşünceler, iştah kaybı, düşük özsaygı, coşku kaybı, eşten ve bebekten uzaklaşma, kendine veya bebeğe zarar verme arzusu da dahil olmak üzere belirtilerden bazıları doğumdan birkaç ay sonra su yüzüne çıkabilir. Her durumda, bu tür belirtiler -annelik hüznünün daha ciddi bir dışavurumu- ciddiye alınmalıdır.

Yeni annelerin yüzde 10 ilâ 15'inin doğum sonrası depresyonu yaşadığı tahmin edilmektedir; bin anneden biri, kişinin gerçeklerden tamamen koptuğu doğum sonrası psikozu olarak bilinen durumu yaşamaktadır. Hormonal değişikliklerin ve yeni anne olmanın getirdiği stresin dışında, bazı kadınların doğum sonrasında neden ciddi bir klinik depresyona girdiğini biliminsanları hâlâ tam olarak anlamış değiller... Kişinin kimyasal dengesizlik öyküsünün olması belgelenmiş bir risk faktörü olarak karşımıza çıkmaktadır. Depresyon öyküsü olan kadınların üçte biri, doğum sonrasında da depresyon yaşamaktadır; ilk doğumdan sonra depresyon geçirmiş kadınların yarısında bu durum sonraki doğumların ardından da tekrarlamaktadır.

Üzücü bir şekilde, bazı doktorlar bile riskin farkında olmuyor. Sonuç olarak, sıklıkla, depresyon onları gelip bulduğunda kendilerine neler olduğu hakkında kadınların hiçbir fikri olmuyor -aslında bilgilendirme ve eğitimle önlenebilecek bir sorun bu... Örneğin Yvette'e, depresyonu için Prozac başlanmıştı. Hamile kaldığında ilâcı kesti. Doğumdan sonra durumunun ne kadar kötüleşeceği hakkında hiçbir fikri yoktu. Bebeğine karşı kendini sevgi ve şefkat dolu hissetmek yerine, Yvette, bebeği her ağladığında kendini banyoya kilitlemek istiyordu. "Kendini normal hissetmemek"ten yakındığında, kimse onu dinlemiyordu. "Ah, sadece doğum sonrası şeyi bu" diyordu annesi, Yvette'in giderek kötüleşen duygularını inkâr ederek... "Kendini topla," diye azarlıyordu kızkardeşi onu ve ekliyordu: "Hepimiz yaşadık bunları." Yvette'in arkadaşları bile hemfikirdi: "Yaşadıkların normal..."

Yvette beni arayıp açıkladı: "Çöpü dışarı çıkarmak veya duş almak bile bende takat bırakmıyor. Bendeki sorunun ne olduğunu anlamıyorum. Eşim yardımcı olmaya çalışıyor, Tracy, ama ona bağırıp çağırmaktan benimle konuşmasına bile izin vermiyorum zavallı adamın..." Yvette'in giderek kötüleşen ruh hallerini hiç hafife almadım. Küçük Bobby'nin ağlaması konusunda neler hissettiğini anlattığı zaman özellikle endişelendim. "Bağırdığı zaman, bazen ben de ona, 'Sorun ne? Benden ne istiyorsun? Neden çeneni kapatmıyorsun?' diye bağırıyorum. Geçen gün o kadar usandım ki, bebeğin beşiğini biraz fazla sert sallarken buldum kendimi... Yardıma ihtiyacım olduğunu o zaman anladım. Doğruyu söylemek gerekirse, bebeği duvara fırlatmak istedim. İnsanların bebeklerini neden sarstıklarını anlayabiliyorum."

Örnek Depresyon Ölçeği Soruları

Hamilton Depresyon Ölçeği'nden:

Ajitasyon
0 = Hiç
1 = Huzursuzluk
2 = Ellerle, saçlarla vb. oynama
3 = Dolanıp durma, yerinde oturamama
4 = Elleri sıkma, tırnak yeme, saç çekme, dudak ısırma

Kaygı (Psişik)
0 = Zorluk yaşanmıyor
1 = Öznel bir gerginlik ve asabiyet
2 = Ufak meselelere üzülme
3 = Yüzde ve konuşmada kendini belli eden evhamlı tavır
4 = Sorgulama olmadan ifade edilen korkular

Edinburgh Doğum Sonrası Depresyon Ölçeği'nden:

İşler altında eziliyorum:
0 = Hayır, her zaman nasıl beş ettiysem öyle baş edebiliyorum

1 = Hayır, çoğu zaman oldukça iyi baş edebiliyorum
2 = Evet, bazen her zamanki kadar iyi baş edemiyorum
3 = Evet, çoğu zaman hiç baş edemiyorum

O kadar mutsuzum ki uyumakta güçlük çekiyorum:
0 = Hayır, hiç de değil
1 = Çok sık değil
2 = Evet, bazen
3 = Evet, çoğu zaman

Elbette, bir bebeğin görünüşe göre sürekli ağlamasının insanın sinirine dokunduğu günler olur ama Yvette'in hissettikleri normal eşiğinin zaten çok ötesindeydi. Hamile kaldığında doğum uzmanının ona ilâcı kesmesini tavsiye etmesi uygundu -ilâçlar bebeğine zarar verebilirdi. Normalde depresyon yaşayan kadınlar hamilelikleri süresince ilâçları olmadan genelde kendilerini iyi hissediyorlar çünkü daha yüksek seviyelerdeki hormonlar ve endorfin etkisini gösteriyor. Ancak, yanlış ve tehlikeli olan, doğumundan *sonra*, onu ayakta tutmuş olan aynı kimyasallardan yoksun kaldığında neler olabileceği konusunda kimsenin Yvette'i uyarmamış olmasıydı.

Neticede, doğum Yvette'in durumunda ciddi bir çöküşe yol açtı ve depresyonu on misli güçlü belirtilerle geri döndü. Ona hemen psikiyatristine görünmesini önerdim. İlâcına tekrar başladığında, hayata karşı bakış açısı tamamen değişti ve anne olmaktan mutlu oldu. Sistemine giren ilâçlar nedeniyle emzirmesi artık tavsiye edilmiyordu ama çok geçmeden geri kazandığı huzur ve özgüvenle karşılaştırıldığında bu çok da büyük bir fedakârlık gibi görünmüyordu.

Doğum sonrası depresyonu geçirdiğinizden şüpheleniyorsanız, her zaman gittiğiniz doktorunuza veya bir psikiyatriste danışın. Bu ülkede psikiyatristler, bir hastanın depresyonun çeşitli türlerine ilişkin kriterlere uyup uymadığını belirlemek için genelde *Teşhis ve İstatistik Kılavuzu*'na başvuruyorlar. Ancak, mesleğin her birkaç yılda bir güncellenen bu kutsal kitabı 1994'e dek doğum sonrası depresyonunu kabul bile etmemiştir. Şimdiki versiyonu olan *DSM-IV*, "duygudurum bozuklukları"nın çeşitli türlerine ait belirtilerin "doğum sonrası depresyonu başlangıcı" olabileceğini söyleyen bir paragraf içermektedir. Doktorlar, depresyonun ciddiyetini belirlemek için psikiyatrik değerlendirme ölçekleri de -her ne kadar bu tür araçlar spesifik olarak doğum sonrası depresyon teşhisine yönelik olmasa da- kullanmaktadır -en yaygın olarak kullanılanlardan biri, yirmi üç maddelik Hamilton Depresyon Ölçeği'dir. Bazı doktorlar bu noktada, yaklaşık yirmi yıl önce İskoçya'da geliştirilmiş olan on maddelik Edinburgh Doğum Sonrası Depresyon Ölçeği'ni tercih ederler. Bu ikinci ölçek çok daha basittir ve riskli anneleri belirleme konusunda yüzde 90 doğruluk payı olduğu görülmüştür. Her iki ölçek de, kişinin kendi kendini değerlendirmesine yönelik olmayıp profesyoneller tarafından kullanılmak üzere tasarlanmıştır; ama size nasıl bir şey bekleyebileceğinize dair bir fikir vermesi amacıyla her ikisinden de bazı maddeleri kitaba aldım (311. sayfadaki **Örnek Depresyon Ölçeği Soruları** başlığına bakın).

Birleşik Devletler'de, çoğu profesyonel, doğum sonrası depresyonuna tanı konulmadığı görüşünde birleşmektedir. Rochester'daki Mayo Tıp Okulu'ndan iki tıp öğrencisi, 1997 ile 1998 yılları arasında doğum yapmış tüm kadınların kayıtları üzerinde araştırma yaparak bu olguyu kanıtlamıştır. Aynı bölgede 1993 yılının kayıtlarına göre araştırmaya dahil olan yeni annelerin sadece yüzde 3'üne bu tanı konmuşken, bu iki öğrenci, ilk doğum sonrası depresyonları nedeniyle kliniğe gelen bütün kadınlardan Edinburgh anketini doldurmalarını istediğinde vaka oranı yüzde 12'ye yükselmiştir.

Eğer annelik hüznü günleriniz uzuyor gibi görünüyorsa veya kötü geçen bir gün pek bir ara vermeden sancılı bir biçimde bir sonraki güne sarkıyorsa, hemen profesyonel yardım alın. Depresyonda utanacak bir şey yok; bu, biyolojik bir durum... Bu, sizin kötü bir anne olduğunuz anlamına gelmiyor - tıpkı grip gibi, bir hastalığınız olduğu anlamına geliyor. Sonuç olarak ve en önemli nokta olarak, tıbbî yardımın yanısıra bunu yaşamış başka kadınlardan da destek alabilirsiniz.

Babanın Tepkisi

Doğum sonrası dönemde babalar genelde baştan savılır çünkü ev halkının dikkatinin ve enerjisinin büyük kısmı anneye ve yeni bebeğe yönelmiştir. Elbette böyle olması gerekir ama erkekler de insan... Araştırmalara göre, bazı erkekler stres ve depresyon belirtileri bile gösteriyor. Babanın, bebeğe, ailenin en yeni üyesinin bütün dikkatleri üzerine çekmesine, annenin ruh haline, ziyaretçilere ve ortalıkta dolaşıp duran yeni insanlara tepki vermekten başka çaresi olmuyor. Aslına bakarsanız, tıpkı annelerin birden fazla ruh hali olduğu gibi, bebek geldiğinde birtakım "baba duyguları"nın da ortaya çıkıverdiğini fark ediyorum.

"Bırak ben yapayım." Bazen, özellikle de ilk birkaç hafta, baba gerçekten her şeyle ilgilenen tarzda bir adamdır. Hamile-

likten başlayarak doğuma kadar tamamen ilgili biri olmuştur, şimdi de bebekle adamakıllı ilgilenmektedir. Öğrenmeye açıktır ve iyi bir iş yaptığını duymaya heveslidir. Bebekle ilgili olarak da iyi, doğal içgüdülere sahiptir ve bebekle birlikte olmaya bayıldığını yüzünden anlayabilirsiniz. Eğer eşiniz kendini böyle hissediyorsa, şükretmelisin anne... Şansınız varsa, bebek üniversiteye gidinceye kadar bu böyle devam edecektir.

"Bu benim işim değil." Bir zamanlar "geleneksel" baba olarak düşündüğümüz tip babadan bekleyeceğimiz tepki budur -bu adamın tercih ettiği yaklaşım hiçbir şeye elini sürmemektir.

Elbette bebeğini sever, ama iş alt değiştirmeye veya bebeğe banyo yaptırmaya geldiği zaman değil... Onun görüşüne göre, bu, kadının işidir. Bebek doğduktan hemen sonra kendini deli gibi işe verebilir ya da büyüyen ailesi için şimdi daha fazla para kazanması gerektiği konusunda gerçekten endişeleniyor olabilir. Her iki durumda da, çocuk bakımının getirdiği sıkıcı, kirli işleri yapmaması için iyi niyetli bir bahanesi vardır. Zamanla, özellikle de bebeğin çevresiyle etkileşimi arttıkça, yumuşayabilir. Yapmadığı şeylerden ısrarla bahsetseniz ya da onu başka babalarla karşılaştırsanız da ("Leila'nın eşi Mackenzie'nin altını değiştiriyor") onun kendi yolundan caymayacağını garanti ederim.

"Ah, hayır -bir şeyler yanlış gidiyor." Bu adam bebeği kucağına ilk aldığında gergin ve katıdır. Karısıyla birlikte bütün doğum ve ebeveynlik kurslarına gitmiş olabilir, hatta sunî teneffüs dersi almayı bile önermiş olabilir ama yine de bir şeyleri yanlış yapmaktan deli gibi korkar. Bebeğe banyo yaptırırken

bebeği sıcak suyla haşlayacak diye içi içini yer; bebeği uykuya yatırdıktan sonra, SIDS'den (ani bebek ölümü sendromu) endişelenir. Ve ön cephede her şey sessiz sakin yolundayken, içten içe çocuğu üniversiteye göndermeye parasının yetip yetmeyeceği konusunda endişelenmeye başlar. Bebeğiyle yaşadığı başarılı deneyimler genelde babanın kendine güven duymasını sağlar ve olumsuz duygularını gidermeye yardımcı olur. Annenin nazik cesaretlendirmelerinin ve takdirinin de yararı olabilir.

"Şu bebeğe bak!" Bu babanın duyduğu gurur inanılmaz boyuttadır. Kendisine ödül gibi gelen bebeğini herkesin görmesini istemekle kalmaz, kendi katkılarını da abartabilir. Onu ziyaretçilere şöyle söylerken duyabilirsiniz: "Geceleri bırakıyorum, karım uyuyor." Bu arada, bezgin karısı, onun arkasından gözlerini devirir. Eğer bu ikinci evlilikse, ilkinde hiçbir şeye elini sürmeyen bir baba idiyse bile, şimdi uzmandır; karısını sık sık "Ben bunu böyle yapmamıştım," gibi kibirli bir yorumla düzeltir. Ona hakkını verin, özellikle de ne yaptığını biliyor gibi görünüyorsa ama sizin en iyi içgüdülerinizi alt etmesine izin vermeyin.

"Ne bebeği?" Daha önce bahsettiğim gibi, bazı anneler bebek geldiğinde inkâr yoluna gidiyorlar. Evet, tatlım, babaların da kendi versiyonları var. Yakın zaman önce, hastaneye Nell'i ziyarete gitmiştim; doğumdan çıkalı olsa olsa üç saat olmuştu ve safça "Tom nerede?" diye sordum. O da -sanki dünyadaki en doğal şeymiş gibi- "Ah, evde. Biraz bahçe işi yapmak istedi" diye cevap verdi. Mesele, Tom'un, çocuk bakımının kendi

alanının bir parçası olmadığını düşünmesi değil; daha ziyade, bu adam bebeğin gelmiş olduğu ve hayatın değişeceği gerçeğini tam olarak anlamamış. Değişikliği kavrasa bile, halihazırda iyi olduğu bir şeyi yapmanın rahatlığına çekiliyor. Onun ihtiyacı olan, bir doz gerçeğin yanısıra Nell'in de cesaretlendirmesi... Ancak eğer direnirse ya da Nell eşinin katılımı için fırsat tanımazsa, etrafındaki kaostan bihaber oturma odasında oturup TV seyreden türde bir baba haline gelebilir. Bir yandan telefona cevap verip bir yandan da akşam yemeğini hazırlamaya çalışan şaşkına dönmüş anne eşine sorar: "Tatlım, bebeği biraz tutar mısın?" Adam kafasını kaldırıp şöyle der: "Ha?"

Bir erkeğin baştaki tepkisi ne olursa olsun, çoğu değişiyor; her ne kadar genelde bu değişim eşlerinin hoşuna gitmeyecek şekilde olsa da... Anneler bana, "Eşimin işlere katılmasını nasıl sağlarım?" diye sorduklarında hayal kırıklığına uğruyorlar çünkü bunun sihirli bir cevabı yok. Benim gördüğüm, erkeklerin kendilerine göre şekillerde ve kendilerine göre bir zamanla ilgili hale gelmeye başladıklarıdır. Çok istekli bir erkek zamanla daha az katılım göstermeye başlayabilirken, ilgilenmesi pek muhtemel görünmeyen bir başkası, bebeği gülümsemeye, oturmaya, yürümeye veya konuşmaya başlayınca birdenbire çocuk bakımına girişebiliyor. Ve çoğu baba, en büyük başarıyı, iyi yapabildiğini hissettiği somut işlerde gösterme eğiliminde oluyor.

Angie'ye, eşi Phil'e tercih ettiği işleri seçme hakkı vermesini önerdiğimde "Bu adil değil," diye haykırdı. "*Ben* yapmak istediklerimi seçemiyorum. Ben ne hissedersem edeyim hep 'çalışır'durumdayım."

"Doğru," diye kabul ettim, "ama sahip olduğun adamla baş

etmek durumundasın. Ve eğer Phil bebeğe banyo yaptırmayacaksa, belki en azından akşam yemeğinden sonra bulaşıkları yıkar."

Bu noktadaki "sır" bu kitabın temel temalarından biridir: saygı. Eğer bir erkek ihtiyaçlarının ve isteklerinin kabul gördüğünü hissederse, sizinkilere saygı göstermesi daha muhtemeldir. Ama başta, her biriniz kendi yerini bulma mücadelesi verirken, biraz hokkabazlık yapmanız gerekebilir.

Peki Ya *Biz*?

Bebek gelip üç kişi olunca, eşler arasındaki ilişki de değişir. Birçok durumda, gerçekler hayallerle nadiren uyuşur. Ama bir çiftin arasındaki bağın çözülmesine yol açan genelde *altta yatan* sorunlardır. İşte daha yaygın görülen meselelerden bazıları:

Acemilik stresi. Anne kendini aşırı yük altında hisseder. Baba yardım etmek için ne yapması gerektiğini pek bilemez. Baba müdahale ettiğinde, anne sabırsızlanıp onu tersleyebilir. Baba muhtemelen geri çekilir.

"Bezi yanlış bağlıyor," diye şikâyet eder bir anne eşinin arkasından... "Çünkü yeni öğreniyor, tatlım," derim. "Ona bir şans tanı." Gerçek şu ki, bu işte herkes acemidir. İki ebeveyn de öğrenme eğrisinin dik tarafında yer almaktadır. Anne ile babaya ilk çıktıkları zamanı hatırlatmaya çalışırım. *Onların* da birbirlerini tanımaları gerekmemiş miydi? Zamanla, birbirlerini daha fazla tanıdıkça, aralarında birbirlerine dair daha derin bir kavrayış gelişmemiş miydi? Onlar ile yeni bebek arasında da durum aynen bu...

Babaya, ona sürecin bir parçası olduğunu hissettiren -alışveriş, banyo, uyku öğünü gibi- spesifik işler veriyorum. Ne de olsa, annenin en ufak yardıma dahi ihtiyacı var. Erkekleri, eşlerinin kulağı ve hafızası olmaya teşvik ediyorum. Anlayıp sindirilecek o kadar fazla yeni bilginin olmasının yanında, pek çok kadın doğum sonrası unutkanlığı da yaşar; geçici bir durum da olsa bu kadınları kesinlikle çılgına çevirir. Ya da bir babanın karşılayabileceği özel bir ihtiyaç söz konusu olabilir. Örneğin, emzirmenin özellikle stresli bir iş olduğunu düşünen Lara vardı (onunla Dördüncü Bölüm'de tanışmıştınız.) Kocası kendisinin hiçbir işe yaramadığını düşünüyordu -sanki Lara'nın bu zor dönemi atlatmasına yardım etmek için yapabileceği hiçbir şey yoktu. Ancak, Duane'a memenin düzgün kavrandığında nasıl göründüğünü gösterip Lara zorluk çektiğinde ona nasıl nazikçe yardım edeceğini öğrettiğimde (burada önemli kelime "*nazikçe*"), bu ona sürece gerçekten katkısı olduğunu hissettirdi. Lara'nın bir günde içmesi gereken on altı bardak suyu içmesi sorumluluğunu da Duane'a verdim.

Kocam Dedi ki/Karım Dedi ki

İki ebeveynli her ortaklıkta, her bireyin farklı bir bakış açısı vardır. Ben sıklıkla, Birleşmiş Milletler çevirmeni gibi oluyorum; birine, diğerinin ona ne söylemek istediğini anlatıyorum.

Anne, eşine şunları söylememi istiyor:

- Doğumun ne kadar acı verdiğini
- Ne kadar yorgun olduğunu
- Emzirmenin ne kadar bunaltıcı olduğunu
- Emzirmenin ne kadar acı verdiğini (bunu göstermek için

bir keresinde babanın meme uçlarını çimdikleyip şöyle demiştim: "Yirmi dakika boyunca bu şekilde kalmama izin ver.")

- Ağlamasının veya bağırmasının nedeninin eşi değil hormonları olduğunu
- Neden ağladığını izah edemediğini

Baba, eşine şunları söylememi istiyor:

- Yaptığı her şeyi eleştirmeye bir son vermesini
- Bebeğin porselenden olmadığını ve kırılmayacağını
- Elinden geleni yaptığını
- Bebek hakkındaki fikirlerinin reddedilmesinin kendisini kırdığını
- Yeni ailesinin geçimini sağlamak için şimdi üzerinde daha fazla baskı hissettiğini
- Kendisinin de sıkıntıda ve bunalmış olduğunu

Cinsiyet Farklılıkları. Bu ilk birkaç hafta anne ile baba arasında nasıl bir çatışma yaşanırsa yaşansın, onlara, her ne kadar durumlarını çok farklı açılardan görüyor olsalar da, bu işte birlikte olduklarını hatırlatıyorum kaçınılmaz olarak... İkinci Bölüm'de (82. sayfa) bahsettiğim gibi, baba "durum düzeltici" olma eğilimindeyken, annenin tüm istediği kendisini dinleyecek bir kulak, ağlayacağı bir omuz ve onu sarmalayacak bir çift güçlü koldur. Sıklıkla, çiftlerin sıkıntılarının kaynağı bu tür cinsiyet farklılıklarında yatar. Genelde kendimi çevirmen gibi davranırken buluyorum; Venüs'e Mars'ın ne demek istediğini, Mars'a da Venüs'ün demek istediklerini anlatmaya çalışıyorum. Çiftler, sadece tercüme etmeyi öğrendiklerinde değil, aynı zamanda diğeri olan bitene kendisinden farklı şekilde baktığında bunu kişisel bir mesele olarak görmediklerinde en iyi sonucu alıyorlar. Çiftler, farklılıklarında güç bulmalılar zira o zaman yararlanabilecekleri daha geniş bir repertuvarları oluyor.

Bütün Eşlere Sesleniyorum!

Doğum yapmamış ve tüm gününü yeni bebekle evde geçirmeyene birkaç özlü söz:

YAPIN

- İşten bir hafta veya daha uzun süre izin alın; bunu yapmaya gücünüz yetmezse, ev işlerini yapması için birini tutmak üzere para biriktirin
- Çözüm üretmeden dinleyin
- Desteğinizi sevgi dolu bir şekilde ve yorum yapmadan verin
- Yardımınızı istemediğini söylediğinde bunu "Hayır" olarak alın
- Onu bunları sizden istemek zorunda bırakmadan alışverişe çıkın, temizlik yapın, çamaşırları yıkayın ve elektrikli süpürgeyle etrafı süpürün
- "Kendimi kendim gibi hissetmiyorum" dediğinde iyi bir nedeni olduğunu anlayın

YAPMAYIN

- Onun duygusal ve fiziksel sorunlarını "halletmeye" çalışmayın -bunları atlatmaya bakın
- Amigoluk yapmayın ya da ona büyüklük taslamayın -örneğin, sanki bir köpekmiş gibi sırtına vurup "Aferin" demeyin
- Mutfağınıza girip neyin nerede olduğunu merak ettiğiniz için yüksek sesle söylenmeyin
- Başında dikilip onu eleştirmeyin
- Markette tütsülenmiş hindi kalmamışsa oradan evi arayıp

"Onun yerine ne alayım?" diye sormayın -ne alacağınıza siz karar verin

Yaşam Tarzındaki Değişiklikler. Bazı çiftler için en büyük engel, plan yapma şekillerini nasıl değiştireceklerini öğrenmeleridir. Kendilerine yardımcı olacak pek çok akrabaları ya da ücretli dadıları olabilir ama kendilerine bağlı üçüncü bir tarafı işin içine dahil edecek şekilde zamanlarını programlama konusunda iyi değildirler -çünkü böyle bir şeyi yapmak zorunda kalmamışlardır hiç... Aile olmadan önce dört yıllık bir evlilik geçmişi olan otuzlarındaki Michael ve Denise, gerçek anlamda güç sahibi bir çiftti. Büyük bir şirkette üst düzey yönetici olan Michael aynı zamanda haftada üç gün tenis, hafta sonları da futbol oynayan bir sporcuydu. Genelde sabah sekizden akşam dokuza dek çalışan bir stüdyo yöneticisi olan Denise ise, haftada dört gün egzersiz rutinine zaman ayırabiliyordu sadece... Şaşırtıcı olmayan bir biçimde, yemeklerini çoğunlukla, birlikte ya da ayrı ayrı olarak, restoranlarda yiyorlardı.

Denise ile ilk tanıştığımızda dokuzuncu ayının içindeydi. Haftalarının tipik olarak nasıl geçtiğini duyduktan sonra, ikisine şöyle dedim: "Burada bir noktayı açıklığa kavuşturalım. Bazı şeylerden vazgeçmek gerekecek ama her şeyden değil. Bebeğiniz doğduktan sonra istediğiniz hayatı elde etmek için, onu planlamalısınız."

Haklarını teslim etmeliyim; Michael ile Denise oturdular ve ihtiyaçlarının, isteklerinin bir listesini çıkardılar. Ebeveynliğe alışacakları ilk birkaç ay nelerden vazgeçebilirlerdi? Duygusal anlamda sağlıklarını korumak için kesinlikle gerekli olan şeyler nelerdi? Denise, her ne kadar kendisine sadece bir aylık bir iyileşme süresi tanıdıysa da, işlerini biraz azaltmaya karar verdi. Michael da şirketinden biraz ekstra zaman isteyeceğine söz verdi. Başta kendilerine biraz fazla yoğun bir program yaptılar -bazı çiftler için işleri böyle kısmak zordur. Ama Denise çocuk doğurmanın getirdiklerinin onun tüm varlığına neler yüklediğini fark ettiğinde, iznini bir ay daha uzattı.

Çift Bakımına Giriş Dersi

- ❤ Birlikte geçireceğiniz zamanlar programlayın -bir yürüyüş, gece dışarı çıkma, dondurmacıya yapılan bir gezinti
- ❤ Bir süreliğine tatile çıkamayacak olsanız da, çocuksuz bir tatil *planlayın*
- ❤ Eşiniz için sürpriz mesajlar saklayın
- ❤ Ona beklemediği bir hediye verin
- ❤ Ofisine, ona nasıl hayran olduğunuzu ve onu nasıl takdir ettiğinizi söyleyen bir aşk mektubu gönderin
- ❤ Birbirinize karşı daima nazik ve saygılı olun

Rekabet. Bu, çiftler arasında gördüğüm en çetrefilli konulardan biridir. George ile Phyllis'i ele alalım; bu çift, bir aylık May Li'yi evlat edindiklerinde ikisi de kırklı yaşlarının başındaydı. Kim bebeğe biberondan daha çok mama verecek, kim bebeği sakinleştirmede daha başarılı olacak diye birbirleriyle yarışıyorlardı. George, May Li'nin bezini değiştirdiğinde, Phyllis "Çok aşağıdan bağladın. Bırak ben yapayım" diyordu. Phyllis bebeğe banyo yaptırırken, George kenardan talimatlar veriyordu: "Başına dikkat et. Dikkatli ol -gözüne sabun kaçıracaksın." İkisi de bebek bakımıyla ilgili kitaplar okuyor, sonra da bunlardan birbirlerine kelime kelime alıntılar yapıyorlardı. Buradaki amaçları çocukları için en iyi olanı yapmak değildi pek; bu daha çok

"Gördün mü? Ben haklıyım," demenin bir yoluydu.

George ile Phyllis'in beni aramalarının nedeni May Li'nin çoğu zaman avaz avaz ağlamasıydı. O zamana dek, bu yetişkinler bebeklerinin kolik sancısı olduğuna inanmışlardı ama ne yapmaları gerektiği konusunda uzlaşamıyorlardı. Biri bir şey denediğinde, diğeri onu eleştiriyordu. Duruma çare bulmak için, bu çifte önce sorunun ne olduğu hakkındaki düşüncemi söyledim ve sorun kolik değildi.

May Li sürekli olarak ağlıyordu çünkü kimse onun ne dediğini dinlemiyordu. Ebeveynleri birbirlerine meydan okumakla o kadar meşguldüler ki, onu gözlemlemiyorlardı. May Li'yi E.A.S.Y. rutinine sokmayı önerdim ve Phyllis ile George'a yavaşlamaları, böylece kızlarına gerçekten dikkat etmeye başlayabilmeleri için tüyolar verdim (Üçüncü Bölüm'e bakın). Belki bu çiftin durumundaki en önemli nokta olarak bebekle ilgili işleri aralarında paylaştırdım ve onlara şöyle dedim: "Şimdi her birinizin kendi alanı var. Birinin kendi alanında yaptığı şeyi diğeri denetlemeyecek, eleştirmeyecek veya yorumda bulunmayacak."

Sebep ne olursa olsun, eğer eşler arasındaki güçlükler devam ederse, bu, çiftin hayatının her alanına yayılır. İşler hakkında tartışabilirler; uyumlu olmayı ve işbirliği yapmayı reddedebilirler. Ve büyük olasılıkla, zaten birkaç haftadır (veya aydır) askıya alınmış olan cinsel hayatları bir kenara bırakılabilir.

Cinsellik ve Birdenbire Aşırı Stresli Hale Gelmiş Olan Eş

Kocam Dedi ki/Karım Dedi ki bölümündeki meselelerinizi konuşun. Cinsellik, her babanın yapılacaklar listesinde *birinci* ve çoğu annenin listesinde genellikle *son* sırada yer alıyor. Gerçekten de, doğum sonrası kontrol için doktordan dönen kadına erkeğin sorduğu ilk soru "Seks yapabilirsiniz dedi mi?" oluyor.

Bu arada, sorunun kendisi bile kadının içten içe köpürmesine neden oluyor çünkü kocası *onun* kendisini nasıl hissettiğini sormak veya onu çiçeklerle baştan çıkarmak yerine, üçüncü bir tarafın cinsel hayatlarına dair fikrini istiyor -sanki *bunun* bir etkisi olacakmış gibi... Eğer kadın bu sorudan önce seks yapmaktan soğumuşsa, sorunun ardından daha da dirençli hale geliyor.

Dolayısıyla, derin bir nefes alıp "Hayır, henüz değil" diyor. Burada saklı olan anlam, doktorun kadının hazır olmadığını söylemesidir ama elbette bu, kadının söylediğidir. Bazı kadınlar, bebeğin ebeveyn yatağında uyumasını da bahane olarak kullanıyorlar. Diğerleri, eski "Başım ağrıyor" sözünü daha da yükseklere çıkarıyor: "Tükendim." "Ağrım var." "Bedenime bu şekilde bakmana dayanamıyorum." Bu arada, bütün bu ifadelerde epey bir gerçeklik payı var ama cinsellikten korkan bir kadın bunları zırh gibi giyiyor.

Bebek Sonrası Beden Eğitimi

Altı hafta boyunca egzersiz yok dedim ama doğum sonrasında daha üçüncü haftadan itibaren yapabileceğiniz bir tane var ve şöyle: **Sık ve tut, bir-ki-üç!** Genelde Kegel egzersizleri olarak bilinen pelvik taban egzersizleri -ismini, vajina yatağı içindeki lifli dokuları tanımlamış olan doktordan alır- üretrayı, idrar torbasını, rahmi ve kalın bağırsağı destekleyen kasları güçlendirmek ve tahmin edileceği gibi vajinayı yumuşatmak için yapılır. Bu egzersiz, çiş yaparken bunu durdurmaya çalışmak gibidir -sıkıp gevşeteceğiniz kaslar bunlardır. Bunu günde üç kez yapmanızı öneririm.

Başta biraz zorlanacaksınız -sanki orada kas yokmuş gibi hissedeceksiniz. Dizleriniz bitişik halde egzersize yavaş yavaş başlayın. Doğru kasları çalıştırıp çalıştırmadığınızı kontrol etmek için, bir parmağınızı vajinanıza sokun, sıkma hareketini hissedeceksiniz. Kasları birbirinden ayırmada daha iyi hale geldikçe, egzersizi bacaklarınız açık halde deneyin.

Gruplarımda ve ziyaretlerimde, umutsuz babalar benden yardım ister. "Ne yapabilirim, Tracy? Korkarım bir daha hiç aşk yapamayacağız." Hatta bazıları bana yalvarır, "Tracy, onunla *sen* konuş." Genelde kadının ilk jinekolojik kontrolüne gittiği ilk altı haftanın sihirli hiçbir tarafı olmadığını vurgulamaya çalışırım. Genelde bu süre, episyotominin veya sezaryenin iyileşmesi için gereken süredir ama bu, bütün kadınların altı haftaya kadar tam olarak iyileşeceği veya sizin eşinizin duygusal olarak cinselliğe hazır olacağı anlamına gelmez.

Dahası, doğumdan sonra cinsellik *değişir*. Ebeveynleri bu konuda uyarmadığımız zaman onlara haksızlık etmiş oluyoruz. Hemen cinsellik isteyen erkekler, kadının bedeninin doğumla ne kadar değiştiğini fark etmiyorlar: Göğüsler acır, vajina gerilmiştir, vajina dudakları genişlemiştir, daha düşük seviyelerdeki hormonlar kadının kurumasına neden olabilmektedir. Emzirme, bu resmi daha da karmaşık hale getirebilir. Eğer bir kadın önceden meme uçlarının uyarılmasından hoşlanıyor idiyse, bunu şimdi acı verici veya itici bulabilir -göğüsleri birdenbire bebeğine ait olur.

Bütün bu değişiklikler düşünüldüğünde, cinsellik *hissi* nasıl aynı kalabilir? Korkunun da rolü var elbette... Bazı kadınlar, zevk alamayacak veya veremeyecek kadar "gerilmiş" olmaktan endişe duyarlar. Diğerleri acı beklentisi içinde olur ki sadece bu bile, aşk yapma önerisinin dahi onları gerginleştirmesine neden olur. Kadın orgazm yaşadığında ve aynı zamanda göğüslerinden süt fışkırdığında utanabilir veya eşinin bunu nahoş bulmasından korkabilir. Ve bazı erkekler bunu gerçekten nahoş bulabilir. Anne sütüyle duş almak tam olarak erotik bir şey değildir. Kocaya ve onun karısını hamilelikten *önce* nasıl gördüğüne bağlı olarak, erkek eşini yeni annelik rolünde görmekte zorlanabilir, hatta ona dokunmaktan bile çekinebilir. Aslına bakarsanız, bazı erkekler bana, eşlerini doğumhanede gördükten ya da ilk defa emzirmeye şahit olduktan sonra eski keyiflerinin kalmadığını itiraf etmişlerdir.

Öyleyse, çift ne yapmalı? Bu noktada acil bir çözüm yok ama genelde sunduğum önerilerden bazıları en azından iki taraf üzerindeki baskıyı kaldırıyor.

Konu hakkında açık konuşun. Duyguların içten içe kaynamasına izin vermek yerine, gerçekten neler hissettiğinizi kabul edin (Eğer doğru sözcükleri bulmakta zorlanıyorsanız, 332. sayfaya bakın -bu evrensel endişelerden bazıları size de doğru gelebilir). Örneğin, bir gün Irene beni gözyaşları içinde arabasından aradı: "Altı hafta kontrolümü yeni yaptırdım ve doktor seks yapabileceğimi söyledi. Gil, doktorun bize yeşil ışık yakmasını bekliyordu. Onu hayal kırıklığına uğratamam -bebekle o kadar iyi ki... Ona en azından bu kadarını borçluyum, değil mi? Ona ne söyleyebilirim?"

"İşe gerçeklerle başlayalım," diye önerdim. Daha önceki konuşmalarımızdan Irene'in özellikle uzun bir doğum geçirdiğini ve büyük bir episyotomisinin olduğunu biliyordum. "Her şeyden önce, kendini nasıl hissediyorsun?"

"Sevişmenin acı vereceğinden korkuyorum. Ve dürüst olmak gerekirse Tracy, onun bana, özellikle de orama dokunacağı düşüncesine dayanamıyorum."

Çok fazla sayıda kadının aynı şekilde hissettiğini duymak Irene'i rahatlattı: "Ona korkularını ve duygularını anlatmalısın, tatlım" dedim. "Ben seks terapisti değilim ama ona seks "borcun" varmış gibi hissetmen fikri de iyi bir şey değil."

Bu hikâyenin ilginç olan kısmı, Gil'in benim Baba-ve-ben derslerime katılanlardan biri olmasıydı; o derslerde, kelime oyunumu mazur görün ama seks hep ateşli bir konu olmuştur. O haftanın başlarında, dersimdekilere, erkeğin arzuları konusunda dürüst olabileceğini ve olması gerektiğini ama kadının görüş açısını da anlaması gerektiğini açıklamıştım. Bir kadının fiziksel olarak hazır olması ile duygusal olarak istekli olması arasında büyük fark olduğunu da eklemiştim. Gil, Irene ile konuşması, onun duygularını anlaması ve en önemlisi de amaca götüren bir araç olarak değil de onu ne kadar takdir ettiğini, sevdiğini ve onunla birlikte olmayı ne kadar çok istediğini göstermek için karısını yemeğe veya dışarı çıkarması gerektiği fikrini oldukça iyi karşılamıştı. Bu, birine ilgi göstermenin sahici bir yoludur ve kadınlar bunu "ikna edilmek"ten çok daha erotik bulur.

Ebeveyn olmadan önceki cinsel yaşamınıza bir bakın. Bu konuyu, bir gün, Midge, Keith ve ilk iki hafta baktığım ve artık neredeyse üç aylık olmuş olan kızları Pamela'yı ziyaret etmek için onlara uğradığımda fark ettim. Karısı çay demlemek için mutfağa gittiğinde Keith beni bir kenara çekti:

"Tracy, Midge ile ben, Pam doğduğundan beri seks yapmadık ve artık sabırsızlanıyorum," diye itiraf etti.

"Keith, şunu sormama izin ver: Bebek doğmadan önce çok seks yapar mıydınız?"

"Pek sayılmaz."

"Eh, tatlım," dedim, "eğer cinsel hayatınız bebekten önce o kadar da iyi değildiyse, bebekten sonra da kesinlikle daha iyiye gitmeyecektir."

Bu konuşma bana eski bir fıkrayı hatırlattı: Adam, doktora, ameliyattan sonra piyano çalıp çalamayacağını sorar. "Elbette," der doktor. "Vay be, bu harika," der adam, "çünkü daha önce hiç piyano çalmadım."

Şaka bir yana, çiftler cinsel yaşamları hakkında gerçekçi beklentilere sahip olmalıdırlar. Bebek sonrası cinsellik meselesinin, haftada üç gün seks yaparken birdenbire buna son veren bir çifti, haftada veya ayda bir seks yapan bir çiftten daha çok etkilemesi mantıklı görünüyor.

Önceliklerinizden emin olun. Sizin için şimdi nelerin önemli olduğuna *birlikte* karar verin ve birkaç ay içinde bunun değerlendirmesini yeniden yapın. Eğer *her ikiniz de* sevişmenin önemli olduğuna karar verirseniz, bunun için zaman ve mekân yaratın. Haftada bir gün gece dışarı çıkmayı planlayın. Bir bebek bakıcısı tutun ve evden çıkın. Grubumdaki erkeklere her zaman, bir kadının kafasında romantizm düşüncesinin genelde seksle hiç ilgisi olmadığını hatırlatıyorum. "Siz mercimeği fırına vermek isteyebilirsiniz," diyorum, "ama kadın sohbet, mum ışığı ve işbirliği ister. Eğer siz o istemeden çamaşırları yıkarsanız kadın bunu seksi bulacaktır!" Ve anneannemin her zaman söylediği gibi: "Tatlı dil yılanı deliğinden çıkartır." Ona çiçekler alın; duygularına özenle eğilin. Ama eğer eşiniz fiziksel ve duygusal olarak hazır değilse, geri çekilin. Baskı, bir afrodizyak değildir.

İPUCU: *Anne; sen ve baba akşam dışarı çıktığınızda bebek hakkında konuşmayın. Küçük neşe yumağınızı, fiziksel olarak evde, olması gerektiği yerde bırakmış durumdasınız. Bilinçaltınızdaki kırgınlığı babaya yüklemek istemediğiniz sürece, bebeğinizi duygusal olarak da evde bırakın.*

Beklentilerinizi azaltın. Cinsellik yakınlık gerektirir ama yakınlık ille de cinsellik demek değildir. Eğer sevişmeye hazır değilseniz, yakın olmanın başka yollarını bulun. Örneğin bir konsere gidip elele tutuşun. Ya da bir saat öpüşmekten başka hiçbir şey yapmayacağınız bir "sevişme seansı" planlayın. Erkeklere her zaman sabırlı olmalarını öğütlüyorum. Kadınların zamana ihtiyacı var. Ayrıca, erkek, kadının isteksizliğini de üstüne alınmamalıdır. Aslında, erkeklere, küçük bir varlığı bedende taşımanın ve sonra onu dışarı çıkarmanın nasıl bir şey olduğunu hayal etmelerini öneriyorum. Demek istediğim, bu şartlar altında onlar, bundan ne kadar zaman sonra seks yapmak isterlerdi?

Doğum Sonrası Cinsellik

Kadınlar Kendilerini Nasıl Hissederler	Erkekler Kendilerini Nasıl Hissederler
Tükenmiş: "Seks fazladan bir iş daha gibi geliyor sadece."	**Engellenmiş:** "Daha ne kadar beklememiz gerekiyor?"
Bitkin: "Herkes benden bir şey alıyor gibi..."	**Reddedilmiş:** "Beni neden istemiyor?"
Suçlu: Çocuklarını *veya* eşlerini mahrum bırakıyorlar.	**Kıskanç:** "Bebekle benden daha fazla ilgileniyor."
Utanmış: "Eğer bebek yan odadaysa, kendimi kaçamak yapıyor gibi hissediyorum."	**Gücenmiş:** "Bebek onun bütün vaktini alıyor."
İlgisiz: "Bu, aklımdaki en son şey."	**Öfkeli:** "Bir daha normale dönecek mi?"
Mahcup: "Kendimi şişman ve göğüslerim konusunda "tuhaf" hissediyorum."	**Aklı karışmış:** "Ona seks yapmayı önermem uygun olur mu?"
Temkinli: "Eğer yanağımdan öper, 'Seni seviyorum' derse veya belime sarılırsa, bu bana bir beklenti gibi geliyor -sevişmenin ilk aşaması gibi..."	**Aldatılmış:** "Eğer doktor uygun görürse, seks yapacağımızı söylemişti ama bunun üzerinden haftalar geçti."

İşe Geri Dönmek... Suçluluk Duymadan

Bir kadın bebek sahibi olmak istediği için ister güç sahibi olduğu bir kariyeri, ister rahat bir ofis işini, ister gönüllü çalıştığı bir pozisyonu, isterse sevdiği bir hobiyi bıraksın, genelde "Peki ya ben?" sorusunun kafasını kurcalamaya başladığı bir zaman gelir -bu, bazı kadınlar için doğumdan bir ay, bazıları içinse yıllar sonrası olabilir. Elbette, bazı kadınların daha hamilelik sırasında, işe ne zaman geri dönecekleri veya üstlendikleri belli bir projeye ne zaman devam edecekleri konusunda hazır bir planı vardır. Diğerleriyse olayların akışına göre hareket ederler. Ve her iki durumda da, aynı iki soruyla mücadele ederler: "Bunu suçluluk hissetmeden nasıl yapacağım?" ve "Bebeğe kim bakacak?" En azından benim kanımca, ilk soru daha kolay, dolayısıyla önce onu ele alalım.

Suçluluk anneliğin lanetidir. Buyükbabamın hep söylediği gibi: "Hayat bir prova değil. Kefenin cebi yok." Başka bir deyişle, hayatı giderken yanınızda götüremeyeceksiniz, onun için suçluluk dünyadaki değerli zamanımızın boşa harcanmasıdır. Siz Amerikalılar'ın suçluluğu ne zaman, nerede veya neden icat ettiğinizi bilmiyorum ama Birleşik Devletler'de bu salgın bir hastalık... Belki Amerikan mükemmeliyetçiliğinin bir parçası ama benim gördüğüm kadarıyla bir şeyi yapsanız da lanetleniyorsunuz, yapmasanız da... Sınıfımdaki bazı kadınlar "sadece anne" veya "sadece ev kadını" oldukları için kendilerini düpedüz yetersiz hissediyorlar. Gerçi ister etkileyici kariyerlerine isterse sadece faturaları ödemeye yeten önemsiz işlerine gidiyor olsunlar, çalışan kadınlar da kendilerini aynı şekilde ama farklı nedenlerle kötü hissediyorlar. "Annem çalıştığım için benim korkunç olduğumu düşünüyor," diyebiliyor böyle bir kadın... "Bana bebeğimin hayatının en güzel yıllarını kaçırdığımı söylüyor."

Evin dışında çalışma kararı almış olan kadınlar bu kararı vermeden önce pek çok öğeyi göz önünde bulunduruyorlar ki bunların arasında çocuklarını sevdikleri gerçeği de var. Ama bu aynı zamanda bir para, duygusal tatmin ve özsaygı konusu...

Bazı anneler eğer *sadece kendilerine ait* bir işleri -karşılığında para alıp almamaya bakmaksızın- olmasa çıldıracaklarını itiraf ediyorlar. Onları bebeklerini sevmeleri ve onlarla ilgilenmeleri için teşvik ediyorum. Ama bu *kendi* hayallerinin peşinden gidemeyecekleri anlamına da gelmiyor. Çalışmak kadınları kötü anne yapmaz. Onları, "Bu iş böyle olacak" diyebilecek kadar güçlü kadınlar yapar.

Açık bir biçimde, bazı kadınların çalışmaktan başka finansal seçimleri yok. Diğerleri kendilerini tatmin etmek için çalışırlar. Ancak işin içinde para olsun olmasın, önemli olan nokta bu kadınların kendi yetişkin benliklerini besleyen işler yapıyor olmalarıdır. Ve hoşnut bir şekilde evini yöneten bir anneye göre daha fazla özür dilemeleri gerekmiyor. Bir keresinde anneme "Hiç bir şeyler *yapmak* istedin mi?" diye sorduğumu hatırlıyorum. Bana kızgın bir ifadeyle bakıp şöyle demişti: "Bir şeyler *yapmak* mı? Ben bir ev yöneticisiyim. 'Bir şeyler *yapmak*' derken neyi kastediyorsun?" Orada aldığım dersi hiçbir zaman unutmadım.

İşin aslı şu ki, her ne kadar bazı babalar evde titizlikle her işi yapmaya hazır olsalar da, hâlâ pek çok anne çocuk yetiştirme yükünün en büyük bölümünü sırtlanmış durumda -akşamları eve gelen eş lüksüne sahip olmayan bekâr ebeveynler için bu yük daha da fazla oluyor. En azından telefonlara cevap verebilmeyi, arkadaşlarla öğle yemeği yemeyi, kendinizi anne olmanın dışında başka bir kimlikte hissetmeyi istemenin yanlış hiçbir tarafı yok. Ama tavsiye bombardımanına tutulduğunuz, sorumluluklar altında ezildiğiniz ve en temelde kafanız karışmış olduğu için suçluluk tuzağına kolayca düşüyorsunuz. İki uç -tamamen kendini verme ile tamamen serbest bırakma- arasında gidip gelen bitkin düşmüş anneleri duyuyorum hep... Bana "Bu bebeği seviyorum," diyorlar "ve olabileceğim kadar iyi bir anne olmak istiyorum. Ama *kendi* hayatımdan vazgeçmek zorunda mıyım?"

***İPUCU**: Suçluluk hissettiğinizde kendinize şu cümleyi söyleyin: "Kendime zaman ayırmak bebeğime zarar vermez."*

Eğer bu zamanı *sizin* ruhunuzu besleyen her neyse onu yaparak geçirmezseniz, hayat *tamamen bebek* üzerine kurulu hale gelir. Ve kabul edin: Bir bebekle yapabileceğiniz şeyler anca bu kadardır, yeni neşe yumağınız hakkında edebileceğiniz sohbetler anca bu kadardır. Ve suçluluk hissetmek yerine, enerjinizi, sizin durumunuz her ne ise onu daha iyi hale getirecek çözümler bulmaya harcamak daha iyi olacaktır. Günde on iki saat çalışmak istiyorsanız veya buna ihtiyacınız varsa, evde geçirdiğiniz zamanı daha anlamlı hale getirmenin yollarını bulun. Örneğin, çocuklarınızla beraberken telefona bakmayın. Ya fişini çekin ya da bırakın bütün aramaları telesekreter cevaplasın. Haftasonları çalışmayın. Ve evdeyken, aklınız da işte değil evde olsun. Bebekler bile, gerçekten orada olmadığınızda bunu hissederler.

Şimdi gelelim diğer büyük soruya -bebeğe kim bakacak sorusuna; cevap ya ücretli ya da ücretsiz yardım almaktır. Aşağıda ikisini de ele alıyorum.

Komşularınız, Arkadaşlarınız ve Akrabalarınız: Bir Destek Çemberi Oluşturmak

Ben, kırk günlük lohusalık dönemi geleneği olan bir kültürden geliyorum; Sara'nın doğumundan sonraki altı haftanın epey büyük bir kısmında benden tek beklenen yeni bebeğimle ilgilenmemdi. Çevremde anneannem, annem ve kadın akrabalarımla komşulardan oluşan kalabalık bir insan topluluğu vardı; evime bakılıyor, yemeklerim hazırlanıyordu. Bir faaliyette bulunmak için üzerimde hiç baskı hissetmedim. Sophie doğduğunda aynı destek çemberi Sara'yı oyalayıp ona baktı, böylece ben de onun küçük kız kardeşini tanıyabildim.

Bu, bebek sahibi olmanın epey toplumsal bir olay olduğu İngiltere'de oldukça tipik bir durumdur. Büyükanneden teyzelere ve yan evdeki Komşu Teyze'ye dek herkes yardım elini uzatır. Bizim bir de fazladan, evde sağlık yardımları şeklinde profesyonel yardım içeren sağlık sistemi avantajımız var, ama anneye en çok yardımı dokunan, akraba ve arkadaşlar gibi kadınlardan oluşan bu ağdır. Anneye işin inceliklerini gösterirler. Ne de olsa, bu işte kim daha vasıflı? Onlar bu yoldan geçmiş kişiler...

Destek çemberleri pek çok kültürde olağan bir olgu; kadınlara hamileliklerinde ve doğumlarında yardım etme ritüelleri olduğu gibi annenin ebeveynliğe geçerkenki kırılganlığına hürmet eden gelenekler de var. Yeni anne, fiziksel ve duygusal olarak desteklenir, onun için yemekler yapılır, beslenir, bebeğine bakabilsin ve doğumun ardından iyileşebilsin diye normal ev işlerinden muaf tutulur. Bazen, Arap ülkelerinde olduğu gibi, yeni anneyi besleyip ona bakma görevi kocanın annesine ait olur.

Maalesef Birleşik Devletler'de, bunun tipik bir olgu olduğu topluluklarda yaşayan kadın sayısı fazla değil. Burada anneler komşularından nadiren yardım alıyorlar ve akrabaları genelde ülkenin öbür ucunda yaşıyor oluyor. Ancak eğer anne şanslıysa bazı aile üyeleri en azından ziyarete geliyor ve birkaç iyi arkadaş da ellerinde bir turta veya sıcak yemekle uğruyor. Ya da yeni anne dinî bir grubun veya topluluğun üyesi ise, oradan insanlar yardımına geliyor. Her durumda, sizi teşvik edecek ve işleri ağırdan almanızda ısrarcı olacak birçok olmasa da bir kişiyle kendi destek çemberinizi yaratmayı en azından denemeniz önemlidir.

Çeşitli aile üyeleriyle ilişkinizi bir değerlendirin. Kendi annenize yakın mısınız? Eğer öyleyse, sizi ondan daha iyi tanıyan biri yoktur. Yeni torununu sever, dolayısıyla bebeğin güvenliğini düşünür. Deneyimlidir de... İşbirliği yapan bir büyükannenin veya büyükbabanın olduğu ailelerde çalıştığım zaman, harika oluyor... Elektrik süpürgesiyle ortalığı süpürmekten zarflara pul yapıştırmaya kadar herkese bir yapılacaklar listesi veriyorum -bu noktada annenin yapmayı aklından bile geçirmemesi gereken işler...

Destek Çemberinizi Muhafaza Etmek

Ücretsiz yardımdan en fazla yarar sağlamanın yolları:

• İnsanların aklınızı okumasını beklemeyin -yardım *isteyin.*
• Özellikle ilk altı hafta, insanlardan alışveriş yapmalarını, yemek pişirmelerini, yiyecek bir şeyler getirmelerini, temizlik yapmalarını ve çamaşır yıkamalarını isteyin -ki bebeğinizle birlikte olup onu tanımaya zamanınız olsun.
• Gerçekçi olun. İnsanlardan gerçekten yapabilecekleri şeyleri isteyin -unutkan bir babayı alışveriş listesi olmadan markete göndermeyin; düzenli olarak tenis oynadığını bildiğiniz saatte annenizden bebeğe bakmasını istemeyin.

- Bebeğinizin programını yazın ki insanlar günün nasıl geçeceğini anlayıp ona göre ayarlamalar yapabilsinler.
- İnsanları terslediğiniz zaman özür dileyin... çünkü tersleyeceksiniz!

Ne var ki, bu huzurlu resim, annenin ailesiyle uyumlu ilişkiler içinde olmaması durumunda büyük ölçüde değişiyor. Bazen ebeveynler daha genç olan nesle müdahale edebiliyor ve yargılayıcı davranabiliyor. Özellikle konu emzirme olduğunda, büyükanne yeni ebeveynler kadar tecrübesiz olabiliyor. "Bebeği niye bu kadar uzun süre kucağında tutuyorsun?" veya "*Ben* böyle yapmıyordum" gibi yorumlarla, eleştirilerini sinsice ifade edebiliyor. Bu şartlar altında yardım istemenin ne anlamı kalır ki? Zaten üzerinize kolayca idare edebileceğinizden daha fazla stres almış durumdasınız. Annenizin eve girmesini engellemeniz gerektiğini söylemiyorum ama ona bel bağlamamak ve onun sınırlarını bilmek iyi bir fikir olabilir (yan sayfadaki "Destek Çemberinizi Muhafaza Etmek" başlıklı bölüme bakın).

Yeni anneler bana sık sık, özellikle de daha başta ilişkilerin gergin olduğu durumlarda, talep edilmeden verilen tavsiyeleri nasıl cevaplayacaklarını soruyorlar. Onlara, tavsiyeye bir bütün içinde bakmalarını öneriyorum. Bu, hassas bir zaman... Temelinizi yeni yeni oturtuyorsunuz. Eğer biri size, sizin yaptığınızdan farklı bir yöntem veya uygulama öneriyorsa, tavsiyenin ardındaki niyet size yardım etmek olsa bile, bu size eleştiri *gibi gelebilir*. Dolayısıyla, hemen size saldırıldığı sonucuna varmadan önce, kaynağı bir değerlendirin. Büyük ihtimalle, kişi size gerçekten yardım etmeye çalışıyordur ve paylaşacak birtakım iyi önerileri vardır. Her tür öneriyi dinlemeye açık olun -annenizden, kız kardeşinizden, teyzenizden, büyükannenizden, çocuk doktorunuzdan ve başka kadınlardan gelen her tür öneriyi dinleyin. Hepsini alın ve sonra hangisinin size doğru geldiğine karar verin. Unutmayın: Ebeveynlik bir tartışma konusu değildir. *Kendinizi ispat etmek veya savunmak zorunda değilsiniz.* Ne de olsa, sizin ailenizi yetiştirme şekliniz, benim ailemi yetiştirme şeklimin yakınından bile geçmeyecektir. Her bir aileyi benzersiz kılan da budur.

İPUCU: *Talep edilmeden verilen tavsiyelere, her ne kadar içinizden "Ben bildiğim gibi yapacağım" deseniz de şöyle cevap verin: "Gerçekten ilginç -bu senin ailende bayağı işe yaramış gibi görünüyor."*

Bir Dadı Tutmak -Dudu Değil

Bu bölümde bir İngiliz şovenisti gibi görünmekten nefret ediyorum ama İngiltere'yle karşılaştırıldığında, bu ülkede dadı meselesi kusurlarla dolu... İngiltere'de dadı -ya da bizim sıklıkla tabir ettiğimiz şekliyle mürebbiye- olmak, katı yasalarla düzenlenmiş saygın bir meslektir. Bir dadı adayı, onaylanmış bir dadılık okulunda üç yıl eğitim görmek zorundadır. Buraya geldiğimde, tırnak törpülemek için bir lisansa ihtiyaç varken çocuklara bakmak için hiçbir şey gerekmediğini öğrendiğimde çok şaşırdım. Dolayısıyla seçme süreci ebeveynlere veya ajanslara bırakılıyor. Genellikle ebeveynlerle ilk birkaç hafta çalıştığım için, dadı seçimine sıklıkla ben de dahil oluyorum. Size, en iyi ihtimalle bunun zor bir konu olduğunu söyleyebilirim -ve çok stresli bir konu...

İPUCU: *Dadı araştırması için kendinize en az iki, ideal olarak üç ay zaman verin. Örneğin, eğer bebeğiniz altı veya sekiz* *haftalıkken işe dönmeyi planlıyorsanız, bu, araştırmaya hamileyken başlamanız gerektiği anlamına gelir.*

Doğru dadıyı bulmak çetin bir süreçtir. Ama bu çocuk sizin en kıymetli -ve yeri doldurulamaz- varlığınız; ona bakacak birini tutmak sizin birinci önceliğiniz olmalıdır. Bu araştırmaya bütün içgörünüzü ve enerjinizi koyun. İşte dikkate almanız gereken bazı diğer noktalar:

Neye ihtiyacınız var? Açıkça, ilk adım, kendi durumunuzu değerlendirmektir. Sizinle birlikte yaşayacak tam zamanlı birini mi istiyorsunuz, yarı zamanlı birini mi? Eğer yarı-zamanlı biri olacaksa, düzenli saatleri mi olacak yoksa ihtiyacınız oldukça mı gelecek? Kendi sınırlarınızı da düşünün. Eğer biri sizinle yaşayacaksa, evinizde onun giremeyeceği alanlar olacak mı? Yemeklerini kendi başına mı yoksa sofrada sizinle birlikte mi yiyecek? Ondan, bebek uyurken "ortadan kaybolmasını" bekliyor musunuz? Ona kendine ait bir oda verecek misiniz? Kendi televizyonu olacak mı? Telefondan ve mutfaktan sınırsız yararlanma ayrıcalıkları olacak mı? Spor salonu veya havuz gibi rekreasyon alanlarını kullanacak mı? İş tanımında ev işi yapmak var mı? Varsa, bunun çerçevesi nedir? Çok tecrübeli pek çok dadı bebeğin giysilerini yıkamaktan daha fazlasını yapmaz, bazıları bunu bile kabul etmez. Ne düzeyde bir okuma-yazma becerisine sahip olması gerekiyor? En azından, talimatları okuyabilmeli, mesajları alabilmeli ve her gün "dadı günlüğü"nü doldurabilmeli... Ama bilgisayardan da anlamasını istiyor musunuz? Araba kullanmasını istiyor veya buna ihtiyaç duyuyor musunuz? Kendi arabası olmalı mı yoksa sizinkini kullanabilir mi? İlkyardım veya sunî teneffüs eğitimi almış birisini mi istersiniz? Beslenmeden anlayan biri mi olsun? Daha araştırmanıza başlamadan ne kadar fazla ayrıntıya girerseniz, görüşmeleri yürütürken o kadar donanımlı olursunuz.

İPUCU: *Dadınızın yapmasını istediğiniz her şeyi içeren bir iş tanımı yazın. Böylece, ne istediğiniz konusunda net olursunuz ve müstakbel dadılar geldiğinde -sadece bebeğinizle ve evinizle ilgili görevleri değil, maaşı, izin günlerini, kısıtlamaları, tatilleri, ikramiyeleri ve fazla mesai gibi- her ayrıntıyı paylaşabilirsiniz.*

Ajanslar faydalı olabilir de olmayabilir de... Çok sayıda itibarlı ajans var ama genelde bunların ücreti dadının yıllık maaşının yüzde 25'ine eşit oluyor. Daha iyi olan ajanslar dadılarını titizlikle seçiyorlar ve istenmeyen başvuruları bertaraf ederek size zaman kazandırabiliyorlar. Ancak, güvenilmez olan bazıları yarardan çok zarar veriyor. Referansları dikkatli kontrol etmiyorlar; bazıları kişinin nitelikleri ve geçmişi hakkında yalan bile söylüyor. İyi bir ajans bulmanın en iyi yolu ağızdan ağza dolaşanlara bakmaktır. Arkadaşlarınıza kendi deneyimlerini sorun. Eğer hiç kimse ajans kullanmamışsa, ebeveynlik dergilerine veya bloglara, forumlara bakın. Ajanslara yılda kaç dadıyı işe yerleştirdiklerini sorun -iyi ölçekli bir ajans yılda bin ilâ bin beş yüz dadıyı işe sokar. Ücretlerini ve buna nelerin dahil olduğunu sorun -başka şeylerin yanısıra, özgeçmiş kontrolleri ne kadar kapsamlı? Eğer dadıyla işler yürümezse ne oluyor? Herhangi bir garanti veriyorlar mı? Eğer sizi tatmin edecek birini bulamazlarsa, herhangi bir ücret ödememeniz gerekir.

Görüşme sırasında çok dikkatli olun. Dadının işten ne beklediğini anlayın. Bu sizin tanımınıza uyuyor mu? Uymuyorsa, farklılıkları tartışın. Ne tür bir eğitim almış? Daha önceki işlerinden ve onlardan neden ayrıldığından söz etmesini isteyin (aşağıdaki "Dadıyla İlgili Tehlike İşaretleri" bölümüne bakın). Sevgi, disiplin, ziyaretçiler konularındaki düşünceleri neler? Sorumluluk alabilen mi yoksa sizin talimatınızı bekleyen tipte mi bir insan olduğunu anlamaya çalışın. Sizin bir dadıdan ne beklediğinize bağlı olarak, bunların ikisi de iyi olabilir. Elbette, bir yardımcı beklerken karşınızda bir diktatör bulursanız mutlu olmazsınız. Bebek bakımının ötesinde, bu kadın, araba kullanmak gibi sizin zorunlu tuttuğunuz becerilere ve iyi bir çalışma ilişkisi için gereken kişisel özelliklere sahip mi?

Sağlık durumunu sorun. Özellikle hayvanlarınız varsa, alerji bir sorun olabilir.

Dadıyla İlgili Tehlike İşaretleri

* *Yakın zamanda çok iş değiştirmiş.* Belki sadece kısa süreli işlerde çalışıyordur ya da işverenlerle anlaşmakta güçlük yaşıyordur. Bunun aksine, birisi üç yıl içinde uzun süreli olarak sadece bir veya iki işte çalışmışsa bu genelde işinin ehli olduğunu ve bağlılığı gösterir.

* *Yakın zamanda hiçbir işte çalışmamış.* Bunun nedeni, hasta veya çalışamaz durumda olması olabilir.

* *Diğer anneler hakkında kötü konuşuyor.* Görüşme yaptıklarımdan bir tanesi, son işindeki kadının her gece çok geç saatlere kadar çalıştığı için nasıl da kötü bir anne olduğunu anlattı durdu. Bunu işvereniyle neden konuşmamış olduğu beni aşıyor.

* *Kendisinin yürüme çağında çocukları var.* Onun çocuklarındaki mikroplar onunla birlikte işe gelir ya da onun da kendi acil durumları olabilir ve sizi yüzüstü

bırakabilir.

* *Çalışma iznine ihtiyacı var.* Eğer yardım etmeyi isterseniz bu aşılmayacak bir sorun olmayabilir. Ama eğer bunu dikkate almazsanız, sevgili dadınız sınırdışı edilebilir.

* İçinizdeki his iyi şeyler söylemiyor. Kendinize güvenin. İçinizde iyi hisler uyandırmayan birini işe almayın.

Sizin için doğru kişi mi? Kimya önemlidir. Bunun içindir ki arkadaşınızın sevdiği bir dadı sizin ilginizi çekmeyebilir. Dolayısıyla kendinize "Aklımda belli bir insan tipi var mı?" diye sorun. Kimsenin mükemmel olmadığını aklınızdan çıkarmayın; belki efsanevi Mary Poppins dışında... Yaş ve çeviklik de düşünülmesi gereken faktörler arasında olabilir. Çok merdivenli bir evde ya da dördüncü kattaki bir apartman dairesinde yaşıyorsanız, epeyce genç ve dinç birine ihtiyacınız olabilir -bir de ayağınızın altında dolaşan yürüme çağında bir çocuğunuz varsa bu iyi bir fikirdir. Ya da çeşitli pek çok nedenden ötürü, daha yaşlı ve oturmuş birini isteyebilirsiniz. Sizinkine benzer veya sizinkinden farklı belli bir etnik kökeni olan birini mi arıyorsunuz? Dadıların kültürel geleneklerini de beraberlerinde getirdiklerini unutmayın -örneğin, onun beslenme, disiplin ve sevgisini gösterme şekli sizinkilerden farklı olabilir.

Kendi geçmiş kontrolünüzü yapın. Her adaya daha önceki işverenlerinden en az dört referans ile Motorlu Taşıtlar Bürosu'ndaki kaydını -bu, onun ne kadar sorumluluk sahibi olduğu hakkında bir fikir verir- getirmesini isteyin. Referanslarındaki herkesi arayın ama yüz yüze tanışmak için bu kişilerden en az ikisini ziyaret de edin. Eğer hararetli bir şekilde referans veren varsa, o kişiyle tanışmak da en iyisidir.

Bir ev ziyareti gerçekleştirin. Araştırmanızı daralttığınız zaman, onunla kendi mekânında buluşma ayarlayın. Mümkünse çocuklarıyla tanışın. Her ne kadar bu her zaman, özellikle de çocukları yaşça daha büyükse, onun sizin bebeğinizle nasıl etkileşimde bulunacağının bir göstergesi olmasa da, en azından sıcaklığına ve temizlik ile bakım standartlarına dair bir fikre sahip olursunuz.

Kendi sorumluluklarınızı aklınızdan çıkarmayın. Bu, bir çeşit ortaklıktır -bir köle almıyorsunuz. İş tanımı iki yönlü işler, dolayısıyla ona fazladan sorumluluklar yüklemeyin. Örneğin eğer onu ev işi yapmak için almadıysanız, işe başladığında ondan bunu yapmasını beklememelisiniz. İşini iyi yapması için ona ihtiyacı olan bütün kaynakları verin -talimatlar, cep harçlığı, her gün kullanılan telefon numaraları, acil durumda kullanılacak telefon numaraları.

Onun kendine ait kişisel ihtiyaçları olduğunu da unutmayın -izin günlerinde ve kendi ailesiyle veya arkadaşlarıyla geçireceği zamanlarda... Eğer şehir dışındansa, civardaki merkezler veya sağlık kulüpleri hakkında bilgi vererek sosyal bir yaşam kurmasına yardımcı olun. Onun tüm hayatının işten ibaret olmasını istemezsiniz. Her-zaman-hep-bebek yaklaşımı nasıl sizin için iyi değilse, diğer yetişkinlerle temastan yoksun olmak dadınız için de aynı ölçüde arzulanmayan bir şeydir.

Performansını düzenli olarak yeniden değerlendirin ve hatalarını hemen düzeltin. Herhangi bir kişiyle iyi bir ilişkiyi korumanın en iyi yolu dürüst iletişimden geçer. Dadılar söz konusu olduğunda, bu hayati önem taşır. Ondan bir "dadı günlüğü" tutmasını isteyin, böylece yokluğunuzda neler olup bittiğini bilirsiniz. Ayrıca, bebeğiniz geceleri olağandışı davranırsa veya bir çeşit alerjik reaksiyonu olursa, o zaman bunun nedenini daha iyi değerlendirebilirsiniz. Önerilerde bulunurken veya ondan bir şeyleri farklı yapmasını isterken samimi ve dolaysız olun. Bu konuşmaları baş başayken yapın ve konuşma tarzınız hassas olsun. "Ben sana bunu böyle yapmanı söylememiştim" demek yerine, aynı mesajı daha olumlu bir tarz içinde şöyle ifade edebilirsiniz: "Bebeğin bezini bu şekilde değiştirmeni isterim."

Kendi duygusal tepkilerinizi gözlemleyin. Bir başkasının sizin bebeğinize bakıyor olmasına ilişkin söylenmemiş korkular, dadının davranışları hakkında çarpıtılmış bir fikre sahip olmanıza yol açabilir. Kıskançlık normal ve yaygın bir tepkidir. Benim kendi annem Sara'ya baktığında bile, ikisinin arasındaki ilişkiyi biraz kıskanmıştım. Her ne kadar bu kadar mükemmel ve güvenilir birini bulmuş olmaktan ağzı kulaklarında olsa da çalışan pek çok anneden, bebeklerinin ilk gülümsemesine veya ilk adımına o kişinin şahit olacağı düşüncesinin kendilerini yaraladığını duyuyorum. Benim tavsiyem, bu duyguları eşinizle veya iyi bir arkadaşınızla konuşmanız... Bu duyguları yaşamanın ayıp bir yanı olmadığını bilin; neredeyse bütün anneler bunu yaşamıştır. Sadece şunu hatırlayın: anne olan sizsiniz ve onun yerini kimse alamaz.

"Dadı Günlüğü" Tutmak

Dadınızdan siz orada değilken neler olup bittiğinin basit bir şekilde günlük kaydını tutmasını isteyin. Aşağıda bir örnek var. Kendi dadı günlüğünüzü sizin şartlarınıza uyacak şekilde düzenleyin. Günlüğü bilgisayarınıza koyun ki bebeğiniz büyüyüp değiştikçe üzerinde değişiklikler yapabilesiniz. Günlük ayrıntılı ama kısa olmalıdır, böylece dadınız onu doldurmak için çok fazla zaman harcamaz.

Gıdalar

Biberon saatleri..

Bugün yeni gıdaya başlandı:...

Bebeğin tepkisi: ❑ Gaz ❑ Hıçkırık ❑ Kusma ❑ İshal

Ayrıntılar:

....

....

Aktiviteler

Evde: ❑ Jimnastik halısı_______ dakika ❑ Oyun parkı

Diğer:..

....

Dışarıda: ❑ Parkta yürüyüş ❑ Kurs (örneğin, anne-bebek müzik ve oyun grupları) ❑ Havuz

Diğer:..

....

Kilometre taşları

❑ Gülümsedi ❑ Kafasını kaldırdı ❑ Döndü ❑ Oturdu

❑ Ayağa kalktı ❑ İlk adımını attı

Diğer:..

....

Randevular

Doktor..

....

Oyun buluşması

....

....

Olağandışı Olaylar

Kazalar

....

Öfke nöbeti

....

Olağandışı başka herhangi bir şey

....

sekizinci bölüm

Büyük Umutlar:
Özel Durumlar ve
Beklenmedik Olaylar

Büyük buhranlar ve krizler, bize,
hayatî kaynaklarımızın tahmin ettiğimizden
ne kadar büyük olduklarını gösterir.
-William James

Kusursuz Hesaplanmış Planlar

Bir aile kurmayı planlarken elbette hepimiz kolayca gebe kalacağımıza, olaysız bir hamilelik geçireceğimize, zahmetsiz bir doğum yapıp sağlıklı bir bebeğe sahip olacağımıza inanmak *isteriz*. Hayatın getirdikleri her zaman bunlar değildir.

Örneğin, doğurganlıkla ilgili bir sorunla karşı karşıya kalıp evlat edinmek veya yardımcı üreme teknolojisinden (ART) faydalanmak durumunda kalabilirsiniz; bu teknoloji, geleneksel şekilde gebe kalmaya yardımcı ya da bunu pas geçen çok çeşitli seçenekleri kapsayıcı genel bir terimdir. Başka bir kadının miad dolana kadar sizin bebeğinizi bilfiil taşıması anlamına gelen taşıyıcı annelik bu seçeneklerden biridir. Açıkça görüldüğü üzere, hem yerel hem de yabancı kaynaklardan evlat edinme, taşıyıcı annelikten daha yaygın bir uygulamadır ama Birleşik Devletler'de bulunduğum süre içerisinde, bazen onların ifade ettiği şekliyle "taşıyıcı" kullanmış olan sekiz çift ebeveyni tanıma ayrıcalığım oldu.

Hamile kaldığınızda, öngörmemiş olduğunuz şartlarla kuşatılabilirsiniz. İkiz veya üçüz taşıdığınızı öğrenebilirsiniz -bu bir lütuftur elbette ama aynı zamanda göz korkutucu bir bekleyiştir. Hamileliğiniz sırasında yatak istirahati gerektiren başka sorunlar ortaya çıkabilir. Otuz beş yaşın üstündeyseniz ve özellikle üreme ilâçları almışsanız, daha genç yaştaki bir anne adayından muhtemelen daha tedbirli olmanız gerekecektir. Şeker hastalığı gibi önceden var olan bir durum söz konusuysa, bu da hamileliğinizi yüksek risk kategorisine sokabilir.

İhtimaller Dahilinde...

Evlat Edinme: 1990'larda, evlat edinme oranı yılda yaklaşık 120.000 idi. Bunların yaklaşık yüzde 40'ı akrabalardan, yüzde 15'i devlet teşkilatlarından, yüzde 35'i özel yollardan (ajanslar, doktorlar, avukatlar), yüzde 10'u da yurtdışından evlat edinmeyi kapsıyordu.

Taşıyıcı Annelik: Resmî kayıtlar yok ancak Taşıyıcı Annelik Yoluyla Ebeveynlik Teşkilâtı'nın (OPTS) tahminlerine göre, 1976'dan bu yana 10.000 ilâ 15.000 ya da biraz daha fazla sayıda bebek taşıyıcı annelik yoluyla dünyaya gelmiştir.

Çoğul Gebelikler: Her 100 canlı doğumda toplam ikiz oranı 1,2; üçüz oranı ise 6.889 canlı doğumda 1'dir. Üreme ilâçlarıyla birlikte bu rakamlar büyük ölçüde artış göstermiştir: Clomid kullanımıyla, ikiz oranı 100'de 8'e, üçüz oranı 100'de 0,5'e; Pergonal kullanımıyla ikiz oranı 100'de 18'e, üçüz oranı 100'de 3'e yükselmiştir.

Prematüre Doğumlar: Yılda yaklaşık 300.000 doğum veya bütün hamileliklerin yüzde 10'u (40 hafta normal kabul edilerek) 37. haftada veya daha erken haftalarda gerçekleşmektedir. 35 yaşın üstündeyseniz, ikiz bekliyorsanız ya da aşağıdaki durumlardan biri veya birkaçı söz konusuysa erken doğum olasılığınız artmaktadır: aşırı stres, şeker hastalığı gibi kronik bir tıbbî sorun, enfeksiyon veya hamilelik esnasında plasenta previa gibi bir komplikasyonun baş göstermesi.

Son olarak, doğumunuza komplikasyonlar damga vurabilir. Bebeğiniz (veya bebekleriniz) erken gelebilir ya da doğum esnasında, hastanede daha uzun süre kalmanızı gerektiren bir şeyler olabilir. Yeni doğmuş bebeğinizi hemen kucağınıza alamamak gerçekten zordur. Örneğin, Kayla hastaneden eli boş çıkmak zorunda kalmıştı çünkü Sasha üç hafta erken doğmuştu. Minicik ve narin Sasha'nın akciğerlerinde sıvı vardı ve doğumu izleyen altı gün boyunca yenidoğan yoğun bakım ünitesine konulmuştu. Hırslı bir sporcu olan Kayla bu durumu şöyle hatırlıyor: "Yarış için her şeyinle hazırsın da birileri gelip sana 'Boşver -yarış ertelendi' diyor gibiydi."

Kuşkusuz, kısırlık, evlat edinme, çoğul gebelik ve doğum sorunları üzerine yazılmış kitaplar var. Ancak burada beni en çok ilgilendiren, bebeğinize nasıl gebe kaldığınıza veya onu nasıl doğurduğunuza bakmaksızın ve ortaya çıkan sorunlara rağmen, sizin bu kitapta ele aldığım kavramları uygulama yeteneğinizdir.

Güçlüğün Güçlüğü

Her ne kadar yukarıda bahsettiğim durumlar çok farklı senaryolar sunsa da ve ilerleyen sayfalarda bunları ayrı ayrı ele alacak olsam da, bütün özel durumlarda ve beklenmedik olaylarda geçerli olan bazı ortak noktalar var. Sizin tepkiniz kararlarınızı etkileyebilir, bebeğinize bakma ve onu duyma şeklinizi çarpıtabilir ve sistemli bir rutin oturtma yeteneğinize etki edebilir. Durum ne olursa olsun, karşılaştığınız güçlük ne olursa olsun, işte ortaya çıkan evrensel duygulardan bazıları... Sizi neyin beklediğini bilmek tuzaklardan kaçmanıza yardım edebilir.

Muhtemelen daha tükenmiş, duygusal açıdan daha bitkin olur ve bu nedenle her şey için daha fazla endişelenirsiniz. Zor bir hamilelik geçirdiyseniz veya yüksek riskli bir doğum yaşadıysanız, bebeğin geldiği zamana kadar tamamen tükenmiş olursunuz -ikizleriniz veya üçüzleriniz olduysa bu kat be kat artar. Ya da doğum esnasında beklenmedik bir şeyler olursa, bu durum bedeninize, etkisini ilerideki günlerde ve haftalarda gösterecek olan şok dalgaları gönderir. Bu nedenle, doğumdan sonra her kadın ne denli tükenmiş olsa da, beklenmeyen şartlar sizi daha da dermansız bırakabilir. Dahası, devam eden gerginlikler sadece ebeveynlik yeteneğinizi değil, eşinizle olan ilişkinizi de etkiler.

Tüm bunları iyileştirecek sihirli bir ilâç yok; her kriz, beraberinde yoğunlaşmış duygular getirir (368. sayfadaki "İniş-çıkışlı Duygu Treni" başlığına bakın). Bunun çaresi, ihtiyacınız olduğu şekilde dinlenmek ve size sunulan bütün yardımları kabul etmektir. Size olan bitenin farkında olun ve bunun geçeceğini bilin.

Endişelenmeniz Gereken Durumlar

Eğer bebeğinizde bu belirtilerden birini görürseniz, çocuk doktorunuzu arayın:

- Ağız kuruluğu, gözyaşı olmaması veya koru renkli idrar (su kaybının işareti olabilir)
- Kakada cerahat veya kan ya da devam eden yeşil renkte kaka
- Sekiz saatten uzun süren ya da kusmanın eşlik ettiği ishal
- Yüksek ateş
- Ciddi karın ağrısı

Bebeğiniz doğduktan sonra bile, onu kaybetmekten daha çok korkar hale gelebilirsiniz. Hamile kalmak için altı-yedi sene uğraşmışsanız, hamileliğiniz veya doğumunuz zor geçmişse, başta muhtemelen fazla olan kaygı düzeyiniz bebek gelince artabilir. Evlat edindiğinizde bile, olağan ufak tefek sorunları ve talihsizlikleri dahi olası felâketler olarak yanlış yorumlayabilirsiniz. Saplantılı bir biçimde bebek monitörünü dinleyebilir ve bebeğinizin çıkardığı en ufak sese atlayabilirsiniz. Kendinizi "bir şeyleri yanlış yapacağınıza" inandırabilirsiniz. Kayla, kendisinin ve Paul'ün "bebeği öldürmekten" korktuklarını itiraf etmişti. Sasha başlarda memeyi sorunsuz bir şekilde kavrıyordu. Ancak, üç haftalıkken memeyi gevşek bir şekilde almaya başladı -o zamana kadar, daha etkili emen bir bebek haline gelmişti ve göğüsleri daha çabuk boşaltabiliyordu. Ama Kayla bu davranışı hemen "bir sorun" olarak yorumlamıştı.

Yine, çare özfarkındalıktır. Aşırı hassas olduğunuzu, olan biteni açıkça göremiyor olabileceğinizi bilin. Hemen kötü sonuçlara varmak yerine, gerçekleri bir kontrol edin. Neyin "normal" olduğunu anlamak için, çocuk doktorunuzu, yenidoğan yoğun bakım ünitesindeki hemşireleri veya sizinkinden biraz daha büyük yaşta bebekleri olan arkadaşlarınızı arayın. Biraz mizah duygusunun da zararı olmaz. Kayla şöyle anımsıyor: "Paul'e ne zaman 'Bezini *öyle* bağlayamazsın' gibi tamamen nevrotik bir şey söylesem ya da Sasha aç değilken veya ağlamazken bile 'Bebeği *şimdi* emzirmem lâzım' diye ona bağırsam, Paul, 'Bozuk plak gibi çalıyorsun, tatlım' diyordu bana... Bu 'tuhaf anne' anlamına geliyordu. Genelde, o noktada kendimi duyup sakinleşiyordum." Endişeli pek çok annede tipik olarak gördüğüm şekilde, Sasha üç aylık olduğunda Kayla anneliğe alışıp rahatlamıştı.

"Doğru olanı mı yaptım?" diye merak edebilirsiniz. Çocuk sahibi olmak için yaptıklarınız istemli, zor işlerdir. Eğer hamile kalmak için yıllarca uğraşmışsanız, insanı usandıracak derece-

de uzun bir evlat edinme sürecinden geçmiş ve süreç esnasında hayal kırıklıklarınız olmuşsa, nihayet ebeveyn olduğunuzda, tüm o çabaların tüm bu çabalara gerçekten değip değmediğini ya da -üreme tedavilerinin sık görülen bir yan ürünü olarak ikiz-üçüz bebekleriniz olmuşsa- boyunuzdan büyük işlere kalkışıp kalkışmadığınızı merak edebilirsiniz. Taşıyıcı annelik yoluyla bebek sahibi olmuş olan Sophia, bütün sürecin sorunsuz bir biçimde geçmiş olmasına minnettardı -taşıyıcı anneyi, Magda'yı bulmak; onun Fred'in spermiyle döllenmesi ve onu sonraki dokuz ay boyunca görmesi... Ancak, ne zaman ki yeni bebeğine bakacağı gerçeği ortaya çıktı, Sophia tepetaklak oldu. Teknik olarak *onun* hormonları bir hamileliğin etkilerini yaşamamıştı ama hatırladıklarını "Becca'nın doğumu çok büyük bir sevinç yaşattı ama sonra çok fazla duygusal dalgalanma yaşadım, kendimden çok şüphe ettim" diye anlatıyor.

Sophia'nın çektikleri, annelerin genelde kabul etmeyi istediğinden daha yaygındır. Bu tür duygular nedeniyle sıkıntı hatta utanç duyabiliyorlar, dolayısıyla da bunlar hakkında konuşmayı istemiyorlar. Sonuç olarak, pek çok anne duygularının ne kadar tipik olduğunu fark etmiyor. Elbette, yüreğinin derininde, hiç kimse bebeğini geri vermek istemez. Ancak, duygular büsbütün ezici olabilir. Ve bu sessizlik duvarı kadınları bir başlarına bıraktığından, olumsuzluğun ve korkunun nihayet geçeceğine inanmak zordur. Becca üç aylık olmaya yaklaşırken, Sophia anneliğe her gün biraz daha uyum sağlamıştı.

Eğer Sophia'nın hikâyesi size tanıdık geliyorsa, cesaretli olun. Bu duyguları *atlatabilirsiniz*, özellikle de bunların sonsuza dek sürmeyeceğini kendinize hatırlatırsanız... Destek alın -bir danışmandan, bir gruptan, aynı şeyi yaşamış başka ebeveynlerden... Konu ister evlat edinme, ister birden fazla bebek, ister zor bir doğum isterse de aşırı ihtiyaçları olan bir bebek olsun, size yardımcı olabilecek insanlar var.

Muhtemelen, dışarıdan gelen değerlendirmelere kendi mantığınızdan daha fazla bel bağlarsınız. Eğer bir üreme merkezine gitmişseniz, muhtemelen, personelin içinden pek çok profesyonelle telefonda görüşebilecek kadar bir ilişki geliştirmişsinizdir. Ya da bebeğiniz düşük kilolu doğmuşsa, hastanenin yenidoğan yoğun bakım ünitesindeki hemşirelere bağımlı hale gelmiş olabilirsiniz. Eğer siz de pek çok kadın gibiyseniz, bebek eve gelince, saatin ve tartının esiri hale gelirsiniz. Her öğünün saatini hesaplayıp kendinize "Onu ihtiyacı olan beslenmeyi karşılayacak kadar emziriyor muyum?" diye sorarsınız ve gelişimini santim santim ölçersiniz. Sizi yönlendirmeleri için doktorları ve hemşireleri çağırmaya alışmışsınızdır ama şimdi kendinizi yalnız ve şaşkın hissedersiniz.

Profesyonel bilginin ve kesin ölçümlerin gereksiz olduğunu söylemiyorum -başlarda, bebeğinizin doğru yolda olduğundan emin olmanız önemlidir. Ama ebeveynler, bebeklerinin sıkıntılı durumları geçtikten çok sonra da bu desteklere hâlâ bel bağlama eğiliminde oluyorlar. Bebeğinizin kilo almaya başladığını gördüğünüz zaman, onu günde bir kez yerine haftada bir tartın. Hiçbir şekilde yardım istemekten vazgeçmeyin ama telefon etmeden önce bir an durup sizce sorunun ne olduğu ve buna iyi bir çözümün ne olduğu hakkında düşünün. Uzmanlara sizi kurtarmaları için değil de sizi *teyit etmeleri* için başvurmak, kendi içsesinize olan güveninizi artırır.

Bebeğinizi kendine özgü bir birey olarak görmekte sıkıntı çekebilirsiniz. Bazen ebeveynler, farkında olmadan, hasta bebeğe sahip ebeveyn ruh haline saplanıp kalırlar. Korkular ve kaygılar bakış açılarını gölgeler ve kendi duygularından ya da bebeklerinin erken doğumundan veya zor doğumundan ötesini göremezler. Eğer bebeğinizden "bebek" diye söz ettiğinizi fark ederseniz, bu, onu bir birey olarak görmediğinizin işareti olabilir. Sırf minik bebeğiniz dünyaya gelirken zorluk yaşadı diye, bir bireyden daha azına indirgenemez. Şimdi, yenidoğan yoğun bakım ünitesinde bir kuvözde kundağa sarılmış, orasından burasından tüpler sarkan 1,5-2 kiloluk bir bebeği görürken bunu hatırlamak zor olabilir. Yine de, diyaloğa başlamalısınız: Bebeğinizle konuşun, tepkilerini fark edin ve onun kim olduğunu anlamaya çalışın. Bebeğinizi eve getirdiğiniz zaman, özellikle de asıl doğum tarihine ulaştığı zaman (ki genelde erken doğmuş bir bebeğin "yaş"ını belirlemekte kullandığımız temel budur), bu dikkatli, yavaş gözlemi sürdürün.

Benzer bir durum çoğul bebeklerde görülebilir -o zaman "bebekler" oluyorlar. Aslında, araştırmalar, ikiz bebeklerin ebeveynlerinin, doğrudan bebeklerine değil bebeklerinin *arasına* bakma eğiliminde olduklarını göstermektedir. O kıymetli bebeklerinizi birey olarak görmeye özen gösterin; onların doğrudan gözlerinin içine bakın. Sizi temin ederim ki, her birinin kendine özgü kişiliği ve ihtiyaçları olacaktır.

Sistemli bir rutine karşı koyabilirsiniz. Elbette, erken doğmuş veya düşük kilolu bir bebeğin normal bir bebeğe göre daha sık beslenmesi gerekir ve daha fazla uyur. Kuşkusuz, hasta bir bebeğin iyileşmesini isteriz ve ilâç vermemiz gerekebilir. Ama genelde bebeğin iki buçuk kilo civarına ulaştığı noktada, onu E.A.S.Y. rutinine sokmanız mümkün hale gelmenin ötesinde tavsiye de edilir. Sorun yine şu ki bebeğinizi iştahsızmış gibi görmeye devam edebilirsiniz. Doğumundan aylar sonra bebeğin yaşıtlarını yakalamış olduğunu fark etmezsiniz.

Evlat edinmede de ebeveynler sistemli bir rutine bazen karşı çıkabilirler çünkü yeni bebeklerine çok fazla değişiklik yaşatma konusunda gerginlik hissederler. Bunun yerine bebeği izlemeye çalışırlar -ve bu her zaman kaosa götüren bir hareket tarzıdır. Bu kitapta daha önce söylediğim gibi, o bir *bebek*! Neden yönetimi ona veresiniz ki? Aşırı koruyuculuğun olduğu bazı uç durumlarda, bebek o kadar korunur ve sayılır ki bir çiftin oğullarına şakayla karışık dedikleri gibi bebek, "Kral Bebek" olur. Tabii, ebeveynlere çocuklarını el üstünde tutmamalarını söyleyecek değilim -aslına bakarsanız bunun tam tersini söylüyorum. Ama bebeği evin reisi yapacak kadar bozulmuş bir dengeyi doğru bulmuyorum.

Bu tür ebeveynlik tuzakları doğal olarak her evde olmaktadır ama bebeklerinin ilk günlerine olağandışı şartlar damga vurduğunda anne ile babanın sendeleme ihtimali daha yüksek oluyor. Şimdi de karşılaşabileceğiniz spesifik meselelerden bazılarına bakalım.

Özel Sipariş: Evlat Edinmeler ve Taşıyıcı Annelik

"Özel sipariş"te, anne ile baba, bebeklerini, bir hastaneden, ajanstan, avukatlık bürosundan veya havaalanından alırlar. Başvurular, ev ziyaretleri, sonu gelmez telefon konuşmaları, müstakbel biyolojik anne ya da taşıyıcı anne ile görüşmeler ve hatta son dakikada bir düzenlemenin aksaması veya iptal edilmesi nedeniyle yaşanan hayal kırıklıkları ile dolu, uzun, çetin bir yolun sonunda gelir genelde bu an...

İPUCU: *Eğer bir bebeği evlat ediniyorsanız, biyolojik annesinden veya taşıyıcı anneden sizin sesinizin olduğu bir kaseti çalmasını isteyin; böylece, çocuk rahimdeyken en azından sizin sesinizi duymaya başlar.*

Bir kadın hamile kaldığında, kendini hazırlaması için önünde dokuz ay vardır. Bu süre içerisinde sonradan aklına gelen bazı düşünceler olabilse de, gebelik döneminde bu fikre alışması için bol bol zamanı olacaktır. Ancak burada durum böyle değil; özel siparişinizin geldiği haberini aniden alabilirsiniz ve bir bebeği kucağınıza almak genelde şok edicidir: "Kapıya doğru yürüyen kadınları gördüğümü hatırlıyorum" demişti evlat edinen bir anne, "her birinin kucağında bir bebek vardı ve ben 'Tanrım, onlardan biri *benim'* diye düşünmüştüm." Stresi daha da artıran, genelde, bundan sonra, evlat edinen çiftlerin yeni bebeklerini beraberlerinde götürmeleri gerekliliğidir ki burada ikili bir uyum söz konusudur -o ilk anın etkisi, ardından bebeği eve getirmenin baş döndürücü deneyimi...

Evet, evlat edinen bir anne hamilelikten ve doğumdan sonraki o fiziksel şoku yaşamıyor. Yürüyüş yaparak veya normalde ne yapıyorsa onu yaparak gerginliğini hafifletmek suretiyle en azından normal hayatını sürdürebiliyor. Taşıyıcı annelik yoluyla ikizleri olan emlakçı Charlotte, oğullarının doğduğu ana kadar oradan oraya koşturup durmuştu. Aynı zamanda, çocuklara bakma işinin yükü genelde yeni annenin omuzlarında olduğundan, duygusal bedel oldukça ağır olabiliyor.

Her ne kadar bütün "özel sipariş bebekler"in ortak noktası, çocuğunuzu başka birinin taşıması ve yasal olarak onu evlat edinmeniz gerektiği olsa da, bu tür düzenlemeler arasında da bazı önemli farklar var. Bir kere, taşıyıcı anneliğin yasal düzenlemeleri, on yıllardır emsalleri görülen evlat edinmeye göre daha alengirli olabilir. Dahası, gerçek anlamda varınızı yoğunuzu riske atıyorsunuz -sadece tek bir kadına bel bağladığınız için değil, aynı zamanda her on taşıyıcı annelikten biri düşükle sonlandığı için... Evlat edinmede, anne adaylarının yelpazesi daha geniştir ve hem bu ülkedeki hem de dışarıdaki ajanslarla iş yapabilirsiniz. Her ne kadar her bir plan maliyet gerektirse de, daha az geleneksel seçenek olan taşıyıcı annelikle ilgili masraflar, özellikle de taşıyıcı anne laboratuvarda döllenirse -ki bu her zaman olmaz- evlat edinme ücretini aşabilir.

Bebeği temin eden annenin asıl motivasyonu da oldukça farklı durumlara neden olmaktadır. Taşıyıcı anne, kısır bir çifte, bebeklerini taşıyarak yardımcı olmak için bilinçli bir karar verir. Seçme sürecinde, evlat edinen ebeveynlerde olduğu gibi, yapacak çok iş vardır ve kız kardeşin veya teyzenin taşıyıcı olmaya gönüllü olması durumunda arada biyolojik bir bağ bile olabilir. Evlat edinmede, doğum yapan anne, çok genç ya da çok yaşlı olduğu için ve/veya kendi çocuğuna bakacak finansal veya duygusal kaynaklara sahip olmadığı için bebeğini verir. Evlat edinen ebeveynlerle daha önceden veya süregelen bir bağı olabilir veya olmayabilir; hatta ebeveynlerin kim olduğunu bilmeyebilir bile...

Taşıyıcı annelikte, evlat edinen ebeveynler genelde hamilelik sürecine dahil olurlar ve bebeklerini tam olarak ne zaman alacaklarını bilirler. Sophia'nın durumunda olduğu gibi bazıları taşıyıcı anneyle yakınlaşabilir, hatta onun çocuklarıyla tanışır ve sonunda taşıyıcı annenin ailesi kendi ailesinin bir parçası olur. Magda doğum yaptığında doğumhanede olan Sophia "Becca'yı ilk ben kucağıma aldım," diye hatırlıyor "ve o gece onu otele götürüp onunla birlikte uyudum."

Ebeveynlerin, küçük mucizelerinin ne zaman geleceğini tam olarak bilemeyebilecekleri geleneksel evlat edinme süreciyle kıyaslandığında, sorunsuz işleyen bir taşıyıcı annelik düzenlemesi, bütün süreci oldukça etkin ve biraz daha öngörülebilir hale getirebilir. Bir Pazar günü Tammy'den bir telefon geldiğini hatırlıyorum; bir bebek için başvuruda bulunmuştu ve benim uygun olup olmadığımı soruyordu. Hem onu hem de beni şok eden bir gelişme oldu ve bir sonraki Perşembe - dört gün sonra- beni tekrar aradı: "Tracy, bebeğimi yarın alacağımı söylediler." Hazırlanmak için pek fazla zamanı yoktu! Tammy bebeğini hastaneden almak için bin kilometre uçmak durumunda kalmıştı; ardından da mevcut hiçbir sorunun olmadığından emin olmak için evlat edinilen bebeklerde genellikle yapılan bir dizi tıbbî test uygulanmıştı. Anneyle hiç tanışmamıştı ve bir sağlık raporu dışında ilgilenmesi gereken pek bir şey olmamıştı; bir de kollarındaki bu minicik, savunmasız varlık için kalbinden birdenbire kopup gelen sevgi...

Özel Sipariş Bebeğinizle Tanışma

İşte, küçük sevgi yumağınızı eve getirdiğinizde aklınızda tutmanız gereken bazı noktalar...

Diyalog kurun. Açıkça, evlat edinen annenin yapması gereken ilk şeylerden biri yeni bebeğiyle konuşmaktır. Eğer bebek rahimdeyken sizin sesinizi duymuşsa çok iyi ama çoğu durumda bu mümkün değildir. Kendinizi bilfiil tanıtın. Çocuğunuza, ona sahip olduğunuz için kendinizi ne kadar şanslı hissettiğinizi anlatın. Eğer başka kültürden bir bebek evlat edindiyseniz, sesinize alışması biraz daha uzun sürebilir. Sesinizin yüksekliği, tonlamanız ve konuşmanızın biçimi, ona alışkın olduğundan farklı *gelecektir*. Bu nedenle genelde tavsiyem, mümkün olduğunda, yeni bebeğinizle aynı milliyetten bir bakıcı bulmaktır.

İlk birkaç günün zor geçmesine hazırlıklı olun. Doğumun olağan travmalarını yaşayan ve buna ilaveten bir sürü yabancı sese maruz kalıp uzun bir yolculuk yapmış olan bebek için "eve" gelmek çok kafa karıştırıcı olabilir. Bu nedenle, evlat edinilen pek çok bebek eve geldiğinde olağanüstü derecede huysuz olur. Tammy'nin bebeği Hunter'ın da durumu böyleydi. Bebeğinin korkularını hafifletip onu yeni çevresinde rahat ettirmek için Tammy ilk kırk sekiz saat küçük Hunter ile ayakta kalmış, sadece o uyukladığında uyuklamıştı. Hiç durmadan onunla konuşmuştu; üçüncü gün itibarıyla bebeğinin aksiliği azalmıştı. Bebeğin huysuzluğunu uzun uçak yolculuğuna bağlayabilirsiniz ama ben onun, kendisini doğuran annesinin sesini özlediğini de düşünüyorum.

Emziremediğiniz için cesaretiniz kırılmasın. Bu deneyimi yaşamak isteyen ya da bebeklerinin anne sütünün besleyici faydalarından yararlanmasını isteyen evlat edinmiş pek çok anne için bu tartışmalı bir konudur. İkinci gruptaki annelerin dileği, taşıyıcı annenin veya doğum yapan annenin ilk bir ay kadar sütünü sağmak istemesiyle gerçek olabilir. Ülkenin bir ucundan kendilerine ekspres kargoyla dondurulmuş anne sütü yollanan pek çok aile biliyorum. Ve eğer evlat edinmiş bir annenin istediği şey emzirme *hissi* ise, takviye edici bir beslenme aracı kullanarak bu deneyimi en azından taklit edebilir (191. sayfaya bakın).

E.A.S.Y. rutinine başlamadan önce bebeğinizi birkaç gün gözlemleyin. Bebeğinizi sistemli bir rutine mümkün olduğunca erken sokmak önemlidir ama evlat edinme durumunda birkaç günü gözlemle geçirmeniz gerekir. Elbette, bu, sevgi yumağınızın *ne zaman* geldiğine de bağlıdır. Taşıyıcı annelikte, doğumdan hemen sonra bebeğinizle birlikte olma şansınız vardır ve böyle bir durumda doğum yapan her anne nasıl hareket ediyorsa siz de öyle hareket edersiniz. Ama diğer evlat edinme türlerinde, genelde, birkaç günden birkaç aya kadar uzayabilen bir boşluk olur (yürüme çağında veya daha büyük yaşta bir çocuğu evlat edindiğinizde bu süre elbette daha uzundur ama biz burada bebekliği ele alıyoruz). Genelde, iki, üç ya da dört aylık bebekler yetimhanede veya bakıldıkları koruyucu ailede bir programa sokulurlar. Yine de, yeni gelen küçüğünüzün üzerindeki ekstra stres nedeniyle, uyum sağlaması için ona zaman vermeniz gerekecektir. Hatırlamanız gereken asıl nokta, onu dinlemeniz gerektiğidir. Bebeğiniz neye ihtiyacı olduğunu size söyleyecektir.

Doğrudan hastaneden gelen bir yenidoğanın bile, nasıl biri olduğunu ve neye ihtiyaç duyduğunu ölçüp tartmak için onu dikkatle gözlemlemeniz gerekir. Örneğin, Tammy'nin oğlu Hunter, dördüncü-beşinci gün itibarıyla kendini evinde hissetmeye başlamıştı ve bir Kitap bebek olduğu aşikârdı. Güzel besleniyordu, ruh halleri oldukça öngörülebilirdi ve aralıksız yaklaşık iki saat uyuyordu; dolayısıyla Tammy'nin onu E.A.S.Y. rutinine sokması zor olmadı.

Ancak evlat edinilen her bebeğin yaşadıkları farklıdır. *Sizin* çocuğunuzun başından geçmiş her şeyi dikkate almanız gerekiyor. Eğer bebeğinizin aklı karışmış görünüyorsa, onunla sadece konuşmakla kalmayıp bol bol yakın temasta bulunmanın da faydası olur. Onu kucağınızda dolaştırın. Aslında, ilk dört gün, bebeğinizi, üzerinize giydiğiniz bir bebek taşıyıcısına koyup gerçek anlamda kalbinize yakın tutarak, ona doğum öncesindeki ortamın bir benzerini yaşatabilirsiniz. Ancak, bunu dört günden fazla yapmayın. Bebeğiniz daha sakin görünüp sizin sesinize daha fazla tepki verir hale gelince, E.A.S.Y. rutinine başlayabilirsiniz. Aksi takdirde, bir sonraki bölümde anlatacağım türden ebeveynlik sorunlarını yaşama riskiniz artar.

Eğer bebeğiniz biraz daha büyükse ve E.A.S.Y. rutinine değil de her yemekten sonra uyuduğu başka birinin programına alışmışsa, düzenini nazikçe değiştirebilirsiniz ama burada da ona birkaç gün vermeniz gerekir. Önce ne kadar yediğini görmeye zaman ayırın. Evlat edinilmiş çoğu bebek mama yer ve mamayı biberondan içer. Mamanın tipik olarak saatte otuz ml oranında parçalandığını aşağı yukarı bildiğimizden, bebeğinizi üç saatlik aralarla destekleyerek her beslenmede yeterince mama aldığından emin olabilirsiniz. Eğer önceden alıştırıldığı için bebeğiniz biberondayken uyuyakalıyorsa, onu uyandırın (158. sayfadaki ipucuna bakın). Beslenmeden sonra uyanık kalmasını sağlamak için onunla biraz oynayın. Birkaç gün içinde, E.A.S.Y. rutinine geçmiş olacaktır.

Ebeveyn olarak, doğum yapmış bir kadından eksiğiniz olmadığı-

nı hatırlayın. Taşıyıcı annelik veya geleneksel evlat edinme yoluyla bebek sahibi olan anne başta bu bebeği gerçekten hak etmediği veya bebekle ne yapacağını bilemediği hissine kapılabilir ama ilk üç aydan sonra, evlat edinmiş bir kadının bilfiil bebek doğurmuş bir kadından farkı kalmaz. Evlat edinmiş kadınların bir özür borcu yoktur. Ne de olsa, ebeveyn olmak, bir laf işi değil, bir eylemdir. Eğer bir bebekle birlikteyseniz, hastalandığında gece başında oturmuşsanız ve ebeveynlik rolünün gerektirdiklerini her şekilde yerine getirmişseniz, anne veya baba sıfatını kazanmak için biyolojik bir bağa ihtiyacınız yoktur.

Evlat edinmiş pek çok ebeveynin aklının bir köşesinde "Bu çocuk büyüyünce onu doğuran anneyi bulmak ister mi?" sorusu vardır. Bu beklenilmesi ama endişe edilmemesi gereken bir şeydir. Çocuğunuzun geçmişini araştırma hakkına saygı duymanız gerekir -bunlar onun kararı değil, kökleridir. Aslına bakarsanız, onun merakından ne kadar çekinirseniz, o kadar sorgulayıcı olacaktır.

Açık olun. Evlat edinme fikrini, bebeğinizle olan diyaloğunuzun olağan bir parçası haline getirin ki onunla kökeni hakkında konuşmak için "doğru zaman"ı kollamak zorunda kalmayasınız. Taşıyıcı annelik durumunda, bir bitki benzetmesi kullanmanızı öneririm. Sizin beton bir avlunuz var, yan komşunuzun da toprağı... Siz komşunuza tohumları veriyorsunuz ve bitki filizlendiğinde onu geri alıp kendi avlunuza koyuyorsunuz. Sonra bitkileri sulamaya ve büyümelerine yardımcı olmaya devam ediyorsunuz.

"Açık" derken, illâ doğum annesiyle veya taşıyıcı anneyle iletişimde kalmanızı kastetmiyorum. Bu ancak çiftlerin kendi özel durumlarını dikkatlice değerlendirmelerinden sonra onlar tarafından alınacak karmaşık ve çok kişisel bir karardır. Ancak, vardığınız karar ne olursa olsun, kökeni hakkında çocuğunuza karşı dürüst olmak önemlidir. Örneğin, Charlotte, gebe kalmak için Charlotte'un yumurtasını ve Mack'in spermini kullanmış olan taşıyıcı anne ile irtibatını sürdürmemişti (sadece babanın sperminin kullanıldığı geleneksel taşıyıcı annelikten farklı olarak bu işlem gestasyonel taşıyıcı annelik olarak bilinir). Bebekleri doğar doğmaz, Charlotte ile Mack onunla irtibatı kesmişlerdi çünkü Vivian'ı sadece bir ev sahibi gibi görüyorlardı. "Onları dokuz aylığına aldı ve şimdi onlar bizim," diye açıklıyor Charlotte... Yine de, oğlanların odasında Vivian'ın bir fotoğrafı duruyor ve aile onun hakkında konuşuyor. "Babanız ve ben öyle şanslıyız ki" diyor Charlotte oğullarına, "çünkü ben kendi karnımda bebeklere sahip olamasam da Vivian'ı bulduk; sizi kendi karnında taşıyan ve siz doğmaya hazır hale gelinceye kadar size bakmış olan harika bir kadın o..." Onlara doğum hikâyelerini geldikleri günden itibaren anlatıyor.

Eğer hamile kalırsanız şaşırmayın. Hayır, bir kocakarı hikâyesi değil bu; bununla beraber, görünürde kısır bir kadının evlat edindikten sonra neden birdenbire gebe kaldığını da kimse tam olarak bilmiyor. Kendisine, hiçbir zaman kendi çocuğunun olamayacağı söylenen Regina bir yenidoğan evlat edinmişti. Birkaç gün sonra, ne hikmetse, hamile kalmıştı. Belki artık hamile kalma baskısı üzerinden kalkmıştı... Şimdi iki bebeği var -aralarında dokuz ay var. Regina evlat edindiği oğluna öyle müteşekkir ki, onun hamile kalmasına "yardım ettiğinden" o kadar emin ki, ona "mucize bebeğim" diyor.

Erken Gelenler ve Sallantılı Başlangıçlar

Mucizelerden söz etmişken, prematüre veya tıbbî sorunlarla doğup ilk geceyi atlatamayacağından korktuğunuz -yani geriye bakıldığında- bir bebeğin gelişip normal bir bebek olduğunu görmek kadar hayranlık uyandırıcı bir şey yoktur. Biliyorum çünkü benim küçük kızım yedi hafta erken gelmişti. Beş hafta hastanede kaldı. İngiltere'de, erken doğmuş bebeklerimizin yanında kalmamıza izin veriliyor, dolayısıyla ilk üç hafta hastanede kaldım, sonraki iki haftayı da hastaneye gidip gelerek geçirdim -geceleri eve Sara'nın yanına, gündüzleri hastaneye Sophie'nin yanına gidiyordum.

Bol iniş-çıkışlı bir duygu trenine bizzat binmiş olduğumdan, gerçekten kalbim prematüre bebekleri olan veya bebekleri yenidoğan yoğun bakım ünitesinde olan ebeveynlerle birlikte çarpıyor. Bir gün umutlanırsınız; bir diğer gün, akciğerleri devre dışı kaldığı için korkudan kıpırdayamaz hale gelirsiniz. Alınan her gramın, enfeksiyon kapma endişelerinin, zeka geriliği veya ortaya çıkabilecek başka sorunların nasıl saplantı haline geldiğini biliyorum. Bebeğinizi yoğun bakımda yatarken görür ve kendinizi tamamen işe yaramaz hissedersiniz. Kendinizi toparlarsınız, hormonlarınız kontrolden çıkar ve yine de bebeğinizin ölme ihtimaliyle yüzleşmek zorunda olursunuz. Doktorun ağzından çıkan her kelimeye sarılır ama çoğu zaman neler söylediğini unutursunuz. Kötü haberlerin içinde bile birtakım iyi haberlerin olduğuna, biraz umut olduğuna kendinizi ikna etmeye çalışırsınız. Ama her saat şunu merak edersiniz: "Yaşayacak mı?"

Tabii, bazı bebekler yaşamıyor -ciddi komplikasyonların veya bebek ölümlerinin yüzde 60'ı, erken doğumun sonuçlarına dayanıyor. Elbette, durum, ufaklığın *ne kadar erken* geldiğine bağlı (370. sayfaya bakın). Dahası, hayatta kalan bebeklerde süregelen veya ameliyat gerektiren sorunlar baş gösterebilir ki bu da sadece insanın endişesini artırır. Ama bu bebeklerin büyük bir kısmı yaşamakla kalmayıp çok iyi gelişiyor ve birkaç ay içinde akranlarından gerçekten ayırt edilemez hale geliyor. Yine de, kendilerine bebeklerinin işin en kötü bölümünü atlatmış olduğu söylense bile, ebeveynler evlerine prematüre bir bebekle döndüklerinde sinirleri o kadar yıpranmış oluyor ki hayatın yine eskisi gibi olacağına inanmaları zor oluyor. İşte bebeğiniz gibi sizin de yaşamaya devam etmenize yardımcı olabilecek bazı kılavuz bilgiler:

Bebeğinize normal bir bebekmiş gibi davranmak için normal doğum zamanına kadar bekleyin. Bebeğiniz iki buçuk kilo civarına ulaştığında hastane bebeğinizi eve götürmenize izin verecektir ama eğer bebeğiniz bu kiloya normal doğum tarihinden önce ulaşmışsa ona çok hassas ve dikkatli davranmayı sürdürmeniz gerekir. Amacınız, bebeğinizin mümkün olduğunca beslenip uyumasını sağlamak ve uyarılmamasını temin etmektir. Bebeği ondan gelen talep üzerine beslemeyi önerdiğim tek durum budur.

Unutmayın: Teknik olarak, bebeğinizin hâlâ *içeride* olması gerekirdi, dolayısıyla o şartların benzerini sağlamak için elinizden geleni yapın. Onu cenin pozisyonunda kundaklayın. Oda sıcaklığını 22 derece civarında tutun. Yenidoğan yoğun bakım ünitesinde, görsel uyaranları azaltmak için bebeklerin gözlerini örttüklerini fark etmiş olabilirsiniz. Bu nedenle, evdeyken, en iyisi odasını karanlık tutmaktır. Bebeğinizi siyah-beyaz oyuncaklara maruz bırakmayın -beyni henüz tam olarak oluşmamıştır ve bir bombardımana maruz kalmamalıdır. Her bebeğin bakterilerden uzak kalmasına dikkat edilmelidir ama söz konusu prematüre bir bebek olduğunda temizlik konusunda daha da sıkı olmak zorundasınız; zatürre gerçek bir risktir. Bütün biberonları sterilize edin.

Yüksek Riskli Bir Doğumun İniş-Çıkışlı Duygu Treni

Ölümü ve ölmeyi kabullenmenin aşamaları ilk olarak Elisabeth Kübler-Ross tarafından tanımlanmıştır ve o zamandan bu yana herhangi bir krize uyum sağlamanın normal akışını açıklamada kullanılmaktadır.

Şok: Kendinizi o kadar sersemlemiş hissedersiniz ki ayrıntıları kavramak veya net bir şekilde düşünmek çok zordur. En iyisi, bilgileri hatırlamanız ve sorular sormanız için yanınızda bir arkadaşınızın veya yakınınızın olmasıdır.

İnkâr: Olan bitene inanmak istemezsiniz -doktorlar yanılıyordur. Bebeğinizi yenidoğan yoğun bakım ünitesinde görmek nihayetinde sizi gerçekle yüzleştirir.

Keder: Mükemmel bebeğin ve ideal doğumun yasını tutarsınız. Kendinize üzülürsünüz, bebeğinizi eve götüremediğinize daha fazla üzülürsünüz. İçiniz acır; her an bir işkencedir. Sık sık ağlarsınız -ve gözyaşları dayanmanıza yardım eder.

Öfke: "Neden biz?" diye sorarsınız. Sorunu önlemek için sizin yapabilip de yapmamış olabileceğiniz bir şeylerin olmasından korkarak kendinizi suçlu bile hissedebilirsiniz. Bir sonraki aşamaya geçinceye kadar öfkenizi eşinize veya ailenize yöneltebilirsiniz.

Kabullenme: Hayatın devam etmesi gerektiğinin farkına varırsınız. Neyi değiştirip neyi değiştiremeyeceğinizi veya neyi kontrol edip neyi kontrol edemeyeceğinizi anlarsınız.

İPUCU: *Şu önemli dersi unutmayın: Önemli olan hayatta başınıza ne geldiği değil, onunla nasıl baş ettiğinizdir.*

Prematüre Bebeklerin Hayatta Kalma Oranları

Haftalar, son âdet tarihinden itibaren hesaplanmıştır. Yenidoğan yoğun bakım ünitelerindeki bebekler temel alındığından, bireysel durumlarda tahminler değişiklik gösterebilir.

23 hafta	yüzde 10–35
24 hafta	yüzde 40–70
25 hafta	yüzde 50–80
26 hafta	yüzde 80–90
27 hafta	yüzde 90'dan fazla
30 hafta	yüzde 95'ten fazla
34 hafta	yüzde 98'den fazla

Bir bebeğin hayatta kalma şansı, 23. ve 24. haftalar arasında *her gün* yüzde 3-4; 24. ve 26. haftalar arasında her gün yüzde 2-3 artmaktadır. 26. hafta sonrasında hayatta kalma oranı zaten yüksek olduğundan, günlük artış oranı o kadar önemli düzeyde değildir.

Bazı ebeveynler, nöbetleşerek, prematüre bebeklerini geceleri göğüslerinde uyuturlar. "Kanguru bakımı" denilen bu yöntemin prematüre bebeklerin akciğerlerine ve kalplerine yardımcı olmada yarar sağladığı kanıtlanmıştır. Londra'daki bir araştırma, annenin göğsünde anneyle ten tene temas halinde yatan bebeklerin, kuvözlerdeki bebeklere göre, daha çabuk kilo aldıklarını ve daha az sağlık sorunu yaşadıklarını göstermiştir.

Meme yerine veya memenin yanında biberon da verin. Bir bebek 2,5 kilo oluncaya kadar, beslenme düzenine bir yenidoğan uzmanı karar verir. Ancak, bebeğiniz eve geldiği zaman, o yardım eli eksilir. Elbette, en büyük kaygılarınızdan biri bebeğinizin kilo alımı olur. Bebeğinizi nasıl beslemeniz gerektiği, çocuk doktorunuzla görüşmeniz gereken bir konudur. Ama benim -ideal olarak sağılmış anne sütüyle dolu- biberon vermekten hoşlanmamın nedeni, bebeğin ne kadar içtiğini görebilmemdir. Dahası, bazı bebekler memede sıkıntı çeker. Bebeğinizin ne kadar erken geldiğine bağlı olarak, henüz emme refleksi gelişmemiş olabilir ki bu refleks gebe kalmayı takip eden otuz ikinci veya otuz dördüncü haftalara kadar gelişmez; eğer bebek bu zamandan önce doğmuşsa, nasıl emmesi gerektiğini bilemez.

Bebek Eve Gelemediğinde

Eğer bebeğiniz erken geldiyse veya hastanede herhangi bir sorun baş gösterdiyse, eve bebeğinizden önce gelmeniz gerekebilir. İşte size kendinizi sürece daha fazla dahil ve -umarım- daha az çaresiz hissettirecek bazı stratejiler:

- Altı ilâ yirmi dört saat içinde sütünüzü sağıp yenidoğan yoğun bakım ünitesine götürün. Sonunda planınız emzirmek olsun veya olmasın, sütünüz bebeğiniz için iyidir. Ancak eğer sütünüz gelmemişse, bebeğiniz hazır mamayla da gelişebilir.
- Bebeğinizi her gün ziyaret edin ve fiziksel temasta

bulunmaya çalışın ama hastanede yaşamayın. Sizin de dinlenmeye ihtiyacınız var, özellikle de bebeğiniz eve gelince...

- Kendinizi bunalımda hissetmeye hazır olun. Bu normal. Ağlayın ve korkularınız hakkında konuşun.
- Bir seferde bir günü düşünün. Kontrol edemeyeceğiniz bir gelecek için endişelenmenin bir anlamı yok. Bugün yapabileceklerinize odaklanın.
- Sorun yaşamış başka annelerle konuşun. Bebeğiniz sıkıntıda olabilir ama yardıma ihtiyacı olan tek o değil.

Kendi endişenizi izleyin ve onun için bir çıkış yolu bulun. Kaçırdığınız zamanı telâfi etmek için bebeğinizi sürekli kucağınızda tutmak istersiniz. Uyuduğunda uyanmayacağından öyle korkarsınız ki... Bu düşünceler ve daha başka sayısız koruma dürtüsü, neler yaşadığınıza bakıldığında, anlaşılabilir. Ancak, endişenin bebeğinize faydası olmaz. Tam tersine -araştırmalar, bebeklerin, annelerinin duygusal sıkıntılarını sezgisel olarak hissettiklerini ve bundan olumsuz yönde etkilenebildiklerini göstermiştir. Size destek olacak bir yetişkin bulmanız çok önemlidir -en derindeki korkularınızı dillendirebileceğiniz ve sizi kollarında ağlamaya teşvik edecek kişilerdir bunlar... Bu kişi, eşiniz olabilir. Ne de olsa, sizin korkularınızı kim daha iyi anlar ki? Ama ikiniz de aynı açmazda olduğunuzdan, her birinizin yanında güvenebileceği başka insanlar olmasının da yararı olur.

Fiziksel egzersizin de stresi bitirmede faydası olabilir. Ya da siz meditasyonla sakinleşen biri olabilirsiniz. İşe yarayan her ne ise, onu yapın ve yapmaya devam edin.

Bebeğiniz tehlikeyi atlattıktan sonra, onu prematüre veya hasta bir bebek olarak görmeyi bırakın. Eğer bebeğiniz erken gelmişse veya vaktinde ama bir sorunla doğmuşsa, önünüzdeki en büyük engel, bu deneyime eşlik eden kötü bir şeyler olacağı hissini yenememeniz olabilir. Hâlâ, güçsüz veya hasta bir bebeğe sahip ebeveyn zihniyetiyle hareket ediyor olabilirsiniz. Doğrusu, ebeveynler beni yeme veya uyku sorunlarıyla ilgili olarak aradığında, sorduğum ilk soru "Bebeğiniz prematüre mi doğdu?" oluyor. Ardından şunu soruyorum: "Doğumda herhangi bir sorun yaşamış mıydı?" Genellikle, sorulardan birine veya her ikisine de gelen cevap "evet" oluyor. Bebeğin kilo almasına odaklanmış ebeveynler bebeği aşırı besleme eğiliminde oluyorlar ve bebek normal aralığı yakaladıktan çok sonra bile onu tartmaya devam ediyorlar. Sekiz aylık olmuş ama hâlâ ebeveynlerinin göğsünde uyuyan, gecenin bir yarısı hâlâ beslenmek için uyanan bebekler görüyorum. Bunun çaresi E.A.S.Y. rutinidir. Bebeğinizi sistemli bir rutine sokmak bebeğiniz için yararlı, sizin içinse son derece iyidir (Bir sonraki bölümde, bu ebeveynlerden bazılarının hikâyelerini anlatıp sorunu çözmelerine nasıl yardımcı olduğumu açıklayacağım).

Çifte Sevgi Yumağınız

Ultrason teknolojisinin mucizeleri sayesinde, birden fazla bebek taşıyan kadınlar günümüzde nadiren şaşırıyorlar. Eğer ikiz veya üçüz bebek bekliyorsanız, size, hamileliğinizin son üç ayı olmasa bile en azından son ayı yatak istirahati verilme olasılığı yüksektir. Dahası, çoğul bebeklerin erken gelme olasılığı yüzde 85'tir. Dolayısıyla, ebeveynlere, üçüncü ayda çocuk odasını hazırlamaya başlamalarını tavsiye ediyorum. Ama bu bile çok geç olabilir. Yakın zaman önce, hamileliğinin onbeş haftası yatak istirahati verilmiş bir anneyle çalıştım. İkizleri için her şeyin hazırlanmasında başkalarına bel bağlamak durumunda kalmıştı.

Hamilelikleri zor geçtiği ve doğumları sıklıkla sezaryenle sonuçlandığı için, çoğul bebek sahibi annelerin bebekleri geldiği zaman yapacakları işler iki-üç katına çıkmakla kalmıyor (dördüzlerden söz etmiyorum bile!), kendilerini toparlama ihtiyaçları da daha fazla oluyor. Ancak, size şunu söyleyebilirim ki bir ikiz annesinin duymak istediği *en son* şey şu: "Ah, işin gerçekten zor olacak!" Bu tür yorumların genelde bir seferde *bir* bebek sahibi olmuş insanlardan gelmesi bir yana, bu epey bariz ve vurgulanması faydasız bir nokta... Ben şöyle demeyi tercih ediyorum: "İki kat keyif yaşayacaksın ve çocuğun için hazır bir oyun arkadaşı var."

İkizler erken geldiğinde veya iki buçuk kilonun altında olduklarında, yukarıda erken doğumlar için önerdiğim tedbirlerin aynısını alın. Elbette, burada önemli bir fark, endişelenmeniz gereken tek bir bebek değil, iki bebek olmasıdır. İkizler eve her zaman birlikte gelmezler çünkü birinin kilosu diğerinkinden az olabilir veya biri diğerine göre önemli ölçüde güçsüz olabilir. Ancak, her iki durumda da, ben onları aynı karyolada bir arada tutuyorum. Yavaş yavaş, sekiz ilâ on hafta civarında veya keşfetmeye ve kardeşleri de dahil olmak üzere etrafındakileri kavramaya başladıkları zaman onları ayırma sürecine başlıyorum. İşe, iki haftalık bir dönem içinde bebekleri giderek birbirlerinden uzaklaştırmakla başlıyorum. Sonunda, her bebeği kendi yatağına alıyorum.

Bebekleriniz olası komplikasyonlar noktasını bir kez geçti

mi, rutinlerini birbiriyle çakışmayacak şekilde düzenlemek en iyisidir. Elbette, bir seferde iki bebeği beslemek mümkündür ama o zaman bebeklere *birey* olarak odaklanmak daha zor olur. Ayrıca, bu sizin açınızdan da daha zordur. Ve eşzamanlı beslemeyi halledebilseniz de, gaz çıkarma ve alt değiştirme gibi diğer işlerin ayrı ayrı yapılması gerekir.

İkizler veya üçüzler söz konusu olduğunda en acil meseleler, annenin görünüşe göre dur durak bilmeyen işi gücü ve bebeklerinin her biriyle ayrı ayrı beraber olmak için zaman ayırmaya duyduğu ihtiyaçtır. O zaman, şaşırtıcı olmayan bir biçimde, çoğul bebeklerin anneleri sistemli bir rutini derhal kabul etmeye hazır oluyorlar çünkü bu onların hayatını kolaylaştırıyor.

Haley	**Joseph**
Beslenme	
Sabah 6–6:30: Beslenme (Bebekleriniz büyüdükçe, beslenme daha kısa sürer; Joseph'i daha erken uyandırıp kendinize fazladan zaman ayırabilirsiniz)	Sabah 6:40-7:10 Beslenme
Sabah 9–9:30	Sabah 9:40-10:10
Öğle 12–12:30	Öğle 12:40-13:10
Öğleden sonra 15:00-15:30	Öğleden sonra 15:40-16:10
Akşam 18:00-18:30	Akşam 18:40-19:10
Bütün gece uyumaya başlayana dek, akşam 21:00 ve 23:00'te uyku öğünü	Akşam 21:30 ve 23:30'da uyku öğünü
Aktivite	
Sabah 6:30-7:30	Sabah 7:10-8:10
Alt değiştirme (10 dk.) ve Barbara Joseph'i beslerken kendi kendine oynar	Alt değiştirme(10 dk) ve Barbara Haley'i gündüz uykusuna yatırırken kendi kendine oynar

Sabah 9:30-10:30 Öğle 12:30-13:30 Öğleden sonra 15:30-16:30 Akşam 18:00 beslenmesinden sonra, Joseph akşam yemeğini yerken bırakın Haley oynasın	Sabah 10:10-11:10 Öğleden sonra 13:10-14:10 Öğleden sonra 16:10-17:10 Joseph beslenmesini bitirdikten sonra akşam 19:10'da her ikisinin de banyosu
Uyku	
Sabah 7:30-8:45 gündüz uykusu Sabah 10:30-11:45 gündüz uykusu Öğleden sonra 13:30-14:45 gündüz uykusu Öğleden sonra 16:30-17:45 gündüz uykusu Banyodan hemen sonra yatağa	Sabah 8:10-9:25 gündüz uykusu Sabah 11:10-12:25 gündüz uykusu Öğleden sonra 14:10-15:25 gündüz uykusu Öğleden sonra 17:10-18:25 gündüz uykusu Banyodan hemen sonra yatağa
Sizin zamanınız Henüz değil, anne!	Joseph'i yatırdıktan sonra anne en az 35 dakika veya Haley bir sonraki beslenmesi için uyanana kadar dinlenir

Örneğin, bebekleri Joseph ile Haley'i E.A.S.Y. rutinine sokmasını önerdiğimde Barbara çok memnun olmuştu. Joseph, düşük doğum kilosu nedeniyle fazladan üç hafta hastanede yatmak durumunda kalmıştı. Her ne kadar onu hastanede bırakmak içini acıtsa da, bu, Barbara'ya Haley'nin rutinini başlatma fırsatı vermişti. Haley hastanedeyken üç saatlik beslenme programına alıştırılmış olduğundan, onu bir düzende tutmak bizim için oldukça kolay olmuştu. Sonra, Joseph eve geldiğinde, onun beslenmelerine erkek kardeşininkinden kırk dakika sonra başlayarak her birinin programını birbiriyle çakışmayacak şekilde ayarladık. Joseph ile Haley'nin E.A.S.Y. programını önceki sayfada verdim.

Her ne kadar Barbara bebeklerinin beslenmelerini mamayla desteklemeyi tercih etmemiş olsa da, annelere genellikle bunu yapmalarını tavsiye ediyorum. Sezaryen sonrasında iyileşme sürecinde, süt sağıp beslemeyi sürdürmek çok zordur. Elbette, ilk çocuktan sonra ikizler geldiğinde işler daha da zorlaşır ki Candace'in durumu buydu; kızı Tara henüz üç yaşına girmişti ki bir kız bir oğlan ikizleri dünyaya gelmişti. İşin tuhafı, Candace'ın ikizleri, vajinal doğum yapmış ve bu süreçte çok kan kaybetmiş olan annelerinden önce çıkmışlardı hastaneden... Doktoru, tehlikeli seviyelere düşmüş trombosit sayısı artana dek onu fazladan üç gün hastanede tutmuştu. Candace'in annesi ile ben bebeklere bakmış ve onları derhal E.A.S.Y. rutinine sokmuştuk.

Candace eve geldiğinde, mücadeleye girmeye hazırdı: "İyi ki, miadında doğurdum ve işe başlarken fiziksel olarak iyi durumdayım." Candace, ikizler ilk çocuğu olmadığı için "aşırı stres yaşamadığına" da inanıyordu. Christopher ile Samantha'nın kişiliklerinin de en başından itibaren farkındaydı, dolayısıyla onları ayrı ayrı küçük varlıklar olarak ele alabildi. "Christopher, hastanenin bebek odasında bile o kadar uysaldı ki -ağlaması için onu gıdıklamaları gerekiyordu. Samantha ise dışarı barut gibi çıktı. O gün bu gündür, altını değiştirdiğinizde bile, sanki ona işkence ediyormuşsunuz gibi davranıyor."

İlk on gün Candace'ın sütü gelmedi ve altıncı haftada süt miktarı hâlâ yeterli değildi, dolayısıyla ikizler hallerinden memnun bir şekilde mama ve anne sütü düzeninde devam ettiler. Anlaşılır biçimde, ayak altında dolaşan üç yaşındaki Tara durumu daha da güçleştirdiğinden, Candace'ın işi başından aşkındı. "Her Çarşamba gününü Tara'ya ayırdım ama tüm gün boyunca evde olduğum günler, sonu gelmez bir emzirme, sağma, alt değiştirme ve uyutma döngüsüyle geçiyor ve sadece yarım saat ara verebiliyordum -sonra aynı döngü en başından tekrar başlıyordu."

Çoğul bebeklerin belki de en şaşırtıcı tarafı, ilk uyum sağlama dönemini atlatmanızdan sonra, ikizlere veya üçüzlere bakmanın genelde *daha kolay* olmasıdır, zira birbirlerini eğlendirirler. Gelgelelim, Candace çoğu ikiz annesinin kabul etmesi gereken bir şeyi keşfetmişti: Bebeklerin ağlamasına izin vermeniz gereken zamanlar var. "'Ah hayır, ne yapacağım ben?' diye düşünüyordum. Ama bir seferde biriyle ilgileniyorsun çünkü tüm yapabileceğin bu. Ağlamaktan ölecek halleri yok."

Aslında, bu bölümde son bir not olarak, şu düşünce tekrar edilmeye değer: *Önemli olan hayatta başınıza ne geldiği değil, onunla nasıl baş ettiğinizdir.* Beklenmedik pek çok durumun ve doğum travmalarının birkaç ay içinde uzak hatıralar haline geldiğini de unutmayın. Normal ebeveynlik meselelerinin yanısıra olağandışı şartlarla, hatta travmayla mücadele ederken kilit nokta bakış açısıdır. Bir sonraki bölümde, ebeveynler makul ve duyarlı bir bakış açısını koruyamadığında ortaya çıkan bazı sorunları ele alacağız.

dokuzuncu bölüm

Üç Günlük Sihir: Hatalı Ebeveynliğe Çarenin ABC'si

Çocukta değiştirmeyi arzu ettiğimiz
herhangi bir şey varsa, önce onu incelemeli
ve bunun kendimizde daha iyi yönde
değiştirebileceğimiz bir şey olup olmadığını anlamalıyız.

-Carl Jung

"Hayatımız Yok"

Ebeveynler işe nasıl devam edeceklerse öyle başlamadıklarında, sonunda geldikleri nokta benim "hatalı ebeveynlik" dediğim durum olabiliyor. Melanie ile Stan'i ele alalım. Üç hafta erken doğmuş olan oğulları Spencer, başlarda talebi üzerine besleniyordu. Her ne kadar doğum travmasını çabucak atlatmış olsa da, evdeki ilk birkaç hafta Melanie oğlunun sağlığını dert edip durmuştu. Spencer'ı yatağına da almıştı çünkü onu geceleri birkaç kez emzirmek böyle daha kolay oluyordu. Gün boyunca, Spencer ne zaman ağlasa, ebeveynleri bir ekip olarak çalışıyordu; onu sallıyor, arabayla veya kucaklarında dolaştırarak onu sakinleştiriyorlardı. Sonunda, onu "kanguru" ebeveynliği yoluyla yatıştırmayı alışkanlık haline getirdiler, böylece Spencer ebeveynlerinden birinin *üzerinde* uyuyakalıyordu. Melanie insan görünümünde bir emzik halini almıştı; Spencer ne zaman üzgün görünse, ona memesini sunuyordu. Elbette, o noktada huysuzlanmayı bırakıyordu -zira ağzı dolu oluyordu.

Aradan sekiz ay geçince, bu iyi niyetli ebeveynler, o sevimli küçük oğullarının hayatlarına hükmettiğini fark ettiler. Spencer, annesi veya babası onu odada dolaştırmadan uyuyamıyordu -ve o zaman itibarıyla artık iki buçuk kilo değil, neredeyse on dört kiloydu! Akşam yemekleri sık sık bölünüyordu. Melanie ile Stan, Spencer'ı ebeveyn yataklarından kendi karyolasına almak için asla "doğru" zamanı bulamıyordu. Bir gece Melanie kendi yataklarında Spencer ile birlikte uyuyor, Stan ise düzgün bir gece uykusu çekebilmek için misafir odasına gidiyordu; bir sonraki gece, baba görev başında oluyordu. Anlaşılır biçimde, Melanie ile Stan cinsel hayatlarına da asla geri dönemiyorlardı.

Açıkçası, bu çift, aile hayatlarının bu hale gelmesini *planlamamışlardı* -"hatalı ebeveynlik" ifadesi de buna dayanıyor zaten... Daha da kötü olan, bazen bu konu hakkında kavga etmeleri, olan biten için birbirlerini suçlamalarıydı. Bazen bebeğe bile kızıyorlardı ki o, nihayetinde, sadece kendisine ne öğretildiyse onu yapıyordu. Evlerini ziyaret ettiğimde, gerginlik had safhadaydı. Kimse mutlu değildi, özellikle de Spencer... Sorumluluğun kendisine verilmesini istememişti ki hiç!

Melanie ile Stan'in hikâyesi, işe devam edecekleri şekilde başlamamış olan ebeveynlerden aldığım bütün telefonların -bazen bu telefonların sayısı haftada beşi-onu buluyor- tipik bir örneğiydi. Sanki bebek kendisi için en iyi olana bilerek direniyormuş gibi, "Onu yatırmama izin vermiyor" veya "Bir seferde sadece on dakika besleniyor" gibi yorumlarda bulunuyorlardı. Gerçekte olan, *ebeveynlerin* olumsuz bir davranışı istemeden, kazara teşvik etmiş olmalarıdır.

Bu bölümde amacım size kendinizi kötü hissettirmek değil, zamanı nasıl geriye çevirip hatalı ebeveynliğin istenmeyen sonuçlarını nasıl geri alacağınızı öğretmektir. Ve inanın bana, eğer bebeğiniz ev halkını üzen, uykunuzu bölen veya normal bir günlük hayat yaşamanızı engelleyen bir şeyler yapıyorsa, bu konuda sizin yapabileceğiniz *bir şeyler* her zaman vardır. Ancak, işe şu üç temel önermeyle başlamamız gerekiyor:

1. *Bebeğiniz hiçbir şeyi kasten veya kötü niyetle yapmıyor.* Ebeveynler, genelde, çocukları üzerindeki etkilerinin ve bebeklerinin beklentilerini öyle ya da böyle şekillendirdiklerinin farkında olmuyorlar.

2. *Bebeğinize öğrettiklerinizi geri alabilirsiniz. Kendi* davranışınızı -bebeğinizi teşvik etmek için *sizin* yaptıklarınızı- inceleyerek, bilmeden teşvik etmiş olduğunuz kötü alışkanlığı nasıl değiştireceğinizi anlayabileceksiniz.

3. *Alışkanlıkları değiştirmek zaman alır.* Eğer bebeğiniz üç aylıktan küçükse, genelde üç gün veya daha kısa süre yeterli olur. Ama bebeğiniz daha büyükse ve belli bir davranış kalıbı süregelmişse, değişimleri adım adım yapmak zorundasınız. Bu, daha fazla zaman alacaktır -genelde her *adım* üç gün sürer- ve ister gündüz uykusuna direnmek ister beslenme güçlükleri olsun, değiştirmeye çalıştığınız davranışı her ne ise o davranışın "sönmesi" sizin açınızdan epey bir sabır gerektirecektir. Ancak, *tutarlı* olmak zorundasınız. Eğer erkenden vazgeçerseniz veya tutarsız davranır ve bir gün bir stratejiyi, bir sonraki gün başka bir stratejiyi denerseniz, sonunda varacağınız nokta değiştirmeye çalıştığınız davranışın ta kendisini teşvik etmek olacaktır.

Kötü Alışkanlıkları Değiştirmenin ABCsi (Antecedent (Geçmiş) Behaviour (Davranış) Consequences (Sonuçlar)

Sıklıkla, kendilerini Melanie ile Stan'ınkine benzer durumlar içinde bulan ebeveynler çaresizlik hissederler. İşe nereden başlayacaklarını bilemezler. Bu nedenle, ebeveynlere, sorunda kendi paylarını incelemelerini sağlayacak ve bunu yaparak onların zor bir davranış kalıbını nasıl değiştirebileceklerini anlamalarına yardımcı olacak bir strateji tasarladım. Bu ABC (ABC, *Antecedent* (geçmiş), *Behavior* (davranış), *Consequences* (sonuçlar) sözcüklerinin baş harflerinden oluşturulmuştur) kadar basit bir tekniktir.

"A" Geçmiş: ilk başta olan... O zamanlarda ne yapıyordunuz? Bebeğiniz için ne yaptınız -veya yapmadınız? Bebeğinizin içinde bulunduğu ortamda başka neler olup bitiyordu?

"B" Davranış: olan bitende bebeğinizin payı... Ağlıyor mu? Öfkeli mi görünüyor? Sesi kulağa öfkeli mi geliyor? Yoksa korkmuş mu? Yoksa acıkmış mı? Yaptığı şey genelde yaptığı bir şey mi?

"C" Sonuçlar: A ile B'nin sonucu olarak yerleştirilmiş olan davranış kalıbı türü... Bir davranış kalıbını nasıl pekiştirebildiklerinin farkında olmayan hatalı ebeveynler, her zaman yapmış oldukları şeyi yapmayı sürdürürler -örneğin, uyuması için bebeği sallamak veya ağzına memeyi dayamak gibi... Yapılan hareket mevcut davranışı birkaç dakikalığına durdurabilir ama uzun vadede alışkanlığı güçlendirir. Dolayısıyla, sonucu değiştirmenin anahtarı *farklı bir şey yapmaktır* -eski davranışın kaybolmasını sağlamak için yeni bir davranışı başlatmaktır.

Size somut bir örnek vereyim. Melanie ile Stan'i ele alalım; onların durumu kuşkusuz çok zordu çünkü Spencer sekiz aylıktı ve gecenin bir yarısı ebeveynlerinden ilgi görmeye çok alışmıştı. Melanie ile Stan hayatlarını geri almak amacıyla, hatalı ebeveynliklerinin etkilerini silmek için birkaç adım atmak durumunda kaldı. Ancak, ABC yöntemimi kullanarak, onlara önce durumlarını incelemelerinde yardımcı oldum.

Bu durumda *geçmiş*, Melanie ile Stan'in prematüre bebekleri için başta duydukları endişeden -anlaşılabilir şekilde- kaynaklanan ve hep var olan bir ürkeklik idi. Spencer'a bakma arzusuyla, ebeveynlerden biri onu hep sallamış veya göğsünde dolaştırmıştı. Dahası, onu yatıştırmak için annesi ona meme vermişti. Spencer'ın *davranışı* da tutarlıydı; sıklıkla huysuz ve talepkârdı. Bu davranış kalıbı iyice kemikleşmişti, çünkü Spencer her ağladığında ebeveynleri aceleyle yanına gelip her zaman yaptıklarını yapıyorlardı. *Sonuç,* sekiz aylık olmuş Spencer'ın kendi kendini yatıştıramaması ve kendi kendine uyuyamaması olmuştu. Elbette, Melanie ile Stan oğullarını bu şekilde yetiştirmeyi planlamamışlardı. Ama hatalı ebeveynliklerinin ürünü olan bu durumu değiştirmek için, farklı bir şey yapmaları gerekiyordu.

Bir Seferde Bir Küçük Adım Atmak

Melanie ile Stan'in, geriye giderek, Spencer'ın davranışında payı olan bir dizi geçmiş olayın izini sürmelerine, sonra da çözümü adımlara bölmelerine yardım etmem gerekti. Başka bir deyişle, yapılmış olanı geri çevirmek için geriye doğru çalıştık. Size süreci adım adım anlatayım.

Gözlemleyin ve bir strateji bulun. Önce sadece gözlemledim. Akşam, banyodan sonra Melanie'nin, oğlunu, altı yeni değişmiş ve pijamaları giydirilmiş halde karyolasına koymaya çalışırken Spencer'ın davranışını izledim. Annesinin kucağında karyolaya yaklaştığında dehşet içinde Melanie'ye yapışıyordu. Melanie'ye, oğlunun ona "Ne yapıyorsun? Uyumam gereken yer burası değil. *Oraya* girmeyeceğim" dediğini söyledim.

"Sence neden bu kadar korkmuş halde?" diye sordum.

"Daha önce ne oldu?" Spencer'ın paniğinin geçmişi açıktı: Melanie ile Stan, onun göğüslerinde uyuma alışkanlığını kırma konusunda umutsuzdular. Uykuyla ilgili satın alabilecekleri her kitabı okuduktan ve bebekleri uyku sorunları yaşamış olan arkadaşlarıyla konuştuktan sonra ebeveynler, Spencer'ı ağlamaya bırakmaya karar verirler, hem de bir değil tam üç kez: "Onu avaz avaz ağlamaya terk etmeyi denedik ama uzun süre avaz avaz ağladığı her sefer kocam ve ben kendimizi onunla beraber ağlarken bulduk." Üçüncü defasında, Spencer kusmasına neden olacak kadar çok ağladığında, ebeveynleri akıllıca davranıp bu stratejiyi bırakmışlardı.

Yapmamız gereken ilk şey -ya da *geri almamız* gereken şey mi demeliyim?- açıktı: Spencer'a karyolasında kendisini güvende hissettirmek. Anlaşılabilir bir şekilde, kendi yatağında yalnız olmaktan deli gibi korktuğu için, Melanie'ye, ona travmasını hatırlatacak hiçbir şey yapmamak için çok sabırlı ve tedbirli davranmak zorunda olduğumuzu söyledim. Ancak bunu başardıktan sonra Spencer'ın gece davranışlarını ve her iki saatte bir emme ihtiyacını ele alabilirdik.

Her adımı yavaş yavaş yapın -süreci aceleye getiremezsiniz. Spencer'ın karyolasına gitme konusunda duyduğu dehşeti atlatması tam on beş gün aldı. Bu süreci daha küçük adımlara bölmemiz de gerekti ve işe gündüz uykularıyla başladık. Önce, Melanie'yi, Spencer'ın yatak odasına gönderip panjurları kapattırdım ve sakinleştirici bir müzik çalmasını istedim. Sadece sallanan sandalyede oturup Spencer'ı kucağında tutacaktı. O ilk öğleden sonra, Melanie karyolanın yakınında bile değilken, Spencer kapıya doğru bakmayı sürdürdü.

"Bu hiç işe yaramayacak," dedi Melanie endişeyle...

"Hayır, yarayacak ama önümüzde uzun bir yol var. Küçük adımlar atmamız gerek," dedim ona...

Üç gün boyunca, Melanie'nin yanında durdum ve aynı sırayı izledik: odaya gitme, panjurları kapama ve sakin bir zaman için müzik çalma... Önce Melanie sadece sallanan sandalyede oturup Spencer'a usulca ninni söyledi; ninni, bebeğin dikkatini korkusundan uzaklaştırmasına yardım etti ama o, küçük gözlerini kapıya dikmeye devam etti. Sonra Melanie, oğlunu korkutmamak için karyolaya fazla yaklaşmamaya dikkat ederek, kucağında Spencer ile ayağa kalktı. Sonraki üç gün, Melanie karyolaya her defasında biraz daha yaklaştı ve sonunda, Spencer kıpırdanmadan, karyolanın yanına kadar gelebildi. Yedinci gün oğlunu karyolasına koydu ama onu tutarak bedenine yakın olacak şekilde ona doğru eğildi. Neredeyse onu hâlâ tutuyor gibiydi ama Spencer artık yatağa yatmıştı.

Bu gerçek bir dönüm noktasıydı. Üç gün sonra, Melanie Spencer ile birlikte odasına girip, odayı karartıp, müziği koyup, sallanan sandalyeye oturabiliyor, sonra da karyolaya gidip oğlunu yatağına yatırabiliyordu. Ama oğluna annesinin hemen orada olduğunun ve kendisinin güvende olduğunun güvencesini vermek için Spencer'ın üzerine doğru eğilmeyi sürdürdü. Başta, Spencer, karyolanın yan tarafına yakın duruyordu ama birkaç gün sonra biraz rahatladı. Hatta dikkatinin dağılmasına izin veriyor ve bizden bilfiil uzaklaşıp oyuncak tavşanına doğru yöneliyordu. Ancak, fazla uzaklaştığını hissettiği an, ihtiyatlı bir şekilde, çabucak karyolanın yan tarafındaki nöbet yerine geri dönüyordu.

Bu ritüeli, her gün bir adım daha ilerleterek, tekrar ettik.

Melanie, Spencer'ı tutmak yerine karyolanın yanında durdu; sonunda, orada sadece oturur hale gelebildi. On beşinci gün itibarıyla, Spencer kendi karyolasına kendi isteğiyle gidip yatıyordu. Ancak, uykuya dalmaya başlar başlamaz kendini uyandırıp oturuyordu. Her defasında, tek yaptığımız onu geri yatırmak oluyordu. Yeniden gevşemeye başlıyor ama uykunun üç aşamasından geçmeye başlarken bile yine de biraz ağlıyordu. Melanie'ye acele etmemesini söyledim -bu, uyku sürecini bölebilir ve Spencer tüm sürece baştan başlamak zorunda kalabilirdi. Sonunda, Spencer rüyalar ülkesine nasıl tek başına yolculuk edeceğini öğrendi.

Bir seferde bir sorun çözün. Unutmayın, Spencer'ın korkusunu yenmesine yardım ettik ama bu sadece *gündüz vakti* için geçerliydi. Geceyle ilgili diğer meselelerini değiştirmeye kalkışmadık bile -hâlâ anne ve babası ile birlikte uyuyor, hâlâ beslenmek için uyanıyordu. Bunun gibi çok katmanlı bir meseleyle uğraşmak zaman ve sabır gerektirir. İngiltere'de söylediğimiz gibi: "Bir çiçekle bahar olmaz." Ama Spencer'ın yatağını artık yabancı bir yer olarak görmediğini fark ettiğimde, diğer sorunları ele almamız için kendini yeterince güvende hissettiğini anladım.

Melanie'ye "Bence gece beslenmelerini bırakmanın zamanı geldi," dedim. Normal olarak, halihazırda katı gıdalara başlamış olan Spencer, akşam yedi buçukta emecek, ebeveynlerinin yatağına gidecek, sonra sabah bire kadar aralıklarla uyuyup, o noktadan sonra da memeden bir yudum almak için her iki saatte bir uyanacaktı. Buradaki *geçmiş,* Spencer ne zaman gecenin bir yarısı uyansa, onun aç olduğunu düşünen annenin

-her ne kadar her defasında sadece birkaç yudum alsa da- bebeğini besleyecek olmasıydı. *Davranış,* yani bebeğin sürekli olarak uyanması, Melanie'nin naif bir şekilde hemen bir memesini çıkarıp verme isteği tarafından pekiştiriliyordu. *Sonuç* ise Spencer'ın her iki saatte bir beslenmeyi beklemesi olmuştu -ki bu, sekiz aylık bir bebekten ziyade prematüre bir bebeğe uygun bir beslenme şeklidir.

Yine, sorunu aşamalar halinde ele almamız gerekti. İlk üç gece, kural, bebeği saat dörde kadar, sonra altıya kadar beslememek ve o saatte de biberon alması şeklindeydi (Neyse ki, Spencer, hem meme hem de biberon alan küçük bir oğlandı, dolayısıyla değişimi kolayca kabul etti). Ebeveynleri plana bağlı kaldığı için, ilk uyandığında kendisine Melanie'nin memesi yerine emzik ve saat altıdaki beslenmesinde biberon verilen Spencer dördüncü gece itibarıyla yeni plana uyum sağlamıştı.

Bir hafta sonra, Melanie ile Stan'e benim sabahlama zamanımın geldiğini söyledim; böylece, ebeveynlerin dinlenmesini sağlayabilecek ve aynı derecede önemli olarak Spencer'a, anne, baba veya biberon olmadan kendi karyolasında kendi kendine yeniden uykuya dalmasını öğretebilecektim. Spencer gün içinde katı gıda ve bol bol süt alıyordu; dolayısıyla geceleyin beslenmeye *ihtiyacı* olmadığını biliyorduk. Ve yaklaşık on gündür gündüzleri istekli bir şekilde uyuyordu. Kendi kendine -ve gece boyu- uyuması düşüncesini uygulamaya koymak için artık uygun zamandı.

Eski alışkanlıklar zor kaybolduğundan biraz gerilemeye hazırlıklı olun; plana bağlı kalmalısınız. Spencer'ı banyodan sonra karyolasına koyduğumuz ilk gece, gün boyunca uygulamış olduğumuz ritüeli uyguladık. Uygulama mükemmel işledi... ya da biz öyle düşündük. Karyolasına gittiğinde yorgun görünüyordu, ama tam onu yatağına koymak üzereydik ki birden gözlerini açıp huysuzlanmaya başladı. Karyolanın kenarlarına tutunup kendini yukarı doğru çekti; onu yatırıp karyolasının yanındaki koltuğa oturduk. Tekrar ağlayıp ayağa kalktı. Tekrar yatırdık. Spencer'ı otuz bir kez tekrar yatırdıktan sonra, sonunda yatar vaziyette kalıp uyudu.

O ilk gece, saat tam birde ağlayarak uyandı. Odasına gittiğim zaman, ayağa kalkmıştı bile... Onu nazikçe yatırdım. Uyarılmasını engellemek için tek kelime etmedim, gözlerinin içine bile bakmadım. Birkaç dakika sonra, yeniden huysuzlanıp ayağa kalktı. Ve böyle devam etti. O ağlayıp kendini yukarı çekiyor, ben onu yatırıyordum. Bu küçük oyunu kırk üç kez tekrarladıktan sonra bitkin düştü ve nihayet yeniden uykuya daldı. Saat dörtte, yine ağlamaya başladı. Spencer kendi davranış kalıbına o kadar sadıktı ki, saati bu çocuğa göre ayarlayabilirdiniz. Ve onu yine yatırdım. Bu kez, benim küçük hacıyatmazım sadece yirmi bir defa ayağa kalkmaya çalıştı. (Evet tatlım, bunu kaç kez yaptığımı gerçekten *sayıyorum*. Benden sık sık uyku sorunlarıyla ilgilenmem isteniyor ve anneler bana "Ne kadar sürecek?" diye sorduklarında onlara en azından doğru bir zaman aralığı vermek istiyorum. Birkaç yüze kadar saymam gereken bebekler olmuştur).

Ertesi sabah, Melanie ile Stan'e neler olduğunu anlattığımda, baba şüpheci yaklaştı: "Bu hiç işe yaramayacak, Tracy. Bizim için bunu yapmayacak." Ona göz kırpıp başımı sallayarak, sonraki iki gece geri geleceğime söz verdim. "İster inan ister inanma," dedim, "en kötü kısmını atlattık."

Gerçekten de, ikinci gece, Spencer'ı uyuması için sadece altı kez yatırmam gerekti. Saat ikide uyandığında usulca odasına girdim ve o tam omuzlarını yataktan kaldırmaya başlarken onu nazikçe geri yatırdım. Bunu sadece beş kez yapmam gerekti; sonrasında, daha önce hiç yapmamış olduğu bir şey yapıp sabah 6:45'e kadar uyudu. Bir sonraki gece, Spencer saat dörtte uyandı ama kalkmadı ve saat yediye kadar uyudu. O zamandan beri, gece boyu aralıksız on iki saat uyumaya devam ediyor. Melanie ile Stan sonunda hayatlarını geri aldılar.

"Onu Kucağımdan İndirmeme İzin Vermiyor"

ABC yöntemimizi kullanarak yaygın görülen başka bir soruna bakalım: sürekli kucakta taşınma ihtiyacı duyan bebek... Sarah ile Ryan'ın, İkinci Bölüm'de tanıştığınız üç haftalık bebekleri Teddy'de yaşadıkları durum buydu. "Teddy kucaktan indirilmekten hoşlanmıyor," diye hayıflanıyordu Sarah... Burada *geçmiş*, Teddy doğduğunda seyahat etmekte olan Ryan'ın oğluyla birlikte olmaktan büyük keyif aldığı için, ne zaman eve gelse oğlunu sürekli olarak kucağında taşımış olmasıdır. Ayrıca Sarah'nın Guatemalalı bir dadısı vardır; bebeklerin oldukça sık kucağa alındığı bir kültürdür bu... Küçük Teddy'nin davranışı son derece öngörülebilirdi ve ona tıpatıp benzeyen yüzlerce bebek gördüm: Onu omzuma aldığımda keyfine diyecek olmuyordu. Ama onu indirmeye başladığım an -hatırlatırım, o noktada göğsümden en fazla 20-25 santim uzaklaşmış oluyordu- ağlamaya başlıyordu. Durup, hareketin yönünü tersine çevirip onu omzuma doğru kaldırdığımda, ağlamayı derhal bırakıyordu. Teddy'nin kendisini kucağından indirmesine "izin vermeyeceğini" düşünerek hep pes etmiş olan Sarah'nın tek yaptığı bu davranış kalıbını güçlendirmek olmuştu. Bu davranış dizisinin *sonucu* olarak da -tahmin etmişsinizdir- Teddy her zaman kucağa alınmak istiyordu.

Bebeğinizi kucağına almanızda ya da ona sokulmanızda yanlış olan bir şey yok... Ve elbette ağlayan bir bebek uygun şekilde yatıştırılmalıdır. Sorun, daha önce de belirttiğim gibi, ebeveynlerin genelde hangi noktada rahatlatmanın bitip kötü alışkanlığın başladığını bilememeleridir. Bebeğin *ihtiyacını karşıladıktan çok sonra da* onu kucaklarında tutmaya devam ediyorlar. O zaman bebek (elbette kendi zihninde) şu karara varıyor: "Ah, demek hayat böyle bir şey: anne ile baba beni hep kucaklarında taşıyacaklar." Ama bebek biraz ağırlaşınca veya ebeveynlerin kucaklarında bebekle kolayca yapamayacakları işleri olduğunda ne oluyor? Bebek şöyle diyor: "Hey, bir dakika... Beni kucağına almış olman gerekiyor. Burada böyle tek başıma yatmayacağım ben..."

Ne yapacaksınız? *Sizin* yaptığınız şeyi değiştirerek sonucu değiştirin. Onu sürekli kucağınızda tutmak yerine, ağlamaya başladığı zaman kucağınıza alın ama sakinleşir sakinleşmez kucağınızdan indirin. Yeniden ağlarsa, alın. Susunca, onu tekrar bırakın. Ve böyle devam edin. Bebeği yirmi-otuz kez, belki daha fazla defa kucağınıza almanız gerekebilir. Esasen söylediğiniz şudur: "İyi durumdasın. Ben buradayım. Kendi başına olmanda bir sorun yok." Bunun sonsuza dek sürmeyeceğine dair size söz veriyorum -elbette siz bebeğinizin ihtiyacını karşıladıktan sonra da onu rahatlatma uygulamasına *geri dönmediğiniz* sürece...

Üç Günlük Sihrin Sırrı

Her ne kadar ebeveynler bazen benim yaptığım şeyin sihir

olduğunu düşünseler de, gerçekte bu sağduyudur. Melanie ile Stan'inki gibi bir durumda gördüğünüz gibi birkaç hafta sürecek bir geçiş dönemi planlamak durumunda kalabilirsiniz. Öte yandan, küçük Teddy'nin sürekli olarak kucakta taşınması alışkanlığını iki günde değiştirebildik çünkü buradaki geçmiş -baba ile dadının bebeği zamanın çoğunda kucaklarında taşımaları- sadece birkaç haftadır devam eden bir durumdu.

ABC stratejimi, ne tür bir üç günlük sihre ihtiyacım olacağını tam olarak analiz etmek için kullanıyorum. Genelde, geldiğim noktada bir veya iki yöntem kalıyor ki bunlar da eski davranışı yok olmaya teşvik etmeyi içeriyor. Üç günlük kazanımlarda, çocuğunuzun bağımsızlığını ve becerikliliğini geliştiren şeyler adına, önceden yaptığınız her ne ise onu geri çekersiniz -eskiyi yok edersiniz. Elbette, bebekler ne kadar büyümüş olursa, eski davranışı köreltmek o kadar zor olacaktır. Aslına bakarsanız, aldığım yardım çağrılarının çoğu beş ay veya daha büyük yaşta bebekleri olan ebeveynlerden geliyor.

Sayfa 409'da yer alan "Sorun Çözme Rehberi"nde, benden değiştirmem istenen en yaygın kötü alışkanlıkların kısa bir incelemesini sunuyorum. Ancak, her durumda ortak bazı başlıklar var.

Değişimin ABC'si

Unutmayın: Kırmaya çalıştığınız kötü alışkanlık her ne ise, o, şimdi bertaraf etmek istediğiniz **davranışa** (B) istemeden yol açmış olan yaptığınız şeyin **-geçmişin** (A)- bir **sonucudur** (C). Eğer aynı şeyi yapmaya devam ederseniz, bu sadece aynı sonucu pekiştirecektir. Sadece farklı bir şey yaparak -yaptığınız şeyi değiştirerek- alışkanlığı kırabilirsiniz.

Uyku sorunları. İster gece kesintisiz uyumayan (üç aydan sonra) bir bebek, ister kendi başına uykuya dalmakta güçlük çeken bir bebek olsun, bu, her zaman, önce bebeği kendi yatağına alıştırma, sonra da ona o yatakta sizin yatıştırmanız olmadan uyumayı öğretme meselesidir. Tipik olarak hatalı ebeveynliğin birkaç aydır süregeldiği en kötü senaryolarda, bebek kendi yatağından korkabilir. Bazen, durum, bebeğin sizin onu kucağınıza almanıza veya sallamanıza alışmış olmasından ibarettir. Sonuç, bebeğin kendi başına nasıl uykuya dalacağını hiç öğrenmemiş olmasıdır.

Sandra adında bir bebeğim vardı; "yatağının" bir insanın göğsü olması gerektiğine inanmıştı düpedüz... Onu kucağıma aldığımda, benim ve onun göğsünde birer mıknatıs var gibiydi. Onu her yatırmaya çalıştığımda, ağlıyordu. Bu, onun bana "Benim uyuma şeklim bu değil" deme biçimiydi. Başta, onu yanımda bile yatırmak imkânsızdı. Benim işim Sandra'ya uyumanın başka bir yolunu öğretmekti ve ona her fırsatta "Ben senin, kendi başına nasıl uyuyacağını öğrenmene yardım edeceğim" dedim. Elbette, Sandra kuşku içindeydi ve başlarda bunu öğrenmeye yönelik özel bir ilgisi de yoktu. İlk gece onu 126 kez kucağıma alıp tekrar yatırmak durumunda kaldım; bu sayı ikinci gece 30'a, üçüncü gece 4'e düştü. Onu hiçbir zaman "avaz avaz ağlamaya" terk etmediğim gibi, ebeveynlerinin onu sakinleştirmek için kullanageldikleri kanguru yöntemine de geri dönmedim, çünkü bu, Sandra'nın uyku konusunda yaşadığı güçlükleri sürekli kılmaktan başka bir işe yaramayacaktı.

Beslenme sorunları. Sorun kötü beslenme alışkanlıkları olduğunda, genelde geçmiş, ebeveynlerin, bebeklerinin verdiği işaretleri bir şekilde yanlış yorumlamalarıdır. Örneğin Gail, Lily'yi emzirmenin bir saat sürmesinden yakınıyordu. Onu ziyaret etmemden önce bile, o zaman bir aylık olan Lily'nin altmış dakika boyunca gerçekten emmiyor olabileceğinden şüphelenmiştim; kendini yatıştırıyordu sadece... Gail için emzirmek o kadar rahatlatıcıydı ki -muhtemelen oksitosin seviyesi yüksekti- kendi de sık sık uyuyakalıyordu. Emzirmenin ortasında kendinden geçiyor, on dakikalık bir şekerlemeden sonra uyanıverdiğinde ise Lily'yi hâlâ emer halde buluyordu. Her ne kadar pek çok anneye alarmlı saatlerini çöpe attırmış olsam da, bu durumda, bir alarmlı saat çıkartıp Gail'e saati kırk beş dakikaya ayarlamasını önerdim. Daha da önemlisi, ona Lily'nin nasıl emdiğini *dikkatle gözlemlemesini* söyledim. Gerçekten besleniyor muydu? Gail iyice dikkat edince Lily'nin her beslenmenin sonunda kendini yatıştırdığını fark etti. Dolayısıyla, alarm çaldığında, Lily'ye annenin meme ucu yerine emzik verdik. Üç gün içinde, alarmdan da kurtulduk, zira Gail bebeğinin ihtiyaçlarına çok daha fazla uyum sağlar hale gelmişti. Lily büyüdükçe emziğe de ihtiyacı kalmadı çünkü kendi parmaklarını keşfetti.

Beslenme sorunlarında, bebeğiniz, Lily'nin yaptığı gibi, ihtiyacı olan gıdayı aldıktan çok sonra da emmeyi sürdürebilir. Memeyi aralıklarla yakalamaya da çalışabilir -bu, onun, size "Anne, ben artık daha iyi beslenen bir bebeğim ve memeni boşaltmak artık daha az zamanımı alıyor" gibisinden bir şeyi söyleme şeklidir. Eğer onun ne söylediğini anlamazsanız, onu tekrar memenize yönlendirme eğiliminde olursunuz, o da emmeye devam eder çünkü bebeklerin yaptıkları budur. Ya da, artık ihtiyacı olmadığı halde gecenin bir yarısı beslenmek için uyanabilir. Bu durumlardan herhangi birinde, bebeğiniz memeyi veya biberonu emzik gibi kullanmayı öğrenir ki bu sonuç size de çocuğunuza da bir yarar sağlamaz.

Davranış ne olursa olsun, yaptığım ilk şey sistemli bir rutin önermek oluyor. E.A.S.Y. rutininde tahmine çok yer olmuyor çünkü ebeveynler bebeklerinin ne zaman acıkmaları gerektiğini biliyor ve huysuzluğunun altında yatan diğer nedenleri araştırabiliyorlar. Ama aynı zamanda ebeveynlere, neler olup bittiğini gözlemlemelerini, bebeklerinin gerçekten beslenmeye ihtiyacı olup olmadığını değerlendirmelerini öneriyorum. Eğer beslenme ihtiyacı yoksa o zaman fazladan gereksiz beslenmelere yavaş yavaş son vermeye ve bebeklerine kendi kendini yatıştırmanın başka yollarını öğretmeye teşvik ediyorum. Bebeğin memede daha az zaman geçirmesini veya birkaç yudum daha az almasını sağlamak için başta ekstra beslenmeleri daha kısa tutabiliyorum. Geçiş dönemini tamamlamak için süt yerine su verebiliyorum ya da emzik kullanabiliyorum. Sonunda gelinen noktada, bebek eski alışkanlığını hatırlamıyor bile; bundandır ki bu süreç insana sihir gibi geliyor.

"Ama Benim Bebeğimde Kolik Var"

İşte bu, benim üç günlük sihrimin gerçekten test edildiği bir durum... Bebeğiniz acı acı bağırır ve bacaklarını göğsüne doğru çeker. Kabız mı? Gazı mı var? Bazen öyle acı çeker görünür ki, yüreğinizin parçalandığını hissedersiniz. Çocuk doktorunuz ve benzer deneyimi yaşamış olan diğer anneler bunun kolik olduğunu söyler -ve herkes sizi kaygı verici bir şekilde uyarır: "Bununla ilgili yapabileceğin hiçbir şey yok." Bu kısmen doğru; koliğin gerçek bir çaresi yok. Aynı zamanda, *kolik* fazlasıyla çok kullanılmış bir terim, hemen hemen her zor durumu tanımlayan bir joker sözcük haline gelmiştir. Ve bu zor durumların çoğu *iyileştirilebilir*.

Kendinizi Bir Rahat Bırakın

Bir oda dolusu annenin arasında, bebeklerden hiçbiri ağlamıyor olsa bile, bebeğinde kolik olan anneyi kolaylıkla tanırsınız. En bitkin görünen annedir o... Bir şekilde sonunda "kötü" bir bebeğe sahip olmanın kendi hatası olduğunu düşünür. Çok saçma... Eğer bebeğinizde gerçekten kolik varsa, bu elbette bir sorundur ama sebebi siz değilsiniz. Ve bunu atlatmak için, bebeğiniz kadar *sizin* de desteğe ihtiyacınız var.

Birbirinizi suçlamak yerine -ki maalesef bazı çiftler böyle yapıyor- siz ve eşiniz, birbirinizi rahatlatmalısınız. Pek çok bebek, kurulmuş gibi aynı saatte ağlar -mesela, her gün saat üç ile altı arasında... Bunun için nöbetleşin. Bir gün anne görev başındaysa, bir sonraki gün görevi baba devralmalı...

Eğer bekâr bir anneyseniz, bir büyük ebeveynin, kardeşin veya arkadaşın o lanetli saatte size uğramasını sağlayın. Ve kurtarıcı geldiğinde, orada oturup bebeğinizin ağlamasını dinlemeyin. Evden çıkın. Yürüyüş yapın veya arabayla dolaşın -sizi o ortamdan çıkartacak her ne ise onu yapın.
En önemlisi: Her ne kadar bebeğinizin koliği size sonsuza dek sürecek *gibi gelse* de, sizi temin ederim ki *geçecektir*.

Size katılıyorum, eğer bebeğiniz kolikse, bu bir kâbus olabilir -*hem* bebeğiniz *hem de* sizin için... Bebeklerin yüzde 20'sinin bir tür kolik sıkıntısı çektiği kabul edilmektedir ve bunların yüzde 10'u ciddi vakalar olarak değerlendirilmektedir. Kolikli bir bebekte, bu minicik insanın gastrointestinal veya genitoüriner yolunu çevreleyen kas dokusu düzensiz bir şekilde kasılmaya başlar. Belirtiler genelde huysuzlanmayla başlayıp uzun ağlama nöbetlerine döner ve bu bazen saatlerce dur durak bilmez. Tipik olarak, bu ataklar her gün üç aşağı beş yukarı aynı saatte ortaya çıkar. Çocuk doktorları kolik teşhisinde bazen "üç kuralı"nı kullanırlar -üç hafta veya daha uzun süre boyunca, haftada üç gün, günde üç saat ağlama...

Örneğin, klasik bir kolikli bebek olan Nadia, günün çoğunda gülümser, sonra her gece saat altıdan ona kadar bazen durmadan, bazen de aralıklarla ağlardı. Onu biraz olsun rahatlatan tek şey ise, dışarıdan gelen uyaranları engelleyen karanlık bir odada onunla birlikte oturmaktı.

Zavallı Nadia'nın annesi Alexis neredeyse bebeği kadar sıkıntıdaydı ve ortalama bir yeni anneden daha uykusuzdu. Onun da Nadia kadar yardıma ihtiyacı vardı. Sadece duygularını yönetmek bile tam zamanlı bir işti. Elbette, bazen kolikli bir bebeğin ebeveynlerine verebildiğim en iyi tavsiye "Kendinizi bir rahat bırakın" oluyor.

Kolik sıklıkla üçüncü veya dördüncü haftada birdenbire ortaya çıkar ve üç ay civarında aynı şekilde esrarengiz bir biçimde kaybolur (Aslında burada esrarengiz bir şey yok. Çoğu vakada, sindirim sistemi olgunlaşır ve spazmlar azalır. Yine o yaşta, bebekler kollarını-bacaklarını daha iyi kontrol eder hale gelirler ve kendilerini yatıştırmak için kendi parmaklarını bulabilirler). Ancak, benim deneyimime göre, kolik diye nitelenen durumlardan bazıları hatalı ebeveynliğin bir ürünü olabilir -ağlayan bir yenidoğanı sakinleştirme konusunda çaresiz kalan bir anne (veya baba) bebeğini uyutmak için sallamaya veya avutmak için meme ya da biberon vermeye yönelir. Bu, çocuğu, biraz da olsa "iyileştirir" gibi görünür. Bu arada bebek, her üzüldüğünde bu şekilde rahatlatılmayı bekler hale gelir. Bebek birkaç haftalık olana kadar, sonuç, bu yapılanlardan daha azının onu sakinleştirmeyeceğidir ve herkes bunun kolik olduğunu düşünür.

Bana bebeklerinde kolik olduğunu söyleyen pek çok ebeveynin, İkinci Bölüm'de tanıştığınız Chloe ile Seth'inkine benzer hikâyeleri var. Telefonda, Chloe bana, Isabella'nın kolik sıkıntısı çektiğini söyleyerek "Neredeyse hep ağlıyor" demişti. Beni kapıda karşılayan ablak yüzlü, nur topu Isabella hemen kollarımın arasına yerleşmiş ve ebeveynlerinin bana bilgi verdikleri sonraki on beş dakika boyunca hayatından memnun bir şekilde kucağımda oturmuştu.

Karın Ağrısıyla İlgili Teknikler

Gaz sancılarını önlemenin en iyi yolu gıdaları idare altında tutmaktır ama muhtemelen bir noktada bebeğiniz karın ağrısına yakalanır. İşte en etkili olduğunu düşündüğüm stratejiler:

- Herhangi bir bebeğe gaz çıkarttırmanın en iyi yolu, avuç içinizin tümsek kısmıyla bedenin sol tarafını (midesinin olduğu yeri) yukarıya doğru sıvazlamaktır. Eğer beş dakika sonunda bebek gaz çıkartmamışsa, onu yatırın. Eğer bebek hızlı hızlı solumaya, kıpırdanmaya, gözlerini devirmeye ve gülümsemeye benzer bir ifade takınmaya başlarsa, gazı var demektir. Onu tekrar alın; kollarının sizin omzunuzun üzerinde olmasına, bacaklarınınsa dümdüz aşağıya sarkmasına dikkat ederek tekrar gazını çıkartmaya çalışın.
- Bebeğiniz sırtüstü yatar vaziyetteyken bacaklarını yukarı

doğru çekin ve nazikçe pedal çevirme hareketi yaptırın.

- Bebeğinizi, yüzü aşağıya bakacak şekilde ön kolunuza yatırın ve avuç içinizle karnına hafifçe bastırın.
- Ufak bir örtüyü yaklaşık on santimlik bir şerit haline gelecek şekilde katlayarak bir kuşak yapın ve bunu bebeğinizin karnının çevresine sıkıca sarın -ama kan dolaşımını kesecek kadar sıkı olmamalı (eğer bebeğin rengi maviye dönerse, fazla sıkı demektir).
- Bebeğinizin gaz çıkarmasına yardımcı olmak için, onu yüzü size bakacak şekilde tutup poposunu pışpışlayın. Bu ona bir odak noktası verir, böylece neresini iteceğini bilir.
- Karnına ters C (daire değil) hareketiyle masaj yapın ki kalın bağırsağı izleyebilesiniz -soldan sağa, aşağıya; sonra sağdan sola...

Hatırlayabileceğiniz gibi, tatlı bir genç çift olan Chloe ile Seth ateşli yandaşlardı. Bir rutinin, beş aylık huysuz kızlarına yardımcı olmada çok katkı sağlayabileceğini söylediğim anda, üzerime çullanacaklarını düşündüm nedense. Her şeyi akışına bırakmak istiyorlardı, ama gelin, onların bu serbest hayat tarzını küçük, tatlı Isabella'ya dayatmalarının sonuçlarına bakalım.

"Şimdi biraz daha iyi," dedi Chloe. "Belki nihayet koliği atlatacak kadar büyümüştür." Anne, Isabella'nın doğduğundan beri ebeveyn yatağında uyuduğunu ve hâlâ geceleri düzenli olarak ağlayarak uyandığını açıklayarak sözlerine devam etti. Gün içinde de durum aşağı yukarı aynıydı. Isabella emerken bile bağırıyordu ki bu, Chloe'nin söylediğine göre, her saat başı veya iki saatte bir gerçekleşiyordu. Ebeveynlere, onu sakinleştirmek için ne yaptıklarını sordum.

"Bazen onu kar tulumunun içine sokuyoruz çünkü bu onun

çok fazla hareket etmesini engelliyor. Ya da salıncağa koyup onun için The Doors albümünü çalıyoruz. Eğer durum gerçekten kötüyse, onu arabayla dolaşmaya çıkarıp hareketin onu yatıştırmasını umuyoruz. Bu da işe yaramadığında," diye ekledi Chloe, "arka koltuğa geçip ağzına mememi dayıyorum."

"Onu bazen aktiviteyi değiştirerek oyalayabiliyoruz," diye ifade etti Seth...

Bu hoş, ilgili ebeveynler, Isabella için yaptıkları neredeyse her şeyin, başarmaya çalıştıkları şeyin *aleyhine* işlediğinden bihaberdi. ABC tekniğinin uygulanması, beş ay zarfında şiddetlenmiş ve pekiştirilmiş bir durumu ortaya çıkardı. Isabella sistemli bir rutinle uzaktan yakından ilgisi olmayan bir şeye tabi tutulmuş olduğundan, ebeveynleri ondan gelen işaretleri sürekli olarak yanlış okuyor, her ağlamayı "Açım" diye yorumluyorlardı. Burada geçmiş, aşırı besleme ve aşırı uyarma idi -ve bebeğin davranışı- onun bu davranış kalıbının sürdürülmesindeki payı -çığlık çığlığa ağlamak oluyordu. Sonuç, kendini dış dünyaya nasıl kapatacağı hakkında en ufak bir fikri olmayan aşırı yorulmuş bir bebekti. Bebekten gelen işaretleri yanlış anlayan ve "onu oyalamanın" yeni yollarını keşfetmek zorunda olduklarını düşünen ebeveynler bebeğin sıkıntısını bilmeden artırıyor ve sorunu şiddetlendirmekten başka bir şey yapmamış oluyorlardı.

Isabella, sanki planlamışçasına, öksürür gibi ufak ağlama sesleri çıkarmaya başladı -açıkça (en azından benim için öyleydi), bu onun "Anne, usandım" deme şekliydi.

"Görüyor musun?" dedi Chloe.

"İşte," diye araya girdi Seth...

"Şimdi durun bakalım, anne ile baba," dedim bebek sesiyle ve Isabella adına konuşarak "Ben sadece yorgunum" dedim.

Sonra şöyle açıkladım: "İşin püf noktası, keyfi iyice kaçmadan onu şimdi yatırmak..." Chloe ile Seth, yukarıya, içine güneşin dolduğu, iki kişilik bir yatağın yanısıra duvarlarında pek çok resmin bulunduğu kendi yatak odalarına yöneldiler.

Kolayca çare bulunacak bir sorun apaçık ortadaydı: Yatak odası fazla aydınlıktı ve uyarıcı, dikkat dağıtıcı pek çok öğe barındırıyordu; dolayısıyla Isabella'nın kendini dış dünyaya kapatması imkânsızdı. "Bir beşiğiniz veya bebek arabanız var mı?" diye sordum. "Onu orada uyutmayı deneyelim."

Chloe ile Seth'e, Isabella'yı örtüyle nasıl kundaklayacaklarını gösterdim (277. sayfaya bakın). Beş aylık olduğunda kollarını kontrol edebilmeye başladığını ve kendi parmaklarını bulabileceğini açıklayarak Isabella'nın bir kolunu kundağın dışında bıraktım. Sonra yatak odasından karartılmış bir koridora çıktım ve kollarımda tuttuğum sıkıca kundaklanmış bebeklerini ritmik bir biçimde pışpışladım. Yatıştırıcı bir sesle, Isabella'ya "Tamam küçüğüm, sadece yorgunsun" diyerek ona güven verdim. Birkaç saniye içinde, sakinleşti.

Ebeveynlerinin hayreti, Isabella'yı pışpışlamaya devam ederek küçük beşiğine indirdiğimde şüpheciliğe dönüştü. Birkaç dakika boyunca sakindi; sonra ağlamaya başladığında tekrar kucağıma aldım, yatıştırdım ve sakinleşince onu tekrar yatırdım. Bu iki kez daha tekrarlandı ve sonra, ebeveynlerinin şaşkınlığı altında, Isabella uykuya daldı.

"Çok uzun süre uyuyacağını sanmıyorum," dedim Chloe ile Seth'e "çünkü tavşan uykusuna alışmış durumda... Şimdi işiniz o kısa uykuları uzatmasına yardımcı olmak..." Bebeklerin, yetişkinlerin geçtiği kırk beş dakikalık uyku döngüsünün hemen hemen aynısından geçtiklerini açıkladım. Ancak, her "gık" dediğinde ebeveynleri yanıbaşında bitiveren Isabella gibi bir çocuk yeniden uykuya dalmasını sağlayan becerileri henüz öğrenmemiştir. Bunu ona ebeveynleri öğretmek durumundadır. Sadece on-on beş dakika sonrasında uyanırsa, bebeğin uykusunu almış olup şimdi uyanmış olduğunu düşünmek yerine, benim yapmış olduğum gibi, onu nazikçe tekrar rüyalar ülkesine göndermeleri gerekiyor. Nihayetinde, nasıl kendi kendine yeniden uykuya dalacağını öğrenecek ve uykuları uzayacak.

"İyi de koliği ne olacak?" diye sordu Seth; endişeli olduğu açıkça görülüyordu.

"Bebeğinizin gerçekten koliği olmadığından şüpheleniyorum" diye açıkladım "ama eğer koliği varsa bile, bunu onun için daha iyi hale getirmek üzere sizin yapabileceğiniz şeyler *var.*"

Bu ebeveynlerin, Isabella'nın gerçekten koliği olması durumunda, evlerindeki sistem eksikliğinin her ne fiziksel sorunu varsa bunu daha da şiddetlendirmekten başka bir işe yaramayacağını fark etmelerine yardımcı olmaya çalıştım. Ama ben onun rahatsızlığının nedeninin hatalı ebeveynlik olduğuna inanıyordum. Isabella'nın her ağladığında beslenmesinin sonucu, annesinin memesini emzik olarak kullanmayı öğrenmiş olmasıydı. Ve bu kadar sık beslendiği için, memeyle sadece "oynuyordu" ve bunun sonucu olarak, Chloe'nin sütünün çoğunlukla laktoz yönünden zengin içecek kısmını alıyordu ki bu gaza yol açabiliyor. "Hatta tüm gece boyunca da atıştırıyor," diye belirttim "ki bu onun minik sindirim sisteminin hiç dinlenmediği anlamına geliyor."

Bütün bunların ötesinde, bebeklerinin kendisini yenileyecek şekilde iyi dinlenemediğini -gece veya gündüz- bunun için de sürekli olarak yorgun olduğunu açıkladım. Ve aşırı yorgun bir bebek kendisini dış dünyaya kapatmak için ne yapar? Ağlar. Ve ağladığı zaman hava yutar ki bu da ya gaza neden olur ya da midesinde halihazırda sıkışıp kalmış olan her ne ise onu daha kötü hale getirir.

Sonunda, bütün bunlara cevaben, iyi niyetli bu ebeveynler bebeklerine daha fazla uyaran yüklemişlerdi -arabayla dolaşma, salıncak, müzik (ve The Doors, daha azı da değil). Isabella'nın kendini nasıl sakinleştireceğini öğrenmesine yardımcı olmak yerine, onun kendi kendini yatıştırma becerilerini bilmeyerek elinden almışlardı.

Şu tavsiyeyi verip onlardan ayrıldım: Isabella'yı E.A.S.Y. rutinine sokun. Tutarlı olun. Kundaklamaya devam edin (Altıncı ay civarında, Isabella'nın iki kolunu da serbest bırakabilirsiniz zira o zaman itibarıyla oradan oraya hareket eden elleriyle kendini tırmalama veya kendi yüzünü sıkıştırma ihtimali azalmış olur). Saat altıda, sekizde ve onda üst üste besleyin ki geceyi geçirmesini sağlayacak kalorileri alsın. Eğer tekrar uyanırsa, beslemeyin -bunun yerine ona emzik verin. Ağladığında onu rahatlatın ama aynı zamanda güvence de verin.

Bu değişiklikleri adım adım yapmalarını, önce gündüz uykularını ele almalarını önerdim; böylece Isabella bu kadar aşırı yorgun ve huysuz olmayacaktı. Bazen, sadece gündüz uykularını halletmenin bile gece uykusu üzerinde faydalı bir etkisi oluyor. Her durumda, onları, bu geçiş döneminde ağlamayla dolu birkaç hafta geçirebilecekleri konusunda uyardım. Ancak, durumları düşünüldüğünde, kaybedecekleri ne var ki? Bebeklerini böylesine rahatsız görmekten ötürü zaten aylardır acı çekiyorlardı. En azından, şimdi bir umut ışığı görmekteler...

Ya yanıldıysam? Ya Isabella'nın gerçekten koliği varsa? Gerçek şu ki, bunun önemi yok. Her ne kadar çocuk doktorları, gaz sancılarını rahatlatmak için bazen hafif bir antiasit reçete etseler de, aslında hiçbir şey koliği tedavi etmez. Ama gıdaları düzgün bir şekilde idare etmenin ve makul uykuyu teşvik etmenin bir bebeğin rahatsızlığını genelde hafiflettiğini kesin olarak biliyorum.

Dahası, aşırı beslenme ve uykusuzluk kolik gibi görünen davranışlara yol açabilir. Bunun "gerçek" kolik olup olmamasının önemi var mı? Bebeğiniz yine de rahatsız... Bunun bir yetişkin için nasıl bir şey olduğunu düşünün. Bütün gece ayakta olsaydınız kendinizi nasıl hissederdiniz? Eminim huysuz olurdunuz. Peki laktoz intoleransı olup da süt içen bir yetişkine ne olurdu? Bebekler insandır ve bizde görülen gastrointestinal belirtilerin aynılarını yaşarlar. Sıkışıp kalmış gaz bir yetişkin için kâbustur ve kendini tutamayan veya midesine masaj yapamayan veya bize sorunun ne olduğunu anlatacak kelimeleri kullanamayan bir bebek için bu daha da kötüdür. En azından E.A.S.Y. rutininde, anne ile baba neye ihtiyaç duyulduğunu anlayabilirler.

Seth ile Chloe'nin durumunda, onlara, bebeklerinin gün boyunca atıştırma şeklinde beslenmesine izin vermek yerine ona düzgün beslenme imkânı sağlamanın Isabella'nın ihtiyaçlarını daha iyi analiz etmelerine yardımcı olacağını açıkladım. Ağladığı zaman daha mantıklı düşünebilecekler: "Ah, aç olamaz. Onu daha yarım saat önce besledik. Muhtemelen gazı var." Ve Isabella'nın yüz ifadelerine ve beden diline gerçekten duyarlı olmaya başladıklarında, rahatsızlık ağlaması ile ("Mmm... Suratını ekşittiğini ve bacaklarını yukarıya çektiğini görüyorum") yorgunluk ("İki kere esnedi") arasındaki farkı anlayacaklardır. Onlara, sistemli bir rutinde Isabella'nın uyku kalıplarının iyileşeceğini ve artık her daim huysuz bir bebek olmayacağının güvencesini verdim. Ne de olsa, sadece iyi dinlenmekle kalmayacak, ebeveynleri de ağlaması artıp kontrolden çıkmadan önce onun neye ihtiyacı olduğunu anlayabilecek.

"Bizim Bebeğimiz Memeden Vazgeçmeyecek"

Bu, babalardan sık duyduğum bir şikâyet, özellikle de emzirme nedeniyle daha başta keyifleri kaçmışsa ya da eşleri ilk bir yıldan sonra da emzirmeye devam ediyorsa... Eğer anne, bebeğin inatla memesine yapışma nedeninin *kendisi* olduğunun farkına varmazsa, bu çok kötü bir ailevî duruma yol açabilir. Benim hissiyatım, anneler emzirmeyi uzattıklarında, bunun neredeyse her zaman, bebek için değil de *kendileri* için olduğudur. Bir kadın, bebeği sadece *kendisinin* sakinleştirebileceği gizli bilgisini, bu rolü, bu yakınlığı genelde sever. Emzirmeyi huzurlu veya kişisel anlamda doyurucu bulmanın yanısıra, çocuğunun kendisine bu denli bağımlı olması fikrinden de hoşlanır.

Örneğin Adrianna, iki buçuk yaşındaki Nathaniel'i hâlâ emziriyordu. Kocası Richard çılgın gibiydi. "Bu konuda ne yapabilirim, Tracy? Nathaniel ne zaman keyifsiz olsa, ona meme veriyor. Bu konuda benimle konuşmuyor bile çünkü arkadaşları ona bunun 'doğal' olduğunu ve çocuğu memede rahatlatmanın iyi olduğunu söylediğini söylüyor."

Sonra Adrianna'ya ne hissettiğini sordum. "Nathaniel'i rahatlatmak istiyorum, Tracy. Bana ihtiyacı var," diye açıkladı. Ancak, kocasının hoşgörüsünün giderek azalmış olduğunu bildiğinden bunu ondan saklamaya baş ladığını itiraf etti. "Ona

Nathaniel'i memeden kestiğimi söyledim. Ama geçenlerde bir arkadaşımızın Pazar günü barbekü davetindeydik ve Nathaniel 'Tata, tata' diye [meme için kullandığı bebek kelimesiydi bu] göğsümü çekiştirmeye başladı. Richard bana bir bakış attı. Ona yalan söylediğimi anlamıştı. Öfkeden deliye döndü."

Benim işim, bir kadının emzirme konusundaki fikrini değiştirmek değil... Bu kitapta daha önce de söylediğim gibi, bu çok bireysel ve özel bir meseledir. Ama Adrianna'ya en azından kocasına karşı dürüst olmasını tavsiye ettim. Benim esas endişemin *bir bütün olarak* ailesine dair olduğunu vurguladım. "Nathaniel'i memeden kesmen gerekip gerekmediğini söylemek bana düşmez ama bunun herkesi nasıl etkilediğine bir bak" dedim. "Düşünmen gereken bir bebeğin *ve* kocan var, ama görünüşe göre egemen olan bebeğin..." Sonra ekledim: "Eğer, Richard'ın haberi olmadan Nathaniel'e emebileceği fikrini aşılıyorsan, küçük oğlunu da hilebaz olmaya sevk edersin."

Hatalı ebeveynlikten bahsedecek olursak... Adrianna'ya neler olup bittiğine bir bakmasını, emzirme konusunda kendi güdülerini değerlendirmesini ve geleceğe bir göz atmasını tavsiye ettim. Richard'a yalan söylemesinin ve Nathaniel için kötü bir örnek oluşturmasının sonuçlarını göze almayı gerçekten istiyor muydu? Elbette istemiyordu. Sadece bunu enine boyuna düşünmemişti. "Emzirme konusunda *ihtiyaç duyanın* Nathaniel olduğundan emin değilim artık," dedim ona dürüstçe... "Bence buna ihtiyaç duyan sensin. Ve bu gözden geçirmen gereken bir şey..."

Hakkını vermeliyim, Adrianna önemli bir iç değerlendirme yaptı. İş konusunda kararlar almamak için Nathaniel'i bahane ettiğini fark etti. Herkese ofise dönmek için ne kadar "hevesli" olduğunu söyleyip duruyordu ama içinde gizliden gizliye çok daha farklı bir hayal barındırıyordu. Nathaniel ile beraber olmak, belki bir bebek sahibi daha olmak için birkaç yıl daha izin almak istiyordu. Sonunda bunun hakkında Richard'la konuştu. "İnanılmaz derecede destekleyiciydi" diye anlattı bana daha sonra... "Bana benim gelirime ihtiyacımız olmadığını, bunun yanında böyle bir anne olduğum için gurur duyduğunu söyledi. Ama ebeveynlik denkleminin bir parçası olduğunu da hissetmek istiyordu." Adrianna Richard'a Nathaniel'i memeden keseceğini söylediğinde bu kez doğruyu söylüyordu.

Önce gündüzleri emzirmeyi bıraktı. Ona bir gün sadece "Artık tata yok -sadece akşam uyku zamanında var" dedi. Nathaniel ne zaman tişörtünü kaldırmayı denese -ki ilk günler bunu günde birkaç kez yaptı- "Bitti" diye tekrar etti ve meme yerine ona alıştırma bardağı verdi. Bir hafta sonrasında, gece emzirmeyi de bıraktı. Nathaniel "Beş dakika daha" diyerek annesini ikna etmeye çalıştı ama Adrianna ona "Artık tata yok" diye yineleyip durdu. Nathaniel vazgeçene kadar bu dırdırı iki hafta daha sürdü ama vazgeçtiğinde de bu konu kesin olarak kapandı. Bir ay sonra Adrianna bana şöyle dedi: "Çok şaşırdım. Nathaniel sanki emdiğini hiç hatırlamıyor gibi... Buna inanamıyorum." Daha da önemlisi, Adrianna *ailesini* geri kazandı: "Richard ile ben ikinci balayı yaşıyormuşuz gibi hissediyorum."

Sorun Çözme Rehberi

Aşağıdaki rehber, karşılaşabileceğiniz her sorunu içeren detaylı bir liste değildir, ama bunlar benden sıklıkla yorumlamam ve düzeltmem istenen uzun vadeli güçlüklerin çeşitlerini gösterir niteliktedir. Eğer bebeğiniz bu güçlüklerin birden fazlasını yaşıyorsa, bir seferde bir güçlüğü ele almanız gerektiğini unutmayın. Bir rehber olarak, kendinize "Neyi değiştirmek istiyorum?" ve "Bunun yerine neyi koymak istiyorum?" diye sorun. Hem beslenme hem de uyku meseleleri söz konusu olduğunda, bu ikisi genelde birbiriyle bağlantılıdır ama örneğin bebeğiniz kendi karyolasında olmaktan korkuyorsa bunlardan herhangi biri üzerinde çalışmak imkânsızdır. Önce ne yapmanız gerektiğini bulmaya çalışırken, sağduyunuzu kullanın -genelde, çözüm düşündüğünüzden daha barizdir.

Sonuç	**Muhtemel Geçmiş**	**Yapmanız Gereken**
"Bebeğim sürekli kucakta olmaktan hoşlanıyor."	Siz (veya bir bebek hemşiresi) muhtemelen onu kucağınıza almaktan hoşlanıyordunuz... Tabii başlarda. Şimdi o buna alışmış durumda, sizse hayatınıza devam etmeye hazırsınız.	Bebeğinizin rahatlatılmaya ihtiyacı olduğunda, onu alıp sakinleştirin ama ağlaması durduğu anda onu bırakın. Ona "Ben buradayım -Hiçbir yere gitmedim" deyin. Onu, *onun* rahatlamak için ihtiyaç duyduğu süreden daha uzun süre kucağınızda tutmayın.
"Bebeğimin beslenmesi neredeyse bir saat sürüyor."	Sizi emzik gibi kullanıyor olabilir. Onu beslerken telefonda oluyor musunuz ya da onun *nasıl* beslendiğine bir şekilde dikkat ediyor musunuz?	Başta, bir bebeğin emmesi genelde şiddetli ve hızlıdır ve içtiği şeyi yuttuğunu duyabilirsiniz. Sonunda arkadan gelen zengin süte ulaştığında, emişleri daha uzun ve sert bir hal alır. Kendini yatıştırırken, alt çenesinin hareket ettiğini görürsünüz ama sütün çekildiğini

		hissetmezsiniz. Konsantre olun ki *sizin* bebeğinizin nasıl beslendiğini bilin. Beslenmelerin kırk beş dakikadan daha uzun sürmesine izin vermeyin.
"Bebeğim saatte bir veya bir buçuk saatte bir acıkıyor."	Verdiği işaretleri yanlış okuyor, her ağlamasını açlık olarak yorumluyor olabilirsiniz.	Biberon veya meme vermek yerine manzarasını değiştirin -sıkılmış olabilir- veya emme ihtiyacını tatmin etmek için emzik verin.
"Bebeğim uyumak için biberona (veya memeye) ihtiyaç duyuyor."	Uykudan önce meme veya biberon vererek onu bunu beklemeye şartlamış olabilirsiniz.	Bebeğinizi E.A.S.Y. rutinine sokun ki uykuyu memeyle veya biberonla bağdaştırmasın. Bir bebeğin kendi başına uyumayı öğrenmesine yardım etme konusundaki ipuçları için sayfa 281'e de bakın.
"Bebeğim beş aylık ve gece aralıksız uyumuyor."	Bebeğiniz gece ile gündüzün yerini değiştirmiş olabilir. Geriye dönüp hamileliğinizi düşünün: Geceleri çok tekmeleyip gündüzleri uyuduysa, o biyoritimle	Gün içinde bebeğinizi her üç saatte bir uyandırarak döngüyü değiştirmeniz önemlidir. (281. sayfaya bakın). İlk gün uyuşuk, ikinci gün biraz daha uyanık olacaktır ve

	dünyaya gelmiştir. Ya da ilk birkaç hafta gündüzleri uzun uyumasına izin vermiş olabilirsiniz, o da şimdi buna alışmıştır.	üçüncü gün itibarıyla biyolojik saatini değiştirmiş olacaksınız.
"Bebeğimiz biz onu sallamadan uykuya dalamıyor."	Verdiği uyku işaretlerini (272. sayfaya bakın) ve aşırı yorulduğunu gözden kaçırıyor olabilirsiniz. Muhtemelen, sakinleştirmek için onu salladığınızdan, kendi başına uykuya dalmayı öğrenmemiştir.	İlk veya ikinci esnemesini bekleyin. Bunu kaçırdıysanız 271. sayfaya bakın. Eğer bunu bir süredir yapıyorsanız, sallanmayı uykuyla ilişkilendirmektedir. Sallamayı yavaş yavaş devre dışı bırakırken, bunun yerine başka bir davranış koymanız gerekir: Ya o kucağınızdayken hareketsiz durun ya da sallanmadan bir sandalyede oturun. Hareket yerine sesinizi ve pışpışlamayı kullanın.
"Bebeğim bütün gün ağlıyor."	Eğer kelimenin gerçek anlamıyla *bütün* gün ise, mesele aşırı beslenme, yorgunluk ve/veya aşırı uyarılma olabilir.	Bebekler nadiren bu kadar çok ağlar, dolayısıyla en iyisi çocuk doktorunuza danışmanızdır. Eğer sorun kolikse, bu kesinlikle sizin işiniz değil; bunu atlatmak zorundasınız. Ama

		sorun kolik değilse, yaklaşımınızı değiştirmeniz gerekebilir. Size tanıdık gelebilecek bir hikâye için sayfa 396-413'e bakın. Her durumda, bebeği E.A.S.Y. rutinine sokmanın ve makul uykuyu teşvik etmenin (sayfa 260) genelde faydası olur.
"Bebeğim hep huysuz uyanıyor."	Huy bir yana, bazı bebekler uyandıklarında huysuz olurlar çünkü yeteri kadar uyumamışlardır. Sadece uyku döngüsü değişirken bebeğinizi kaldırırsanız (284. sayfaya bakın) yeterince dinlenemeyebilir.	En ufak bir ses çıkardığı anda odasında bitivermeyin. Kendi başına yeniden uykuya dalmasına izi vermek için birkaç saniye bekleyin. Gün içindeki uykularını uzatın. İster inanın ister inanmayın, bu, gece uykularını daha iyi hale getirecektir çünkü aşırı yorulmuş olmayacaktır.

Adrianna iç gözlem ve denge konusunda önemli bir ders aldı. Ebeveyn olmak bunun her ikisini de gerektiriyor. Gördüğüm sözde sorunların pek çoğunun ortaya çıkma nedeni, annelerin ve babaların kendilerini bebeklerine ne kadar fazla yansıttıklarını fark etmemeleridir. Kendinize "Bunu bebeğim için mi yapıyorum yoksa *kendim* için mi?" diye sormanız her zaman önemlidir. Artık kucağa alınmaya ihtiyacı olmayan bebeklerini kucağa alan, anne sütüne ihtiyaç duymayı çoktan bırakmış bebeklerini emziren ebeveynler görüyorum. Adrianna'nın durumunda, kendinden saklanmak için yürüme çağındaki çocuğunu kullanıyordu; farkına varmadan, kocasından da saklanıyordu. Bir kez neler olup bittiğine gerçekten bakabildiğinde, kendine ve eşine karşı dürüst olabildiğinde ve aslında kötü bir durumu daha iyi bir durum haline getirme gücüne sahip olduğunu görebildiğinde, otomatik olarak daha iyi bir ebeveyn, daha iyi bir eş ve daha güçlü bir insan haline geldi.

sonsöz

Birkaç Son Düşünce

Adımlarınızı özenle atın, büyük bir incelikle
ve unutmayın hayat büyük bir denge eylemidir.
Hünerli ve usta olmayı unutmayın
asla. Ve akla karayı karıştırmayın birbirine.
Peki başaracak mısınız? Evet! Başaracaksınız!
(yüzde 98,75 garantisi var.)
-Dr. Seuss, Oh, the Places You'll Go!
(Gideceğiniz Yer)

Bu kitabı çok önemli bir hatırlatmayla bitirmek istiyorum: Eğlenin. Eğer ebeveyn olarak iyi zaman geçirmiyorsanız, bebeklere fısıldayan dünyadaki tüm tavsiyeler faydasızdır. Evet, zor olabileceğini biliyorum, özellikle de ilk aylarda, özellikle bitkin olduğunuzda... Ama ebeveyn olmanın nasıl özel bir lütuf olduğunu hiçbir zaman aklınızdan çıkarmamalısınız.

Çocuk yetiştirmenin ömür boyu süren bir sorumluluk olduğunu da unutmayın -bugüne dek başarmış olduğunuz herhangi bir görevden daha çok ciddiye almanız gereken bir şey bu... *Başka bir insanı* yönlendirmeye ve şekillendirmeye yardımcı olmakla sorumlusunuz ve bundan daha büyük, daha yüce bir görev yoktur.

Gidişat özellikle çetin bir hal aldığında (ve sizi temin ederim, bir Melek bebekte bile bazen işler zorlaşacaktır), bakış açınızı kaybetmemeye çalışın. Çocuğunuzun bebekliği harikulade bir yaştır -ürkütücü, değerli ve göz açıp kapayıncaya kadar biten... Eğer bir gün geriye bakıp bu tatlı, kolay zamanları özlemle anacağınızdan bir an şüphe ederseniz, daha büyük yaşta çocukları olan ebeveynlerle konuşun: Bir bebeğe bakmak hayatınızın film şeridindeki tek bir karedir sadece -açık, keskin ve maalesef bir daha ele geçmez...

Sizin için dileğim, zor anlar da dahil olmak üzere her anın keyfini çıkarmanızdır. Amacım size sadece bilgi ve beceri değil daha önemli bir şey kazandırmak: kendinize ve sorunları çözme yeteneğinize olan güveniniz...

Evet sevgili okur, kendinizi güçlendirebilirsiniz. Anne veya Baba, Büyükanne veya Büyükbaba -bu kitabı eline alan her kimse- bu sırlar artık sadece benim değil... Onları iyi kullanın ve bebeğinizi sakinleştirme, onunla bağ ve iletişim kurma mucizesinin keyfini çıkarın.

indeks